Global Cultural & Tourism

세계 문화와 관광

Preface

문화는 시대와 대상을 이해하는 단면이다. 수많은 역사와 현상 속에서 문화는 시대 상황에 맞추어 지속적으로 흐르고 흘러 유지·변화하고 있고, 우리 또한 지금의 문화와 함께 오늘날을 살아가고 있다. 이처럼 끊임없이 흘러가는 시간의 여울에서 우리는 순간순간을 경험하고 기억하며 현재의 문화적 삶을 향유하고 있다.

그동안 세계는 COVID-19로 수많은 고통과 어려움을 겪었고, 어둠의 긴 터널을 지나 다시 일상으로 복귀하고자 준비하고 있다. 각 지역과 국가 간의 이동이 통제되면서 여행과 문화 향유는 지극히 단절될 수밖에 없었지만, 이제는 바야흐로 만물이 소생하는 봄처럼 굳게 닫혔던 지역길과 하늘길이 속속 열리면서 세계문화와 관광에 새로운 출발이 이어지길 희망하고 있다. 포스트 코로나 시대의 문화와 관광은 경쟁력을 확보하기 위해 새로운 변화를 수용하고 기회 요인으로 활용해 경쟁력 강화와 고도화를 도모해야 할 것으로 보인다. 국제 다문화 경험의 기회가 크게 확대되고 다시 빛나는 일상을 맞이할 수 있으리라 기대한다.

「세계문화와 관광 2판」을 맞이하면서 많은 부담과 책임을 느낀다. 그만큼 많은 분이 저서를 접했다는 뜻이고, 1판의 부족함과 아쉬움이 더없이 부끄럽게 여겨지는 순간이기도 하다. 늘 그러했듯이 시간이 부족하다는 이러저러한 구차한 변명을 늘어놓으며 누군가의 지침서 또는 참고서가 될 저서를 마무리한다면 다시금 많은 후회와 부끄러움을 낳는 결과를 초래할 것이 분명하므로 2판 작업을 결정하기가 쉽지만은 않았다. 그럼에도 여전히 신규 출판을 기다리는 독자가 있음을 알기에 나름의 책임감을 느끼고 각오를 다지면서 2판 작업에 몰두하고자 했다.

2판에서는 1판에서 아쉬웠던 오탈자와 내용의 중복 등을 최대한 바로잡기 위해 노력했고, 이를 위해 세부내용의 전체적인 흐름을 과감하게 변경했다. 기본적인 내용에는 큰 차이가 없으나 단락별 전개내용에서 분명한 차이와 구분을 두고자 노력했다. 무엇보다 자료의 최신성을 확보하기 위한 업데이트 작업에 많은 정성을 기울였다.

기존의 흐름처럼 1장에서는 문화와 관광에 대한 이해로 문화의 개념과 속성, 문화권에 대한 기본적인 내용을 서술했으며, 특히 문화충격 등 새로운 내용을 추가·보완했다. 2장 대한민국의 문화와 관광에서는 기본적인 업데이트와 함께 전통문화와 세시풍속에 대한 내용을 수정·보완했으며, 2절 대한민국 관광에 대한 이해에서는 한국의 문화유산과 한국의 음식, 주요 관광지 등에 대한 전반적인 내용을 대폭 수정·보완했다.

세계문화와 관광의 실제편인 3장 아시아권, 4장 유럽권, 5장 아메리카권, 6장 오세아니아·아프리카권에서는 구성 국가가 1판과 동일하지만 일부 중복된 내용과 명확하지 않은 내용 구분에서 보다 집중된 변화를 도모하고자 했다.

첫 번째 개관에서는 해당 국가의 기본적인 인구 및 기후, 종교, 생활문화를 기술했으며, 두 번째 문화 파트에서는 음식문화, 축제문화, 여행문화의 순으로 국가별 문화 특색을 서술했다. 그리고 마지막 세 번째 여행문화 Tip과 에티켓에서는 기본적인 여행문화 정보와 준수해야 할 에티켓에 대해 서술했다.

2판 출판을 마무리한 시점에서 역시나 초판과 동일하게 아쉬움이 진득하게 묻어나온다. 또한 감사와 송구함으로 역시 복잡한 심경이다. 모쪼록 부족한 저서이지만 많은 관심과 의견 부탁드린다. 끝으로 본서가 출판될 수 있도록 도움을 주신 한올출판사 관계자분들께 진심으로 감사를 전한다.

2022년 10월
저자 드림

Contents

CHAPTER
04
유럽권의
문화와 관광

CHAPTER
05
아메리카권의
문화와 관광

CHAPTER
06
오세아니아 ·
아프리카권의
문화와 관광

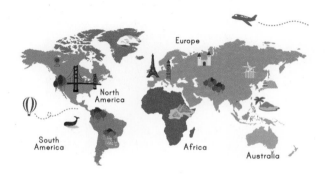

CHAPTER

01

문화와
관광에 대한 이해

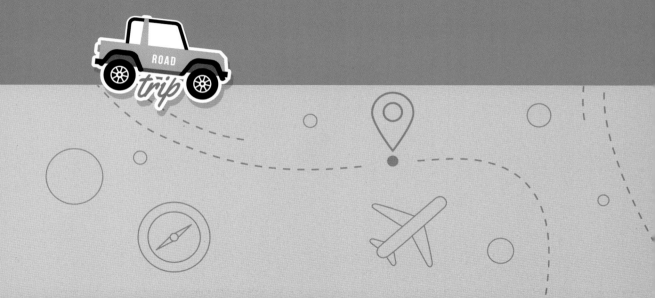

01 문화에 대한 이해

1 문화의 개념

문화culture는 자연에 대립되는 인간 활동과 그 산물 전체를 가리키는 것으로, 사람의 손길을 타지 않은 채 있는 것을 '자연'이라 하며, 사람이 만든 것을 통틀어서 '문화'라 부른다.

문화란 사전적 의미로 "인류의 지식·신념·행위의 총체"로 설명되고 있다. 원래 문화란 숭배한다는 의미를 가진 'ultus'라는 라틴어에서 유래한 것으로 '마음과 예를 개발하고 세련되게 한다'는 뜻으로 사용되었으며, 외적 문명에 대한 내적 소산을 의미한다. 흔히 문화라 했을 때 우리는 문화인, 문화민족, 문화계, 문화시설, 문화생활, 문화유산, 문화영화, 대중문화, 고급문화, 한국문화, 동양문화, 서양문화 등등과 같은 단어들을 연상하게 되며, 이처럼 문화는 좁은 의미, 넓은 의미로 다양하게 사용되고 있다.

서양에서 '문화kultur, culture'란 'colere가꾸다, 키우다, 육성하다, 경작하다'라는 라틴어 동사에 어원적 뿌리를 두고 있는 말로, 그 명사형인 'cultura'가 바로 이 말의 원형이다. 그래서 처음에 이 말은 주로 '땅을 갈아 작물을 재배하고 키우는 일', 즉 '경작·재배'의 뜻으로 사용되었다. '농업culture agri', '포도재배cultura vitis' 등에서 그 예를 확인할 수 있다.

현대의 일상용어로서나 전문적인 학술용어로 문화라는 용어를 흔히 사용하고 있지만, 문화는 다양한 개념을 지니고 있기 때문에 그것이 나타내는 의미는 다양하다. 일상생활에서 문화라는 용어의 뜻은 문화계·문화인 등의 표현에서와 같이 문학이나 예술분야시나 소설·회화·음악·조각 등을 지칭하거나 교양이 있는 것, 세련된 것, 발전적인 것, 편리한 것, 외국에서 수입된 것, 유행의 첨단을 달리는 것 등과 같은 여러 가지 의미로 쓰이고 있다. 그러나 전문용어로서 사용될 때, 문화라는 용어는 전혀 다른 의미를 갖는데, 사회학적 의미의 문화란 사회성장으로서의 개인들에 의해서 학습되어진 총체라고 할 수 있다. 그것은 하나의 생활양식a way of life이며, 사고, 행위 및 감정양식modes of thinking, acting and feeling이다.

문화의 정의

학자	문화의 개념 정의
엘리어트(Eliot)	하나의 생활양식
허스코비트(Herskovit)	환경 중에서 인간이 만든 부분
굿맨(Goodman)	어떤 사회구성원들의 행동을 규제하는 학습된 신념, 가치 관습의 총체
클러콘(Kluckhohn)	한 집단의 독특한 생활양식이며 그 집단의 완전한 생활설계
토인비(Toynbee)	인간과 자연, 인간과 인간, 인간과 보이지 않는 힘과의 만남의 결과, 그것은 자연도 아니며, 인간, 보이지 않는 힘 자체도 아님
화이트(White)	행위의 변화를 가져오는 원동력
위슬러(Wissler)	여러 사람들의 생활양식
김용옥	오늘을 살고 있는 우리들의 삶 자체
이상희	인간들이 만들어낸 비자연적인 모든 것
최병용	사회의 한 성원인 인간에 의해 획득된 갖가지 지식, 신념, 예술, 도덕, 법률, 관습 및 기타의 능력이나 관습의 복합체
홍승직	한 사회 내에서 사람들이 질서 있게 상호작용하는 데 필요한 가치와 규범의 총체

자료: 이주형 외(2007), 문화와 관광, 기문사, p.46.

이처럼 문화는 여러 인류학자들에 의해 다양한 의미로 해석되고 있는데 크게 구분하면 총체론적 접근과 관념론적 접근의 두 가지 범주로 구분할 수 있다.

1. 총체론적 개념의 문화

총체론적 개념의 문화는 "한 인간집단의 생활양식의 총체"를 의미하는 것으로 인간의 지식·믿음·느낌·가치관·행위의 규범 등 상징적이고 제도적인 것뿐만 아니라 의식주의 수단, 도구, 언어, 기술 등 관습적 행위와 그런 행위의 산물들까지도 포함하는 것으로 문화의 기능성을 강조하고 있다.

2. 관념론적 개념의 문화

관념론적 개념의 문화는 "사람의 행위나 구체적인 사물 그 자체가 아니라 사람들의 마음속에 있는 모델로, 그 구체적인 현상으로부터 추출된 하나의 추상"으로 도구, 행동, 제도 등을 포함하지 않고 인간을 행동으로 이르게끔 하는 기준·표준·규칙으로 문화를 관념적 영역에 한정하고 있다.

그 예로 한국인들의 조상에 대한 제사 행위는 문화가 아니지만, 그것을 가능케 하는 한국인의 조상숭배에 대한 관념체계가 바로 한국문화라는 관점으로 관념론적 문화는 주관적인 문화의 한 부분만을 강조하고 있다는 것을 알 수 있다.

문화에 관한 두 가지 유형의 견해 중 어떤 견해가 더 옳은 것인지를 따지는 것은 바람직하지 않다. 위의 두 가지의 견해는 설명하려고 하는 대상에 따라서 견해를 달리하고 있을 뿐이다.

즉, 인간의 사고 및 행위를 연구대상으로 하여 그것을 가능하게 하는 기본적인 원리를 밝혀내려는 관점에서는 관념론적인 문화의 개념이 효과적일 것이며, 사회문화적인 현상들이 왜 일어나고 있는지, 혹은 각기 다른 현상들과 어떠한 관계를 맺고 있는지에 초점을 두어 문화과정 속의 여러 가지 요소 간의 상호작용에 관심을 가진다면 총체론적인 문화의 개념이 문화를 이해하는 데 더 효과적일 것이다.

2 문화의 속성

문화의 속성은 공유성, 상징성, 학습성, 보편성, 가변성 등을 들 수 있다.

1. 문화의 공유성

문화는 집단구성원에 의해 공유된다. 어느 지역의 한 개인이 독특한 신념이나 윤리, 도덕관 혹은 생활습관을 홀로 유지한다고 해서 문화라고 하지는 않는다. 오랜 기간 동안 많은 사회구성원들이 그들의 독특한 취향이나 습관 등을 함께 공유하고 유지할 때 비로소 하나의 문화로 자리 잡을 수 있는 것이다. 특정 집단 또는 사회의 구성원들이 모두 유사하게 느끼고, 생각하고, 행동하고, 표현하는 이러한 것이 곧 동일한 문화를 공유하기 때

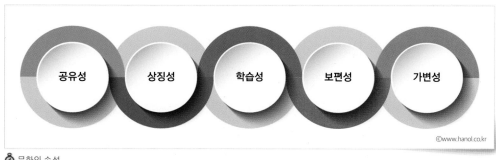

ⓒwww.hanol.co.kr

⏱ 문화의 속성

문에 나타나는 현상인 것이다.

　이러한 문화적 코드를 공유하기 때문에 우리는 어떠한 상황에서 어떻게 행동할지 알 수 있는 것이며, 상대방의 행동을 기대하고 예측할 수 있는 것이다. 또한 문화는 앞서 말한 지역, 성별, 연령 등의 범주에 따라 하위집단의 고유한 하위문화들로 이루어진다. 이것은 사회성원들이 집단이나 인종, 성별 등에 따라 다양하게 문화를 공유하고 있다는 것을 의미한다. 문화는 다양한 사회집단의 사회적 관계에서 형성된다. 개인들은 사회집단 속에서 다양한 역할기능을 수행하면서 자신의 정체성을 형성하게 된다. 한 개인의 문화적 정체성은 역할 수행의 반복되는 사회적 관계 속에서 확립된다. 결국 문화는 사회화 과정에서 만들어지는 사회적 산물인 것이다.

2. 문화의 상징성

언어 이외에 의미가 전달되는 여러 문화적 형태가 있는데 상징물이라고 부를 수 있는 옷, 그림, 음식, 건축 등의 물질문화이다. 예를 들어, 옷 입는 방식으로 인간은 남성과 여성의 성구별을 상징화한다. 따라서 바지는 남성을, 치마는 여성을 상징하는 옷이라고 할 수 있다. 물론 스코틀랜드 지역의 경우 상반되기도 하지만 보편적으로 이러한 기준이 적용된다고 볼 수 있다.

전통적인 도시에서 사원이나 교회가 대개 도시의 중앙에 근접한 언덕에 위치하는 것도 종교가 인간의 일상생활에서 가장 큰 영향력을 행사하고 있다는 권위를 상징한다. 오늘날 부유한 계층이 큰 저택과 고급 승용차를 지니는 것도 부의 상징으로 볼 수 있는 것이다.

아메리카 일부지역에 거주하는 인디언의 추장들은 다른 사람들에게 보이기 위한 낭비를 함으로써 서로 경쟁했다. 성대한 축제를 열 수 있는 능력은 경쟁자들이 축제에 내놓은 음식의 양에 따라 평가되었다. 따라서 성공한 축제가 되려면 초대된 손님들이 과식을 하여 토하고 나서 다시 먹고도 남을 정도로 음식을 마련해야 했던 것이다. 또한 그들은 축제의 흥을 돋우고 자신의 위신을 세우기 위해 심지어 자신의 집을 다 태워 보여주기까지 하면서 손님들을 주눅 들게 하는 기름축제를 열기도 했다.

많은 세월이 흘렀지만 한턱내기에 이르기까지 풍성한 음식을 보여주려는 과시적·낭비적 행위의 동기와 의미는 결국 위신과 명성에 대한 인간의 욕망 때문이며, 부와 실력을 인정받기 위한 상징적인 행위인 것이다.

3. 문화의 학습성

인간이 먹고 잠자는 것은 본능이다. 이것은 누군가에게 배움을 통해 발생하는 것들이 아니라 자연스럽게, 그리고 스스로 행하는 것들이다. 그러나 요리하는 법과 말하고 놀이하는 법은 배워야 할 수 있는 것이다.

이처럼 문화는 학습되어 획득되는 것이다. 인간은 문화를 갖고 태어나는 것이 아니라 단지 문화를 학습할 능력을 타고났다. 이는 문화가 인간 출생과 함께 선천적으로 타고난 것이 아닌 후천적으로 학습에 의해 습득된다는 것을 말한다.

언어의 경우, 언어학과 인지심리학에서는 어린이의 언어습득이 일반적으로 발전단계에 따라 획일적으로 신속하게 이루어지고 있음을 밝히고 있다. 언어능력은 인지능력과는 달리 단기간 내에 이루어지는데, 이는 생물학적인 성숙과정과 관계가 있다고 본다. 그러나 언어들의 특정한 유형은 보편적인 문법체계가 생물학적으로 인간의 두뇌에 프로그램화되어 있기 때문에 나타나는 것은 아니다. 오히려 언어의 유형적 특징은 언어가 사용되는 방식에서 나타난다. 예를 들어, 존칭어, 낮춤말은 언어가 말하는 사람의 연령, 신분 등 사회적 상황에 따른 사회적 용법에 따라 유형화된 것이다.

학습에 의한 언어의 습득은 인간의 문화적 속성 가운데 가장 특징적인 능력이다. 동물들도 의사소통을 할 수 있지만, 그 소리와 관념은 인간의 언어처럼 체계적으로 발전하지 못했다. 인간과 가장 가까운 침팬지의 경우도 언어를 습득할 수 있지만 학습능력은 매우 초보적인 것에 불과하다. 언어를 가르치고 규칙에 따라 추상적으로 언어를 복잡하고 다양하게 조합하여 구사할 수 있는 능력은 인간만이 가지고 있는 것으로 이해할 수 있다.

그러나 아무리 인간이 언어학습 능력을 가졌다 하더라도 유아기부터 적절한 사회화 과정이 전제되어야 정상적으로 언어를 습득할 수 있다. 사회화란 인간이 자신이 태어난 문화를 익혀가면서 성숙되어가는 것을 말하는데, 언어습득도 이런 사회화 과정의 일부이다.

4. 문화의 보편성

모든 사회에는 공통적인 문화형태들이 있다. 이것을 문화의 보편성이라고 한다. 모든 사회에서 존재하는 복잡한 체계의 언어라든지, 부부와 자녀에 관련된 가치와 규범이 포함된 가족체계, 혼인제도, 종교 등이 보편적 문화형태들이다.

한편, 이와 같은 보편적인 문화가 존재한다는 것은 모든 인간의 마음이 모두 동일하다는 대전제로 시작된다. 이 같은 전제는 인류학의 창시자인 타일러가 말하는 심적 단일성 psychic unity of mankind에서 나타난다. 이 심적 단일성이라는 대전제가 있기 때문에 진화론자들은 각기 다른 종족의 문화를 진화론적 관점에서 설명할 수 있고, 전파론자들은 어떤 문화적 요소가 다른 문화로 수용될 수 있다고 설명한다. 이 전제적 개념은 인류문화의 보편성과 민족문화의 특수성에 대한 논의의 근거를 마련해주고 있다. 타문화에 대한 이질감은 그 문화의 특수성을 말해주지만, 그 특수성들의 공통분모 또는 기저가 되는 인류문화의 보편성을 전제로 하기 때문에 분별이 가능한 것이다.

5. 문화의 가변성

문화는 시대와 환경의 변화와 함께 끝없는 변화생성의 과정을 겪는다. 한 사회로 유입된 문화는 그 사회의 배경과 문화접변文化接變의 과정을 통하여 변하게 된다. 또한 도입되었거나 개발된 새로운 지식이 유용한 것으로 판명되면 전체 사회에 확산되어 일어난다. 그

런 과정에서 기능을 상실한 낡은 문화요소들은 사멸하게 된다.

문화는 이처럼 최초의 상태 그대로 보존, 유지되는 것이 아니라 부단한 진화 또는 퇴화의 과정을 거치게 된다. 문화인류학자들은 문화의 이러한 성격을 초유기체성超有機體性이라 부르기도 한다. 한 사회의 문화를 이해하기 위해서는 이들 문화의 성격에 대한 바른 이해가 전제되어야 한다.

③ 문화충격

어떤 문화권이 내부에서 접해보지 못한 문화가 외부로부터 유입되면 기존의 문화를 희석시키게 되는데 이럴 경우 문화충돌 또는 문화 중층화현상이 발생하게 된다. 이럴 때,

문화충격으로 다가오게 되는데 문화충격이란 자신이 속해 있는 문화와 전혀 다른 문화 혹은 새로운 생활 방식을 접할 때 받게 되는 충격을 말한다. 즉, 개인 또는 사회적인 기준에서 접해오던 문화와 다른 이질적 문화를 접했을 때 나타나는 심리적 변화 및 감정 동요 현상이 문화충격인 것이다.

인류학자 칼베로 오베르Kalvero Oberg가 1954년에 처음 소개한 용어로 문화충격이 발생하게 되면 무엇을 어떻게 해야 하는지 모르는 판단 부재의 상태에 놓이게 되며, 상호작용의 한 부분인 의사소통과 관련된 현상으로 보고 있다. 쉽게 말해서 우리가 새로운 문화권에 놓이게 되면 적응을 하지 못하고 어려움을 겪는 것을 의미한다. 지리적으로 먼 타국이나 새로운 문명권을 처음 접하는 사람들이 문화충격을 경험하는 경우가 일반적이나, 근본적으로 경험과 익숙함의 문제이기 때문에 인접한 국가라 할지라도 경험이나 접점이 없으면 문화충격을 느낄 수 있다.

문화충격은 주로 이민자들이나 이주노동자, 유학생들이 겪는 경우가 많은데, 자신의 문화를 유지하느냐 버리느냐 혹은 상대방 문화를 수용하느냐 거부하느냐의 두 가지 기준에 따라 네 가지 패턴으로 반응이 나타난다.

- 동화: 자신의 문화를 버리고 상대방 문화에 완전히 흡수됨
- 병존: 자신의 문화를 유지하면서 상대방의 문화에 적응

- 분리_{저항}: 자신의 문화에 천착하면서 상대방 문화에 적응하기를 거부
- 주변화: 자신의 문화도 잃고 상대방 문화에 적응하는 것도 실패

문화충격은 두 번 오게 되는데, 먼저 자신이 처음 접하는 문화에서 느끼는 어색함 그리고 그 문화에 익숙해진 후 다시 자신의 문화권으로 돌아와서 그곳의 문화를 새로운 시각으로 바라보게 될 때 느끼는 색다른 놀라움이다. 여기서 후자의 경우에는 '역문화충격'이라고 한다.

📷 문화충격 증상

· 평소보다 많이 먹는다	· 좌절감, 외로움, 혼란, 우울, 짜증, 불안, 무력감
· 평소보다 적게 먹는다	· 불안정한 기질과 적대감
· 수면의 요구가 늘었다	· 편집병
· 국가나 문화에 속해 있는 시간을 불평한다	· 현지인, 문화, 관습에 대한 비판
· 사람들을 기피한다	· 식수, 음식 접시, 침구에 대한 과도한 관심
· 평소보다 더 자주 집에 전화한다	· 현지인과의 신체적 접촉에 대한 두려움
· 공적인 상황을 걱정한다	· 사소한 어려움에 대한 과민성 및 과민 반응
· 잠이 잘 안온다	· 식습관과 수면 습관의 변화
· 향수병이 생긴다	· 유머 감각 상실

1. 문화충격의 원인

문화충격의 원인은 서로의 문화가 다르기 때문이다. 서로 다른 행동양식, 식생활, 언어를 사용하면서 서로에 대해 낯설게 느끼기 때문에 발생한다. 구체적으로 다음과 같은 차이에서 문화충격을 일으키게 된다.

❀ 언어

새로운 문화에서 체험되는 첫 번째 충격은 언어소통에서 느껴지는 어려움이다. 언어능력의 부족으로 인한 의사소통 불능은 이 문화를 구성하는 현지인과 관계를 맺는 데 가장 필요한 방법을 얻지 못한 상태이다. 이는 현지인과의 교류를 통한 새로운 문화 환경에 적응하는 데 어려움을 겪게 되고 순조로운 문화 적응에 큰 영향을 주게 되는 대표적인 문화충격 원인이다.

❀ 일상생활의 변화

자신의 문화권에서 일상적으로 하던 행동들이 타문화권에 놓이게 되면 다시 익혀야 하는 새로운 것이 된다. 타국에서 일상생활을 하는 데 당연히 알고 있어야 하는 지식이나 지술의 부족함을 충족시키기 위해 그 나라의 사회 규칙을 새롭게 경험하며 배워가야 한다. 이럴 경우 단순한 일조차도 낯선 것으로 다가와 정신적 부담이 커지게 되는데 이러한 상황들이 문화충격을 일으킬 수 있는 요인이 된다.

❀ 관계의 변화

사람들은 다른 사람과의 관계 속에서 자신의 정체성과 자아상을 얻으며 삶을 이루어 간다. 그러나 다른 문화권에서 관계를 유지하는 것은 자신의 나라에서보다 훨씬 어려운데, 이해할 수 없는 것이 많아지고, 무미건조해지며 외로움에 시달리게 된다. 심지어 자기 정체성을 상실하기도 하고 새로운 문화에서 현지인과 관계를 형성하는 것은 스트레스가 되기도 한다.

❀ 이해력의 상실

새로운 문화권에서는 이전의 지식 중 대부분이 쓸모없는 지식이 되기도 한다. 자신의 문화권에서 익숙하게 사용하던 말이나 제스처들이 타문화권에서는 받아들여지지 않을 수 있고 서로의 지식체계가 달라 오해를 일으키기도 한다. 자신과 현지인의 지식과 이해력에 차이가 있어 어려움을 겪게 되지만 타문화권에 거주하는 사람의 경우 이에 대한 원인을 파악하지 못한 채 자신의 능력에 대해 의심하며 자책하고 좌절하게 된다.

❀ 감정과 가치관의 혼란

감정적 차원과 가치관의 차이는 상실감과 혼동을 경험하게 만든다. 감정적 차원에서 본국을 그리워하며 현지에서 서서히 익숙해져가던 모든 것들이 귀찮고 자신을 힘들게 하는 요소라는 생각에 새로운 문화를 거부하기도 하며 가치관의 차이로 깊은 상실감도 경험하게 된다.

❀ 기후와 자연환경

기후의 변화는 생활에 엄청난 차이를 가져오게 된다. 연중 무더운 열대 지역, 반대로 추운 지역, 사계절이 뚜렷하거나 연교차가 심한 지역 등 다양한 지역은 다양한 삶의 모습을 결정짓는 중요한 요소이다. 새로운 기후와 자연환경을 접하게 되면 신체적으로도 적응해야 하는 부담감을 갖게 되며 이는 궁극적으로 스트레스로 작용하여 문화충격을 일으키는 요소가 된다.

2. 문화충격의 단계

문화충격은 새로운 문화의 적응과정에서 나타나는 심리적 현상으로 새로운 문화 환경에 이질성을 느끼고 자신의 문화와 분리된 것으로 바라보는 문화적응 과정 첫 단계에서 다음 단계로 이행하면서 발생한다.

❀ 제1단계: 접촉단계

새로운 문화에 대해 익숙한 상태가 아니기 때문에 자신의 문화에서의 위치, 역할, 정체성을 유지하기 위해 합리적인 형식으로 인지하게 된다. 즉, 감정적으로 새로운 것을 발견하는 기쁨을 느끼고 공통점과 차이점을 찾는 데 관심을 보이며 접촉단계에서는 아직까지 자신의 문화에 따라 행동하고 자신의 행동을 정당화하는 단계이다.

❀ 제2단계: 충격단계

타문화에 점차 익숙해지면서 자신의 문화와 타문화와의 차이를 많이 느끼게 된다. 특히 문화적 차이에 의한 압박을 느끼고 자존심을 잃는 것을 두려워하며 새로운 문화에서의 실마리를 찾지 못하고 판단착오를 쉽게 범하는 단계이다. 감정적으로 혼란, 상실, 당황, 고립, 무감동, 고독 등을 느끼고 긴장감과 우울감을 겪으며 대인관계에 대한 두려움을 느끼게 된다.

❀ 제3단계: 좌절단계

타문화에 익숙해지는 과정에 과잉 일반화, 평가의 편파 및 비판적인 태도로 인해 문화적인 차이를 인정하지 않으며 좋거나 싫어야 한다는 선입견으로 타문화를 거절하는 단계이다. 2단계보다 더 심해져 분노, 신경과민, 불안을 느끼게 되며 주장하는 행동이 많아지고 적응하기 위한 자존심이 높아지는 단계이다.

❀ 제4단계: 수용단계

타문화 환경에 적응해가면서 문화적 차이와 공통점의 정당성을 인정한다. 새로운 문화에 적응하고 생활하기 위해 필요한 감수성이 나타나며 문화적인 차이에 대처하여 새로운 경험을 극복하는 능력에 자신감이 생긴다. 새로운 문화에 많이 적응하여 현지인에게 보이는 낯익은 행동들을 한다.

❀ 제5단계: 통합단계

사회적, 심리적, 문화적 차이를 수용하면서 문화차이와 공통점이 바르게 평가되어 일상생활을 즐기는 단계이다. 보다 표현적, 창조적, 자기실현적이 되며 타문화에서 생활하는 것에 대한 의의를 발견하게 된다.

02 문화권과 문화관광에 대한 이해

1 문화권에 대한 이해

문화권이라는 것은 결국 지표상의 다른 지역과 구별되는 동질적 문화 유형의 지리적 범위를 말하는 것으로, 대륙 규모에 이르는 문화 지역을 의미한다.

문화권은 언어와 인종, 종교 등이 비교적 비슷한 지역으로 산맥·하천 등 뚜렷한 지형 조건에 의하여 구분되기도 하지

만 대부분은 경계를 구분하는 지점이 존재한다. 그리고 문화권은 영구 고정된 것이 아니라 인류 이동과 문화 전파 등에 따라 변화되어왔다.

본서에서는 이러한 문화권을 현대적 기준에 맞춰 아시아문화권, 유럽문화권, 아프리카문화권, 아메리카문화권, 오세아니아문화권 등으로 구분하고자 한다.

1. 아시아문화권

아시아문화는 종교적 측면에서 볼 때 불교와 유교가 중심이 되는 지역으로 이해할 수 있다. 지역적으로 구분하면 한국·일본·중국이 속한 동북아시아 문화권과 인도를 중심으로 한 인도문화권, 동남아시아 국가들이 포함된 동남아시아 문화권으로 구분할 수 있다.

동북아시아 문화권은 유교적 가치관과 함께 벼농사를 통한 쌀을 주식으로 하고 있으며, 남성중심 사회라는 특징을 지니고 있다. 유교의 가르침으로 인해 예(禮)를 중요시하는 사회적 문화를 지니고 있다.

인도문화권은 엄격한 신분제도인 카스트제도를 사회의 근간으로 하고 있으며, 힌두교를 국교로 하는 인도, 이슬람교 국가인 파키스탄, 스리랑카 등의 국가가 여기에 해당된다. 인도문화권은 인도의 경우 카스트제도의 영향과 대세에 대한 비중과 추구경향이 상대적으로 강한 특성을 지니고 있다.

마지막으로 동남아시아 문화권에 속한 나라는 태국·싱가포르·말레이시아·필리
핀·베트남·라오스 등이다. 인도네시아와 말레이시아는 회교 국가이며, 필리핀의 경우 가
톨릭을 믿고 있다. 동남아시아 국가들은 대부분 영국·미국·네덜란드 등의 식민통치를
통해 외래문화 영향을 받은 공통점을 지니고 있다.

2. 유럽문화권

유럽문화권은 유럽의 대부분 국가들이 해당되는데 북서부유럽·남부유럽·동부유
럽·러시아 등이 속한다. 이 문화권은 가톨릭·개신교·그리스정교를 믿고 있으며, 백인
종으로 구성되어 있다. 주로 신교인 개신교를 믿고 있는 서양문화권은 영국·독일·프랑
스·스위스·네덜란드 등이 포함된 북서 유럽권, 주로 구교인 가톨릭을 믿고 있고 식민지
배를 통해 남미에 큰 영향을 미친 국가들이 포함된 지중해 연안 국가들인 이탈리아·그
리스·스페인·포르투갈 등이 속한 지중해권, 주요 종교로 그리스정교를 믿고 있는 러시
아·체코·폴란드·불가리아 등의 국가들이 포함된 동부 유럽권으로 구분할 수 있다.

3. 아메리카문화권

아메리카문화권은 북아메리카와 남아메리카로 구분되며, 15세기 이후 유럽으로부터
이주하여 정착하기 전까지는 10만 년 전부터 아시아로부터 이주하여 정착생활을 시작한
인디언들의 터전이었다.

북아메리카는 15세기 이후 주로 영국·프랑스 등의 북유럽의 이민자가 대다수로 앵글
로 아메리카라고도 불린다. 현재의 미국과 캐나다 지역이 여기에 해당된다. 남아메리카
는 주로 스페인·포르투갈 등의 식민지개척을 위한 진출로 이민자가 유입되는데 이러한
연유로 라틴문화의 영향을 받았으며, 라틴아메리카라고도 불린다. 16세기 이후 본격적인
개척이 시작되었다. 남아메리카는 멕시코 중앙아메리카, 카리브해, 남아메리카대륙을 포
함하고 있다.

4. 아프리카문화권

유럽의 영향을 받은 남아프리카 지역과 아랍·베르베르문화 지역에 속하는 북부 아프
리카 지역을 제외한 전 아프리카 지역이 여기에 속한다.

아프리카는 아랍어를 사용하는 지역에서는 거의 이슬람교를 믿고 있다. 약 1,000개 이
상의 부족이 800여 종의 언어를 구사하고 있고, 종족과 문화가 각양각색이다. 지역적인

특징을 살펴보면 사하라사막 북부지역은 유럽인종·아랍인·에티오피아인 중심으로 거주하고 있으며, 중부지역 이남은 니그로족, 열대산림지역인 콩고분지는 피그미족 중심으로 거주하고 있다.

아프리카 대륙은 큰 산이나 골짜기가 별로 없는 600~700m 정도의 고원과 대지로 이루어져 있다는 특징을 가지고 있다.

2 문화관광의 개념

'문화관광cultural tourism'이란 인간과 문화와의 만남을 통해 서로의 생활양식과 사고의 방법을 이해하는 형태의 체험적 관광으로 해석되어진다. 좀 더 실질적으로 설명한다면 역사적 유산의 감상이나 민족적·지역적 생활풍습 등과의 접촉을 통한 관광형태의 한 분류이다.

그러나 문화라는 개념 자체가 극히 다양성을 갖고 있는 것이고, 특정 관점만으로 규정지을 수 없듯이 문화관광을 표면적 어감상에 의해 이해하는 것은 부적절한 의미로 다가올 수 있다. 또한 현재의 문화관광에 대한 패러다임 그 자체가 시대적 상황 또는 환경에 따라 조금씩 다르게 해석될 수 있어서 이를 문화관광의 개념적 범주의 한계로 단정 지어 논하기는 사실상 어려운 부분이다.

문화관광은 다른 형태의 관광에 비해 타국의 문화를 폭넓게 이해하고, 가치관의 차이와 사회적인 병리현상을 줄여주는 효과를 지니고 있기 때문에 최근 크게 각광받고 있다.

문화의 교류가 관광이라는 비공식경로를 통해 수없이 많이 이루어지고 있기 때문에 현대의 관광은 인간의 사회문화적 현상으로서 인간생활을 구성하는 중요한 문화활동의 일부분으로 인식되고 있다. 한 나라의 문화는 그 나라를 찾아온 모든 관광자에게 관심의 대상이 되거나 표적이 되며, 직간접적으로 관광이라는 이문화적 체험을 통해 그 나라의 정치·사회·문화·예술 등의 사회의 전반적인 영역에 대한 폭넓은 식견과 상호 이해의 바탕을 구축하는 데 매우 유용한 수단이 되고 있다.

현대사회에서 관광의 한 유형으로 분류되는 '문화관광'은 그 뜻이 매우 다양하다. 사전적 의미로는 '문화관광은 유적·유물·전통공예·예술 등이 보존되거나 스며 있는 지역 또는 사람의 풍요로웠던 과거에 초점을 두고 관광하는 행위'라고 정의하고 있다.

문화관광의 정의 및 개념을 종합해보면, 현대관광의 새로운 유형으로서 문화관광은 문화의 재발견이며 역사적 요충지의 문화체험이고, 과거의 유물이나 유적과 같은 유형적

관광자원뿐만 아니라 인간의 정신세계와 사회체계 등을 포함하는 개념으로 파악하여 타국이나 타 지역의 생활양식과 전통적 풍습 등을 체험하는 관광으로 정의할 수 있으며, 문화관광은 보고 즐기는 형태의 관광이 아니라 직접 경험하고 느끼는 관광이고 새로운 세계관과 가치관을 형성해주는 관광으로 해석되어야 할 것이다.

결론적으로 "문화관광이란 결국 타국이나 타 지역의 생활양식이나 전통적 행동 양식을 접하고 체험하는 인간 생활의 총체"라고 정의할 수 있겠다. 세계관광기구의 조사에 의하면 문화관광의 규모에 관한 실태는 아직까지 밝혀지지 않고 있으며, 관광통계에 의해서도 자료제공이 미흡하고, 성숙된 문화관광 활동이 일부 계층에 국한되고 있어 그 비중이 크지 않던 시절에 비하면 오늘날 문화관광은 점차 대중화되어 급속도로 변화되고 있는 추세에 있다고 한다.

3 문화관광의 특성

현대관광의 복잡·다양성을 감안할 때 문화관광에 대한 특성을 구체화하기는 쉽지 않지만 문화관광의 발전배경과 문화관광의 현재적 개념 틀에서 문화관광의 특성을 정리하면 다음과 같다.

첫째, 문화관광은 문화, 역사, 음악, 예술, 스포츠 등 관광객체의 공급을 통한 교육적인 기능을 가지고 있다. 문화관광은 실물과 문화현장을 직접 방문하고, 듣고 느끼는 구체적인 체험을 통하여 확실한 지식의 습득을 가능하게 하는 교육적 효과가 있다.

이는 문화관광자들이 일반적으로 문화시설을 이용한 휴양이나 소비, 또는 문화 행위체험과 같은 관광목적으로서의 1차적인 욕구 이외에도 무엇인가를 알고 싶어 하고 그것이 지식으로 축적되기를 원하는 인간의 본성에 기인한다고 할 수 있다. 그리하여 경제성이라는 관광의 부가적인 성과 외에도 순수한 역사적·문화적 교양 프로그램을 국민관광교육차원에서 추진해야 할 필요성이 있다.

둘째, 문화 및 예술을 상품화한 문화관광은 역사성, 문화성, 종교적 유산과 결합하여 자국의 문화예술을 더욱 진흥시키는 피드백효과를 지닌다는 점이다. 문화관광의 개발을 시장논리로 살펴보았을 때, 일면으로는 관광 참여기회의 확대로 인한 관광객의 문화관광수요 확대를 야기하고, 다른 한편으로는 문화관광수요의 창출은 다양하고 개성적이며 문화라 할 수 있는 가치가 높은 문화자원을 개발하게 함으로써 관광매력을 드높이는 문화관광 공급의 증가를 창출하게 한다.

셋째, 문화관광은 국가경제 및 지역경제를 활성화시킨다. 지역문화의 개발에 따라 지역이미지를 고양시킬 수 있으며, 도시나 지역의 세수증대와 더불어 국가의 내수증진에도 기여하게 된다. 문화관광은 경제적 효과, 즉 직접·간접·유발효과에 의한 국제관광수지의 개선, 고용 및 소득창출, 경제발전, 경제구조 개선 등의 국민경제적 파급효과를 야기한다. 유발효과는 관광수입의 재소비에 의한 경제적 효과를 의미한다. 따라서 관광객의 증대에 따른 수용시설의 확충과 문화관광 관련 인프라의 구축은 지역개발을 촉진하는 도화선 역할을 한다.

넷째, 지역주민의 문화 복지서비스 수요를 충족시킨다. 관광자를 위한 관광시설 및 공공시설의 건설로 관광자뿐만 아니라, 지역주민들도 시설을 이용하는 편익을 향유할 수 있게 된다는 것이다. 21세기 정보화, 국제화, 지방화의 급속한 진전에 따라 지방정부도 지역문화를 상품화하는 문화관광을 활성화하고 있는 실정이며, 이 과정에서 지역주민들의 '문화적 삶의 질' 추구에 대한 욕구가 어느 정도 실현될 수 있으며, 건강하고 쾌적한 여가생활을 향유할 수 있게 한다. 이것은 문화관광이 주로 무형의 문화관광자원을 상품화하여 판매하는 것이지만 그와 관련된 관광인프라를 구축하게 됨으로써 가능해지게 된다는 것을 의미한다.

다섯째, 환경친화적인 속성을 지니고 있다. 관광자 유치를 위해 문화재·문화시설·관광명소의 보존 또는 환경정화, 관광객의 수용을 위한 여타 정비활동으로 지역 미관이 개선되고 관광자원보호에 대한 관심이 증대된다. 세부적으로는 조경 및 도시계획 전문가들의 환경 디자인으로 아름답게 인조된 환경개선효과를 기대할 수 있게 한다.

여섯째, 문화관광은 국제관광을 야기하는 주된 원인으로, 국제간 친선도모와 이해 증진, 국가 이미지 제고 등을 쌓으며 보다 더 나은 문화교류와 지식습득으로 국가 혹은 사람들 간의 의사소통을 자연스럽게 하는 것으로 미래에 대한 필수적인 관광이라 하겠다.

CHAPTER

02

대한민국의
문화와 관광

01 대한민국 전통문화에 대한 이해

1 대한민국 개관

한국韓國 또는 남한South Korea이라고도 부르고, 북한에서는 남조선南朝鮮이라고 부르며, 아시아 동쪽 끝에 자리하고 있다. 또한 수도는 서울이다. 전체 면적은 10만 410㎢로 세계 110위이며, 남북으로 길게 뻗은 반도와 3,300여 개의 섬으로 이루어져 있다. 북쪽은 압록강과 두만강을 건너 중국의 만주와 러시아의 연해주에 접하고, 동쪽과 남쪽은 동해와 남해를 건너 일본에 면하며, 서쪽은 서해를 사이에 두고 중국 본토에 면한다. 중국, 일본 등과 함께 동아시아에 속한다. 대한민국의 인구는 2022년 10월 기준 약 5,163만 명으로 세계 29위에 해당하며, 민족 구성은 단일민족인 한민족으로 구성되어 있다.

대한민국은 종교의 자유가 보장된 나라이며, 개신교20%, 불교17%, 천주교11%, 기타2%, 종교 없음50%으로 나타났으며, 행정구역은 1개 특별시서울특별시, 1개의 특별자치시세종특별자치시, 6개 광역시부산광역시, 인천광역시, 대전광역시, 대구광역시, 광주광역시, 울산광역시, 1개의 특별자치도제주특별자치도,

8개 도로 이루어져 있으며, 광복 뒤의 사상적 대립과 사회적 혼란 속에서 제헌국회制憲國會가 소집되어 1948년 7월 17일 대통령제 및 단원제 국회를 통치체제의 골자로 한 대한민국헌법이 공포됨으로써 역사상 최초로 국민주권·권력분립·기본권 보장 등 자유민주주의 이념을 담은 헌법체제를 가지게 되었다. 대통령의 임기는 5년 단임제이며, 국회의원의 경우 4년을 임기로 한다. 또한 지방자치법에 입각하여 지방자치 단체장과 의회를 구성하며 그 임기는 각각 4년이다.

한반도는 제3기 중신세中新世 이후에 일어난 단층 및 요곡撓曲 운동의 결과 대체적으로 태백산맥을 중심으로 동쪽이 높고 서쪽이 낮은 비대칭적인 경동지형傾動地形을 이룬다. 따라서 한국의 높은 산들은 대부분 동해안 쪽에 치우쳐서 지형의 등줄기를 이룬다. 그 높

은 등줄기 산지는 동쪽으로는 급경사를 이루면서 동해안에 임박하지만, 서쪽으로는 완만한 경사를 이루어 서서히 고도를 낮추면서 서해안에 이른다. 그들 산지 사이의 경사를 따라 서쪽과 남쪽으로 하천이 흐르고 하천 중·하류에는 비교적 넓은 충적평야가 형성되어 있다.

한국은 유라시아대륙의 동단에 돌출한 반도로, 북위 33~43°에 걸쳐 남북으로 뻗어 있으며, 반도를 따라 척량부脊梁部를 이루는 태백산맥이 위치하고 있어 국토가 작은 데 비해 동서남북의 기후가 다양하다. 또 중위도의 온대에 위치하여 지역적인 다양성과 함께 계절적 변화에도 다채로운 추이를 볼 수 있다. 기후의 특색은 기온의 측면에서는 대륙성 기후로 규정할 수 있고 강수降水나 바람의 측면에서는 몬순계절풍기후로 규정할 수 있다. 춥고 건조한 대륙성 기단인 시베리아 기단에 영향을 받는 겨울철에는 비가 적고 매우 건조하다. 이에 반해 여름철은 6월 말부터 장마전선의 영향으로 집중호우가 내려 많은 피해가 일어나기도 한다.

대한민국의 언어로는 세종대왕께서 창제하신 한국어를 공용어로 사용하고 있다.

 대한민국 일반정보

구분	내용
국가명	한국(韓國) 또는 남한(South Korea)
수도	서울(Seoul)
인구	5,163만 명(세계 29위)
위치	아시아 대륙 동쪽이 위치
면적	10만 410㎢(세계 110위)
기후	내륙지방은 대륙성 기후이며 해안지방은 해양성 기후
민족구성	한민족
언어	한국어
종교	개신교(20%), 불교(17%), 천주교(11%), 기타(2%), 종교 없음(50%)

한국학중앙연구원, KOTRA 글로벌윈도우, 두피백과, 외교부 내용을 바탕으로 저자 작성

2 전통문화의 개념

전통이란 광의적으로는 과거로부터 전해진 문화유산을 말하는데, 이는 객관적인 사실에 중점을 두어야 한다. 과거에서부터 전해 내려오는 사상, 관행, 행동, 기술의 양식을 관

습이라 하는데 이러한 관습을 통해 현재까지 이어지는 형태를 전통이라 한다. 전통은 이처럼 문화유산의 재평가가 불가결한 요소이므로 그 담당자는 일정한 종교적·정치적·경제적 또는 사회적으로 확고한 결합체이어야 하며 그것을 평가할 수 있는 능력을 갖추고 있어야 한다. 문화의 전통이라는 것은 이처럼 여러 가지 조건을 전제로 한다. 전통을 존중하는 일은 때때로 '전통주의傳統主義'와 혼동되기 쉽고, 항상 불리한 평가를 받기 십상이지만 그것은 일정한 문화의 지속적·계속적인 축적을 전제로 하기 때문에 문화 창조에는 필수조건이 되었다. 그러나 한편으로는 전통이 갖는 권위權威는 그 담당자의 집단이나 공동체의 구성원에게 전통에 대한 애정·애착 또는 구속을 갖게 하여 거기에 맡기려는 신념체계信念 體系를 강화한다.

문화인류학자들은 문화를 인간만이 가지고 있는 것이라는 기본적인 전제 위에서, 문화가 갖는 속성이 무엇인지에 대하여 설명하려고 하였다. 지금까지 공감을 얻은 것으로는 "① 문화는 집단 성원들에게 공유된다. ② 문화는 그 자체가 상징적이다. ③ 문화는 학습된다. ④ 문화는 보편적이다. ⑤ 문화는 변한다." 등을 들 수 있다. 문화는 예절, 의상, 언어, 종교, 의례, 법이나 도덕 등의 규범, 가치관과 같은 것들을 포괄하는 "사회 전반의 생활양식"이라 할 수 있다. 이러한 측면에서 전통문화를 해석하면, 전통문화란 "과거로부터 전해 내려오는 사상, 관행, 행동, 기술, 음식의 양식 등 생활 전반에 걸쳐 전해 내려오는 형태"라 할 수 있을 것이다. 본서에서는 한국의 전통문화를 세시풍습문화, 족보문화뿌리 찾기, 문화유산을 중심으로 구성하였다.

3 세시풍속

1. 세시풍속의 정의

세시풍속은 대체로 농경문화를 반영하고 있어 농경의례라고도 한다. 여기에는 명절, 24절후節侯 등이 포함되어 있고 이에 따른 의례와 놀이 등 다양한 내용을 담고 있다. 농경을 주 생업으로 하던 전통사회에서는 놀이도 오락성이 주를 이루는 것이 아니라 풍농을 예축하거나 기원하는 의례였다. 그래서 세시풍속을 세시의례歲時儀禮라고도 하는데 오늘날에는 세속화되고 탈제의화脫祭儀化하여 의례로 행해지는 것이 구별되기도 한다. 세시풍속의 기준이 되는 역법曆法은 음력이지만 양력이 전혀 배제된 것이 아니다. 우리가 보편적으로 말하는 음력은 태음태양력Lunisolar Calender의 약자로서 음력이 중심을 이루되 양력도 가미된 것이다. 24절후 강강술래는 양력 날짜로 고정되어 있는데 이는 태양력을 바탕으로

하기 때문이다. 따라서 음력으로는 해마다 날짜가 달라진다. 가령 24절후이자 세시명절이기도 한 동지의 경우 양력 12월 22일에 들지만 음력으로는 동짓달 초순, 중순, 하순 등 해마다 달리 든다. 세시풍속은 대체로 1년을 주기로 반복되는데 예외도 있다. 가령 윤년閏年이 드는 해에 행하는 세시풍속이 있고, 3년, 5년, 또는 10년 단위로 행해지는 별신 제도 세시풍속의 범주에 속한다.

세시풍속을 세시歲時·세사歲事·월령月令·시령時令이라고도 하는데 이는 모두 시계성時季性을 강조한 것이다. 그런데 세시풍속은 시계성과 함께 주기성週期性·순환성循環性의 속성을 지니고 있다. 그러나 시계성과 순환성은 기본적으로 '주기성'을 바탕으로 하고 있어 세시풍속은 주기성을 중심축으로 같은 행사가 반복되는 것이다.

세시풍속은 명절 또는 그에 버금가는 날 행해진다. 전통사회에서 명절은 신성한 날, 곧 의례를 행하는 날로 특별한 의미를 부여했다. 일본에서는 세시풍속을 연중행사年中行事라고 한다. 우리나라에서도 종종 이런 표현을 하는데 이 용어는 피하는 것이 바람직하다. 우리의 경우 연중행사라 하면 연중에 행해지는 모든 행사를 망라한다. 세시풍속이 춘하추동春夏秋冬 계절에 적절하게 행해지고 있으므로 계절제季節祭라고도 한다. 따라서 연중행사와는 구별해야 한다.

전통사회에서 명절이라면 세시명절을 일컬었다. 그런데 오늘날에는 명절의 개념이 확대되어 세시풍속과 관련된 날은 세시명절이라는 용어로 구별할 필요마저 생겼다. 『고려사』에는 속절俗節로 나타나는데 이는 명절과 같은 의미이다.

강강술래

쥐불놀이

2. 세시풍속의 특징과 의의

전통사회에서 세시풍속은 생기를 북돋우고, 활력을 주는 생활의 마디가 되어왔다. 그래서 공동으로 행해지는 세시풍속은 신명을 푸는 축제와 같은 행사이기도 했다. 명절에

는 이제까지 일하는 동안의 긴장을 풀고 여유로운 시간을 갖는다. 이 휴식은 다음 일을 더욱 힘차게 할 수 있는 충전의 효과가 있다. 세시명절은 대체로 매달 있어 1개월 간격으로 긴장과 이완을 반복함으로써 주기적으로 삶의 활력과 탄력을 제공한다. 해마다 같은 세시풍속을 반복하는 까닭은 이처럼 삶의 활기와 힘을 재생하기 위한 것이었다. 세시풍속은 우리의 주생업이었던 농사와 밀접하게 관련되어 있었다. 본래 세시풍속은 한 해 농사의 풍년을 기원하고 추수를 감사하는 의례였으며, 인간의 삶과 직접 관련되어 복(福)을 비는 의례였다.

오늘날은 농사가 중심이 아니라 정보산업사회로서 생업도 다양하다. 하지만 민속은 우리의 생활문화로서 시대나 환경에 따라서 변하면서 적응하기 마련이다. 전통적인 세시풍속 역시 시대변화에 적응하여 전해오기도 한다. 오늘날 세시풍속이 행해지는 세시명절은 설날과 추석이라는 2대 명절로 축소되어 있다. 2대 명절이라고 하지만, 가정에서는 차례와 성묘를 하는 세시풍속이 일반적이다. 명절을 실감 나게 하는 곳은 민속박물관이나 민속촌과 같은 공공기관이다. 근래 이곳에는 설과 추석 연휴에 인파가 몰려들어 우리의 놀이를 즐긴다.

원래 설날의 명절놀이로 알려진 윷놀이는 요즘 세시놀이로서보다는 평소에도 즐기는 열린 놀이가 되었다. 세시놀이는 세시명절에만 행해지는 것이 아니라 다른 방법으로 응용되기도 하는데 다른 세시풍속보다 그 활동무대가 광범위하다. 애초 세시놀이였던 씨름대회라든가 연날리기·윷놀이 등이 최근에는 시간과 공간의 제한 없이 다양하게 행해지는 것을 보아서도 알 수 있다. 민속신앙 의례이면서 세시풍속이기도 한 동제가 '지역축제'로 활성화되는 것도 변화·전승되고 있는 한 모습이다. 운동회는 우리나라에서 신식 교육 제도인 학교가 생기면서 시작된 행사인데, 여기에는 또 다른 양상으로 우리의 세시풍속이 수용되었다. 설이나 단오·백중 때의 주요한 놀이였던 줄다리기·씨름·동채싸움 등이

윷놀이

지신밟기

행해지며, 학생들만 참가하는 것이 아니다. 일반인도 자기 마을의 명예를 걸고 힘을 쓰는 것은 곧 전통사회에서 명절이면 승부를 가리는 세시놀이로 정열을 쏟았던 것과 같다.

이 밖에도 각 지역에서 세시풍속을 기반으로 근래에는 전통문화 체험, 문화콘텐츠의 대상으로 세시풍속이 강하게 부상되기도 한다. 최근에 청소년들 사이에서는 '밸런타인 데이'를 비롯하여 '화이트 데이', '블랙 데이' 등 데이 시리즈가 관심을 모은다. 그렇다면 이런 것들이 과연 세시풍속의 범주에서 논의될 수 있는가 역시 생각해볼 일이다. 양력을 기준으로 한 크리스마스는 기독교인의 세시명절이라 할 수 있고, 비록 상술商術 때문에 널리 알려지게 되었다는 밸런타인 데이 역시 족보가 있는 날이다. 그러나 여타 데이 시리즈의 세시풍속으로서의 위상은 좀 더 시간을 두고 지켜보아야 할 것이다.

3. 월별 세시풍속

① 정월 행사

정월 초하루 설날은 한 해의 첫날을 기리는 명절로, 국립국어원에 따르면 양력 1월 1일양력설이자 새해 첫날, 신정과 음력 1월 1일음력설, 구정 모두를 통틀어 이르는 말이라고 한다. 본 저서에서는 한국의 전통 명절인 음력 1월 1일 음력설을 기준으로 기술한다.

음력설의 날짜는 음력 1월 1일이다. 구정舊 正, 정월正月 초하루, 음력설로도 불리며 한자 어로는 신일愼日, 원단元旦, 연수年首, 원일元日 등 으로 다양하게 불린다. 설 전날을 '까치설'이 라고도 하는데, 실제 까치와는 관계없고 작은 설을 뜻하는 '아치설' 또는 '아찬설'이 변한 말이라고 한다.

설날 새벽에는 집 밖에 복조리福笊籬라는 것 을 걸어 한 해가 풍족하길 빌었다. 조리란, 쌀에 섞인 모래나 돌 같은 걸 걸러내고 물에 씻 어내는 일종의 체를 일컫는데, 대나무를 가늘게 쪼갠 죽사竹絲로 엮어 만들었다. 설날이 되면 기존에 쓰던 조리 말고, 정초에 새로 조리를 장만하는데, 이것이 바로 복조리다. 한

해 동안 사용할 개수만큼 조리를 사서 실이나 성냥, 엿 등을 담아 문 위나 벽 등에 걸어두는데, 이는 장수와 재복을 바라는 의미를 담은 것이다.

설날 입는 옷인 설빔으로 갈아입고 아침 식사 후 세배를 한다. 설날의 대표적인 풍속으로 일컬어지는 것은 세배歲拜로, 원래는 차례가 끝난 뒤에 아랫사람이 윗사람을 찾아다니며 새해 인사를 드리는 것이었다. 차례가 끝나면 조부모, 부모, 백숙부모의 순서대로 새해 첫인사를 드리는데 이를 세배라 한다. 집안의 세배가 끝나면, 아침 식사를 한 후에 일가친척과 이웃 어른들을 찾아가서 세배를 드린다. 세배를 받은 측에서는 어른에게는 술과 밥, 아이에게는 과일과 돈으로 대접하며 서로 덕담을 나눈다.

또 하나의 대표적인 정월행사인 정월 대보름은 한국의 전통 명절로 음력 1월 15일을 의미한다. 설날 이후 처음 맞는 보름날로 상원, 혹은 오기일烏忌日이라고 한다. 한편으로는 과거 조상들이 설날보다 더 성대하게 지냈던 명절로, 보통 그 전날인 14일부터 행하는 여러 풍속들이 있다. 원래는 설날부터 대보름까지 15일 동안 축제일이었으며, 이 시기에는 빚 독촉도 하지 않는다는 말이 있었을 정도로 옛날에는 큰 축제였다. 이보다 좀 더 옛날에는 정월 대보름 이튿날을 실질적인 한 해의 시작으로 여기지 않았을까 하는 설도 있다.

이날에는 오곡밥, 약밥, 귀밝이술, 김과 취나물 같은 묵은 나물 및 제철 생선 등을 먹으며 한 해의 건강과 소원을 빈다. 또한 고싸움, 석전과 같은 행사와 다양한 놀이를 하였는데, 이 풍속들은 오늘날에도 일부 이어져 행해지고 있다. 지역별, 마을별로 제사를 지내는 곳도 있다. 예로부터 정월 대보름에는 한 해의 계획을 세웠는데, 이 과정에서 한 해의 운수를 점치기도 하였다.

아침이 되면 부럼깨기 및 귀밝이술 마시기를 시작하며, 새벽에 '용물뜨기'를 하거나 첫 우물을 떠서 거기에 찰밥을 띄우는 '복물뜨기'를 하였다.

❷ 2월 행사

2월 초하룻날은 정월 보름 전날 세운 볏가릿대의 곡식을 풀어 솔떡을 해먹는다. 또 이날은 1년 중 대청소하는 날로서 집 안팎을 깨끗하게 청소한다. 해안 지방에서는 초하루부터 20일까지 사이에 풍신제風神祭를 지내며 초엿샛날에는 좀생이와 달의 거리를 보아서 연중의 길흉吉凶을 점쳐보고, 상정일上丁日에는 유생들이 문묘文廟에서 석전제釋奠祭를 행한다.

❸ 3월 행사

3월 3일은 '삼짇날'이라고 하여 '화전花煎놀이'를 많이 하며, 한식에는 선조의 무덤에 가서 성묘를 한다. 또 한량閑良들은 활터에 가서 활쏘기를 하고, 그믐께는 '전춘餞春'이라 하여 음식을 장만해 산골짜기나 강가에 가서 하루를 즐긴다.

④ 4월 행사

4월 초파일은 석가모니가 탄생한 날로 '부처님 오신 날'이라 하여 불교신자들은 절에 가는데, 이날 절에서는 큰 재齋를 올리고 각 전각에 등불을 켠다. 이달에는 시식時食으로서 찐떡, 어채魚菜, 고기만두 등을 해먹는다.

⑤ 5월 행사

5월 5일은 단오端午라 한다. 옛날에는 '단오차례'라고 하여 차례를 지냈고, 또 부녀자들은 창포菖蒲 삶은 물에 머리와 얼굴을 씻고 창포뿌리를 깎아 비녀를 만들어 머리에 꽂고 그네뛰기를 하며, 남자들은 씨름을 즐겼다. 13일은 '대 심는 날'이라 하여, 이날 대를 심으며, 이달에는 소녀들이 봉숭아꽃을 따서 손톱에 물을 들인다.

⑥ 6월 행사

6월 15일을 '유두流頭날'이라 하여, 음식을 장만해 산간 폭포에서 몸을 씻고 서늘하게 하루를 보낸다. 각 가정에서는 이날 유두면流頭麵·수단水團·건단乾團·상화霜花떡 등 여러 가지 음식을 해먹는다. 복중에는 '팥죽'을 쑤어 먹고, 고사리와 묵은 나물을 넣어 '개장'을 끓여 먹고, '계삼탕鷄蔘湯'도 먹는다. 허리 아픈 노인들은 해안지대 백사장에 가서 '모래뜸질'을 하고, 빈혈증이나 위장병이 있는 이들은 약수터에 가서 약수를 마신다.

⑦ 7월 행사

7월 7일은 햇볕에 옷을 내어 말리고, 저녁에는 '칠석七夕'이라 하여 처녀들은 견우牽牛·직녀織女 두 별을 보고 절하며 바느질이 늘기를 빈다. 15일은 '백중百中'이라 하여 절에서는 중들이 100가지 과일과 나물을 갖추어 부처에게 공양을 한다. 또 우란분회盂蘭盆會를 성대히 베푼다. 농민들은 이날을 '호미씻이'라 하여 음식을 장만해서 산기슭 들판에 나가 농악을 울리며 하루를 즐긴다.

⑧ **8월 행사**

음력 8월 15일 추석秋夕 또는 한가위는 대한민국에서 가장 큰 명절이다.

추석쯤에는 대부분의 곡식이나 과일이 익지 않은 상태다. 추수를 하기 전, 농사의 중요 고비를 넘겼을 때 미리 곡식을 걷어 조상들에게 제사를 지내고 풍년을 기원하는 것이 추석의 본 의미이다. 가을 추수라는 큰일을 앞두고 성묘도 하고 놀면서 즐기는 명절이었다. 따라서 추석은 풍년기원의 의미는 있을지언정 추수감사절처럼 추수감사의 의미는 없다. 서양에는 추수감사절 풍습은 있으나, 추석 즈음을 기리는 풍습은 없기 때문에 추석을 흔히 '한국식 추수감사절 Korean thanksgiving day'이라고 설명하기는 하지만, 엄밀히 따지면 둘은 서로 다른 시기의 풍습이다. 한국에서 추수감사의 의미가 있는 풍습은 아예 추수를 다 끝내고 음력 10월 중에 하는 상달고사였다.

추석엔 고향을 방문하는 풍습이 있다. 추석 한가위 날은 대한민국에서 가장 큰 민족 최대의 명절인 만큼 여러 다채로운 전통 놀이, 풍습들이 명절 기간에 행해진다. 또한 추석을 맞이하여 각종 행사들도 열린다.

송편은 추석을 상징하는 대표적인 음식이며, 많은 가정에서 송편을 만들어 먹거나 사 먹는다. 강강술래는 한국의 전통 춤이며, 추석 한가위 보름달 아래에서 여러 사람들이 손을 잡고 원형을 그리며 춤을 춘다. 추석에는 다양한 전통놀이를 하곤 하는데 줄다리기, 씨름, 연날리기 등이 있다. 그해의 첫 수확으로 거두어들인 햅쌀은 신도주라는 술을 빚는데 사용되었다. 신도주는 추석 무렵에 만들어 마시는 청주로 보통 추석의 차례주로 쓰였다. 청주를 거르고 남은 술지게미에는 물을 섞어 대용량의 막걸리를 만들고 동네 주민들이 나누어 마셨다고 한다.

⑨ **9월 행사**

9월 9일은 중양절重陽節이라 하여 각 가정에서는 철음식으로 '화채花菜'를 만들어 먹으며, '국화전菊花煎'도 부쳐 먹는다. 또 '풍국楓菊놀이'라 하여 음식을 장만해 교외 산야山野에 가서 하루를 즐긴다.

⑩ 10월 행사

10월은 '상달'이라 한다. 초사흗날은 개천절로 예로부터 모두 이날을 기념하여왔다. 정부에서는 공휴일로 정하는 동시에 국경일로서 엄숙히 의식儀式을 거행한다. 이달에는 '시제時祭'라 하여 먼 선조의 무덤에 모여서 제사를 지낸다. 그리고 겨울철의 부식물인 '김장'을 한다.

⑪ 11월 행사

11월을 동짓달이라고 한다. 동짓날은 팥죽을 쑤어 먹는데, 시식時食을 삼아 고사告祀도 하고, 또 악기를 제거한다 하여 죽물을 대문간, 대문 판자에 뿌린다.

⑫ 12월 행사

12월을 섣달이라고 한다. 연말이 가까워지면 세찬歲饌이라 하여, 마른 생선·육포肉脯·곶감·사과·배 등을 친척 또는 친지들 사이에 주고받는다. 그리고 그믐에는 연중 거래 관계를 청산하며, 각 가정에서는 새해 준비로 분주하다. 또 이날 밤에는 '해지킴守歲'이라 하여 집 안팎에 불을 밝히고, 새벽이 될 때까지 남녀가 다 자지 않고 밤을 새운다.

4 족보 문화 – 우리의 뿌리 찾기

1. 족보의 정의

족보라 함은 한 씨족同族의 계통을 기록한 책으로 한국 족보 간행은 《연려실기술燃藜室記述》 별집에 보면, 1562년명종 17의 《문화유보文化柳譜》가 최초라 하였으나 오늘날 전하지 않는다. 문헌적으로 믿을 수 있는 최초의 것은 1476년성종 7 간행된 안동권씨安東權氏의 족보 《성화보成化譜》로서 《문화유보》보다 80년 앞서고 있다. 그러나 《고려사高麗史》를 보면 고려 때에도 양반 귀족은 그 씨족계보氏族系譜를 기록하는 것을 중요시하였고, 관제官制로서도 종부시宗簿寺에서 족속보첩族屬譜牒을 관장했다는 것으로 보아 당시의 거가巨家 귀족貴族 사이에는 보계를 기록 보존하는 일이 실제로 있었던 것으로 추정된다. 족보를 가첩이라 함은 동

족 전부에 걸친 것이 아니라 자기 일가의 직계에 한하여 발췌초록拔萃抄錄한 세계표世系表를 가리키며, 가승이라 함은 계도系圖 외에 선조의 전설·사적에 관한 기록을 수록한 것을 가리킨다.

일반적인 족보는 이른바 종보宗譜에 해당하는 것이며, 여기에서 분파된 일단一團의 세계世系에 대해서는 이를 지보支譜·파보派譜라 부른다. 이들 파보에는 그 권수가 많아 종보를 능가하는 것도 적지 않다. 파보는 시대가 변천함에 따라 증가되어가고, 그 표제에 연안김씨파보延安金氏派譜·경주이씨 좌랑공파보慶州李氏佐郎公派譜·순창설씨 함경파세보淳昌薛氏咸鏡派世譜 등과 같이 본관과 성씨 외에 지파의 중시조명中始祖名 또는 동족부락의 거주지로 보이는 지명을 붙이고 있으나, 내용과 형식에서는 족보와 다름없다. 따라서 한 성씨족의 족보이면서 여러 종류의 족보 성격을 띤 것이 많다. 이에 대해 국내의 족보 전반에 걸쳐 망라한 계보서가 있다.

족보의 기록 내용은 족보의 종류와 크기에 따라 다르지만, 대개는 다음과 같은 순서로 기록한다. 우선 권두에 족보 일반의 의의와 그 일족의 근원과 내력 등을 기록한 서문序文이 있다. 이 글은 대개 일족 가운데 학식이 뛰어난 사람이 기록하는

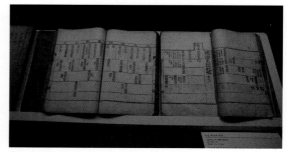
🔊 조선왕실 족보

것이 상례이다. 다음에는 시조나 중시조의 사전史傳을 기록한 문장이 들어가고, 다음에는 시조의 분묘도墳墓圖와 시조 발상지에 해당하는 향리지도 등을 나타낸 도표가 들어가며, 그 밑에 범례가 있다. 끝으로 족보의 중심이 되는 계보표가 기재된다. 이것은 우선 시조에서 시작하여 세대순으로 종계縱系를 이루며, 같은 항렬은 횡으로 배열하여 동일 세대임을 표시한다. 기재된 사람은 한 사람마다 그 이름·호號·시호謚號·생몰 연월일·관직·봉호封號·훈업勳業·덕행德行·충효忠孝·문장·저술著述 등을 기록한다. 또, 자녀에 대해서는 입양관계, 적서의 구별 및 남녀의 구별 등을 명백하게 한다.

2. 족보의 종류

족보에 수록되는 동족의 범위에 의하여 족보를 구분하면 일반적으로 족보라고 부르는 한 동족同姓同本 전체의 계보, 한 동족 안의 한 분파分派의 세계에 한하는 파보派譜, 국내 족보 전반을 망라하는 계보서의 3종으로 나누어볼 수 있다. 족보의 일반적인 명칭에 대해

서는 국립중앙도서관에 소장되어 있는 일제강점기에 발간된 족보를 조사하여보면, 세보世
譜·족보·파보를 비롯하여 60여 종이나 된다. 이를 빈도순으로 나열하면 다음과 같다괄호
안은 족보의 수임.

세보(1,031), 족보(493), 파보(473), 가승(家乘)(41), 세계(世系)(32), 속보(續譜)(31), 대동보(大同
譜)(31), 가보(家譜)(29), 가승보(家乘譜)(24), 계보(系譜)(23), 보(譜)(7), 자손보(子孫譜)(6), 대보
(大譜)(6), 세적보(世蹟譜)(6), 종안(宗案)(5), 세덕록(世德錄)(5), 소보(小譜)(5), 지장록(誌狀錄)(5),
선원보(璿源譜)(3), 수보(修譜)(3), 약보(略譜)(3), 문헌록(文獻錄)(3), 실기(實記)(3), 가사(家史)(3),
총보(總譜)(3), 선보(璿譜)(2), 연원보(淵源譜)(2), 화수보(花樹譜)(2), 녹권(錄卷)(2), 분파지도(分
派之圖)(2), 통보(通譜)(2), 가첩(2), 삭원보(朔源譜)(2), 연보(年譜)(1), 완의문(完議文)(1), 전보(全
譜)(1), 지보록(支譜錄)(1), 세헌록(世獻錄)(1), 대종보(大宗譜)(1), 파록(派錄)(1), 세기(世紀)(1), 대
동종보(大同宗譜)(1), 세승(世乘)(1), 세가(世家)(1), 외보(外譜)(1), 경편보(輕便譜)(1), 세첩(世牒)
(1), 구보(舊譜)(1), 삼응보(三應譜)(1), 보계(譜系)(1), 세고(世稿)(1), 종표(宗表)(1), 가장보(家藏譜)
(1), 일통보(一統譜)(1), 파첩(派牒)(1), 실록(實錄)(1), 외계(外系)(1), 세감(世鑑)(1), 회중보(懷中譜)
(1), 파별록(派別錄)(1), 분가보(分家譜)(1), 세적(世蹟), 기타(6)

이상에서 보는 바와 같이, 족보의 명칭을 정리하여보면 '세보'라는 명칭이 가장 많다.
다음이 족보, 파보의 순서인데, 이 세 가지를 합하면 전체의 8할 이상을 차지하고 있다.
중국에서 흔하게 쓰는 '종보宗譜'라는 명칭은 보이지 않으며, 월남이나 유구琉球에서 가장
많이 사용되고 있는 '가보家譜'라는 명칭이 거의 30번이나 나왔다는 것은 주목할만하다.
족보는 수록되는 동족의 범위에 따라 한 동족 전체의 계보와 한 동족 안의 일파만을 포
함하는 파보로 구분한다.

3. 성씨의 정의

성씨란 사전적으로 출생의 혈통을 나타내거나 한 혈통을 잇는 겨레붙이의 칭호라 말
하지만, 일반적으로는 부계사회에 따른 조상으로부터 내려오는 가족의 칭호라 말할 수
있다. 성과 씨는 역사상 때로는 함께 붙어서, 때로는 각각 독립적으로 사용되기도 하였다.
본관과 함께 사용하여 혈연관계가 없는 동일한 성과 구별된다. 여기에서 현재 한국인이
라면 누구나 본·성·이름을 가지게 되어 있다.

성씨는 발생한 이래 계속 분화하여 같은 조상이면서 성을 달리하기도 하며, 동성이면
서 조상을 달리하기도 하였다. 또는 부의 성을 따르기도 하며 또는 모의 성을 따르는가

하면, 또는 혈연적인 관계가 전혀 없는 성을 거짓 사용하거나 [冒姓] 변성變姓 · 사성賜姓 · 자칭성自稱姓하기도 하였다.

중국의 경우 삼대三代 : 夏 · 殷 · 周 이전에는 남자는 씨를, 여자는 성을 호칭하였다가 후대에 성씨가 합쳐졌던 것이며, 씨는 신분의 귀천을 분별하였기 때문에 귀한 자는 씨가 있으나, 천한 자는 이름만 있고 씨는 없었다. 중국의 성씨제도를 수용한 우리나라에서는 고려 초기부터 지배층에게 성이 보급되면서 성은 부계혈통을 표시하고 명은 개인의 이름을 가리키게 되었다. 그 결과 성은 그 사람의 혈연관계를 분류하는 기준이 되며, 이름은 그 성과 결합하여 사회성원으로서의 개인을 남과 구별하는 구실을 한다. 이름 그 자체만으로는 독립된 인격 행위를 할 수 없으며 어디까지나 성을 보조하는 기능을 가진다.

성은 그 사람이 태어난 부계혈통의 표지標識이기 때문에, 그 사람의 신분이나 호적에 변동이 생긴다 하여도 혈통이 변하는 것이 아니므로 일생 동안 바꾸지 못하는 것이 우리나라 고래의 관습법이다. 현행 <민법>상으로 자子는 부의 성과 본을 따르도록 되어 있으며 제781조, 성이 잘못 불리거나 하는 특별한 경우 이외에는 성의 변경은 허용되지 않는다.

씨는 분화된 혈통姓의 각각의 지연地緣을 표시하는 표지인 것이 분명하므로 그 본원적 의미는 성의 분파를 뜻한다. 그러므로 중국의 고전에서 말하는 성은 혈통의 연원을 표시하는 것으로 역시 우리의 성이라는 것에 해당되며, 씨란 같은 성에서도 소유한 지역으로써 분별한 것이므로 우리의 본관에 해당된다. 경주 김씨 · 전주 이씨 · 밀양 박씨 등의 씨자에는 존칭적 의미도 잠재하여 있지만, 본관을 표시하는 의미가 포함되어 있다. 씨는 또한 조선시대 양반의 처妻에 대한 이름 대용의 경칭적 칭호로도 사용되었다.

 우리나라 성씨의 변천사

연도	문헌 및 자료	성씨의 개수	비고
1486년(성종)	동국여지승람	277개	세종 이후 귀화한 성과 '세종실록지리지' 소재 성씨(망성 포함)
1766년(영조)	도곡총설	298개	
1908년	증보문헌비고	496개	삼국시대부터 조선시대까지 존재했던 고문헌에 있는 모든 성 망라[한성화 이전의 고유명자(固有名字)와 이미 소멸된 망성 모두 포함]
1960년	대한민국 국세조사	258개	1930년 국세조사 때 250성
2020년	대한민국 인구주택총조사	286개	귀화인 제외, 본관은 4,179개

위키백과와 나무위키의 내용을 바탕으로 재작성

4. 성씨의 유래

삼국이 성립하기 이전 고대 씨족사회에는 아직 성이라는 것이 없었다. 가령, ≪삼국지≫ 위서 동이전에 "같은 성끼리는 혼인하지 않는다."는 기록이 있는데, 이는 당시 중국인들이 우리의 토착사회에서 일정한 집단 안에서는 족내혼族內婚을 하지 않는 풍속을 보고 그 일정한 집단을 동성이라고 표현한 데 지나지 않는다. 성은 혈족관계를 표시하기 위하여 제정된 것으로 그것이 언제부터 발생하였는지는 자세히 알 수 없으나, 이미 인류사회가 시작되는 원시시대부터 이러한 관념을 가지고 있었다. 왜냐하면, 원시사회는 혈연을 기초로 하여 모여 사는 집단체로 조직되었기 때문이다.

사람은 처음에는 자기를 낳은 어머니만 확실히 알고 아버지는 알 수 없었다. 그러므로 처음에 모계혈연을 중심으로 모여 사는 이른바 모계사회가 나타났다가 뒤에 부계사회로 전환되었거니와, 모계거나 부계거나 원시사회는 조상이 같은 사람들이 집단을 이루고 모여 살았다. 이처럼 인류사회는 혈연에서 출발하고 혈연을 중심으로 하여 발전하였기 때문에 원시시대부터 씨족에 대한 관념이 매우 강하였다. 자기 조상을 숭배하고 동족끼리 서로 사랑하고 씨족의 명예를 위하여 노력하였다. 그리고 각 씨족은 다른 씨족과 구별하기 위하여 각기 명칭이 있었을 것이며, 그 명칭은 문자를 사용한 뒤에 성으로 표현하였다.

동양에 있어서 처음으로 성을 사용한 것은 한자를 발명한 중국이었으며, 처음에는 그들이 거주하는 지명이나 산·강 등의 이름으로 성을 삼았다. 신농씨神農氏·황제黃帝의 어머니가 각각 강수姜水와 희수姬水에 살았으므로 성을 강씨와 희씨로 하였던 것이며, 성자 자체가 여성에서 나온 것처럼 중국 초기의 성자에는 여자女字변을 딴 글자가 많았다.

우리의 성은 모두 한자를 사용하고 있으므로 중국문화를 수입한 뒤에 사용한 것임은 틀림없다. 그런데 ≪삼국사기≫·≪삼국유사≫ 등 우리의 옛 사적에 의하면, 고구려는 시조 주몽朱蒙이 건국하여 국호를 고구려라 하였기 때문에 고씨高氏라 하고, 백제는 시조 온조溫祚가 부여 계통에서 나왔다 하여 성을 부여씨夫餘氏라 하였다 한다.

① 경주 김씨

우리나라 정사 삼국사기와 삼국유사 저자 배출한 삼한갑족두문동 72현 김자수, 기묘명현 김 정, 양관대제학 김창희, 추사 김정희 1395년 경주김씨세계서慶州金氏世系序 기술영분공후 수은공파 경주김씨慶州金氏는 신라 왕족의 3성씨박·석(昔)·김 가운데 하나로 삼한갑족三韓甲族으로 불린다. 삼국유사와 삼국사기에 의하면, 시조 알지閼智는 영평 3년서기60, 탈해왕4 8월 4일에 호공이 월성의 서리西里를 걷고 있을때, 큰 빛이 시림 속에서 나오는데 자주색 구름이

하늘에서 땅으로 뻗쳐 있었고, 그 구름 속에는 황금궤가 나뭇가지에 걸려 있었다. 금궤에서 빛이 나오고 나무 밑에서는 흰 닭이 울고 있었다. 보고를 받은 탈해왕은 친히 숲으로 행차하여 궤를 열어보았더니, 사내아이가 누워 있다가 곧 일어났다. 왕은 사내아이를 안고 대궐로 들어오니, 새와 짐승들이 따라와 춤추고 뛰놀았다고 한다. 시림의 금궤에서 나왔다 하여, 성을 김金으로 하였고, 우리말 '아기'라는 뜻의 '알지'라고 이름하였다. 왕은 '하늘이 내리신 아들'이라 하여 훌륭히 키웠다.

❷ 전주 이씨

500년 조선 왕조의 가문오리정승梧里政丞 이원익李元翼, 흥선대원군 이하응, 초대 대통령 이승만, 실학의 선구자 이수광, 철기鐵驥 이범석李範奭 장군 등 역사에 한 획을 그었던 거목 배출 문과文科대과에만 785명 총 4,331명의 과거급제자를 배출하여 모든 성씨姓氏 중 단연 1위인 전주이씨全州李氏는 조선 500년의 왕가王家이다. 전주이씨全州李氏 유래에 대해서는 두 가지 설이 전해지고 있다. 첫째는 중국中國에서의 귀화설歸化說이다. 연대와 작자 미상의 완산실록完山實錄에는 전주이씨 시조에 대하여 다음과 같이 기록되어 있다. "야사野史 실록實錄을 참고하면, 시조 사공 공의휘는 한翰이요, 자는 견성甄城이다. 공은 본디 중원中原: 중국에 살았는데, 태어나실 때부터 거룩하여, 총명이 과인하시고 재질이 특이하여 하나를 들으면 열을 아시었다. 공의 나이 15세에 한림원에 입학하시고, 계모 주씨朱氏가 매우 사납고 악했으나, 지극한 효성으로 모시었다. 그래서 그때 동요에 '오얏나무 밑에서 반드시 왕 기가 나타나리라.'하더니, 마침 배가裵哥에게 모함을 받아 공이 바다를 건너 우리나라로 오니, 그때 나이 18세였다. 나이 약관도 되지 않아 문장이 비범하고 도덕이 탁월하여 인자한 기풍을 크게 떨쳤다. 불과 수년에 사람들의 칭송하는 소리가 조정까지 들려, 신라의 문성왕文聖王이 불러 사공 벼슬에 임명하였고, 1년 남짓 다스리매 국정이 공평하여 모든 관원들이 교화되고 만백성들이 즐겼다. 그래서 태종太宗의 10세손 김은의金殷義가 사위를 삼았다." 곧 사공司空 공公은 중국인으로 배씨의 모함을 받아 신라로 들어와 사공 벼슬에 올라 김씨를 아내로 맞았다는 것이다. 그리고 출처 미상의 〈이씨 득성의 유래李氏得姓之由來〉란 글에서는 중국 이씨의 역사를 약술하고서 끝부분에 "우리 전주이씨全州李氏가 본래 중국 당唐나라 황실의 후예라 하나, 그 파계와 원류를 밝힐 분명한 근거가 없고, 우리 시조 휘 한翰으로부터 대대로 완산인이 되었다."라고 하였다.

둘째는 경주이씨慶州李氏에서 분적설分籍說이다. 경주이씨는 신라 육성六姓: 李·崔·鄭·孫·裵·薛의 하나로, 우리나라 이씨 중에서 가장 역사가 오래된 씨족이다. 〈경주이씨대동보〉에는 경주이씨의 유래가 나온다. 신라 6성六姓의 시조 6명은 모두 하늘로부터 내려온다. 곧 6인천강

설六人天降說이다. 경주이씨 시조 알평謁平은 처음에 하늘로부터 박바위瓢岩로 내려왔다. 이곳은 6촌六村 중 알천 양산촌閼川 楊山 村인데, 나중에 급량부及梁部로 행정구역 명칭이 바뀌었다. 기원전 69년前漢 宣帝 地節 元 3월 초하루에, 이 6촌장이 알천閼川의 바위 위에 모여 양산陽山 아래를 바라보니, 이상한 기운이 번개 빛 같고 흰 말이 무릎을 꿇고 절하는 모양이 보여, 찾아가보니 검붉은 알이 있는데, 말은 사람을 보고 슬피 울며 하늘로 올라가버렸다. 그래서 6촌장이 그 알을 깨보니 한 사내아이가 나타났다. 그 아이 이름을 혁거세赫居世라 불렀다. 이 혁거세가 13세가 되자 기원전 57년前漢 宣帝 五鳳 元에 혁거세를 왕으로 추대하고 나라 이름을 신라라 하였다는 것이다.

③ 밀양 박씨

기원전 69년 이들 여섯 촌장들이 아들을 데리고 알천의 언덕위에 모여서 백성을 다스릴 임금을 추대할 것을 의논을 하고 있었다. 이때 남쪽을 바라보니 양산 아래에 있는 나정蘿井이라는 우물가에 오색영롱한 빛이 비치고 흰 말 한 마리가 땅에 꿇어앉아 절하는 모습이 보였다. 그곳에 가서 보았더니 박같이 생긴 알이 있어서 알을 깨어보니 그곳에서 사내아이가 나왔다. 그래서 사람들이 그 아이를 혁연히 세상에 나왔다고 해서 혁거세赫居世라고 하고 박에서 나왔다며 성을 박이라고 해서 박씨의 시조가 되었다.

한국 최대의 벌족閥族, 문과급제자 261명, 궁정음악 개혁한 박연실학의 태두 박제가 등 현달한 인물밀양박씨密陽朴氏는 모든 박씨朴氏의 종가이며, 밀양박씨에서 10여 개의 본관으로 나뉘고 밀양박씨 내에서도 여러 개로 분파되었으며, 이들은 또 여러 파로 다시 나뉘어 있다. 본관별 인구에서는 300만여 명으로 김해김씨가락종친회 다음으로 인구가 많으며 박씨 전체 인구의 70~80%를 차지하고 있어 그 계보도 상당히 복잡하다. 밀양박씨密陽朴氏는 신라의 건국 시조왕 박혁거세朴赫居世의 29세손인 경명왕景明王: 박승영 朴昇英, 제54대왕, 재위: 917~924의 8대군大君 중 세자世子인 박언침으로부터 세계世系가 이어지며, 단일 본관으로는 우리나라 최대의 벌족閥族: 나라에 공이 많고 벼슬이 많은 집안으로 벌열임을 자랑한다. 박씨는 순수한 한반도 토착 성씨이다.

밀양박씨는 경명왕의 첫째 왕자 박언침朴彦: 어머니는 석(昔)씨이 밀성대군密城大君에 봉해져 본관을 밀양密陽으로 하게 되었다. 밀성대군은 경명왕의 첫째 왕자로서 밀양 땅을 분봉받은 시조 박혁거세의 30세손으로 밀양 박씨의 관조貫祖이고 아들 박욱朴郁은 신라말 고려초의 인물로 고려태조 왕건을 도와 고려건국사업에 공이 많아 삼한벽공도대장군三韓壁控都大將軍: 종3품에 오른 인물이다.

02 대한민국 관광에 대한 이해

1 한국의 문화유산 - 유네스코

1. 해인사 장경판전

해인사 장경판전1995은 경상남도 합천군 가야산에 있는 것으로 13세기에 제작된 팔만대장경을 봉안하기 위해 지어진 목판 보관용 건축물이다. 건축 당시부터 대장경을 보관하기 위해 지어진 건물로 창건 시기인 15세기 당시의 원형이 그대로 보존되어 있다. 장경판전은 건축사적으로 아름답고 가치가 높은 유산이지만, 판전에 보관되어 있는 대장경 자체도 중요한 기록유산으로 내용의 완전성과 정확성, 판각 기술의 예술성과 기술성의 관점에서 볼 때 전 세계 불교 역사에서 독보적인 위치를 갖고 있다. 해인사 장경판전

은 효과적인 건물 배치와 창호 계획을 고려하는 동시에 경험을 통해 얻은 다양한 방식을 활용함으로써 대장경판을 오랜 기간 효과적으로 보존하는 데 필요한 자연통풍과 적절한 온도 및 습도 조절이 가능한 구조를 갖추었으며, 건물 자체는 장식적 의장이 적어 간결하면서도 소박하여 조선 초기의 목구조 형식을 보여주고 있다.

 등재기준 및 가치

건물 안에 있는 판가 역시 실내온도와 습도가 균일하게 유지되도록 배열되어 있으며, 이러한 과학적 방법은 600년이 넘도록 변형되지 않고 온전하게 보관되어 있는 대장경판의 보존 상태에서 그 효과가 입증되며, 건축적·과학적 측면에서 목판의 장기적 보존을 위해 고안된 탁월한 유산으로 평가되어 1995년 유네스코 세계유산으로 등재되었다.

2. 종묘

종묘1995는 서울시 종로구에 위치해 있으며 조선시대 역대 왕과 왕비의 신위를 봉안한 사당이다. 종묘사직이란 말에서 알 수 있듯이 전제왕조 당시 왕실과 나라를 상징하는 대표적인 건물 중 하나이다. 왕이 국가와 백성의 안위를 기원하기 위해 문무백관文武百官과 함께 정기적으로 제

사에 참여한 공간으로 왕실의 상징성과 정통성을 보여주는데, 특히 동아시아의 유교적 왕실 제례 건축으로서 공간계획 방식이 독특하고 보존상태가 우수하여 역사적 가치를 가지고 있다. 건물들은 정전과 영녕전으로 나뉘어 있는데, 정전에는 정식으로 왕위에 오른 선왕과 그 왕비의 신주를 순위에 따라 모시고 있고, 영녕전에는 왕위에 오르지 못하고 죽은 선왕의 부모나 복위된 왕들을 모시고 있다.

종묘는 14세기 말에 창건되어 유지되다 임진왜란 때 소실되었는데, 17세기 초에 중건하여 지금의 모습을 갖추었다. 종묘에서는 오늘날까지도 종묘제례라 불리는 제사 의례가 행해지고 있으며, 제사에는 종묘제례악의 음악과 춤이 동반된다.

 등재기준 및 가치

종묘는 한국인의 전통적인 가치관과 유교의 조상숭배관이 독특하게 결합된 한국의 사묘 건축 유형에 속한다. 죽은 자들을 위한 혼령의 세계를 조영한 건축답게 건물의 배치, 공간구성, 건축 형식과 재료에서 절제, 단아함, 신성함, 엄숙함, 영속성을 느낄 수 있다. 건축물과 함께 제사, 음악, 무용, 음식 등 무형유산이 함께 보존되고 있으며 오늘날까지 600년이 넘도록 정기적으로 제례가 행해진다는 점에서 종묘의 문화유산 가치를 인정받아 1995년 유네스코 세계유산으로 등재되었다.

3. 석굴암과 불국사

석굴암과 불국사1995는 신라시대에 만들어진 고대 불교 유적으로 석굴암은 불상을 모신 석굴이며, 불국사는 사찰 건축물이다. 석굴암은 신라 경덕왕 10년인 751년에 당시 재상이었던 김대성이 짓기 시작해 혜공왕 10년인 774년에 완공되었으며, 당시에는 석불사

불국사

석굴암

라고 불렸다. 석굴암은 화강암을 이용하여 인위적으로 쌓아 만든 석굴로 원형의 주실 중앙에 본존불을 안치하고 그 주위 벽면에 보살상, 나한상, 신장상 등을 배치하였다. 불국사는 신라의 이상향인 불국토를 현세에 드러내고자 만들어진 건축물로 석굴암과 같이 재상 김대성에 의해 동시에 만들어졌는데, 인공적으로 쌓은 석조 기단 위에 지은 목조건축물로 고대 불교 건축의 정수를 보여주고 있다. 김대성은 현생의 부모를 기리며 불국사를 세웠고, 전생의 부모들을 기리며 석굴암을 만들었는데 석굴암 조각과 불국사의 석주 기단 및 두 개의 석탑은 동북아시아 고대 불교예술의 최고 걸작 중 하나로 손꼽히고 있다.

 등재기준 및 가치

석굴암과 불국사는 신라인들의 창조적 예술 감각과 뛰어난 기술로 조영한 불교건축과 조각으로 경주 토함산의 아름다운 자연환경과 어우러져, 한국 고대 불교예술의 정수를 보여주는 걸작이다. 또한 석굴암과 불국사는 8세기 전후의 통일신라 시대 불교문화를 대표하는 건축과 조각으로, 석굴암은 인공적으로 축조된 석굴과 불상 조각에 나타난 뛰어난 기술과 예술성, 불국사는 석조 기단과 목조 건축이 잘 조화된 고대 한국 사찰 건축의 특출한 예로서 그 가치가 두드러져 1995년 유네스코 세계유산으로 등재되었다.

4. 창덕궁

창덕궁1997은 서울시 종로구에 위치한 조선 시대 궁궐로 건축과 조경이 잘 조화된 종합 환경 디자인 사례이면서 동시에 한국적인 공간 분위기를 자아내는 중요한 문화유산이다. 궁궐의 정문인 돈화문은 서남쪽 모퉁이에 위치해 있으며, 정문의 진입로에서 직각으로

두 차례 방향을 틀어야 정전에 도달할 수 있는 구조이다. 지형지세에 따라 조성된 이러한 진입로의 배치는 남북 방향의 일직선 중심축을 따르는 경복궁이나 중국의 궁궐과는 차이가 있다. 창덕궁은 경복궁의 이궁으로 조선 전기에 약 200년 동안 왕의 통치 공간으로 사용되었으나, 16세기 말 임진왜란으로 소실되었다. 이후 소실된 도성 내 궁궐 중 가장 먼저 중건되며 이후 약 250년 동안 조선왕조의 정궁 역할을 담당했다.

창덕궁은 우리나라 건축사에 있어 조선시대 궁궐의 한 전형을 보여주고 있으며, 후원의 조경은 우리나라의 대표적인 왕실 정원으로서의 가치가 인정된다.

 등재기준 및 가치

창덕궁은 유교 예제에 입각한 궁궐 건축의 기본 양식을 따르면서도 건물의 배치나 진입 방식에서는 우리나라 궁궐 건축의 다양한 특성을 보여준다. 또한 전통 풍수지리 사상과 조선왕조가 정치적 이념으로 삼은 유교가 적절히 조화된 대표적 건축물로 조선 시대 고유의 독특한 유교적 세계관을 보여주고 있다. 이뿐만 아니라 자연 지형을 존중하기 위해 궁궐 건축의 전통을 이탈하지 않으면서도 창조적 변형을 가해서 지어졌다는 점에서 건축과 조경을 하나의 환경적 전체로 통일시킨 훌륭한 사례로 손꼽힌다. 이러한 건축적·예술적·사상적 가치를 인정받아 1997년 유네스코 세계유산으로 등재되었다.

5. 수원화성

수원화성1997은 조선 정조 시기에 지은 수원시의 성곽 건축물로 치밀한 사전 계획하에 만들어진 계획도시이다. 정식명칭은 수원화성, 약칭으로 수원성 또는 화성으로 부른다. 화성은 한국 성의 구성 요소인 옹성, 성문, 암문, 산대, 체성, 치성, 적대, 포대, 봉수대 등을 모두 갖추어 대한민국의 성곽 건축 기술을 집대성했다고 평가된다. 1794년 2월에 착공하여 2년 반에 걸친 공사 후 완공되었는데, 성곽 전체 길이는 5.74㎞이며 높이는 4~6m의 성벽이 130ha의 면적을 에워싸고 있다.

수원화성은 여러 특징을 가지고 있는데, 먼저 처음부터 계획되어 신축된 성곽이라는 점과 거주지로서의 읍성과 방어용 산성을 합하여 하나의 성곽도시로 만들었다는 점 그

 수원화성_ 장안문

 수원화성_ 화서문

리고 전통적인 축성 기법에 동양과 서양의 새로운 과학적 지식과 기술을 활용하였다는 점, 이전의 우리나라 성곽에 흔지 않은 다양한 방어용 시설이 많이 첨가되었다는 점, 주변 지형에 따라 자연스러운 형태로 조성해 독특함을 보여준다는 점 등이다. 현재의 수원화성은 다양한 자연재해와 한국전쟁 당시 파괴된 것이 일부 복원된 상태인데, 조선시대 수원화성을 계획하면서 내용을 자세하게 남겨놓은 화성성역의궤 덕분에 원형에 가깝게 복원할 수 있었다는 점도 수원화성의 독특한 이력이다.

 등재기준 및 가치

화성은 그 이전 시대에 조성된 우리나라 성곽과 구별되는 새로운 양식의 성곽으로, 기존 성곽의 문제점을 개선하였을 뿐만 아니라 외국의 사례를 참고해 포루, 공심돈 등 새로운 방어 시설을 도입하고 이를 우리의 군사적 환경과 지형에 맞게 설치하였다. 특히 이 시기에 발달한 실학사상은 화성의 축조에 큰 영향을 끼쳤는데 실학자들은 우리나라와 중국, 일본, 유럽의 성곽을 면밀히 연구하고 우리나라에 가장 적합한 독특한 성곽의 양식을 결정하였다. 화성 축조에 사용된 새로운 장비와 재료의 발달은 동서양 과학기술의 교류를 보여주는 중요한 증거이며, 18세기 조선 사회의 상업적 번영과 급속한 사회 변화, 기술 발달을 보여주는 새로운 양식의 성곽으로 인정받아 1997년 유네스코 세계유산에 등재되었다.

6. 경주역사유적지구

경주역사유적지구2000에는 조각, 탑, 사지, 궁궐지, 왕릉, 산성을 비롯해 신라 시대의 여러 뛰어난 불교 유적과 생활 유적이 집중적으로 분포되어 있다. 특히 7세기부터 10세기 사이의 유적이 많으며 이들 유적을 통해 신라 고유의 탁월한 예술성을 확인할 수 있다. 경주는 신라의 수도로 신라의 1,000년 역사를 간직하고 있으며, 신라인의 생활 문화와 예술감각을 잘 보여주는 곳이다.
경주역사유적지구는 총 5개 지구로
이루어져 있다. 다양한 불교 유적을
포함하고 있는 남산지구, 옛 왕궁터
였던 월성지구, 많은 고분이 모여 있
는 대릉원지구, 불교 사찰 유적지인
황룡사지구, 방어용 산성이 위치한
산성지구가 이에 해당한다.

 등재기준 및 가치

경주역사유적지구에는 신라천년의 고도인 경주의 역사와 문화를 고스란히 담고 있는 불교건축
및 생활 문화와 관련된 뛰어난 기념물과 유적지가 다수 분포해 있다. 남산을 비롯해 수도 경주와
그 인근 지역에서 발견된 유물과 유적은 신라 문화의 탁월함을 보여주고 있는데, 이미 세계유산
으로 등재된 일본의 교토, 나라의 역사유적과 비교하여 유적의 밀집도, 다양성이 더 뛰어난 유
적으로 평가되며, 신라 왕실의 역사 및 유적의 가치를 인정받아 2000년 유네스코 세계유산에
등재되었다.

7. 고창, 화순, 강화의 고인돌 유적

한국의 고인돌2000은 거대한 바위를 이용해 만들어진 선사시대 거석기념물로 무덤의
일종이며, 고창, 화순, 강화 세 지역에 나뉘어 분포하고 있다. 고인돌은 기원전 1000년 경
동아시아 선사시대의 주목할 만한 유적으로 티베트, 쓰촨, 간쑤와 같은 중국 서부와 산둥
반도, 일본 규슈 북서 지방과 같은 해안 지대에서도 찾아볼 수 있으나, 이 세 지역과 같이

한 지역에 수백 개 이상의 고인돌이 집중 분포하고 있으며, 형식의 다양성과 밀집도 면에서 세계적으로 유례를 찾기 어렵다.

고창 고인돌 유적은 규모가 크고 다양한 형태로 죽림리 매산마을의 한가운데 있다. 대다수의 고인돌이 동쪽에서 서쪽으로 이어지는 언덕의 남쪽 자락에 자리 잡고 있고, 덮개돌의 모양에 따라 다양한 형태의 고인돌 442기가 있다. 화순 고인돌 유적은 고창의 것들처럼 지석강을 따라 야트막하게 이어진 언덕 능선에 위치해 있는데, 비교적 온전한 모습으로 보존되어 있다. 강화 고인돌 유적은 연안섬 강화도 산기슭에 있으며, 다른 유적들보다 높은 지대에 있을 뿐만 아니라 초기의 고인돌 형태가 많은 것이 특징이다.

 등재기준 및 가치

고창, 화순, 강화의 고인돌 유적은 거대한 석조로 만들어진 2,000~3,000년 전의 무덤과 장례의식의 기념물로 장례 및 제례를 위한 거석문화 유산이다. 선사시대 문화가 가장 집중적으로 분포되어 있으며, 이 세 지역의 고인돌은 세계의 다른 어떤 유적보다 선사시대의 기술과 사회상을 생생하게 보여주고 있다. 따라서 이 세 지역의 고인돌은 고인돌 문화의 형성 과정과 함께 한국 청동기시대의 사회구조 및 동북아시아 선사시대의 문화 교류를 연구하는 데 매우 중요한 유산으로 인정받아 2000년 유네스코 세계유산에 등재되었다.

8. 제주 화산섬과 용암동굴

총면적 18,846ha 규모의 제주 화산섬과 용암 동굴Jeju Volcanic Island and Lava Tubes, 2007은 천장과 바닥이 다양한 색의 탄산염 동굴생성물로 이루어지고 어두운 용암 벽으로 둘러싸여 세계에서 가장 아름다운 동굴계로 손꼽히는 거문오름용암동굴계, 바다에서 솟아올라 극적인 장관을 연출하는 요새 모양의 성산일출봉 응회구tuff cone, 그리고 폭포와 다양한

모양의 암석, 물이 고인 분화구가 있는 한국에서 가장 높은 한라산의 세 구역으로 구성된다. 빼어난 아름다움을 자랑하는 이 유산은 지질학적 특성과 발전 과정 등 지구의 역사를 잘 보여준다.

🧳 등재기준 및 가치

제주 화산섬과 용암 동굴은 인접한 세 구역인 거문오름용암동굴계, 성산일출봉 응회구, 한라산으로 이루어진 연속 유산이다. 거문오름 용암 동굴계는 용암 동굴의 특성이 잘 드러나며, 나머지 두 곳은 접근하기 쉽고 다양한 화산 지형을 보여 줌으로써 전 세계의 화산 활동을 이해하는 데 크게 기여하고 있어 2007년 유네스코 세계유산으로 등재되었다.

9. 조선왕릉

조선왕릉朝鮮王陵, 2009은 18개 지역에 흩어져 있고 총 40기에 달한다. 1408년부터 1966년까지 5세기에 걸쳐 만들어진 왕릉은 선조와 그 업적을 기리고 존경을 표하며, 왕실의 권위를 다지는 한편 선조의 넋을 사기邪氣로부터 보호하고 능묘의 훼손을 막는 역할을 했다.

왕릉은 뛰어난 자연경관 속에 자리 잡고 있으며, 보통 남쪽에 물이 있고 뒤로는 언덕에 의해 보호되는 배산임수背山臨水의 터이며, 멀리 산들로 둘러싸인 이상적인 자리를 선택해 마련되었다. 왕릉에는 매장지만 있는 것이 아니라 의례를 위한 장소와 출입문도 있다.

봉분뿐만 아니라 T자형의 목조 제실, 비각, 왕실 주방, 수호군守護軍의 집, 홍살 문, 무덤 지기인 보인保人의 집을 포함한 필수적인 부속 건물이 있다. 왕릉 주변은 다양한 인물과 동물을 조각한 석물로 장식되어 있다. 조선왕릉은 5,000년에 걸친 한반도 왕실 무덤 건축의 완성이다.

 등재기준 및 가치

조선왕릉을 둘러싼 자연환경은 풍수지리의 원리를 적용하고 자연경관을 유지함으로써 경건한 장소로 창조되었다. 또한 건축의 조화로운 총제를 보여주는 탁월한 사례로 의례가 결합된 살아 있는 조상 숭배의 전통을 위해 세심하게 조성된 것이다. 세속적인 구역에서부터 경건한 구역으로 이어지는 위계적 배치, 독특한 전각 및 오브제로 이루어진 조선왕릉은 조선왕조의 과거 역사를 상기시키는 조화로운 총체로 탁월한 가치가 있는 곳으로 2009년 유네스코 세계유산으로 등재되었다.

10. 한국의 역사마을: 하회와 양동

14세기~15세기에 조성된 하회河回마을과 양동良洞마을은 한국을 대표하는 역사적인 씨족 마을2010이다. 숲이 우거진 산을 뒤로하고, 강과 탁 트인 농경지를 바라보는 마을의 입지와 배치는 조선 시대1392~1919 초기의 유교적 양반 문화를 잘 반영하고 있다.

👣 하회마을

옛 마을은 주변 경관으로부터 물질적·정신적 자양분을 함께 얻을 수 있는 곳에 자리하고 있다. 마을에는 종가와 양반들의 기거했던 목조 가옥, 정자와 정사, 서원과 사당, 옛 평민들이 살던 흙집과 초가집 등이 있다. 17~18세기의 시인들은 정자와 쉼터에서 마을을 둘러싼 강과 산과 나무의 경치를 바라보며 아름다운 시를 지어 노래했다.

👣 양동마을

 등재기준 및 가치

두 마을은 조선 시대의 대표적 마을 입지인 배산임수(背山臨水)의 형태이고, 지역의 기후 조건에 적합한 건물의 형태와 유교 예법에 맞는 가옥으로 이루어졌다. 두 마을의 전통 가옥들과 마을의 입지와 배치가 이루는 탁월한 조화는 조선 시대의 사회와 문화를 잘 보여주는 사례로 꼽힌다. 특히 씨족 마을의 형성이라는 특징적인 체계는 이 지역에 고유한 것으로 500여 년 동안 발전되어왔다. 두 마을은 조선시대의 유교 문화를 잘 보여주며 사회구조와 문화적 전통을 잘 나타내어 2010년 유네스코 세계유산으로 등재되었다.

11. 남한산성

서울에서 남동쪽으로 25㎞ 떨어진 산지에 축성된 남한산성南漢山城은 조선시대 1392~1910, 2014에 유사시를 대비하여 임시 수도로서 역할을 담당하도록 건설된 산성이다. 남한산성의 초기 유적에는 7세기의 것들도 있지만 이후 수차례 축성되었으며 그중에서도 특히 17세기 초, 중국 만주족이 건설한 청淸나라의 위협에 맞서

기 위해 여러 차례 개축되었다. 남한산성은 승군僧軍이 동원되어 축성되었으며 이들이 산성을 지켰다. 남한산성은 중국과 일본으로부터 전해온 성제城制의 영향과 서구의 화기火器 도입에 따라 변화된 축성 기술의 양상을 반영하면서 당시의 방어적군사 공학 개념의 총체를 구현한 성채이다. 오랜 세월 동안 지방의 도성이었으면서 아직도 대를 이어 주민들이 거주하고 있는 도시인 남한산성의 성곽 안쪽에는 당시에 만들어진 다양한 형태의 군사·민간·종교 시설 건축물의 증거가 남아 있다. 남한산성은 한민족의 독립성과 자주성을 나타내는 상징이기도 하다.

 등재기준 및 가치

남한산성은 중국과 한국의 성제를 재검토한 결과이자 서구로부터 유입된 새로운 화기의 위협을 방어하기 위해 축성된 산성이다. 남한산성은 요새화된 도시를 보여주는 탁월한 사례로 남한산성은 한국의 산성 설계에 있어 중요한 분기점을 이루었으며 축성된 이후에는 한국의 산성 건설에 지속적으로 영향을 미친 것을 높이 평가받아 2014년 유네스코 세계유산으로 등재되었다.

12. 백제 역사지구

대한민국 중서부 산지에 위치한 백제의 옛 수도였던 3개 도시에 남아 있는 백제 역사지구2015는 유적은 이웃한 지역과의 빈번한 교류를 통하여 문화적 전성기를 구가하였던 고대 백제 왕국의 후기 시대를 대표한다. 백제는 기원전 18년에 건국되어 660년에 멸망할 때까지 700년 동안 존속했던 고대 왕국으로, 한반도에서 형성된 초기 삼국 중 하나였다. 백제역사유적지구는 공주시, 부여군, 익산시 3개 지역에 분포된 8개 고고학 유적지로 이루어져 있다. 공주 웅진성熊津城과 연관된 공산성公山城과 송산리 고분군宋山里 古墳群, 부여 사비성泗沘城과 관련된 관북리 유적官北里遺蹟, 관북리 왕궁지 및 부소산성扶蘇山城, 정림사지定林寺址, 능산리 고분군陵山里古墳群, 부여나성扶餘羅城, 그리고 끝으로 사비시대 백제의 두 번째 수도였던 익산시 지역의 왕궁리 유적王宮里 遺 蹟, 미륵사지彌勒寺址 등으로, 이들 유적은 475~660년 사이의 백제 왕국의 역사를 보여주고 있다. 백제역사유적은 중국의 도시계획 원칙, 건축 기술, 예술, 종교를 수용하여 백제화百濟化한 증거를 보여주며, 이러한 발전을 통해 이룩한 세련된 백제의 문화를 일본 및 동아시아로 전파한 사실을 증언하고 있다.

 등재기준 및 가치

한국과 중국 및 일본의 고대 왕국들 사이에 있었던 상호교류를 통해 이룩된 백제의 건축 기술의 발전과 불교 확산에 대한 증거를 보여주고 있는 유적이다. 백제역사유적지구는 수도의 입지, 불교 사찰과 고분, 건축학적 특징과 석탑 등은 백제 왕국의 고유한 문화, 종교, 예술미를 보여주고 있어 2015년 유네스코 세계유산으로 등재되었다.

13. 산사, 한국의 산지승원

'산사2018'를 구성하는 7개의 사찰은 종합적인 불교 승원으로서 특징을 잘 보존하고 있는 대표적인 사찰이다. 경남 양산 통도사, 경북 영주 부석사, 경북 안동 봉정사, 충북 보은 법주사, 충남 공주 마곡사, 전남 순천 선암사, 전남 해남 대흥사의 7개이며, 7세기에서 9세기에 창건된 이들 사찰은 한국 불교의 역사적인 전개를 잘 간직하고 있는 곳이다.

부석사 무량수전

마곡사 대광보전

　한반도의 불교 사찰은 도시에 세워진 사찰들과 산지에 세워진 사찰들로 나누어진다. 이후 조선왕조의 숭유억불 정책으로 인해 도시 사찰의 대부분은 강제로 폐사되었지만, 신청유산을 포함한 산지사찰들은 현재까지 승려들의 신앙과 정신 수행, 일상생활을 위한 승원으로서의 본래의 기능과 특징을 지속하여왔다. 즉, 조선시대에 성리학을 나라의 근간으로 삼으며 숭유억불 정책에 의해 사라진 많은 사찰을 뒤로하고 산중에 지어진 지리적 특성으로 인해 오늘날까지 본래의 기능을 유지해왔다는 점에서도 역사적 가치를 인정받고 있다.

 등재기준 및 가치

　산사, 한국의 산지승원은 오늘날까지 불교 출가자와 신자의 수행과 신앙, 생활이 이루어지는 종합적인 승원이다. 불교의 종교적 가치가 구현된 공간구성의 진정성을 보존하며 지속적으로 승가 공동체의 종교 활동이 이어져온 성역으로서 특출한 증거로 인정받아 2018년 유네스코 세계유산으로 등재되었다.

14. 한국의 서원

　한국의 서원2019은 조선시대 성리학 교육 시설의 한 유형으로 16세기 중분부터 17세기 중반까지 건립되었다. 등재된 서원은 소수서원, 남계서원, 옥산서원, 도산서원, 필암서원, 도동서원, 병산서원, 무성서원, 돈암서원 등 9개의 서원이며 중부와 남부 여러 지역에 걸쳐 위치해 있다. 서원구조는 선현의 제사를 지내는 사당과 교육을 하는 강당, 유생이 머무르는 서재와 동재 등으로 구성이 되며, 책을 보관하는 서고, 서적을 만드는 장판고, 제

 도산서원

👣 병산서원

사를 지내는 제기고 등도 있다. 건물 장식은 선비정신에 맞게 검소하게 꾸며진 것이 특징이다. 이들 서원은 성리학에 기반한 한국 사회문화 전통의 증거이며, 동아시아 성리학 교육기관의 한 유형이면서 한국만의 특성을 잘 나타내고 있다.

🧳 등재기준 및 가치

신청유산은 조선시대 교육 및 사회적 활동에서 널리 보편화되었던 성리학의 탁월한 증거로, 교육을 기초로 형성된 독특한 역사 전통과 성리학의 가치를 나타낸다. 향촌 지식인들은 이 유산을 통해 성리학 교육을 적절하게 수행하기 위한 교육 체계와 건축물을 창조하였으며, 전국에 걸쳐 성리학이 전파되는 데 기여하였다는 점이 높게 평가받아 2019년 유네스코 세계유산으로 등재되었다.

15. 한국의 갯벌

황해의 동쪽이자 대한민국의 서남해안에 위치한 한국의 갯벌2021은 서천갯벌, 고창갯벌, 신안갯벌, 보성-순천갯벌 4개로 5개의 지자체에 걸쳐 있으며 모두 습지보호지역으로 지정되어 있다. 이 갯벌에는 지구의 생물 다양성을 위해 중요한 의미가 있는 장소 중 하나이며 국제적 멸
종위기 이동성 물새의 중간기착지로서 국제적으로도 중요성을 띠고 있는 곳이다. 이뿐만

아니라 흰물떼새, 큰고니 등 천연기념물과 멸종 위기 종의 서식처이기도 하며, 지형과 기후의 영향으로 세계에서 가장 두꺼운 개펄의 퇴적층이 비교적 안정적으로 유지되고 있다는 점에서도 가치가 인정되는 곳이다.

이 지역은 102종의 이동성 물새를 포함하여 2,169종의 동식물이 보고될 정도로 높은 수준의 생물다양성을 보유하고 있다. 특히 이곳은 47종의 고유종과 5종의 멸종위기 해양 무척추동물 종과 27종의 국제적 위협 또는 준위협 상태의near-threatened 이동성 물새 종을 부양하고 있다.

 등재기준 및 가치

> 황해를 이동 기착지나 월동지로 이용하는 철새들 중 사실상 대부분이 이 갯벌을 이용하며 이 지역의 이동성 물새 밀집도는 세계적으로 매우 높은 수준이다. 여기에는 세계적인 멸종위기 종이자 EAAF(동아시아-대양주 철새이동경로) 고유종인 8종 등 전 지구적으로 중요한 34종이 포함된다. 이뿐만 아니라 저서돌말류 375종, 해조류 152종, 대형저서생물 857종을 포함하여 총 2,169종의 무척추 동물을 부양한다고 알려져 있어 이례적으로 높은 수준의 생물 다양성을 나타내는 것의 가치를 인정받아 2021년 유네스코 세계유산으로 등재되었다.

2 대한민국의 음식문화

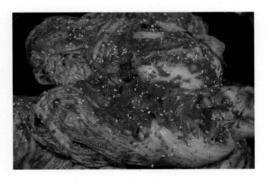

대한민국의 음식은 고유하고도 전통적인 음식으로 한식韓食이라고도 부르는데, 한국은 기후와 풍토가 농사에 적합하여 신석기시대가 지나고 잡곡 농사로 농업이 시작되었고, 그 후 벼농사를 하였다. 이로 인해 곡물은 대한민국 음식문화의 중심을 이루게 되었는데, 삼국시대 후기부터 밥과 반찬으로 주식, 부식을 분리한 한국만의 고유한 음식문화가 형성되었다.

한국은 동·서·남의 3면이 바다로 둘러싸여 있고, 전 국토의 70%가 산지로 이루어져 있는 지리적 특징이 있다. 또한, 4계절의 변화가 뚜렷하기 때문에 제철식품을 건조법, 염장법 등으로 저장하는 저장법이 발달하게 되었는데, 이로 인해 김치, 장류, 젓갈류 등의 발효식품이 발달했다. 이러한 지리적 특징과 기후 변화에 따라 식재료가 다양하게 생산

🍴 5첩 반상

🍴 9첩 반상

되고, 여러 종의 어패류가 산출되어 다양한 재료의 음식이 발달했다.

대한민국의 일상식은 고려 이전에 미곡의 증산과 숭불환경을 배경으로 형성되었다. 채소재배가 발전하면서 한국의 대표적인 음식인 김치의 전통이 생겼으며, 병과류와 차가 발달하여 다과상 차림의 규범이 성립되었다. 한식은 기본적으로 밥을 주식으로 하고 반찬을 부식으로 하여 차리는 주식·부식 분리유형이 주조를 이룬다. 밥은 곡물음식이므로 반찬은 되도록 곡물이 아닌 식품으로 만들어 밥에 없는 영양소를 보완하고 밥의 맛을 더하게 할 수 있도록 관습화되어 있다. 반찬의 수에 따라서 3~12접시의 다양한 내용을 가지며, 모든 음식이 한 상에 한꺼번에 차려서 나오지만, 오늘날 과거와는 달리 첩수와 그 내용이 정확히 지켜지지는 않고 있다.

한식의 특별한 문화 중 하나는 시절식의 풍습이다. 절식이란 다달이 있는 명절에 차려 먹는 음식으로 특별한 날 특별한 음식을 만들어 먹는 것을 말하며, 시식은 봄, 여름, 가을, 겨울 등 계절에 따라 나는 식품으로 차려 먹는 음식을 말한다. 우리나라는 4계절 24절기이며 일 년을 통해 명절 때마다 먹는 음식이 다르고 계절에 따라 새로운 식품을 즐겨먹는 풍습이 있다. 이를테면 설날에는 떡국을 추석에는 송편을 먹는 것이 대표적인 예이다.

 한국음식의 특징

① 주식과 부식의 구분 명확　　　　　② 상차림이 다양(3~12첩)
③ 다양한 조리법 발달　　　　　　　④ 저장발효음식 발달
⑤ 약식동원의 정신　　　　　　　　⑥ 상차림이나 식사예절 엄격
⑦ 일상식과 구분된 의례식, 시절식의 풍습　　⑧ 지방 향토음식의 발전

한식의 뿌리는 서민음식, 궁중음식, 반가음식, 사찰음식으로 나눌 수 있다. 식재료로 보면 서민들의 식단은 채소와 나물, 두부, 콩나물 등 콩 가공식품, 김치와 젓갈 등 발효식품, 절인생선과 해조류 등을 주로 사용하며, 고기의 사용은 제한적이다. 반면, 궁중음식이나 반가음식의 경

우에는 산과 바다, 경작지에서 나오는 최고급 식재료를 사용하여 사치스러운 음식을 만들었으며 사찰음식은 삼국시대와 고려시대 불교의 발전으로 인해 빚어진 채식 위주의 담백한 식단으로 구성되었다. 우리가 흔히 마주치는 대중식당에서는 주로 서민들의 일상음식에 가까운 음식이 제공되고, 고급한식당에서는 궁중이나 반가에서 발전시킨 최고급 한식을 맛볼 수 있다.

📷 한국음식 갈래

서민음식	• 지역별로 가장 많이 분포했던 서민들이 먹는 소박한 음식 • 조선 후기에 이르러 주막 문화의 발달과 함께 발전 • 현재 우리가 즐기는 음식의 모습
궁중음식	• 삼국시대 이후 중앙 집권이 굳혀지며 이어진 화려한 상차림 • 여러 지역의 다양한 식재료를 사용한다는 특징 • 수도권 위주로 왕실의 영향으로 화려함
반가음식	• 삼국시대의 호족, 고려시대의 문벌 귀족과 조선의 양반가를 통해 이어진 가문의 전통적 음식 • 전라도에서 발전한 남도 한정식이 대표적 • 해당 산지의 식재료를 신선하게 사용
사찰음식	• 삼국시대와 고려시대 불교의 발전과 함께 빚어진 채식 위주의 담백한 식단 • 스님들의 수행식으로 사찰에서 전승해온 음식문화 • 고기를 사용하지 않고 천연조미료를 사용하는 특징

위키백과와 나무위키의 내용을 바탕으로 재작성

대한민국은 남북으로 길게 뻗은 지형과 삼면이 바다라는 지리적 특징으로 인해 지역마다 대표적 음식이 다양하다. 이를 향토음식으로 부르는데, 향토음식은 그 지역의 지리적, 기후적 특성에 따라 생산되는 지역 특산물로 그 지역에서만 내려오는 고유한 조리법으로 만들어진 토속 민속음식이다. 지역마다 대표음식과 조리법이 다양한데, 우리나라는 그런 지역별 특색이 뚜렷한 음식문화를 가지고 있다.

한국음식의 지역별 특색

서울	• 조선시대 초기부터 오백 년 이상 도읍지로, 궁중의 음식문화가 이어진 곳 • 지역적 특색보다는 다양한 식재료를 사용하여 통합적 • 대표음식: 탕평채, 구절판, 장국밥, 설렁탕, 너비아니구이, 신선로 등
경기도	• 소박하면서 다양하나 개성음식을 제외하고는 수수한 편 • 대표음식: 조랭이떡국, 홍해삼, 주악, 편수, 장떡 등
강원도	• 산악이나 고원지대에서는 밭농사를 많이 해서 옥수수, 메밀, 감자 등이 유명 • 감자, 메밀, 옥수수 등으로 만든 음식이 많다. • 대표음식: 감자밥, 황태구이, 오징어순대, 메밀막국수 등
충청도	• 그 지역 사람들의 소박한 인심을 나타내듯 꾸밈이 없다. • 충북 내륙의 산간지방에 산채와 버섯이 많이 나서 이와 관련된 음식이 유명 • 대표음식: 호박범벅, 녹두편, 청포묵, 올갱이국, 용봉탕, 어리굴젓 등
경상도	• 해산물과 농산물이 넉넉하여 다양한 식재료가 있다. • 음식이 대체로 맵고 간이 세다는 특징이 있다. • 대표음식: 칼국수, 진주비빔밥, 통영비빔밥, 헛제삿밥, 해물파전 등
전라도	• 땅과 바다, 산에서 나는 재료가 많아 다양한 식재료를 활용 • 발효음식이 많은 특징 • 대표음식: 전주비빔밥, 추어탕, 홍어찜, 고들빼기 김치 등
제주도	• 근해에서 잡히는 어류가 많아 음식에도 어류와 해초를 많이 사용 • 대표음식: 갈치조림, 옥돔죽, 전복찜, 빙떡, 메밀저배기 등
평안도	• 해산물과 곡식이 풍부 • 음식을 푸짐하게 많이 만든다. • 대표음식: 굴만두, 어복쟁반, 냉면, 순대, 녹두지짐, 배김치, 동치미, 평양냉면 등
황해도	• 인심이 좋고 생활이 윤택하여 음식을 한 번에 많이 만든다. • 음식에 기교를 부리지 않고 맛이 구수하면서 소박 • 대표음식: 고기전, 갱국잡곡선, 분지장아찌, 김치, 순두부, 닭고기비빔밥, 고수김치 등
함경도	• 감자, 고구마의 질이 좋으며 녹말을 만들어 여러 음식에 사용 • 음식의 간이 싱겁고 담백하나 고추와 마늘 등의 양념을 많이 사용 • 대표음식: 기장밥, 조밥, 잡곡밥, 강냉이밥, 회냉면, 김치국수, 가자미식해 등

최근에는 국민소득이 높아지고 건강에 대한 관심이 커지면서 한식에 대한 관심도 높아지고 있다. 요식업으로 진출하는 사람들이 많아지는 것이 이를 방증하고 있으며, 한식이 건강식이라는 인식이 커지면서 한식의 세계화가 이루어지고 있다.

3 주요 관광지

❀ 서울 홍대거리

홍대거리는 원래 도로로 조성된 곳이 아니라 1982년까지 당인리선이라는 이름의 철도가 깔려 있었고, 블록이 끝나는 지점에는 방송소앞역이라는 간이역이 있었다. 그러나 이후 폐선이 외면서 한동안 방치가 되었다가 홍대거리로 조성이 되었다. 이렇게 조성된 홍대거리는 홍대 앞을 대표하는 젊음의 거리로, 전국에서 모이는 각양각색의 버스커들로 매일 밤이면 떠들썩해진다. 청춘들의 아지트로 패션과 뷰티, 리빙, 책과 문구 등 종류를 불문하고 다양한 매장과 디자이너 브랜드, 편집숍, 서점, 카페와 음식점 등이 많으며 공연장, 휴식공간, 마포관광정보센터, 관광안내소 등 여행자 편의시설이 랜드마크로 조성된 곳이다.

쇼핑과 맛집에 이어 공연이나 전시 관람을 충족하는 상권이 있고, 젊음과 트렌드, 감각과 역동이 있는 홍대거리는 언제나 매력적인 곳으로 낮과 밤을 불문하여 많은 청춘들이 찾고 있는 서울의 대표적인 명소이다.

❀ 동대문 쇼핑타운

동대문 쇼핑타운은 서울 최고의 쇼핑거리다. 도매와 소매를 아우르는 대형 상가들이 줄지어 자리한다. 동대문운동장 옆에 위치한 신평화 패션타운, 동대문 종합시장 등은 도매를 중심으로 하는 반면 롯데피트인, 밀레오레, 두산타워, 굿모닝시티, 현대시티아울렛, 프레야타운 등은 소매를 중심으로 한다. 굿모닝시티의 메가박스, 프레야타운의 MMC 등의 멀티플렉스 영화관이 있어 영화도 함께 즐길 수 있다.

롯데피트인은 가로수길, 홍대 등에서 성공을 거두고 있는 유명 브랜드를 판매하고, '한국패션디자이너연합회' 소속 한국 대표 디자이너들만으로 구성된 별도의 층이 구성되어 있다. 또한 세계적인 디자이너 카림라시드가 디자인한 푸드코트와 동대문 유일의 디지털 전문매장 하이마트도 들어서 있다. 또한 동대문 쇼핑타운에는 계절별 쇼핑 축제가 열리는데 야외 패션쇼, 패션 콘서트, 시민 모델 선발대회 등의 행사를 갖는다.

❀ 인사동길

인사동은 여전히 서울의 대표 거리다. 가장 많은 외국인 관광객이 찾는 거리이며, 스타벅스의 간판마저 한글로 바꿔버릴 만큼 그 전통이 깊숙이 뿌리 내린 동네이기도 하다.

인사동에는 일제강점기 말부터 골동품 상가가 밀집해 있었으니 골동품 거리의

역사만도 족히 반세기는 훌쩍 뛰어넘는다. 지금 인사동 거리는 골동품상을 중심으로 화랑과 갤러리가 다수 자리한다. 그리고 골목 안쪽으로는 전통 맛집들이 즐비하다. 근래에는 쌈지길과 가나아트스페이스, 경인미술관, 목인박물관, 아름다운 차박물관 등 신구의 명소들이 조화를 이루며 새로운 지형도를 그려가고 있다. 이곳에서 꼭 둘러봐야 할 명소로는 전통 문화 쇼핑 공간인 '쌈지길', 국내 유일의 목 조각상 전문 사립 박물관 '목인박물관', 사진 전문 갤러리 '갤러리룩스', 추억의 물건들이 전시되어 있는 '토토의 오래된 물건', 전통 한옥 미술 전시관과 다원, 아틀리에를 갖추고 있는 '경인미술관' 등을 꼽을 수 있다.

❀ 부산 태종대 유원지

부산대교를 지나, 영도해안을 따라 약 9.1㎞의 최남단에 위치하고 있는 태종대 유원지는 171만 3,763㎡ 면적에 해발 250m의 최고봉을 중심으로 해송을 비롯한 120여 종의 수목이 울창하게 우거져 있는 곳이다. 대도시 안의 해안가라는 생각이 들지 않을 만큼 높은 바위절벽과 바다가 아름답게 어우러진 곳으로 유명하여 예전부터 많은 국내외 관광객의 발길이 끊이지 않고 있다.

태종대라는 이름은 신라 태종 무열왕이 들러서 활쏘기를 하고 연회를 개최했던 것에

서 유래했다. 태종대는 9,000만 년 전엔 호수였지만, 7,300만 년 전의 화산 활동으로 생긴 현무암 용암으로 덮이고 신생대에 와서 풍화되면서 현재의 모습이 되었으며, 파식대지, 해식애, 해안동굴 등의 암벽해안, 청명한 날에는 오륙도와 약 56㎞ 거리인 대마도까지 볼 수 있어 부산을 대표하는 관광명소로 자리 잡았다.

부산 태종대

1969년 관광지로 지정이 되었고, 2005년 11월 1일 국가지정문화재 명승 제17호로 지정되었으며, 2013년 12월 6일에는 국가지질공원으로 인정되었다.

🌸 제주 올레길

제주 올레길은 사단법인 제주올레에서 관리하는데 소설가 및 언론인 서명숙이 산티아고 순례길에서 영감을 얻어, 비영리 사단법인 제주올레를 설립하고 자신이 이사장이 되어 추진한 트레킹 코스 개발 사업으로 형성된 곳이다. 제주 올레길 사업으로 인해 대한민국에 도보여행의 열풍이 시작되었다. 이후 지리산 둘레길, 남해 지겟길, 무등산옛길, 충남연가, 경기 남한산성길 등이 생겨났으며, 일본 규슈에도 제주올레의 컨설팅으로 규슈올레가 탄생하기도 했다.

제주 올레길

2007년 제1코스가 개발된 이래 올레길 완주 코스는 제주도 내에 21개 코스가 있으며, 각 코스는 일반적으로 길이가 15㎞ 이내이며, 평균 소요시간은 5~6시간 정도이다. 주로 제주의 해안지역을 따라 골목길, 산길, 들길, 해안길, 오름 등을 연결하여 구성되어 있으며, 제주 주변의 작은 섬을 도는 코스도 있다.

🌸 강원 설악산 국립공원

설악산은 398,237㎢에 이르는 관대한 면적에 수많은 동식물이 살고 있는 자연 생태계의 보고이며, 수려한 경관 자원을 지닌 곳이다. 강원도 속초시, 양양군, 인제군, 고성군에

걸쳐 있는 해발 7,708m의 산이다. 한국
에서 가장 인기 있는 산 중의 하나이며,
한라산과 지리산 다음으로 높은 산이다.
설악산은 크게 내설악과 외설악, 남부설
악남설악으로 구분 짓는데, 대청봉을 중심
으로 북서편의 인제군에 속하는 곳을 내
설악, 동편으로 바다에 연해 있는 속초시
에 속하는 지역을 외설악, 남편의 양양지
역을 남부설악이라고 한다.

ⓞ 강원 설악산 국립공원

　　1970년 우리나라에서 다섯 번째 국립공원으로 지정되었고 1965년에는 천연기념물로
지정되었다. 황조롱이, 사향노루 등 희귀한 생물들이 살아가는 터전이면서 설악산 일대는
세계적으로 희귀한 자연 자원의 분포서식지로 국제적으로도 보존 가치가 인정되어 1982
년 유네스코에 의해 우리나라 최초로 생물권 보존지역으로 설정되었으며, 2005년 12월
IUCN세계자연보전연맹으로부터 카테고리Ⅱ국립공원로 지정되었다.

❀ 경기 수원화성

　　수원화성은 정조가 아버지 사도세자의
능침을 양주 배봉산에서 수원 화산으로
천봉하고 화산 부근에 있던 읍치를 수원
팔달산 아래 지금의 위치로 옮기면서 축
성되었다. 정조의 효심과 당쟁에 의한 당
파 정치 근절과 강력한 왕도정치의 실현
을 위한 원대한 정치적 포부가 담겨 지어

ⓞ 경기 수원화성

진 곳으로, 수도 남쪽의 국방 요새로 활용하기 위한 것이었다.

　　수원화성은 한국 성의 구성요소인 옹성, 성문, 암문, 산대, 체성, 치성, 적대, 포대, 봉수
대 등을 모두 갖추어 대한민국의 성곽 건축 기술을 집대성했다고 평가된다. 한국전쟁을
겪으면서 성곽의 일부가 파손 및 손실되었는데, 1975~1979년까지 축성직후 발간된 '화성
성역의 궤'에 의거하여 대부분 축성 당시 모습대로 보수·복원하여 현재의 모습을 갖추게
되었다.

수원화성은 성곽뿐 아니라 18세기 말에 만들어진 성곽도시이자 계획 신도시라는 점에서도 큰 가치가 있는데, 동서양의 기술교류를 보여주고 지형을 살린 우수한 군사건축물로 인정받아 1997년 유네스코 세계유산에 등재되었다. 현재는 경기도 수원시의 상징이자 랜드마크로, 수원시 로고도 수원화성을 형상화해서 만들었다.

❀ 전주한옥마을

전주한옥마을은 전주 풍남동 일대에 700여 채의 한옥이 군락을 이루고 있는 국내 최대 규모의 전통 한옥촌이다. 지금의 형태를 갖추게 된 것은 을사조약 이후로, 원래 일본인들은 전주읍성의 서문 밖에 거주했으나 1911년 말 전주읍성의 남문을 제외하고 성곽이 모두 철거되면서 일본인들이 성 안으로 거주지를 옮기기

🅐 전주한옥마을

시작했다. 이에 대항하기 위해 양반을 필두로 교동과 풍남동 일대에 한옥촌을 형성하기 시작했는데 이것이 지금의 전주한옥마을을 만들게 된 것이다.

전주 한옥마을에는 한옥 건물들과 태조 이성계의 어진을 모신 전주 경기전, 전주 전동성당, 전주향교 등 중요 문화재를 비롯하여 전통술박물관, 전주자수민속박물관, 전주소리박물관 등의 전통문화를 느끼고 체험할 수 있는 200여 개의 문화시설이 있으며, 한국의 스타일이 집약된 대한민국 대표 여행지이다.

❀ 안동 하회마을

하외마을은 낙동강이 마을 전체를 동쪽과 남쪽, 서쪽 세 방향으로 감싸 도는 빼어난 터에 자리 잡은 풍산 류씨 동성 마을로, 도산서원과 함께 안동의 대표적인 랜드마크로 자리하고 있다. 고유의 '하회별신굿탈놀이'로 유명한 이 마을은 크게 남촌과 북촌으로 나눌 수 있으며

🅐 안동 하회마을

유서 깊고 제법 크기를 갖춘 많은 문화재를 잘 보존하고 있다.

하회마을은 먹거리와 볼거리가 풍부한데 대표적인 먹거리는 안동소주와 헛제사밥, 안동 간고등어, 안동 국시 등이 있고, 신라 시대 창건되었다는 봉정사, 고산서원, 귀래정, 계명산 자연휴양림, 학가산 자연휴양림, 와룡산 등이 있다.

2010년 7월 31일 안동 하회마을과 경주 양동마을이 "한국의 역사마을"로서 유네스코 세계문화유산에 등재됐다.

 한국 관광명소

구분	명소	내용
서울	서울홍대거리	쇼핑, 맛집, 공연, 전시 관람과 젊음과 트렌드, 감각과 역동이 있는 젊음의 거리
	동대문쇼핑타운	서울 최고의 쇼핑거리로 도매와 소매를 아우르는 대형 상가들이 자리
	인사동길	많은 외국인이 찾는 거리, 간판마저 한글로 바꿔버릴 만큼 그 전통이 있는 곳
	서울 5대 고궁	경복궁, 경희궁, 덕수궁, 창경궁, 창덕궁으로 서울을 대표하는 대표 관광지
	남산 N 서울타워	남산 정상 부근에 위치한 전파 송출 및 관광용 타워로 전망대에서 서울 시내 전역을 내려다볼 수 있어 많은 관광객이 찾는 곳
	서대문 형무소역사관	일제 통감부가 식민통치에 저항하는 운동가들을 투옥하기 위해 1907년에 오늘날의 서대문구 지역에 건설하여 1908년 10월에 문을 연 감옥
인천	송도센트럴파크	대한민국 인천광역시 연수구 송도국제도시 국제업무지구에 위치한 대형 공원
	영종도	왕산해수욕장, 을왕리해수욕장, 선녀바위 해변으로 인해 수많은 펜션과 함께 수도권에 가까운 관광지로 많은 관광객이 찾는 곳
경기	수원화성	18세기 말에 만들어진 성곽도시이자 계획 신도시
	두물머리	북한강과 남한강이 서로 만나는 곳으로 유명
	가평 아침고요수목원	10만 평의 넓이에 총 4,500여 종의 식물을 보유하고 있는 원예수목원
강원	설악산국립공원	수많은 동식물이 살고 있는 자연 생태계의 보고이며, 수려한 경관 자원을 지닌 곳
	남이섬	북한강 한가운데 있는 하중도 또는 그 섬에 위치한 대한민국 대표 관광지로, 드라마나 영화촬영 장소로 많이 사용되어 내국인보다 외국인이 더 많이 찾는 명소
	강릉커피거리	강원도 강릉시 창해로 17에 조성된 거리로 대한민국 최초로 커피 축제가 열린 곳
대전	계족산황톳길	2006년 임도 총 14.5㎞에 황토 2만여 톤을 투입하여 조성한 맨발 트래킹의 명소
충청	청남대	5공화국 시절부터 2003년 국민의 정부까지 사용된 대한민국 대통령 전용 별장
	안면도 꽃지해변	충남 태안군 안면읍 광지길에 자리해 5㎞에 이르는 백사장과 할배바위, 할매바위가 어우러져 그림 같은 풍광을 자랑하는 곳
광주	무등산국립공원	광주 동구·북구, 전남 화순군·담양군에 걸친 무등산을 중심으로 지정된 국립공원

전북	전주한옥마을	700여 채의 한옥이 군락을 이루고 있는 국내 최대 규모의 전통 한옥촌
	내장산국립공원	전라북도 정읍시와 순창군 경계에 있는 산으로, 호남 지방의 5대 명산(지리산·월출산·천원산·방장산)과 한국 팔경 중 하나로서 500여 년 전부터 단풍 명소로 유명
전남	보성녹차밭	150만 평 규모의 녹차밭으로 한국차박물관을 비롯해 세계차나무식물원, 한국차문화공원, 보성군청소년수련원, 천문과학관 등이 있는 녹차 관광 코스
부산	태종대유원지	높은 바위절벽과 바다가 아름답게 어우러진 곳으로 유명
	해운대해수욕장	외지인들에게 가장 유명한 부산의 양대 랜드마크로, 도심지에 위치한 해수욕장
	감천문화마을	산복도로 르네상스 사업을 통하여 도시재생 프로젝트로 큰 성과를 거둔 성공적인 사례이며, 한국의 마추픽추 혹은 산토리니라는 별명이 있다.
대구	서문시장	대구 최대의 전통시장뿐만 아니라 전국에서도 손꼽힐 만한 대규모의 재래시장
울산	간절곶	1월 1일에 대한민국의 육지 지역에서 해가 가장 먼저 뜨는 장소 중 하나로 매년 새해 해맞이 축제를 개최
경북	안동하회마을	낙동강이 마을 전체를 동쪽과 남쪽, 서쪽 세 방향으로 감싸 도는 빼어난 터에 자리 잡은 풍산 류씨 동성 마을
	경주대릉원일대	경주 중심부인 노동동 일대에 자리하고 있는 고신라시대 무덤들
경남	창녕 우포늪	국내 최대의 내륙습지로, 부들, 창포, 갈대, 올방개 등 다양한 생물이 자라고 있다.
제주	올레길	산티아고 순례길에서 영감을 얻어 트레킹 코스 개발 사업으로 형성된 곳
	한라산국립공원	지리산, 북한의 금강산과 함께 한반도의 3대 영산에 속하며, 한반도의 최남단에 위치하고 다양한 식생 분포를 이뤄 학술적 가치가 매우 높은 곳
	우도	소가 누워 있는 모양을 닮은 우도는 완만한 경사와 옥토, 풍부한 어장, 우도팔경 등 천혜의 자연조건을 갖춘 관광지로써 많은 관광객이 찾는 제주의 대표적인 부속섬

CHAPTER

03

아시아권의 문화와 관광

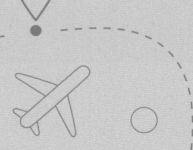

01 중 국

1 중국 개관

중국의 정식 국명은 중화인민공화국 PRC이며, 세계 최대의 인구와 광대한 국토를 가진 나라로 유라시아 대륙의 동남부에 위치하고 있다. 중국의 면적은 약 960만㎢로 세계 육지 면적의 15분의 1, 아시아 면적의 4분의 1을 차지하고 있으며, 한반도의 44배, 러시아, 캐나다, 미국에 이어 세계 4위에 해당한다. 중국의

📷 베이징

인구는 2022년 10월 기준 약 14억 2,589만 명 세계 인구 최다국이며, 연간 평균 1,000만~1,200만 명 가량의 출생아수를 기록하고 있다. 중국의 수도인 베이징에는 2021년 기준 2,189만 명이 살고 있다.

중국의 종교는 5대 종교로 불교B.C.2, 도교2세기경, 천주교, 이슬람교7세기경, 기독교19세기경 등이 있다. 중국 정부에서는 공식적으로 국가 무신론을 표방하고 있다. 헌법에는 명백히 종교의 자유가 존재한다고 명시되어 있지만 실제로 종교의 자유가 있다고 하기에는 정부의 제한이 심하다.

행정구역은 베이징, 톈진, 충칭, 상하이 4개의 직할시, 허베이, 산서, 랴오닝, 지린, 산둥, 윈난, 간쑤, 후난 등 22개의 성, 네이멍구, 광시장족, 닝샤회족, 신장위구르, 시장티베트 5개의 자치구, 마카오와 홍콩 2개의 특별행정구로 나뉜다.

중국의 기후는 최남단의 열대에서 서부의 건조기후, 동북삼성의 냉대에 이르기까지 지구상의 다양한 기후가 대부분 나타나고, 지형고도면에서도 동부의 저지에서 서부의 8,000m급 고산지에 이르기까지 차이가 크게 나타난다. 이로 인해 중국의 식생도 열대우림에서 냉대의 타이가에 이르기까지 매우 종류가 많고 다양하며, 토양 또한 그러하다.

중국의 기후와 식생의 측면을 종합하여 성격이 다른 자연지역으로 나누어보면 크게 4

개의 지역으로 구분되는데, 먼저 강수량이 풍부해 삼림으로 덮힌 습윤기후 지역은 중국의 약 3분의 1에 해당하고, 삼림과 건조 초원이 결합된 습윤기후와 건조기후는 면적의 약 14%, 반건조 지역으로 분류되는 전체면적의 20%를, 나머지 30%는 건조지대이다.

중국은 한족 및 55개의 소수민족으로 구성된 만큼 다양한 방언들이 존재한다. 방언 수에 대한 정확한 통계는 아직 없지만 중국인들이 가장 많이 사용하는 대표 방언을 7대 방언이라 부르며, 관화官话, 간어贛语, 오어吳语, 샹어湘语, 객가화客家话, 광둥어奧语, 민어闽语가 있다. 중국어를 사용하는 사람 중 약 70%가 관화방언을 사용하고 있다.

중국은 천혜의 자연환경을 바탕으로 다양한 인종과 풍물이 어우러져 가히 여행객의 천국이라 불러도 손색이 없을 정도로 풍부한 관광자원을 보유하고 있다. 남과 북으로 확연하게 구분되는 기후 차이와 방언은 이국적인 문화 정취를 느끼게 하고, 동서로 구분되는 지형적 차이는 지역마다 향토색이 뚜렷하여 신비감을 더해준다.

중국은 영토가 넓은 만큼 공항도 많다. 지역별로 공항이 있으며, 중국대륙 내 주요 공항으로 꼽히는 것은 베이징의 서우두 국제공항, 상하이의 푸둥 국제공항, 광둥의 광저우 바이윈 국제공항이다. 특별 행정구역인 홍콩과 마카오에는 각각 홍콩 첵랍콕 국제공항과 마카오 타이파 국제공항이 있다. 아래의 표는 중국의 일반정보이다.

 중국 일반정보

구분	내용
국가명	중화인민공화국(The People's Republic of China)
수도	베이징(Beijing)
인구	14억 2,589만 명(세계 1위)
위치	아시아 대륙 동부와 태평양 서안에 위치
면적	약 960만㎢(세계 4위)
기후	최남단 지역의 열대기후, 서부 지역의 건조기후, 동북 지역의 냉대기후 등으로 구분
민족구성	한족과 55개 소수민족으로 구성(한족 91.5%, 기타 8.5%)
언어	한어(漢語; Chinese)
종교	도교, 불교, 천주교, 기독교, 이슬람교

한국학중앙연구원, KOTRA 글로벌윈도우, 위키백과, 외교부 내용을 바탕으로 저자 작성.

② 중국의 문화

중국인의 공동체 의식과 세계관을 살펴보려면, 중화라는 단어에 대해 주목할 필요성이 있다. 중화라는 말은 중국中國과 화하華夏의 합성어로 '중화'는 지리적인 중심부라는 의미와 더불어 '민족 문화 정체성'과 '문화 우월성'이라는 요소가 함께 녹아 있다. 따라서 중국인들은 스스로를 중화민족이라고 부르기를 좋아하는데 이는 문화적 자부심과 민족적 동질의식을 가장 적절하게 표현한 것이기 때문이다.

중국의 문화 중 하나인 '꽌시'는 동양의 유가儒家 인본주의에 바탕하고 있는데 중국의 오랜 역사 속에서 생겨난 독특한 인관관계로 혈연관계, 학교, 직장, 연고지역 등에 기초하여 맺어진 인맥을 의미한다. 이러한 '꽌시'의 기원에 대해 대체로 중국의 '꽌시'문화가 유교와 가족주의라는 전통문화에서 기원되고 있다는 주장과 20세기 중국이 겪은 특수한 경험, 즉 계획경제하의 분배구조, 개혁개방 후의 시장경제체제에서 기원을 찾아야 한다는 주장이 가장 유력하게 나타나고 있다. 꽌시에서 파생된 문화는 자기중심적 성향, 합리적인 것을 중시하고 불법적인 것도 감수하는 사회, 가족관계가 사회관계의 기반이 되고, 관계의 기본은 상호간의 존중이 기본이 되는 문화가 형성되었다.

그 밖에 역사흐름에 따라 유네스코에서 지정하는 세계유산의 규모를 보더라도 중국에 얼마나 많은 문화유산과 관광자원이 산재해 있는지 짐작할 수 있다. 세계문화유산 39곳, 세계자연유산 14곳, 세계복합유산 4곳 등 총 56곳의 세계유산을 보유하고 있으며 아시아 국가 중에서 가장 많은 수의 세계유산이 등재되어 있다.

1. 음식문화

중국은 긴 역사와 넓은 국토로 인해 다양한 음식으로 유명하며, 의식주衣食住 대신 식의주食衣住라고 불릴 정도로 식생활에 가장 많은 신경을 쓴다. 중국을 대표하는 4대 요리로 북경요리북쪽, 광동요리남쪽, 상해요리동쪽, 사천요리서쪽가 있는데, 지역별로 음식의 특색이 강하여 대체로 북쪽은 짜고, 남쪽은 달며, 동쪽은 시고, 서쪽은 맵다는 특징이 있다.

중국 4대 요리 중 가장 대표격인 북경요리는 수도인 북경을 중심으로 남쪽의 산둥성, 서쪽의 타이완까지의 요리를 말한다. 이 지역은 오랜 기간 역사와 문화의 중심지였기 때문에 궁중요리가 발달했으며, 추운 날씨로 인해 칼로리가 높은 육류요리가 발달한 것이 특징이다. 대표적인 음식으로 궁중요리인 베이징 카오야오리구이와 몽고족의 요리인 쏸양러우중국식 샤브샤브가 있다.

🕐 딤섬

🕐 마파두부

　광동요리는 세계적으로 가장 유명한 중국 4대 요리로 광저우와 푸젠, 파오저우, 둥장 등의 남부지역을 중심으로 발달했다. 16세기부터 외국 선교사와 상인의 왕래가 잦았기 때문에 서양요리 기법이 결합되었으며 다른 지역보다 기름을 적게 사용하여 담백한 것이 특징이다. 대표적인 요리로는 탕수육, 팔보채, 딤섬 등으로 우리에게 가장 친숙하다.

　상해요리는 중국 중부지역의 대표적인 요리로 기후가 따뜻하고 해안과 맞닿아 있어 해산물을 재료로 활용한 것이 많으며 요리의 대부분이 자극적이지 않고 재료 본연의 맛을 살린 것이 특징이다. 대표적인 음식으로 해산물을 활용한 요리, 둥포러우, 고기국물이 가득 찬 샤오룽바오고기만두가 있다.

　사천요리는 서부 내륙지역인 사천과 원난, 구이저우, 청두, 충칭 등의 지역을 통틀어 이르는 요리를 말한다. 극심한 더위와 추위로 인해 자극적이고 매운 음식이 발달했으며, 고추, 후추, 마늘 등 매운 향신료를 많이 사용하는 것이 특징이다. 대표적인 음식으로 훠궈매운 샤브샤브와 마포더우푸마파두부가 잘 알려져 있다.

　바쁘게 살아가는 현대 도시의 직장인들은 아침에는 대개 채소나 고기 속이 있는 찐만두인 '바오쯔', 속이 없는 찐빵인 '만터우', 꽈배기 모양의 밀가루 튀김인 '여우탸오', 우리나라의 콩국과 비슷한 '더우장' 등을 사 먹는다. 점심때는 직장의 구내식당이나 주변 식당에서 먹는데, 일반 서민들은 면 또는 덮밥류로 한 끼를 해결하는 경우가 많다.

　대체로 퇴근 후 가정에서 저녁을 먹는데, 제대로 챙겨 먹으려는 경향이 있다. 대부분의 가정이 맞벌이라서 남녀구별이 없이 집에 먼저 돌아온 쪽이 식사 준비를 한다. 1949년 사회주의 정권이 들어선 이래로 여성들은 남자들과 동등하게 직장 생활을 해왔기 때문에, 남자가 주방에 들어가 요리를 하는 것 또한 아주 자연스럽게 받아들여진다. 주식으로는 흔히 밥, 만두, 면 같은 것들이 나온다. 탕은 우리나라의 국과 비슷하나 국보다 훨씬 걸쭉

한 경우가 많다. 우리나라의 식생활 습관과 다른 점은 주요리가 다 나온 뒤 양이 부족할 때 주식을 시키고, 숭늉처럼 탕을 맨 마지막에 마신다는 점이다.

중국에서는 자신이 손님을 식당에 초대하였을 경우 좌석과 음식을 미리 예약하는 것이 예의이다. 이는 서양에서의 손님에게 음식을 권하는 상대적인 문화로 실수하기 쉬운 부분이다. 음식을 미리 준비해 두는 문화이기 때문에 초대를 받으면 사전 양해 없이 다른 사람을 동반하는 경우에는 큰 실례가 될 수 있다. 가정에 초대를 받은 경우에는 초대받은 사람이 다 모일 때까지 응접실에서 기다리는 것이 예의이다. 또한 음식이 나오면 주인이나 호스트가 먼저 음식을 든 후 식사를 하는데 그 이유는 고대 황실에서 독살 사건이 빈번했던바, 주인이 손님을 안심시키기 위한 관습에서 유래되었다.

중국은 넓은 지역만큼이나 특산물이 다양하고 그 문화적 전통 또한 달라서 지역별로 독특한 음식문화를 꽃피웠다. 흔히 중국 요리를 산둥, 쓰촨, 장쑤, 저장, 안후이, 후난, 푸젠, 광둥의 '8대 요리', 또는 베이징, 상하이, 쓰촨, 광둥의 '4대 요리'로 구분하는데 여기서 4대 요리는 다음의 표와 같다.

 중국 4대 요리

구분	내용
북경요리	• 역사와 문화의 중심지였기 때문에 궁중요리와 같은 고급요리가 발달 • 궁중요리의 대표격인 '만한전석(만주족과 한족의 요리를 총집결하였다는 의미)'은 적게는 30가지, 많게는 160가지의 요리
광둥요리	• 중국 요리 중 세계적으로 가장 많이 알려짐 • 16세기 이래 외국 선교사와 상인들의 왕래가 빈번하였기 때문에 전통요리에 서양 요리법이 결합된 독특한 특성이 있음
상해요리	• '난징요리' 혹은 '장쑤요리'라고도 하며, 양저우, 쑤저우 지역의 요리를 포함 • 해산물을 재료로 하는 음식이 많고, 주로 달고 기름기가 많음
사천요리	• 옛날부터 중국의 곡창지대로 유명 • 사계절 산물이 모두 풍성해, 야생 동물이나 채소류, 민물고기를 주재료로 한 요리가 많음 • 사천요리는 특히 매운 요리로 유명

자료: 김태만 외 3인(2011), 쉽게 이해하는 중국문화, 다락원.

2. 축제문화

중국은 개혁개방 실시 이후 지역문화발전과 활성화를 위해 지역축제에 관심을 기울여 왔고, 그 결과 중국 전역에 약 4,500여 개의 지역축제가 개최되고 있다. 그중 칭다오 국제 맥주 축제와 하얼빈 빙설제는 세계적인 관심을 끌고 있는 축제이다.

❀ 칭다오 국제 맥주 축제

칭다오 국제 맥주 축제는 매년 8월 둘째주 토요일에 시작되어 16일간 개최되는 아시아 최대 규모의 맥주 축제로 세계 10대 맥주에 선정된 칭다오를 마실 수 있다. 칭다오에 거주하던 독일인 선교사가 살해당한 사건을 빌미로 독일 식민지 지배를 받았으며, 이때의 잔재로 남은 것이 독일식 붉은 벽돌 건물과 맥주 제조 기술이다. 한국에서도 유명한 칭다오 맥주와 칭다오 인근의 라

🅐 칭다오 국제 맥주 축제

오산에서 퍼온 맑은 물로 만드는 라오산 맥주 등 칭다오에서는 다양한 맥주가 제조된다. 축제가 점점 유명해져 맥주의 종주국인 독일 뮌헨의 옥토버페스트에 맞먹는 명성을 누리고 있다. 아시아 최대의 맥주 축제이자 뮌헨, 삿포로, 플젠과 함께 세계 4대 맥주 축제로 인정받고 있다.

❀ 하얼빈 국제 빙설제

하얼빈 국제 빙설제얼음축제는 중국 헤이룽장성 하얼빈에서 매년 1~2월에 열리는 겨울 축제로 일본의 삿포로 눈축제, 캐나다 퀘벡 윈터 카니발, 노르웨이 오슬로 스키 축제와 함께 세계 4대 겨울축제로 손꼽히고 있다. 1985년 첫선을 보인 하얼빈 빙설제는 민간의 빙등 축제를 바탕으로 꾸려졌으며, 이후 눈과 얼음 조각 전시를 중심으로

🅐 하얼빈 국제 빙설제

한 종합적인 문화 예술 축제로 자리 잡았다. 축제 기간 동안 '얼음의 도시'라 불리는 하얼빈 전역은 다채로운 빙설 조각 작품의 전시장이 된다.

 중국 축제

구분	내용
칭다오 국제 맥주축제	• 매년 8월 둘째 주 토요일에 시작되어 16일간 개최되는 아시아 최대 규모의 맥주 축제 • 축제가 점점 유명해져 맥주의 종주국인 독일 뮌헨의 옥토버페스트에 맞먹는 명성 • 아시아 최대의 맥주 축제이자 뮌헨, 삿포로, 플젠과 함께 세계 4대 맥주 축제로 인정
하얼빈 국제 빙설제	• 중국 헤이룽장성 하얼빈에서 매년 1~2월에 열리는 겨울 축제로 • 삿포로 눈축제, 퀘벡 윈터카니발, 오슬로 스키축제와 함께 세계 4대 겨울축제 • 축제 기간 동안 '얼음의 도시'라 불리는 하얼빈 전역은 다채로운 빙설 조각 작품의 전시장
내몽골 초원 여유절	• 대형여유교역절(여행을 하면서 물건을 사고파는 절) • 1991년 9월 처음 개최되어, 매년 8월 전후에 열림 • 나담페를 기준으로 경무흡담, 물자교유와 경기, 시합, 문예활동 등이 일체화된 민간전통축제
투루판 포도축제	• 1990년 8월 제1회 포도축제를 개최한 후 매년 축제가 열림
다이주 물축제	• 윈난성에 거주하는 소수민족인 타이족의 대표적인 물축제 • 700년이 넘는 오랜 전통과 역사를 갖고 있는 이 축제는 시샹반나 지역에서 열리는 가장 큰 축제이면서 세계 무형문화유산으로 등록될 만큼 가치를 인정받고 있는 축제 • 새해 새로운 행운을 맞이한다는 의미를 갖고 있는 축제로 복을 기원하고 그 물이 재앙과 질병을 가져가길 바라면서 물을 뿌림

KOTRA 글로벌윈도우(http://news.korea.or.kr/)

3. 여행문화

중국은 긴 역사와 넓은 영토만큼 다양한 문화자원이 있으며 총 56곳의 세계유산을 보유하고 있다. 또한 중국 정부는 관광지를 중요도에 따라 5가지의 등급으로 구분하여 관리하고 있는데, 최상 등급인 5A만 해도 2021년 1월 기준 302개의 관광지가 있을 정도로 다양한 관광자원을 자랑한다.

❀ 베이징 자금성

자금성은 명나라와 청나라 시대의 황궁으로 베이징의 중심에 위치하고 있다. 자금성은 영어로 "Forbidden City", 즉 금지된 도시라고 불리는데, '천자의 궁전은 천제가 사는 자궁紫宮과 같은 금지구역이다'라는 데서 비롯되었다. 1911년까지 560년 동안 명나라 황제 15명, 청나라 황

🎯 베이징 자금성

제 9명 등 24명의 황제가 살았던 궁전으로 1949년 내부가 일반에 공개되면서 매년 수백만 명의 관광객들이 찾는 베이징의 대표 관광지가 되었으며, '고궁 박물관'으로 불리는 중국 문화, 역사의 보물창고로 알려져 있다. 자금성은 동서로 760m, 남북으로 960m의 사각형으로, 총 면적은 72만㎡이다. 옥황상제가 1만 개의 방을 사용하기 때문에 황제는 그보다 적은 숫자의 방을 사용해야 한다며 9,999개의 방과 800여 채의 건축물을 자랑하는 세계에서 가장 큰 궁전으로 프랑스 베르사유 궁전, 영국의 버킹엄, 미국의 백악관, 러시아의 크렘린과 함께 세계에서 가장 유명한 5개 궁전 중 하나로 알려져 있다.

1961년 전국중점문물보호단위로 지정되었고, 1987년 "명·청 시대의 궁궐"이라는 이름으로 유네스코의 세계문화유산으로 지정되었다.

❀ 베이징 만리장성

만리장성을 가보지 않았다면 중국여행을 하지 않은 것이라는 말이 있을 정도로 중국의 대표적인 관광지인 만리장성은 유목민족의 침입을 막기 위해 중국의 고대 진나라 때 기존의 성곽을 잇고 부족한 부분은 새롭게 축조하여 만든 거대한 성곽이다. 중국의 역대 왕조에서 지속적인 보수 및 개축 그리고 신축하여 현재까

⌾ 베이징 만리장성

지 남아 있는 중국을 상징하는 대표적인 유적이다. 만리장성은 중국의 서쪽 국경에서 동해안까지 뻗어 있으며 허베이성 산해관에서부터 간수성 가욕관에 이르는데 가장 잘 보존되어 있는 곳은 베이징과 가깝다. 지도상 길이는 약 2,700㎞이지만 기복이 있거나 충첩된 부분을 고려하면 총길이가 5,000~6,000㎞에 달하며 세계에서 가장 긴 성벽으로 불린다. 2500년 전부터 1600년까지 계속해서 건축되어온 고대 방어 건축물로 진의 강력한 통일제국체제가 낳은 상징적 산물이다.

만리장성은 세계의 7대 불가사의로 불리며, 1987년에 유네스코의 세계문화유산에 등재되었다.

❀ 상하이 외탄

상하이 속의 유럽으로 불리는 외탄은 상하이의 상징이자 필수 관광지이다. 외탄은 상

하이 중심의 황푸강 외백도교부터 진링 동루까지 이어지는 거리를 지칭하는데 황포 반대편에 식민지 시대의 유럽 건물과 초고층 빌딩으로 중국의 과거와 미래를 함께 느낄 수 있는 곳이며 다양한 국가의 건축 양식이 모여 있어서 세계 건축 박물관이라고 불인다. 외탄은 19세기 후

상하이 외탄

반부터 20세기 초까지 상하이에서 가장 번성한 지역이었는데, 1846년 최초로 영국 회사가 외탄에 사무소를 열었을 때부터 지금까지 이어져온 이국적인 풍경은 상하이를 상징하는 매력적인 곳으로 외탄의 황포강변에서 서면 맞은편의 동방명주의 방송탑과 진마오 빌딩, 국제 컨벤션 센터 등이 선명하게 보인다. 해가 저물면 황푸강 일대의 고층 건물마다 화려한 조명이 들어와 멋진 야경을 감상할 수 있으며, 외탄과 푸동 지역을 잇는 유람선을 타면 화려함의 극치를 감상할 수 있다.

✿ 항저우 서호

항저우는 중국인들 사이에서 지상의 낙원으로 여겨질 만큼 풍경이 아름다우며 중국식 정원을 대표하는 곳으로 사방으로 둘러싸인 자연의 산들과 호수 그리고 인간이 만든 건축물이 절묘하게 어울리는 곳이다. 서호는 항저우시 서쪽에 있어 붙여진 이름이며, 중국 고대 미인 중한 명인 서시의 이름을 따서 서자호라고

항저우 서호

로 불린다. 중국에 서호라는 이름을 가진 호수가 800개가 될 정도로 많지만 이 중 가장 유명한 곳이 바로 항저우의 서호이며 베이징의 이화원도 항저우의 서호 풍경을 그대로 복사해 건설되었다. 서호 안에는 소영주, 호심정, 완공돈 등 서호삼도라고 부르는 3개의 인공섬이 조성되어 있으며, 평호추월, 소제춘효, 단교잔설, 뇌봉석조, 남병만종, 곡원풍하, 화항관어, 유랑문앵, 삼담영월, 쌍봉삽운 등 서호를 대표하는 10가지 뛰어난 경관인 서호십경이 있다.

2011년에는 문화경관의 뛰어난 모범으로 중국뿐 아니라 세계의 원림 설계에도 큰 영향을 미치고 있다는 평가와 함께 유네스코 세계문화유산에 등재되었다.

❀ 진시황릉 병마용갱

병마용갱은 진시황릉에서 1㎞가량 떨어진 유적지로 흙으로 만든 병사, 말 등 모형이 있는 갱도다. 2,200년간 땅속에 묻혀 있다가 1974년 가뭄에 우물을 파려던 일군의 시안 농민들에 의해 발견된 진시병마용갱은 세계 고고학유적발굴에서 가장 큰 사건으로 지금까지 총면적 25,380㎡에 이르는 4개의 갱이 발굴되었다. 184㎝에서 197㎝로 실물보다 20% 더 크게 만들어진 8천여 개의 병마용은 진시황이 사후에 자신의 무덤을 지키려는 목적으로 제작한 것으로 보이며, 발굴한 4개 갱도 중 3곳에 모두 8천여 점의 병사와 130개의 전차, 520점의 말이 있다고 추정되나 그중 4호 갱은 완성되기 전에 폐기된 빈 갱도이다. 세계 8대 불가사의로 꼽힐 만큼 거대한 규모와 정교함을 갖추고 있는 병마용갱은 1987년 세계 문화유산에 등재되었다.

🏃 진시황릉 병마용갱

❀ 홍콩 빅토리아 피크

중국에 만리장성이 있다면 홍콩에는 빅토리아 피크가 있다. 빅토리아 피크는 홍콩 번영의 상징으로 여겨지고 있으며, 해발 552m로 홍콩섬에서 제일 높은 산으로, 100만 불짜리 야경이라고 불릴 정도로 홍콩 야경을 볼 수 있는 최고의 장

🏃 홍콩 빅토리아 피크

소이다. 중국 본토를 향해 뻗어 있는 빅토리아 항구 주변의 고층 건물들은 홍콩여행에서 첫 번째로 가봐야 하는 곳이다. 빅토리아 피크에는 일반인의 출입이 제한된 산 정상을 제외하고 일대에 고급 주택가, 공원, 전망대 등이 조성되어 있다. 또한 피크 타워, 피크 갤러리아, 룩 아웃, 라이온스 파빌리온, 마담 투소의 밀랍인형 박물관, 산딩공원 등 관광명소가 있으며, 란터우섬과 홍콩섬 전체를 내려다볼 수 있어 인기 있는 홍콩의 야경 스폿이다.

❀ 마카오 세나도 광장

세나도 광장은 아름다운 분수와 유럽풍의 건물들로 둘러싸인 마카오 역사지구의 심장부로 마카오 여행은 세나도 광장에서 시작된다. 세나도 광장 주변에서 유명한 건축물은 유네스코 세계문화유산으로 지정된 자비의 성채와 자애당, 릴 세나도 빌딩 등이 있으며 그중에서도 릴 세나도 빌딩은 포르투갈의 아름다운 건축 양식을 살펴볼 수 있는 명소이다. 세나도는 포르투갈어로 의회를 뜻하며, 광장의 명칭은 포르투갈 건축 양식으로 지어진 릴 세나도 유네스코 건물에서 따왔다. 유네스코 세계문화유산으로 등록된 장소들 광장 주변에 다양한 건축물들이 있는데 우아한 장식미가 돋보이는 성 도미니크 성당, 고풍스러운 바로크 양식의 성 바울 성당이 있으며, 분수와 벤치, 카페 등과 다양한 공간이 마련되어 있어 만남의 장소 및 휴식의 장소로 활용되고 있다.

🕘 마카오 세나도 광장

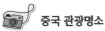 **중국 관광명소**

구분	명소	내용
베이징	만리장성	• 인류 최대의 토목공사라고 불리며 중국 역대 왕조들이 북방민족의 침입을 막기 위해서 세운 방어용 성벽
	자금성	• 쯔진청(자금성)은 명·청 시대에 500여 년간 24명의 황제가 살았던 궁전
	천안문광장	• 베이징의 정중앙에 있고 톈안먼관창이라고 함 • 규모는 총 면적 44만㎡로 약 100만 명이 동시에 모일 수 있는 장소
상하이	외탄(와이탄)	• 상하이 황푸취에 있는 빌딩 구역
	동방명주	• 상하이 푸둥지역에 있는 높이 468m의 방송탑 • 1994년 10월 1일에 완공된 건축물로 상하이 마천루를 상징
난징	명효릉	• 중국 장쑤성 난징시 중산 두룽푸에 있는 명나라 태조 주원장과 황후 마씨의 능
	중산릉	• 중국의 혁명가 쑨원의 묘
시안	진시황릉	• 산시성 린퉁현 여산 남쪽 기슭에 위치한 시황제의 구릉형 묘
	진시황릉 병마용갱	• 진시황릉에서 1㎞가량 떨어진 유적지로 흙으로 만든 병사, 말 등 모형이 있는 갱도
	화칭츠	• 산시성 시안시 동교의 린퉁현 남쪽, 리산의 산록에 있는 온천
항저우	서호	• 항저우시 서쪽에 있는 호수로 지상의 낙원으로 여겨질 만큼 아름다우며 중국식 정원을 대표하는 곳
홍콩	침사추이	• 홍콩 주룽(Kowloon)반도 남쪽에 위치하는 야침몽지구(Ya Tsim Mong District)의 번화가 지역
	빅토리아 파크	• 홍콩 남부의 홍콩섬에 있는 공원으로 1957년에 개장
	란콰이펑	• 홍콩 센트럴에 있는 약 110m 길이의 L자형 거리 • 100여 개의 식당, 술집, 상점이 있음
마카오	세나도 광장	• 마카오 시정 자치국으로 사용되고 있는 릴 세나도 빌딩 앞의 광장으로 마카오의 중심지
	기아 요새	• 마카오에 있는 요새와 등대도 마카오에서 가장 높은 곳(해발고도 94m)에 있음

3 여행문화 Tip과 에티켓

1. 여행문화 Tip

• 남한 땅의 100배가 넘는 광활한 국토를 자랑하는 중국의 여행 성수기는 지역마다 천차만별이다. 베이징을 포함한 북부 지역의 경우 여름에는 폭염이, 겨울에는 한파가, 봄에는 황사가 불기 때문에 가을이 최적이다. 그러나 중국의 국경절 연휴에는 모든 관광을 피하는 것이 좋다.

- 중국의 전압은 220V, 50Hz로 우리나라의 전자 제품을 그대로 사용할 수 있으나 콘센트 모양은 여러 가지로 되어 있다. 중국으로 여행을 갈 때 혹시 모를 경우를 대비해서 멀티어댑터를 가져가는 것이 좋다.
- 중국 현지에서는 우리나라 지폐와 중국 위안화의 환전이 쉽지 않으므로 출국 전에 미리 환전을 해두는 것이 좋다. 원화를 바로 위안화로 바꾸면 현지에 도착하자마자 사용할 수 있어 편리하다. 그러나 원화를 달러로 환전한 후 중국의 은행에서 다시 위안화로 바꾸는 편이 전자보다 저렴하여 베테랑 여행자들은 달러로 환전하는 방법을 선호한다.
- 중국은 사시사철 식당에서 따뜻한 물을 마시는 곳이다. 따라서 한여름에도 식당에서 따뜻한 물을 따라주며 심지어 맥주를 시켜도 미지근한 것을 제공받을 가능성이 높다. 만일 차가운 물이나 음료를 마시고 싶다면 주문할 때 꼭 '삥더冰的'라는 말을 덧붙여야 한다.
- 중국에서 사진 촬영을 할 때 군사시설촬영은 금지되어 있으며, 거리에서 인물 촬영을 할 때는 상대방의 동의를 얻어야 한다. 관광객이라고 할지라도 금지된 곳에서 촬영을 한다면 카메라를 빼앗길 수 있으므로 특히 주의해야 한다.
- 위생적으로 문제가 있을 수 있기 때문에 가능하면 물은 끓여 마시고 길에서 파는 생수나 빙과류, 청과류는 가급적 먹지 않는 것이 좋다. 또 손을 씻을 수 있는 장소가 많지 않기 때문에 물티슈를 소지하고 다니면 유용하게 사용할 수 있다.

2. 여행문화 에티켓

- 괘종시계처럼 종이 달린 시계는 중국에서 "끝낸다"와 "죽음"의 의미가 있으니 선물로는 삼가야 한다.
- 중국인들에게 생선은 배를 의미해 식사 중에 생선을 뒤집으면 배가 뒤집히는 것과 같은 뜻으로 불길함을 의미하기 때문에 조심해야 한다.
- 술은 잔 가득히 따르면 존경을 의미하지만 차는 잔을 가득 채우면 업신여김의 의미가 되니 잔의 반만 채우는 게 중국의 예의이다.
- 중국인들은 술을 마실 때 상대방에게 건배를 하는데 이때 상대방이 같이 건배를 하지 않으면 '성의를 무시했다'는 인식을 주게 된다. 술을 못 마시는 경우에는 양해를 구하고 차 또는 물로 건배를 하고 마셔도 무관하다.
- 중국에서 반찬이나 음식을 남기는 것이 호스트에 대한 예의이다. 다 먹어버리면 '너

무 부족했어요'라는 의미이므로 주의해야 한다.

- 중국에서는 국가 명칭이나 국기, 국장, 군기, 훈장 등과 같거나 비슷한 도형, 중앙국 가기관이 소재하는 특정된 지명이나 대표성 건축물의 명칭, 도형을 상표로 사용하 지 못한다. 이를테면 '톈안먼天安門', '즈광거紫光閣', '인민대회당人民大會堂' 등은 간판이 나 상표에 사용하지 못한다.

- 중국에서 중국 공산당원을 제외하고는 모두 종교의 자유가 있으나 종교 선전이나 대형 종교 모임은 불가하다. 외국인의 중국 내 종교 활동은 '중화인민공화국 경내외 국인 종교 활동 관리규정'에 따라 허용한다. 외국인이 중국 내에서 선교 활동을 할 경우 당국의 허가를 받아야 하며, 무단으로 선교 활동을 하거나 외국인과 내국인이 함께 종교 활동을 하는 것은 금지되어 있다.

- 중국인은 대체적으로 복장에 크게 신경 쓰지 않는 편으로 정장을 입더라도 노타이 차림이 많다. 중국인들은 복장에 있어 외관보다는 브랜드를 크게 중시하는 편이다.

- 중국에서 남자가 녹색 모자를 쓰면 '아내가 바람났다'라는 것을 의미하기 때문에 주의해야 한다. 녹색 모자에 대한 금기는 원나라 때부터 시작하였다고 한다.

- 중국인들은 붉은색과 황금색을 아주 좋아한다. 구정의 춘련春聯이나 중국책의 고급 정장본은 거의 다 붉은색 바탕에 황금색 글씨로 되어 있으며 경사 시에는 홍바오紅包 라는 붉은 봉투를 사용한다. 흰색은 상喪과 관련되는 일에 쓰이며 중국어에서의 의 미도 '홍紅'은 환영을 받는다는 뜻인 데 반해 '백白'은 허탕치다, '헛수고했다'라는 의 미이다. 결혼식에 하얀 옷을 입고 가거나 우리 식대로 흰 봉투에 축의금을 냈다가 는 그야말로 죽기를 바란다는 뜻이 되니 주의에 또 주의해야 할 일이다.

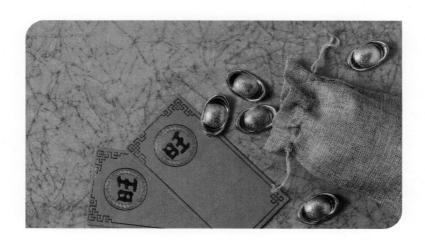

02 일본

1 일본 개관

일본은 아시아대륙 동쪽에 홋카이도, 혼슈, 시코쿠, 규슈 4개 큰 섬을 중심으로 북동에서 남서 방향으로 이어지는 섬나라이다. 4개의 섬이 일본 전체 면적의 97%를 차지하며 대부분의 섬이 화산 활동을 통해 생겨났다. 일본의 면적은 약 38만㎢이며 한반도 크기의 약 1.7배로 면적순으로 62위에 해당한다. 일본의 인

🎗 도쿄

구는 2022년 10월 기준 약 1억 2,395만 명 전 세계 11위에 해당할 만큼 인구가 많은 나라이다.

일본 정부는 종교의 자유를 보장하고 있으며, 국교를 인정하지 않는다. 역사 문화적으로 신토와 불교의 영향력이 매우 강하기 때문에 길거리에서 쉽게 사찰과 신사를 찾아볼 수 있다. 일본인은 두 가지 이상의 종교를 가지는 사람이 많으며, 종교별 신도 수의 비율을 보면 불교가 48.2%, 신토자연숭배·조상숭배를 기본으로 하는 일본의 고유종교가 51.2%를 차지하여 일본의 양대 종교가 되고 있고, 그 밖에 신·구교를 합친 그리스도교가 0.6% 등이다.

행정구역은 47개의 도도부현으로 이루어져 있으며 이는 1도일본어: 都, 도쿄도, 1도일본어: 道, 홋카이도, 2부府, 오사카부와 교토부, 43현일본어: 県으로 되어있다. 행정상 별도의 정령지정도시, 중핵시, 특별구로 정해진 경우를 제외하고 모든 도시는 모두 도도부현에 속하며 더 작은 행정단위인 시정촌과 도시와 시골을 몇 개씩 정리한 군이 있다.

한국과 일본의 기후를 비교해보면 일본이 기온의 연교차가 적다고 말할 수 있다. 일본은 해양성 기후이고 한국은 대륙성 기후이다. 일본과 한국이 왜 겨울의 기온이 이렇게 다른가 하면 일본은 동해가 존재하기 때문이다. 물은 많은 물질 속에서 비열이 상당히 크다. 비열이 크다는 것은 잘 따뜻해지지도 않고 잘 차가워지지도 않는다는 이야기이다. 열

이 계속 방출되어 도망가는 겨울은 육지보다 바다쪽이 높은 온도를 가지고 있다.

언어는 일본어가 통용되며, 동경를 기반으로 하는 언어가 매스컴·교과서·의회·법정 등에서 표준어로 쓰이고 있다. 그러나 지역마다 독특한 방언이 있어 지위·직업·성별에 따라 언어적 차이가 심하다. 역사적으로 보면 중국어의 영향을 많이 받았으나 알타이어 계통에 속한다.

일본은 화산, 해안 등 자연경관이 뛰어나고 온천이 많아서 자연적인 관광자원이 풍부하고, 교토, 나라, 가마쿠라 및 도쿄 등 옛 정치중심지에는 역사적인 관광자원이 풍부하며, 그 밖에 전국 각지에 성관·사적을 비롯하여 사사 등이 많이 있다. 또 도쿄, 오사카, 나고야 등 대도시에서는 고층 건물·번화가, 공원, 박물관, 미술관 등 경제 대국으로서의 일본의 도시적인 관광자원을 다양하게 접할 수 있다. 침체된 국내 경제활성화를 위해 2010년 이후부터 추진한 다양한 관광 관련 정책이 성공을 거두어 관광지와 관광시설의 개발이 전국적으로 활발히 진행되었고, 외국인 관광객의 수도 급격히 증가했다. 외국인 관광객 중에서는 도쿄를 찾는 인원이 압도적으로 많고, 또한 교토, 오사카, 나라·나고야, 하코네, 닛코, 가마쿠라, 이세, 고베, 히로시마, 나가사키 등지도 외국인 관광객이 많이 찾는 국제적인 관광도시이다.

일본에는 고유의 종교인 신도의 영향을 받은 문화와 고유한 문화가 생활 속에 많이 남아 있다. 가부키, 노 등의 전통극과 전통 악기 연주, 민속춤이 아직도 인기이며, 도자기 공예와 목공예 등이 오랜 역사를 지니고, 자연과의 조화를 강조한 건축물과 정원 등에서 일본의 전통문화를 엿볼 수 있다. 아래의 표는 일본의 일반정보이다.

📷 일본 일반정보

구분	내용
국가명	일본(Japan)
수도	도쿄(Tokyo)
인구	1억 2,395만 명(세계 11위)
위치	동아시아, 한반도의 동쪽
면적	37만 7975㎢(세계 62위)
기후	기온의 연교차가 적은 해양성기후
민족구성	일본인(98.5%) 한국인(0.5%), 중국인(0.4%), 기타(0.6%)
언어	일본어
종교	신토 및 불교(90.2%), 기타(9.8%)

한국학중앙연구원, KOTRA 글로벌윈도우, 두피백과, 외교부 내용을 바탕으로 저자 작성.

② 일본의 문화

　일본인들의 대표적인 가치관으로 혼네와 다테마에本音と建前가 있는데 이는 개인의 본심과 사회적인 규범에 의거한 의견을 나타내는 말이다. 흔히 본심과 배려, 속마음과 겉마음으로 불리며 혼네가 본인이 가지고 있는 속내속마음, 다테마에가 상대방에게 드러내는 마음겉마음이다. 일본을 여행하다보면 언제나 친절하게 대하는 일본인들의 모습을 쉽게 볼 수 있는데 일본인들은 혼네를 숨기고 다테마에로 소통하기 때문이다. 일본인의 경우 자기의 의견을 피력하는 데 있어 혼네와 다테마에를 구별하여 사용하는 것에 익숙하지만 이를 사용할 때 일본 내 지역에 따라서 차이가 있다. 오사카의 경우에는 솔직하게 말하는 것에 익숙하지만 교토의 경우에는 혼네, 즉 속마음을 숨기는데 이는 무사계급인 사무라이의 영향이 크기 때문이다.

　일본의 또 다른 문화적 특색으로 메이와쿠めいわく, 迷惑가 있는데, 이는 다른 사람들에게 민폐를 끼치는 것을 극도로 꺼리고 혐오하는 경향을 말한다. 다테마에도 메이와쿠를 끼치지 않도록 표현을 자제하는 것에서 생겨난 관습으로 볼 수 있다. 이와 관련하여 일본 특유의 토론 문화로 네마와시根回し가 있는데, 예를 들어 회의나 토론 전에 상급자가 하급자에게 어떻게 반응해야 하는지 등을 미리 알려서 서로 불편한 감정이 유발되지 않도록 하는 것을 말한다.

　일본에서 가장 중요한 인사로 오지기お辞儀가 있다. 이는 경의를 표할 때나 사과할 때 그리고 무언가를 부탁할 때 상대방에게 허리를 구부리는 것이다. 오지기에는 가장 간편하게 행하며 상체를 15도 정도 구부리는 에샤쿠會釋, 면담하거나 무엇인가를 의뢰할 때 상체를 30도 정도 구부리는 경례敬禮, 상대방에게 경의를 표하거나 사죄의 의사를 전달할 때 상체를 45~60도 정도 구부리는 최경례最敬禮의 세 가지가 있다. 또한 일본에서는 아무리 친한 사이라고 해도 스킨십을 필요로 하는 인사를 하지 않으며, 악수나 포옹을 하는 등의 인사도 일반적이지 않다.

1. 음식문화

　일본인은 농경민족으로서 쌀을 주식으로 하는 음식문화를 형성해왔다. 쌀로 만드는 음식으로는 밥·떡·술·과자 등이 있고, 음식 중에서도 특히 소중하게 다루어졌다. 이 밖에도 산이나 바다, 들에서 나는 음식도 풍부해서, 여러 가지 조리법으로, 일본인의 식생활은 풍토에 맞게 다양한 모습으로 전개되었다.

🕐 일본 스시

🕐 소유라멘

기본 조미료인 된장미소과 간장의 제조법에서 한국은 지금도 전통적인 방법에 따라 메주를 원료로 된장과 간장을 한 항아리에서 만들고 있는 가정이 많은 데 비해, 일본은 에도시대에 미소와 소유 공장에서 대량 생산이 시작되어 현재는 가정에서 만드는 예는 거의 찾아볼 수 없다. 일본의 음식 맛은 기본 조미료에 설탕, 청주, 미린 등이 첨가되는 경우가 많고, 한국 음식 맛에 비해 심플하고 달달한 경우가 많다. 국물 맛을 낼 때 쓰는 재료는 가다랭이포가쓰오부시, 다시마, 멸치, 마른 버섯 등이 주류이다.

일본음식의 식단 구성을 살펴보면 현재 일상생활에서 많이 쓰이는 가이세키료리의 식단은 무코쓰케와 시루모노, 하치사카나와 니모노로 구성된 4품의 곤다테식단를 기본으로 하고, 여기에 고돔부리를 더하면 5품의 곤다테가 된다. 식단의 목적에 따라 4품, 5품, 7품, 9품 등 음식의 수를 늘리는데, 이때 밥과 고노모노는 기본 음식으로 품수에는 넣지 않는다.

생선이 아닌 육류를 재료로 한 음식을 먹기 시작한 것은 메이지유신 이후인데, 이것은 675년 불교의 영향을 받은 덴무 천황이 칙서를 내려 육식을 금지한 후 1,200년 만의 일이었다. 육식이 해금되었을 때에는 전통과 풍속으로 내려온 것처럼 육류를 불결하고 흉측한 것으로 여겨 꺼리는 사람이 많았다.

식사는 경제성장에 따른 고용의 증대, 생활수준의 향상과 비례하여 외식의 기회가 많아지고, 따라서 외식산업도 발달하였다. 외식의 메뉴는 전통 요리는 물론이고, 일본인에 의해 개발된 카레라이스나 돈가스 등 일본적 양식, 햄버거, 프라이드 치킨, 도넛 등 서양식 패스트푸드로 다양화되었다. 이 같은 식사 종류의 다양화는 식문화에 대한 사고방식과 기존의 식사예법에도 많은 변화를 가져왔다.

요리에 따라서 먹는 방법도 다르지만, 일본요리는 숟가락을 사용하지 않고 젓가락으로

모든 것을 처리한다. 밥공기나 국그릇은 왼손에 올려놓고 먹으며, 또한 한 그릇에 담긴 요리일 경우 일단 별도의 젓가락을 사용해 자신의 접시에 옮겨 먹는 것이 보통이다. 또한 조용히 소리를 내지 않고 먹는 것을 원칙으로 하고 있다.

일본요리는 지역에 따라 크게 간토관동요리, 간사이관서요리, 오키나와 요리, 홋카이도 요리의 네 가지로 나눌 수 있다. 또한 재료의 품질과 외양을 위해 음식이 나오는 시기를 중요하게 생각하며 2013년에는 와쇼쿠和食, 특히 신년 축하를 위한 일본의 전통 식문화라는 이름으로 프랑스 요리, 지중해 요리, 멕시코 요리가 이어 등재되었으며, 동아시아 최초로 인류무형문화유산에 등재되었다.

 일본 전통요리

구분	내용
혼젠요리(本膳料理)	• 왕조 귀족의 의식요리에서 출발 • 일본전통 음식, 관혼상제나 가정의식이 있을 때 격식을 차리는 상 • 일본의 신분제도를 나타낼 수 있는 호화로운 식사
가이세키(懷石料理)	• 화려하지 않으며 식품의 본래의 맛을 중시하여 검소하게 차리는 상 • 차카이세키(茶懷石料理)는 차 마시는 모임 때 간단히 차리는 상차림
쇼진요리(精進料理)	• 불교사상에 의해 발달한 요리 • 사찰을 중심으로 발달한 음식, 식물성 식품만을 재료로 함
카이세키(會席料理)	• 상인계급에서 발전한 요리로 일본의 정식 상차림 • 회합이 있을 때 차리는 상차림, 혼젠과 가이세키의 절충형 • 전채-맑은 국-생선회-구이-조림-초회(찜, 튀김)-밥 면류-후식 순

나무위키(https://namu.wiki/일본요리)

2. 축제문화

마츠리는 일본 전국에서 매년 같은 시기에 같은 양식으로 반복되는 여러 가지 연중행사로 일반적으로 공적이면서 경사스러운 종교적 의식, 즉 축제를 의미한다. 마츠리는 마츠루라는 말에서 파생된 것으로, 좌우의 손을 들어 제물을 바치는 모습을 상형화한 것이다. 현대사회에도 전승되어 벚꽃으로 유명한 우에노 공원은 만개 무렵에 장소가 좁을 정도로 돗자리를 깔고, 밤벚꽃을 즐기는 사람들로 붐빈다. 옛날부터의 마츠리와는 정취를 달리하지만 사람들이 상쾌한 기분으로 주연을 즐기고, 일상과는 다른 것을 기대하는 이날은 현대의 '봄마츠리'라 할 수 있다. 마츠리는 본래 신과 조상을 모시는 의미와 그 해의 수확을 신에게 보고하는 감사의 의미가 있으나 지금은 축제를 하는 것에 목적이 있다. 축제의 본래 의미는 희미해져 의식도 간소화돼 있다.

일본을 대표하는 3대 전통적인 마츠리로 도쿄東京의 간다마츠리神田祭, 교토京都의 기온마츠리祇園祭, 오사카大阪의 덴진마츠리天神祭가 있다.

❀ 도쿄: 간다마츠리

도쿄의 간다마츠리는 매년 5월 중순에 도쿄의 치요다구 간다에서 개최한다. 단, 홀수해에는 대규모로 축제가 열리며 이를 '혼 마쓰리'라고 하며 짝수 해에 열리는 작은 규모의 축제는 '가게 마츠리'라고 부른다. 간다마츠리는 도쿠가와 이에야스가 세키가하라 전투에서 승리한 것을 기념으로 시작되었는데, 평민들은 간다마츠리가 개최될 때만 에도성안에 들어가볼 수 있었기 때문에 일본 3대 마츠리 중에서도 서민의 마츠리로서 인기가높다.

❀ 교토: 기온마츠리

기온마츠리는 일본 교토부에서 매년 7월 1일부터 31일까지 한 달 동안 개최되며, 1,100년 전 교토에 흑사병이 유행했을 때 재앙을 없애기 위해서 기온 신사에서 제사를 지낸 것이 기원이 되어 3대 전통 마츠리로 자리 잡게 되었다. 기온마츠리의 하이라이트는 17일과 24일에 열리는 '야마호코 준코山鉾巡行' 퍼레이드이며 호화롭게 장식된 거대 꽃마차인 야마와 호코가 행진한다. 1979년 일본 국가 내 중요 무형 민속 문화재로 등록되었고 2009년에는 유네스코 인류무형문화유산으로 지정되었다.

❀ 오사카: 덴진마츠리

덴진마츠리는 매년 7월 25일 전후 오사카 텐만구신사를 중심으로 열리는 민속축제로, 역모죄로 몰려 억울하게 죽은 스가와라노 미치자네를 기리기 위해 가미호코를 바다에 띄우고 떠내려가게 해서 창이 도착한 곳에 제단을 쌓고 의식을 시행한 것에서 비롯되었다. 덴진마츠리의 주요 행사는 가미호코를 오가와 강을 따라 떠내

ⓐ 오사카마쯔리

려가게 하는 호코나가시신지鉾流神事, 신령을 배에 태우는 승선장까지 미코시를 육로로 운

반하는 리쿠토교陸渡御, 신령을 배에 태워 이동하는 후나토교船渡御, 불꽃놀이인 하나비花火 등이 있다. 오사카의 상황에 따라 축소되거나 중단되기도 하지만 1,000년 이상 이어져온 일본의 대표 민속축제 및 여름축제이다.

3. 여행문화

❀ 도쿄타워

일본 도쿄도 미나토쿠에 있는 높이 333m의 철탑이다. 프랑스 파리에 있는 에펠탑 모양으로 1958년에 세워졌으며 본래는 방송용 수신탑이었던 도쿄타워는 현재 도쿄의 상징으로 대표적인 관광명소로 자리를 잡았다. 도쿄타워는 지상 150m 높이에 대전망대와 지상 250m의 높이에 특별전망대가 있어서 도쿄도 안의 거리를 한 번에 볼 수 있으며, 날씨에 따라 가나가와현, 사이타마현, 지바현의 거리와 후지산도 볼 수 있다. 또한 도쿄타워 밑에는 지상 4층 규모의 도쿄타워빌딩Foot town이 있는데 대전망대 출입을 위한 장소와 함께 수족관, 밀랍인형관, 기네스 세계 기록 뮤지엄 TOKYO, 트래픽 아트 갤러리, Gallery DeLux, 동형 브라더, 감동스러운 경제관, 게임코너, 각종 토산품 가게, 레스토랑 등의 다양한 시설이 들어서 있다.

❀ 나카미세도리

도쿄에서 가장 오래된 절인 센소지 사원 바로 옆에 있는 전형적인 일본 쇼핑 상점가로 센소지 사원의 가미나리몬에서 호조몬 사이의 250m에 걸쳐 있다. 17세기 에도시대부터 내려오던 일본에서 가장 오래된 상점가로 에도시대의 시타마치와 같은 분위기도 있지만, 전통적인 것뿐만 아니라 현대적인 분위기도 공존하고 있는 곳이다. 전통의류, 인형, 생활소품 등 기념품을 판매하는 곳이 많으며 아사쿠사의 명물인

인형 모양의 풀빵 '닝교야키_{人形焼}'를 비롯해 다양한 간식류를 파는 상점도 있다. 사원과 상점은 오후 5시경에 문을 닫는데, 밤에는 고요해진 거리에서 점포 셔터의 벽화를 감상할 수 있다.

❀ 오사카성

오사카의 상징인 오사카성은 오사카부 오사카시 주오구의 오사카조 공원에 있다. 구마모토성, 나고야성과 더불어 일본 3대 명성 중 하나인 오사카성은 16세기에 도요토미 히데요시가 일본을 통일한 후 권력을 과시하기 위해 지은 성으로 1583년에 축성을 시작하여 1586년에 완공하였다.

🕙 오사카성

오사카성의 주탑은 지상 8층으로 덴슈카쿠_{天守閣}라고 하는 높이 55m의 누각이다. 덴슈카쿠의 1층에서 7층까지는 역사자료관으로 도요토미 히데요시의 목상을 비롯하여 당시의 무기와 갑옷, 복원 모형, 민속자료 등이 보관되어 있으며, 시어터 룸에서는 도요토미 히데요시와 오사카성을 소개하는 영상을 볼 수 있다. 또한 8층에는 주변의 멋진 경치를 감상할 수 있는 전망대가 설치되어 있어 성과 성 주변의 아름다운 경관을 보기 위해 많은 여행객이 방문하고 있으며, 죽기 전에 봐야 할 세계 역사유적 중 하나로도 꼽히는 관광명소이다.

❀ 도톤보리

도톤보리는 일본 오사카부 오사카시 주오구의 지명으로 과거에는 극장이 밀집된 지역이었지만, 현재는 밤 문화가 발달하고 오락 시설이 밀집된 지역으로 변하였다. 서민적인 분위기를 느낄 수 있는 번화가로 도톤보리 강을 따라 에비스바시부터 센니치마에도리까지 약 500m 이어져 있다. 오사카를 상징하는 대표적인 거리로 우리나라

🕙 도톤보리

에서 유명한 타코야키가 가장 맛있는 곳으로도 유명하다.

도톤보리에는 오사카의 제과 회사인 에자키 글리코의 파란색 트랙 위를 달리는 모습을 묘사하고 있는 광고판이 있는데 랜드마크로 유명하며, 밤에는 광고판의 네온사인이 시시각각 변하는 LED 조명으로 화려함과 함께 관광객들의 사진 촬영 코스로 인기가 높다.

✿ 오도리공원

오도리공원은 일본 홋카이도 삿포로 시 주오구에 있는 공원으로 삿포로 중심구에 자리 잡고 있다. 삿포로 시내의 남과 북을 구분하는 기준이 되며 도로를 따라서 동서로 1.5㎞ 정도로 뻗어 있는 독특한 형태를 가지고 있고, 1957년 건설된 147.2m 높이의 TV 탑이 있다. TV 탑

👣 오도리공원

은 삿포로시의 상징으로 아름다운 야경으로도 유명하다. 오도리공원에는 라일락을 비롯하여 약 90종의 꽃과 약 5,000그루의 나무가 심겨 있어 아름다운 경관을 자랑하며, 일본의 길 10선, 일본의 도시공원 100선, 도시경관 100선, 일본의 역사공원 100선 등에 선정되기도 하였다.

오도리공원은 다양한 축제가 열리는 곳으로도 잘 알려져 있는데 세계 3대 축제이면서 대표적인 겨울 축제인 삿포로 눈축제를 포함하여 봄에는 삿포로 라일락 꽃 축제, 여름에는 삿포로 오도리 비어가든 축제 가을에는 삿포로 오텀 페스트 등 다양한 축제가 개최되고 있다.

✿ 슈리성

슈리성은 류큐 왕국의 성으로 현재는 일본 오키나와현 나하시에 위치해 있으며 오키나와 현 내 최대 규모의 성이다. 슈리성의 창건시대는 명확하지 않으나 14세기 중후반에 축조된 것으로 추정되며 제2차 세계대전으로 소실되었으나

👣 슈리성

1992년 재건되어 지금은 공원으로 탈바꿈하였다. 슈리성은 내곽과 외곽으로 나뉘는데 외곽에 있는 성문인 '슈레이몬守禮門'은 슈리성의 대표적인 건축물이며 2000년을 맞이해 기념 발행한 일본의 2,000엔 지폐의 도안일 정도로 유명한 오키나와의 상징이다.

슈리성은 1933년 일본 국보로 지정됐고 2000년 오키나와의 다른 성 유적들과 함께 유네스코 세계문화유산에 등재됐다.

 일본 관광명소

구분	명소	내용
도쿄	도쿄타워	• 전장 333m의 철탑, 도쿄를 대표하는 타워로 1958년에 완성
	나카미세도리	• 도쿄 센소지 사원 옆에 있는 전형적인 일본 쇼핑 상점가 • 전통적인 것뿐만 아니라 현대적인 분위기가 공존하고 있는 곳
	우에노 공원	• 1873년에 만들어진 일본 최초의 공원 • 주변에 동물원과 박물관, 미술관 등이 있음
	도쿄 디즈니 리조트	• 도쿄에서 가장 인기 있는 테마파크 리조트로 여섯 개의 특징이 있는 주제별로 구성된 디즈니랜드
오사카	오사카성	• 도요토미 히데요시가 1585년 완성했으나 그가 죽고 불타, 이후 도쿠가와 막부의 제3대 장군 도쿠가와 이에미쓰가 개수한 오사카의 대표적인 상징물
	도톤보리	• 밤 문화가 발달하고 오락 시설이 밀집된 지역으로 서민적인 분위기를 느낄 수 있는 번화가 • 오사카의 제과 회사인 에자키 글리코의 파란색 트랙 위를 달리는 모습을 묘사한 광고판이 랜드마크로 유명
	유니버셜 스튜디오 재팬	• 헐리우드 영화의 주인공들을 재현한 세계적인 수준의 무비 테마파크로 3D, 4D 상영관 등이 있음
나고야	나고야성	• 1612년 도쿠가와 이에야스가 당대 기술을 결집하여 축조한 성으로 도쿠가와 가문의 성
	도쿠가와 미술관, 도쿠가와엔	• 도쿠가와 가문에 전해져 내려온 수많은 유품과 다이묘(영주)가 사용한 각종 도구를 전시
규슈	오무라 공원	• 나가사키현 오무라시에 있는 벚꽃 명소인 공원
	쿠로카와 온천마을	• 옛 온천 요양지의 분위기로 계곡의 양쪽으로 일본 재래 양식의 아담한 여관과 온천장이 형성
삿포로	오도리공원	• 공원에 있는 TV 탑은 삿포로시의 상징으로 아름다운 야경으로도 유명 • 다양한 꽃과 나무가 심겨 있어 아름다운 경관을 자랑
	오타루 운하	• 1914년 9년에 걸쳐 바다를 메워놓은 북해도의 거점 도시였던 곳
	구북해도 청사	• 250만 개의 붉은색 벽돌로 지어져 '아카렌카'라고도 불리는 바로크 양식의 건물
오키나와	슈리성	오키나와를 통일한 쇼하시가 류큐 왕국을 세운 이래, 약 450년 간 역대 국왕들이 머물던 성
	오키나와 국제거리	오키나와의 중심 도시인 나하의 가장 번화한 지역으로 대부분의 주요 건물들이 밀집해 있는 곳

KOTRA 글로벌윈도우(http://news.korea.or.kr/)

③ 여행문화 Tip과 에티켓

1. 여행문화 Tip

- 방사선이나 방사능 영향이 걱정스러운 여행객들을 위해 원자력 전문가로 구성된 '관광에 대한 방사선 영향을 검토하는 워킹그룹'의 편집, 감수를 거쳐 작성된 내용인 일본 정부 관광국에서 나온 안심하고 안전하게 일본을 즐길 수 있도록 나온 책자e-book가 있으며, 일본에서는 외국어로의 상담이나 안내에 대응할 수 있는 외국인 여행자용 관광안내소 정비가 진행되고 있다. 전국에 300개소 이상, 모든 도도부현에 설치되어 있다.

- 소지하고 있는 휴대전화는 해외 로밍 서비스를 받지 않은 경우라도 SIM 카드를 렌털유료하면 일본 국내에서 이용할 수 있게 되며, 일본에서는 WiFi spot 정비가 급속히 진행되고 있어 공항이나 대규모 철도역 등의 교통 거점, 대규모 호텔에서는 대부분 시설에서 WiFi spot가 정비되어 있으므로 편리하게 사용할 수 있다.

- 일본은 교통비가 비싸며 지하철도 한국과는 달리 서로 환승이 되지 않아 갈아탈 때마다 요금이 부과된다. 이런 불편함을 줄일 수 있도록 일본의 철도 지하철에서는 선불 방식의 IC 승차권이 발매되고 있으며 IC 카드 하나로 해당 지역의 철도뿐만 아니라 노선버스 이용도 가능하다. 만일 교통패스가 아니라 버스요금을 내고 탑승을 할 때는 거스름돈을 주지 않으니 1,000엔 이하의 지폐 또는 동전은 동전 교환기를 이용해 잔돈으로 바꾸어 요금을 내면 된다.

- 일반적인 식사요금은 어디서 무엇을 먹느냐에 따라 크게 달라진다. 일본 레스토랑 협회에 가입된 고급 레스토랑, 또는 호텔 내의 레스토랑에선 저녁 식사의 경우 약 3,000엔 이상이라고 보면 된다. 이와 같은 레스토랑에서는 세금5% 외에도 서비스 요금10~15%이 별도로 청구된다. 식사 대금을 절약하고 싶다면 백화점 내의 레스토랑, 혹은 고층빌딩의 지하상가 등의 레스토랑에서 1,000엔에서 2,000엔 전후의 가격으로 맛있는 음식을 즐길 수 있다.

- 일본은 대체로 치안이 양호한 편이나 번화가에서는 밤늦게까지 다니지 않는 것이 좋다.

2. 여행문화 에티켓

- 일본은 잔에 술이 남아 있을 때 첨잔하는 문화로써 상대의 잔이 3분의 1 이하로 남아 있는데 권하지 않는 것은 술자리를 끝내자는 의사 표현이 되기 때문에 유의해야 한다.
- 우리나라에서는 밥공기를 들고 먹으면 경박한 행동으로 취급하지만, 일본에서는 밥공기를 들어 입 가까이 대고 먹는 것이 매너이며, 수저를 사용하지 않고 젓가락으로 먹기 때문에 그릇은 왼손에 들고 오른손으로 젓가락을 사용해서 식사한다.
- 일본에서는 사람이 죽어서 화장을 하고 나면 남은 뼈를 항아리에 젓가락으로 집어 넣는 풍습이 있어 젓가락으로 상대방에게 음식을 집어주는 것을 무척 싫어한다.
- 일본에서는 자전거도 교통수단 중의 하나로 여겨 번호판은 물론 운전면허가 필요하며, 음주운전을 하거나 운전 중 전화 통화는 교통 법규 위반에 해당되니 주의해야 한다.
- 일본은 남에게 피해를 끼치는 것을 매우 조심하기 때문에 대중교통 이용 시 핸드폰 사용을 자제하는 것이 좋다.
- 도쿄에서 길거리 흡연 시 50,000엔의 벌금을 부과하므로 각별히 조심해야 한다.
- 일본 온천은 탕에 들어가기 전에 몸을 깨끗하게 씻고 들어가며 입욕 직전까지 타월을 이용에 몸의 일부분을 가리는 것이 예의이다. 또한 때밀이 수건을 가지고 가서 때를 미는 경우가 있는데 반드시 삼가야 하며, 탕 속에 타월을 담그는 것도 예의에 어긋나는 행동이다.
- 전통 잠옷인 유카타는 앞섶 왼쪽이 오른쪽을 덮는 식으로 입어야 한다. 반대로 오른쪽이 위로 오는 옷차림은 불길하다고 여기기 때문이다.
- 우리나라에서는 반찬을 더 달라고 하면 조건 없이 제공되지만 일본에서는 단무지 하나를 더 시켜도 돈을 지불해야 한다. 무턱대고 달라고 하면 나중에 지불할 것을 각오해야 하므로 주의하여야 한다.

03 싱가포르

1 싱가포르 개관

싱가포르의 정식 명칭은 싱가포르공화국Republic of Singapore으로, 영연방의 하나이다. 동남아시아에 있는 섬으로 이루어진 도시국가로, 1819년 이후 영국의 식민지가 되었으며, 1959년 6월 새 헌법에 의해 자치령이 되었다. 1963년 말레이연방, 사바, 사라와크와 함께 '말레이시아'를 결성하였으나 1965년 8월에 분리·독립하였다. 싱가포르의 시가지는 섬의 남부를 중심으로 발전하고 있으며, 19세기 초 건설 당시 유럽인·인도인·말레이인 등 종족별 주거지로 나뉘어 그 영향이 아직도 남아 있다. 해상 동서교통의 중요 지점에 자리 잡고 있어 자유무역항으로 번창하고 있다. 싱가포르섬과 그 부속도서 및 크리스마스제도로 구성되어 있으며, 해안선의 길이는 820㎞이다. 면적은 699㎢, 인구는 594만 3,546명 2022년 기준, 수도는 싱가포르Singapore이다.

종교는 불교와 도교가 전 국민의 51% 정도를 차지하고 그 외 이슬람교 14.9%, 기독교 14.6%, 힌두교 4% 순이다. 공문서나 공교육 기관에서 널리 사용되는 영어가 싱가포르의 공용어이고, 기타 중국어, 말레이어가 통용된다. 타밀어Tamil는 주로 농민들이 사용한다.

열대 해양성 기후로 습도가 높고, 연평균 기온이 24~27도이며 낮에는 30도를 넘는다. 사계절 기온에 거의 변화가 없는 편이며, 5~8월은 일 년 중 가장 더운 시기로 스콜이 가끔 지나간다. 11~3월은 우기로 하루 종일 비가 내리는 경우도 있다.

종족구성은 중국계 76%, 말레이계 14%, 인도계 8% 등이다. 싱가포르의 4대 공식 언어는 말레이어와 중국어북경어, 인도계 타밀어, 그리고 영어다. 영어는 비즈니스와 행정에

사용되는 언어로서, 싱가포르 대부분의 젊은이는 영어로 대화가 가능하다. 하지만 나이가 많은 사람들은 각자의 민족어밖에 사용하지 못하는 경우가 많아 작은 상점이나 호커즈에서는 영어로 의사소통하는 데 어려움이 있다.

다민족 국가로서의 균형을 위하여 종교에 따라 서로 다른 사회관습을 유지하고 있으며, 대표적인 사회복지시책으로서 중앙복지연금제도를 설치하여 유사시에 대비한 일종의 강제저축제도를 실시하고 있다. 한편, 사회보장제도는 아직 도입되지 않았으나 1955년부터 봉급자의 노후보장, 지체불구로 인한 취업불능에 대비한 강제저축제도를 마련하여 운영하고 있다. 싱가포르는 부존자원이 없기 때문에 국제무역과 해외투자에 크게 의존하는 개방경제체제를 운용하고 있으며, 아시아에서 일본 다음가는 경제부국으로 성장하였다. 특히, 동남아시아지역의 금융 중심지로 아시아 달러 시장이 개설되어 있어 경제성장에 중요한 구실을 하고 있다.

싱가포르는 세계 각지의 쇼핑 이용객들에게 쇼핑의 성지로 꼽힐 정도로 다양한 쇼핑센터가 있다. 매년 6~7월, 크리스마스 전후의 12~1월은 메가 세일이 진행되어 많은 사람이 쇼핑을 위해 싱가포르를 찾는다. 대표적인 쇼핑 지역은 오차드 로드와 마니아 베이 지역으로, 비보시티, 파라곤, DFS 갤러리, 포럼 등이 있다. DFS 갤러리와 파라곤은 명품 위주의 쇼핑에 적합하며, 20대의 영 캐주얼과 중저가 브랜드를 원한다면 위스마 아트리아, 래플스시티 쇼핑센터가 적합하다. 부기스 정션은 유리돔 천장에 냉방시설이 갖추어진 쇼핑가로 싱가포르 젊은이들이 즐겨 찾는다. 중저가 의류, 잡화, 전자제품 숍, 백화점, 극장 등 복합 시설이 갖추어져 있다. 아래의 표는 싱가포르의 일반정보이다.

 싱가포르 일반정보

구분	내용
국가명	싱가포르 공화국(Republic of Singapore)
수도	싱가포르(Singapore)
인구	594만 3,546명(세계 114위)
위치	아시아 동남부 말레이반도 최남단
면적	699㎢(세계 186위)
기후	열대성(연중 고온 다습)
민족구성	중국계(76%), 말레이계(14%), 인도계(8%)
언어	영어, 중국어, 말레이어, 타밀어 등 4개 공용어
종교	불교와 도교(51%), 이슬람교(14.9%), 기독교(14.6%), 힌두교(4%)

한국학중앙연구원, KOTRA 글로벌윈도우, 두피백과, 외교부 내용을 바탕으로 저자 작성.

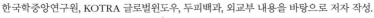

② 싱가포르의 문화

싱가포르는 서양의 세계주의적인 문화의 포장 아래 중국인, 말레이인, 인도인의 전통이 공존하는 다문화 도시국가로, 서로 다른 민족의 전통적 종교를 존중하고 있다. 싱가포르라는 국명은 산스크리트로 '사자의 도시'라는 뜻의 '싱가뿌라Singapura'에서 기원한 것이다. 현재 싱가포르에서 통용되고 있는 화폐, 공무원과 군인의 제복에는 영어 국명인 싱가포르와 싱가뿌라가 병행해서 사용되고 있다.

싱가포르는 인종 간 평화주의를 명시하고 종교별로 균등하게 법정 공휴일을 지정하고 있으며, 영국 식민지 문화와 페라나칸Peranakan, 동남아시아 혼혈 후손의 문화가 주류를 이루고 있다. 특히 페라나칸 문화는 싱가포르에서만 접할 수 있는 독특한 문화로 우리에게는 다소 생소한 단어인 말레이어로 아이를 뜻하는 '아나크anak'에서 유래한 말이다. 페라나칸은 토착 말레이 인종과 외지인의 혼합 문화 또는 인종, 즉 해외에서 이주한 남성과 현지 여성 사이에서 태어난 혼혈 후손을 의미하며, 주로 규모가 가장 큰 말레이계와 중국계의 결합을 이른다. 오래전부터 해상 무역이 발달했던 동남아시아에서는 아랍인이나 인도인, 유럽인들로 구성된 다양한 페라나칸 공동체가 형성되었다. 이 가운데 중국계 페라나칸이 다수를 차지하고 있으며, 남성은 바바baba, 기혼 여성은 뇨냐Nyonya라고 부른다.

싱가포르는 각 종교별로 다양한 고유문화를 향유하고 있다. 국가 전역의 행사는 매년 8월 9일 실시되는 독립일로서 각 집마다 국기와 싱가포르의 마스코트인 멀라이언이 그려진 깃발을 건다.

ⓐ 멀라이언

1. 음식문화

　싱가포르의 음식은 크게 중국 음식, 인도 음식, 말레이반도와 보르네오섬, 수마트라섬을 통칭하는 말레이 지역의 음식, 페라나칸Peranakan 음식으로 구분할 수 있다. 중국계가 싱가포르 인구의 75%를 차지하는 만큼 중국 음식은 싱가포르 음식문화에서 가장 큰 비중을 차지한다. 중국에서는 여러 재료를 혼합해 음양의 조화를 이루는 것을 중시하며 식재료에 상징적인 의미를 부여하는데, 예를 들면 국수는 '장수'를, 생선은 '번영'을, 부추는 '영원'을 상징한다. 말레이계와 다른 민족의 후손을 이르는 페라나칸의 음식에는 중국과 말레이, 인도네시아의 풍미가 혼합돼 있다. 흔히 페라나칸 음식을 '논야Nonya' 음식이라고 하는데, 논야는 여성을 향한 존경과 애정이 담긴 말레이어에서 유래한 말이다.

　1830년부터 1867년까지 인도 관할에 속했던 싱가포르는 자연히 인도 음식에 많은 영향을 받았으며, 말레이 요리는 생강, 강황, 레몬그라스 같은 허브와 향신료, 칠리나 새우 페이스트 벨라찬belachan을 비롯한 다양한 소스를 활용하고 대부분의 요리에서 코코넛 밀크로 맛을 내는 것이 특징이다.

🍴 카야토스트

　대표적 특산품은 육포, 카야잼이다. 싱가포르의 육포는 우리나라와 달리 달콤한 맛이 강한 게 특징이다. 쫀득한 질감에 훈향이 강하지만 숯불갈비 맛이 나 한국인에게도 인기가 많다. 낱개 포장으로 판매하지만 한국 반입이 금지되어 있다. 카야잼은 싱가포르의 대표적 잼으로, 코코넛과 달걀, 판단잎을 첨가하여 만들었다. 카야잼을 바른 토스트는 싱가포르의 대표적 아침 메뉴이다. 또한 싱가포르 내 최고의 번화가인 오차드 로드 주변과 마리나베이는 싱가포르 현지에서 먹을거리 1번가로 알려진 곳이다. 딘타이펑, 레이가든, 채터박스 등 다양한 세계 요리를 즐길 수 있다. 마리나베이는 고급스러운 분위기의 레스토랑에서 야경을 함께 즐길 수 있어 연인, 친구와 함께 하기 좋다.

　차이나타운과 리틀 인디아에서는 정통 중국 음식과 인도 음식을 맛볼 수 있다. 또한 싱가포르 내 120여 개의 호커센터는 로컬 음식을 저렴한 가격에 맛볼 수 있어 배낭여행자들에게 인기가 좋다. 대표적인 호커센터로는 뉴턴 푸드 센터, 맥스웰 푸드 센터 등이 있다.

📷 **싱가포르 대표음식**

구분	내용
딤섬	• 대표적 중국 요리로 밀가루나 쌀가루로 만든 피에 돼지고기, 새우 등 다양한 소를 넣어 찌거나 튀긴 중국식 만두
나시레막	• 바나나 잎 위에 밥, 닭튀김, 달걀, 매콤한 양념장을 함께 내는 요리로, 밥과 반찬을 함께 먹는 우리나라와 비슷하며 가격이 저렴
피시 헤드 커리	• 큰 생선의 머리를 통째로 넣고 커리와 함께 끓인 요리로, 칼칼하고 시원한 맛이 우리나라 매운탕과 비슷
바쿠테	• 마늘을 듬뿍 넣고 돼지갈비를 푹 고아 만든 요리로 우리나라 갈비탕과 비슷, 갈비살은 다크 소이소스에 찍어 먹고 국물에 중국식 튀김빵인 번을 찍어 먹음
칠리크랩	• 게를 맵고 달짝지근한 양념으로 요리한 후, 게살을 발라 먹고 남은 양념에 빵이나 밥을 비벼 먹는 음식으로, 싱가포르의 간판요리

네이버 지식백과(저스트 고, http://term.naver.com/)

2. 축제문화

싱가포르는 매달 축제가 열리기 때문에 언제나 화려한 축제를 즐길 수 있다. 대표적 축제로는 싱가포르 음식축제, 칭게이 퍼레이드가 있고, 다양한 종교가 공존하는 국가답게 힌두교, 이슬람, 불교 등 종교 관련 축제가 많다. 불교도는 5월에 싱가포르 석가탄신일인 베삭 데이를 위한 축제를 개최하며 힌두교도는 10월에 빛의 축제인 디파발리를 연다.

✺ 싱가포르 음식축제

싱가포르 음식축제는 1994년 시작으로 매년 7월 2주 동안 개최되는데, 마리나베이Marina Bay·차이나타운Chinatown·리틀 인디아Little India 등의 문화 지구를 중심으로 한 싱가포르 남부 지역에서 개최되어 다민족으로 이루어진 싱가포르의 특성을 살려 다양한 음식을 한자리에서 선보이는 대규모 음식 축제다.

차이나타운China Town, 리틀 인디아Little India 같은 문화 지구에서는 각지의 전통 요리를 맛볼 수 있으며, 싱가포르의 중심지인 남부 센트럴 에어리어Central Area에서 가장 번화한 마리나베이Marina Bay 근처에 내로라하는 식당들이 임시 판매점을 운영해 뜨거운 호응을 유도한다. 싱가포르 음식 축제는 오랜 전통과 역사를 지니지는 않았으나 요리를 눈과 입으로 직접 즐기고자 하는 관광객 약 35만여 명이 함께하는 아시아의 대표적인 음식 축제로 자리 잡았다. 그 밖에 싱가포르 페이버릿 푸드 빌리지는 싱가포르 현지인이 가장 좋아하는 음식을 선보이는 행사이다.

❀ 칭게이 퍼레이드

　칭게이란 분장과 가면의 기술이라는 중국어에서 나온 말이다. 칭게이 퍼레이드는 싱가포르의 민족 화합을 도모하는 퍼레이드로, 1973년 춘절에 거리축제로 시작한 아시아에서 가장 큰 거리공연이며, 2월에 개최되는 싱가포르 최대의 거리축제이다. 싱가포르는 다민족국가답게 다양한 민족인 중국인, 말레이인, 인도인 및 유라시아인과 축제를 즐기기 위해 방문한 관광객들이 함께 어우러져 즐길 수 있는 축제이며, 싱가포르의 문화유산을 선보이는 연례행사로 발전하였다. 해마다 다민족 거리 행렬과 전 세계의 관광객들이 참가하여 발 디딜 틈 없이 많은 사람이 방문하는 축제로 시청과 파당을 중심으로 개막행사가 진행되며, 각 민족의 민속춤과 함께 행진이 이어진다.

 칭게이 퍼레이드

📷 싱가포르 축제

구분	내용
음식축제	• 1994년 시작으로 매년 7월 2주 동안 마리나베이(Marina Bay), 차이나타운(Chinatown)·리틀 인디아(Little India) 등의 문화 지구를 중심으로 한 싱가포르 남부 지역에서 개최 • 다민족으로 이루어진 싱가포르의 특성을 살려 다양한 음식을 한자리에서 선보이는 대규모 음식 축제
칭게이 퍼레이드	• 싱가포르에서 가장 큰 퍼레이드로 춘절 축제를 기념하는 행렬로 시작된 퍼레이드 • 해마다 다민족 거리 행렬과 전 세계의 관광객들이 참가하여 발 디딜 틈 없이 많은 사람이 방문하는 축제
베삭 데이	• 석가모니의 탄신일을 기념하는 종교일로 많은 불교 신자가 기도를 하기 위해 사찰을 방문
중추절	• 랜턴 축제 또는 추석으로 알려져 있으며, 음력 여덟 번째 달의 15일 • 고대 중국에서는 가을이 한창 무르익을 때 풍성한 수확의 기쁨을 누리는 축제
디파발리	• 힌두교에서 가장 중요한 날로 리틀 인디아의 소수민족 지역에서 10월 내내 축제가 열림 • 빛의 축제이며, 힌두교 신자들의 새해를 기념하는 것으로, 새로 시작하는 기쁨을 나누는 시간

호텔스닷컴(https://kr.hotels.com/go/singapore/singapore-festivals-and-events)

3. 여행문화

✿ 머라이언 공원

싱가포르의 국가적 상징물은 머리는 사자이고 몸은 물고기인 머라이언 상이다. 머라이언 공원은 머라이언 상이 서 있는 곳으로 싱가포르 강과 바다가 만나는 곳에 있다. 싱가포르의 상징인 머라이언 상을 보기 위해 찾아오는 관광객들로 인해 머라이언 공원은 싱가포르에서 가장 인기 있는 관광명소 중 하나이다.

📷 머라이언 공원

머라이언 공원은 싱가포르의 또 다른 상징인 마리나베이의 전망 포인트로도 유명한데, 특히 마리나베이 샌즈 호텔에서 펼쳐지는 레이저 쇼와 주변 고층빌딩의 스카이라인이 어우러져 멋진 야경을 뽐내고 있다.

✿ 마리나베이샌즈

전 세계에서 가장 유명한 곳 중 하나인 마리나베이샌즈는 2010년 개장했다. 마리나베이샌즈는 럭셔리 스위트가 있는 3개 동과 55층 타워로 되어 있는데, 그중에 없어서는 안 될 샌즈 스카이파크가 이 건물의 완성을 만들어내고 있다. 마리나베이샌즈는 라스베이거스의 카지노 리조트 운영 회사인 라스베이거스 샌즈로부터 개

📷 마리나베이샌즈

발이 되었으며, 설계는 모셰 사프디, 건설은 쌍용건설에서 하였다.

싱가포르의 랜드마크로 자리 잡은 마리나베이샌즈는 배 모양의 수영장을 얹은 200m 높이의 빌딩 세 개로 이루어져 있으며, 호텔로 유명해졌지만, 그 외에 프리미엄 쇼핑몰, 카지노, 컨벤션을 한 공간에서 즐길 수 있는 복합리조트이다.

❀ 차이나타운

싱가포르 차이나타운은 중국계 이민
자들이 모여 살면서 형성된 곳으로 유서
깊은 사찰, 전통 한약방, 트렌디한 라이프
스타일 상점, 바 등 싱가포르와 과거와 현
재가 공존해 있는 곳으로 유명하다. 싱가
포르는 전체 인구 중 70% 이상이 중국
인이기 때문에 어느 곳이나 차이나타운
이라고 할 수 있지만, 정부의 이주정책에

⏱ 차이나타운

의해서 각 민족이 분산된 현재에 와서는 초기 중국 이주민들의 상점과 시장 모습을 보
호·유지하고 있는 지역으로는 이곳이 유일하다고 할 수 있다.

볼거리와 먹거리, 즐길거리가 다양하여 관광객이 가장 많이 붐비는 곳 중 하나이며 특
색 있는 거리가 많다. 또한 차이나타운 중심부에 자리한 매력적인 사찰을 방문하면 싱가
포르의 다채로운 다민족 문화를 엿볼 수 있고, 유서 깊은 차이나타운은 수많은 다채로
운 문화가 혼합된 곳으로 세계에서 유일하게 불교 사찰, 모스크, 힌두교 사원이 한 거리를
따라 자리하고 있는 곳이다.

❀ 가든스 바이 더 베이

싱가포르의 중심지인 마리나베이의 물
가에 있는 101헥타르 규모에 달하는 가
든스 바이 더 베이는 플라워 돔과 클라
우드 포레스트 냉각 온실로 세계에서
가장 큰 기둥 없는 온실이다. 베이 사우
스 가든, 베이 이스트 가든, 베이 센트럴
가든의 3개의 공간으로 조성된 이곳은
2012년 처음 개장한 이래 많은 상을 받

⏱ 가든스 바이 더 베이

을 정도로 아름다운 곳으로 160가지의 종과 32,000개가 넘는 식물들이 있으며 실내에
서 가장 큰 폭포와 35m 높이의 클라우드 마운틴이 있다. 또한 두 개의 슈퍼트리 사이에
설치된 128m 길이의 OCBC 스카이웨이가 있다.

 싱가포르 관광명소

구분	내용
머라이언 공원	• 싱가포르의 상징인 머라이언 상이 있는 곳으로 싱가포르 강과 바다가 만나는 곳에 위치
마리나베이샌즈	• 2010년 개장한 곳으로 싱가포르의 랜드마크 • 호텔, 프리미엄 쇼핑몰, 카지노, 컨벤션을 한 공간에서 즐길 수 있는 복합리조트
차이나타운	• 중국계 이민자들이 모여 살면서 형성된 곳으로 유서 깊은 사찰, 전통 한약방, 라이프스타일 상점 등 싱가포르의 과거와 현재가 공존해 있는 곳
가든스 바이 더 베이	• 마리나베이 물가에 있으며, 플라워 돔과 클라우드 포레스트 냉각 온실로 세계에서 가장 큰 기둥 없는 온실
아시아문명 박물관	• 총 11개 전시관에 아시아 지역의 유물 1,300여 점이 전시된 박물관
스리 마리암만 사원	• 싱가포르에서 가장 오래된 힌두교 사원
싱가포르 술탄모스크	• 싱가포르에서 가장 크고 오래된 이슬람 사원
타언 혹켕사원	• 1812년 초부터 도교, 불교식 감사제를 드렸던 유서 깊은 사원으로, 싱가포르에서 가장 오래된 중국 사원
차임스	• 싱가포르 다운타운 코어(Downtown Core)의 빅토리아 거리(Victoria Street)에 위치한 역사적인 건물 복합체
말레이 헤리티지 센터	• 싱가포르 초대 술탄인 후세인이 살던 왕궁을 박물관으로 개조한 곳으로, 1999년 개관
유니버셜 스튜디오	• 동남아시아 유일한 유니버셜 스튜디오 테마파크
싱가포르 스카이 타워	• 110m 높이의 타워로 센토사섬 중앙에 위치한 전망대
싱가포르 보타닉 가든	• 싱가포르의 중부지역 탱글린에 있는 식물원으로, 2015년 유네스코(UNESCO) 세계문화유산으로 등재

네이버 지식백과(저스트 고, http://term.naver.com/)

③ 여행문화의 Tip과 에티켓

1. 여행문화 Tip

- 싱가포르는 숙박비가 비싼 편이지만 차이나타운, 리틀 인디아 주변의 백패커스 호스텔을 이용하면 숙박비를 아낄 수 있다. 올드시티와 마리나 지역, 오차드 로드의 중·고급 호텔은 쇼핑센터나 레스토랑 등 관광지로 접근하기가 좋아 여행자들에게 인기가 많다. 관광산업이 발달한 나라답게 다양한 가격대의 호텔이 시내 곳곳에 있으니, 여행 일정과 비용에 맞게 숙소를 정하면 된다.
- 싱가포르는 엄격한 법체계와 벌금제로 도난, 절도, 소매치기 등의 범죄를 처벌하고 있다. 외국인에 대해서도 엄격한 도덕성과 행위를 강조하고 있으므로 거리에 침을

뱉거나 쓰레기를 함부로 버리는 행위, 껌을 뱉는 행위, 공공장소에서 흡연하는 행위 등에 대해 벌금과 체벌이 가해지므로 특히 주의하여야 한다.

- 싱가포르는 치안 상태가 대체로 우수한 곳이지만 관광객이 많이 모이는 오차드 쇼핑 지역, 겔랑 유흥가, 클라크키 등은 소매치기가 많으니 조심해야 한다. 또한 혼잡한 시간의 지하철에서는 2인조 소매치기를 주의해야 한다.
- 관광안내소가 주요 MRT역 부근에 있어 접근이 용이하다. MRT 서머싯·오차드·부기스역 인근에 있어 도보 5분 내로 이동이 가능하다. 관광안내소에서는 싱가포르 지도와 이벤트 정보를 얻을 수 있으며, 싱가포르 투어리스트 패스도 구입할수 있다.

2. 여행문화 에티켓

- 싱가포르는 깨끗함을 강조하는 나라로 그것을 어겼을 때는 관광객도 상관없이 어마어마한 벌금을 매긴다. 공공장소에서의 흡연이나 거리에서 쓰레기나 껌, 침을 뱉는 경우, 대중교통을 이용할 때도 음식물 섭취는 안 되며 무단횡단도 벌금을 내야 한다. 더욱이 화장실에서 볼일을 본 후에 물을 내리지 않아도 벌금을 내야 하므로 조심해야 한다.
- 공식적으로 레스토랑이나 택시 이용 시 팁을 지불할 필요가 없다.
- 싱가포르는 국제적인 도시국가이며 일반적으로 국제 비즈니스 기준을 지키지만 고온다습한 기후의 영향으로 자켓이나 블레이저를 걸치지 않고 스마트 비즈니스 셔츠와 바지 또는 스커트를 입어도 양해한다. 또한 매우 격식을 차린 회의가 아니라면 타이를 하지 않아도 무방하다.
- 사업상의 첫 만남에서 인사는 악수로 충분하며, 특정한 문화적 상황 외에는 고개를 숙이는 인사는 전혀 필요하지 않다.
- 싱가포르에서 명함은 중요한 역할을 한다. 거의 대부분의 첫 만남에서 서로 명함을 나눈다. 명함을 전달할 때는 두 손으로 잡고, 글자가 받는 사람을 향하도록 하는 것이 예의이다.
- 선물 역시 인종별로 차이점이 나타나는데, 중국계의 경우 가위나 칼 등은 절교를 의미하고 꽃, 시계, 손수건 등도 장례식과 관련된 이미지이므로 피해야 한다. 선물 포장은 빨간색, 핑크색, 노란색이 좋으며, 흰색, 파란색, 검은색 계열은 피해야 한다. 기본적으로 홀수보다는 짝수를 선호하며 8은 행운이나 재산, 9는 장수를 의미하기

때문에 좋아하는 숫자이다. 또한 말레이 계열의 경우 술을 선물해서는 안 되며, 남성이 여성에게 선물을 할 경우 오해를 사지 않도록 유의해야 한다. 보통 만날 때보다 떠날 때 선물을 준다.

- 현지인들의 시간관념이 철저하므로 약속 시간 엄수는 필수적이다. 오랫동안 영국의 지배를 받아온 영향으로 국민의 의식 구조가 서구화되어 있으며 여성의 사회 진출도 매우 활발하다.
- 업무상 상대편을 방문해야 할 경우, 미리 방문 사유, 일정 등을 조율하고 확답을 받은 후 방문해야 하며, 시간 엄수는 필수적이다. 특히 물류, 외자유치, 의료 등 다양한 분야에서 벤치마킹을 위해 방문하는 기업 혹은 인사들이 많기 때문에 약속 없이 불쑥 방문하는 것은 상당한 실례이며, 미팅 자체가 불가능할 가능성이 높다.

04 태 국

1 태국 개관

동남아시아의 인도차이나 반도 중앙부에 있는 나라로 19세기에 유럽 열강의 압박 속에서 사법·행정제도 개혁과 함께 근대화 실행과 영국과 프랑스의 대립을 이용함으로써 식민지화의 위기를 벗어났다. 1932년 입헌군주국으로 발족하였고, 1939년 국호를 시암Siam에서 타이로 변경하였다. 정식 명칭은 타이왕국Kingdom of

🚘 방콕

Thailand이고, 프라테트 타이Prathet Thai 또는 무앙 타이Muang Thai라고도 한다. 국명은 타이어로 '자유'를 의미하며, 주민의 대부분을 차지하는 타이족을 가리키기도 한다. 한문으로 음차해 태국이라고도 부른다.

태국의 수도이자 최대 도시는 방콕Bangkok으로, 태국의 국토 면적은 51만 3,120㎢로 세계에서 51번째로 면적이 넓은 국가이며 이는 한반도의 약 2.3배에 달하는 크기이다. 태국의 인구는 2022년 10월 기준 약 7,170만 명으로 세계에서 20번째로 인구가 많은 국가이기도 하다. 태국의 민족 분포는 타이족 85%, 화교 12%, 말레이족 2%, 기타 1%로 구성되어 있고, 태국은 타이Thai어를 공용어, 영어를 상용어로 사용하고 있다.

태국은 불교가 강한 나라로, 주민의 95% 이상이 불교 신자이다. 1997년 태국의 국교는 소승불교였는데 종교의 다양성을 인정하기 위해 국교를 해제하였고, 그로 인해 불교 외에 다양한 종교를 인정하는 분위기가 조성되고 있다. 태국의 종교 분포는 불교 94.50%, 이슬람교 4.29%, 기독교 1.17%, 힌두교 0.03%, 기타 0.01%이다.

태국의 행정구역은 짱왓주, 도, 암프시, 구; 암프므앙은 도의 주도, 땀본, 무반 순서로 구별되며, 특별 자치 행정구역인 방콕의 경우 암프 대신 켓, 땀본 대신 쾡이라고 불린다. 태국은 행정구역은 76개 짱왓으로 구성되어 있는데, 이는 다시 877개의 암프와 방콕에 있는 50개의

켓으로 나뉜다. 각 도는 하나의 도와 주도인 암프므앙을 가지고 있다.

태국의 기후는 다른 동남아시아의 나라들과 마찬가지로 열대몬순 기대에 속한다. 고온 다습한 열대성 기후이며, 가장 더운 4월 평균 기온이 29.5도, 가장 시원한 12월 평균 기온이 25.3도로 연교차가 4.2도이다. 다만, 몬순으로 인해 기후에 변화가 오게 되는데, 5월부터 10월까지 남서몬순이 부는 우기로 연간 강우량의 대부분이 이 시기에 쏟아진다. 또한 11월부터 4월까지는 동북몬순이 불어 아시아 대륙의 건조한 대시의 영향으로 건조기가 된다.

태국의 화폐 단위는 바트Baht인데, 태국은 지난 1960년대 초부터 적극적인 산업화 정책을 추진해온 이래 고도의 경제성장을 달성하였다. 태국은 방대한 국토, 풍부한 자원 및 노동력, 건실한 농업 생산기반, 동남아국가연합ASEAN, Association of South East Asian Nations 및 중국 등 역내 국가와의 교역 확대, 외자 유치를 통한 경제 개발 추진 등으로 경제가 급속히 신장하여 아시아의 새로운 신흥공업국 중 하나로 성장하였다.

태국타이, Thailand은 동남아시아 중심부에 위치해 인도차이나와 미얀마, 그리고 중국 남부 지역의 관문 역할을 한다. 국왕을 국가의 기반으로 하는 입헌군주제 국가이며 동남아시아 국가 중 유일하게 외세의 지배를 받은 적이 없는 나라다. 짜오프 라야 강 중부에서 발전한 태국은 쑤코타이에서 시작해 오늘날까지 네 번째 왕조가 이어지고 있다. 아래의 표는 태국의 일반정보이다.

 태국 일반정보

구분	내용
국가명	태국 (The Kingdom of Thailand)
수도	방콕(Bangkok)
인구	7,170만 명(세계 20위)
위치	동남아시아, 인도차이나 반도 중앙
면적	51만 3,120㎢(세계 51위)
기후	열대 몬순 기후(건기: 11월~4월, 우기: 5월~10월)
민족구성	타이족(85%), 화교(12%), 말레이족(2%), 기타(1%)
언어	태국어(공용어), 영어(상용어)
종교	불교(94.50%), 이슬람교(4.29%), 기독교(1.17%), 힌두교(0.03%), 기타(0.01%)

한국학중앙연구원, KOTRA 글로벌윈도우, 두피백과, 외교부 내용을 바탕으로 저자 작성.

2 태국의 문화

태국의 왕실은 국민에게 절대적인 지지를 얻는다. 거리는 물론 일반 가정집과 식당에도 국왕의 사진이 걸려 있으며, 모든 화폐에 국왕의 얼굴을 그려넣는다. 따라서 외국인이라 하더라도 왕실을 모욕하는 말을 하면 안 되고 행위도 절대 삼가도록 한다. 왕궁을 방문할 때는 옷차림에 신경 써야 하며, 왕실 찬가가 흘러나올 때는 현지인과 마찬가지로 예의를 표한다.

🏃 태국불교

태국의 불교 문화를 살펴보면, 불교는 태국의 문화를 발전시키는 데 큰 공헌을 했으며, 태국 전 지역에 자리한 불교 사원은 신앙의 장소이자 역사와 예술의 장이다. 사원의 건축법과 불상에는 태국인의 문화와 정신이 깃들어 있으며 불심이 깊은 태국인에게 승려는 왕가만큼 존경받는 신분이다. 따라서 사원을 방문할 때에는 노출이 심한 옷을 삼가고 불당에 들어갈 때는 신발을 벗는 등 기본적인 예의를 지킨다.

대표적인 문화에는 무에타이와 콴을 예로 들 수 있는데, 무에타이는 타이의 전통 격투 스포츠로 1,000년가량 이어진 전통 있는 무술이다. 그러므로 타이 복싱으로 불리기도 하며 태국의 고대무술 무어이보란이 현대화된 것으로 알려져 있다. 무에타이는 크게 람무아이와 크라비크라봉으로 나뉜다. 람무아이는 맨손 격

🏃 무에타이

투술이며, 크라비크라봉은 '크라비' 등의 무기를 사용한 기술이다. 그중 우리에게 보편적인 것은 람무아이로, 단단한 신체 부위를 사용하여 상대방을 때려 부수는 격투 방식이다. 콴은 태국의 전통춤이다. 최근 서구 문화 때문에 인기가 없어졌지만 최근 콴을 계승하기 위한 노력이 일고 있다. 태국 왕실에서 유래한 콴은 괴물인 톳사칸과 원숭이 왕인 라마, 영웅인 하누먼과 공주 시타 등을 묘사하는 인물이 등장한다. 빠른 동작과 느린 동작이 절묘하게 어우러지는 것이 특징이다.

태국은 전통적인 관광유적과 현대 첨단 문명이 잘 맞물려 현대적인 발전을 추구하면서도 푸른 하늘 아래 황금빛으로 빛나는 수많은 사원, 과거의 영광을 증언하는 관광유적들이 그대로 보존되어 있는 곳이다. 그 밖에 방콕의 문화를 살펴볼 수 있는 주요 관광지는 우선 유명한 왕궁Grand Palace과 왕궁 내에 있는 왓 프라깨우Wat PhraKaeo: 에머랄드 사원를 들 수 있다. 또한 왓 아룬Wat Arun: 새벽사원, 왓 포Wat Pho: 와불 상이 있는 사원, 왓 사켓 Wat Saket: 황금불상, 왓 벤 차마보핏Wat Ben chamabophit: 대리석 사원, 쭐라롱콘1868~1910 왕의 거처이자 세계 최대의 티크 나무로 건축된 위만멕 궁전Vimanmek Royal Mansion 등이 있다. 그리고 짜오 프라야Chao Phraya 강을 따라 유람하는 Boat Tour, 독사 독으로 치료제를 만드는 파스퇴르 연구소의 뱀 농장, 아시아의 예술 작품들을 모아놓은 짐톰 슨의 집Jim Thompson's House, 중세의 금잎으로 그려진 벽화로 장식되어 있는 수안파카드 왕궁Suan Parkkard Palace, 주말에만 열리는 주말 재래시장인 짜뚜짝Chatuchak시장 등이 있다.

1. 음식문화

태국요리는 프랑스, 중국음식과 함께 세계 3대 음식의 하나로 손꼽힐 만큼 세계 미식가들에게 사랑을 받고 있다. 이러한 태국 음식은 다섯 가지 기본적인 맛으로 단맛, 향이 강한 맛, 신맛, 쓴맛, 짠맛이 어우러져 있다.

태국 음식에 보통 쓰이는 재료로는 마늘, 고추, 라임 주스, 코코넛, 캐슈 열매, 레몬그라스, 생선 소스가 있다. 주식은 쌀, 특히 다양한 재스민 쌀홈 말리 쌀이라고도 함이며 거의 매 끼니에 포함된다. 태국은 세계 최대의 쌀 수출국이며 태국 사람들은 1년에 100kg도정미 기준의 쌀을 소비한다. 태국이 원산지인 5,000여 가지의 쌀이 필리핀에 있는 국제쌀연구소IRRI의 유전자은행에 보관되어 있다. 태국의 국왕은 국제쌀연구소의 공식 후원자이다. 태국에서는 겡기카오완, 겡펫, 가이팟바이갑로, 톰얌쿵, 팟타이 등이 유명하다. 또한 태국음식에서 빼놓을 수 없는 것이 커리curry인데, 타이 칠리 고추의 맛을 볼 수 있는 타이의 커리는 인도 커리와 달리 짧은 시간에 조리할 수 있어 간편한데 그 재료로는 다른 메인요리와 마찬가지로 다양한 해산물과 야채, 고기 등이 쓰이게 된다.

태국은 매년 2,200만 명이 넘는 관광객, 정부의 대외개방적 정책, 동남아 및 서남아 경제의 중심적 역할과 세계 각지로 연결되는 거미줄 같은 항공 노선 등 교통의 편리함 등으로 상주 외국인이 매우 많은 편이다. 이에 따라, 방콕 거주 외국인이 선택할 수 있는 식당은 Budget Restaurant부터 High Restaurant에 이르기까지 매우 다양한 특성을 보이고 있다. 이와 같은 특징은 태국의 소득계층이 매우 다양하기 때문에 나타나는 현상으로서,

📷 팟타이

📷 똠양꿍

최저 요금의 경우 하루 3,000원으로 세끼를 해결할 수 있는 반면, 고급 식당의 경우 1인 비용이 30,000원을 초과하는 경우도 있다.

태국음식에서 카오khao는 쌀밥을, 팟phad은 볶음을, 얌yam은 샐러드 종류를, 캥keng은 국이나 스튜류를, 똠tom은 수프, 찌개류를 의미하는 것이다. 따라서 태국음식을 주문할 때 어떤 음식인지 간단하게 구별하여 주문을 할 수 있다.

 태국 대표음식

구분	내용
카오팟	• 태국식 볶음밥으로 밥과 함께 고기와 달걀, 남쁠라(어장)와 간장으로 간을 해서 먹는 음식
팟타이	• 태국의 볶음 쌀국수 요리로 스크램블한 달걀, 두부, 새우, 부추, 숙주나물 등의 재료와 함께 남쁠라, 타마린드 주스, 팜슈가를 더해 볶은 요리
똠양꿍	• 태국식 새우탕으로 매운맛과 향기가 일품이며, 라임즙을 써서 신맛이 나는 것이 특징
쏨땀	• 태국식 파파야 샐러드로 약간 매운맛에 아삭거리는 식감으로 한국의 김치와 비슷하다고 언급되는 음식
캥 파나엥	• 코코넛과 바질을 넣어서 끓인 카레로 인도보다 향신료를 적게 사용하고 물이 많은 것이 특징
태국 커리	• 해산물, 육류, 채소 등을 넣어 만들고 재료나 향신료는 집집마다 또는 식당마다 다르며 보통 밥이나 국수에 얹어서 먹는다

네이버(https://m.blog.naver.com) 참조 재작성

2. 축제문화

태국의 공휴일은 주로 불교나 왕실과 관련된 날이 많으며, 태국식 달력을 기준으로 하고 있다. 불교가 주교인 태국에서는 석가모니 최초 설법 기념일, 입안거일 등을 공휴일로

지정하여 기념한다. 또한 국가 공휴일이 토, 일요일과 겹칠 경우에는 금요일이나 그다음 주 월요일을 쉬는 휴일 대체재가 실행되고 있다. 국왕을 국가의 수반으로 하는 입헌국주제 국가인 태국은 왕조창건일, 푸미폰 국왕 대관식일, 왕비탄신일, 라마 5세 서거일 등 왕과 왕비 관련 기념일을 국경일로 지정하여 기념한다.

✿ 송크란 축제

태국 치앙마이에서는 가장 화려하고 격렬한 '물의 축제'로 알려진 송크란 축제가 열린다. 송크란 축제는 태국 전역에서 4월에 열리며 새해를 맞이해 서로에게 물을 뿌리며 복을 기원한다. 그중에서도 치앙마이는 큰 규모만큼 볼거리도 다양하여 많은 사람이 치앙마이의 화려한 꽃차를 보기 위해 모여든다. 방콕에서는 특히 카오산 로드에서 벌어지는 송크란 행사가 유명한데 모든 배낭 여행객들과 현지인들이 한데 어우러져 광란의 물 전쟁을 치른다. 이 송크란은 태국 전통 설로 태국에서 가장 큰 공휴일 중 하나이다. 이날은 거리 곳곳에서 물축제가 진행되며 전 세계에서 많은 관광객이 찾는 기간이기도 하다.

송크란에는 감사의 뜻이 깃들어 있다. 첫 번째는 훌륭한 업적을 이룬 사람에게 감사한다는 의미이며, 두 번째는 조상에 대한 숭배의 의미가 있고, 세 번째는 가족에 대한 헌신과 사랑의 의미 그리고 네 번째는 사회에 기여한 사원과 승려들에 대한 존경의 뜻을 담고 있고, 다섯 번째는 여러 사람에게 이익이 되는 일을 행한 사람에 대한 존경심, 여섯 번째는 사회의 통합을 이끌어가는 정신이다. 그중 나이가 어린 사람들이 어른들을 공경하고 존경심을 드러내는 일은 송크란의 오랜 전통이라 할 수 있다.

 송크란 축제

❀ 러이끄라통 축제

러이끄라통은 타이 달력의 열두 번째 달 보름 저녁에 열리는 민속축제로 태국인들이 가장 사랑하는 전통 축제 중 하나이다. 바나나 잎으로 만든 조그마한 연꽃 모양의 작은 배끄라통에 불을 밝힌 초와 향, 꽃, 동전 등을 실어서 물에 띄워 보내면서러이 소원을 빌며 촛불이 꺼지지 않고 멀리 떠내려가면 소원이 이루어진다고 믿는다.

러이끄라통도 송크란과 마찬가지로 전국에서 축제가 열리며 라오스, 미얀마 동북부 샨 주Shan, 몬 주Mon, 타닌타리 구Tanintharyi region, 말레이시아 북부의 켈란탄 주Kelantan, 말레이시아 케다 주Kedah, 중국 시쌍반나다이족자치주Xishuangbanna 등에서 개최된다. 지역별로 축제가 조금씩 다르지만 가장 유명한 지역축제는 고대 왕국 수도였던 수코타이Sukhothai 지방에서 열리는 러이끄라통 촛불 축제다. 보통 수코타이 역사공원에서 이루어지는데, 전등 행렬, 미인 선발 대회와 대회 수상자들과 함께 끄라통 띄우기, 각종 전시회, 불꽃놀이, 민속춤 등이 축제기간 동안 펼쳐진다.

ⓞ 러이끄라통 축제

❀ 코끼리 축제

태국에서 빼놓을 수 없는 것이 코끼리이다. 코끼리는 타이인에게 가장 사랑받는 가축 중의 하나로 산림지대에서는 무거운 티크 원목을 운반하는 중요한 일꾼이다. 수린에서는 매년 11월 셋째 주 주말에 코끼리 축제를 개최하는데, 수린 코끼리 축제는 매년 11월 셋째 주 주말, 태국 북동부 이산주의 수린시에서 열린다.

코끼리 축제는 경제적으로 가치가 떨어져 버림받은 코끼리들과 멸종위기의 야생 코끼리를 보호하고 코끼리에 상당 부분 의존하던 지역경제를 활성화시키기 위해 1960년 수린 시의 주도로 시작됐다. 축제가 열리는 주말, 태국 각지에서 모여든 코끼리들이 수린 시

내에서 거리 행진을 펼치고, 코끼리의 힘과 기술을 활용한 축구 경기, 인간과 코끼리의 줄다리기 대결, 코끼리와 함께 싸운 역사 속의 전쟁 재연 등 다양한 이벤트가 주말 내내 진행된다.

 태국 축제

구분	내용
송크란 축제	• 태국 전역에서 4월에 열리며 새해를 맞이해 서로에게 물을 뿌리며 복을 기원하는 '물의 축제'
라이끄라통 축제	• 꽃으로 장식한 바나나잎에 초, 향, 동전을 실어 강에 띄우며 소원을 비는 축제
코끼리 축제	• 버림받은 코끼리들과 멸종위기의 야생 코끼리를 보호하고 지역경제를 활성화시키기 위해 1960년 수린시의 주도로 시작되어 매년 11월 셋째주 주말에 개최
방콕국제영화제	• 2월 중순에 유명호텔, 영화관에서 200여 편의 영화상영, 콘서트, 세미나, 시장 등 다양한 행사가 이루어지는 축제
마카부차	• 붓다의 설법을 듣기 위해 1,250명의 제자가 모인 것을 기념하여 전국 사원에서 3월 초에 개최
파타야 국제 음악축제	• 파타야에서 태국 및 국제적인 가수들과 함께 즐기는 대규모 음악축제
국기분열식	• 라마 5세기 마상부근 로열플라자에서 왕실근위대가 국왕에게 충성을 맹세하며 행진
국왕탄신일	• 현왕인 라마9세 탄생일을 기념하기 위한 다양한 행사가 펼쳐지며 전국에서 12월 5일에 열린다

3. 여행문화

태국은 한 해 동안 많은 관광객들이 찾는 대표적인 관광지로 볼거리가 풍부한 곳이다. 또한 관광지로서 오랜 시간 인기를 얻고 있던 곳으로 관광 인프라가 잘 갖추어져 있다는 것도 장점이며, 한국에 비해 음식과 물건들의 물가가 저렴하다.

❁ 왓 아룬

왓 아룬새벽사원은 방콕 야이구의 불교 사원으로 차오프라야강 왼쪽 강변에 위치해 있다. 태국어로 아룬이 '새벽'을 의미하기 때문에 왓 아룬은 '새벽 사원'으로도 불리고 있으며 이름에 걸맞게 이른 아침에는 다양한 색깔의 사기와 자기로

장식된 화려한 불탑이 햇빛에 반사되어 아름다운 자태를 뽐낸다.

왓 아룬은 1842년 착공해 라마 5세 통치 말 1909년에 완공되었으며, 높이 79m의 불탑은 크메르 양식으로 지어졌고 우주의 중심을 의미하는 메루산을 상징한다. 방콕에서 가장 아름다운 사원 중 하나로 꼽히는 왓 아룬에 가려면 강을 건너야 하는 다소 번거로운 과정을 거쳐야 하지만 밤에는 야간 조명을 받아 다양한 색채로 변모하는 불탑이 신비롭고 환상적인 느낌을 준다.

❀ 왓 프라케우

왓 프라케우_{에메랄드 사원}는 방콕 프라나콘 구의 불교 사원으로 방콕 왕중 주변에 있다. '에메랄드 사원'으로도 알려져 있으며 태국에서 가장 영험한 불교 사원으로 여겨지고 있다. 짜끄리 왕조의 시조인 라마 1세 시절 1783년에 처음 지어졌으며 그 이후에 모든 태국 국왕들이 왓 프라케

우를 증축하면서 높이 받아들여 현재 국왕까지 이어져 내려오고 있다. 이를 바탕으로 현재 방콕 왕궁, 왓포 등과 함께 방콕 최고 관광지 중 하나고 매년 많은 관광객들이 찾는 명소로 자리 잡았다.

❀ 꼬란

꼬란_{Koh Larn}은 파타야를 여행하는 대부분의 관광객들이 찾는 곳으로 한국인들에게는 꼬란보다 '산호섬'이라는 이름으로 자주 불린다. 파타야 발리 하이 선착장에서 스피드 보트로 15분쯤 떨어진 곳에 위치하며 파타야의 해양스포츠는 대부분 꼬란 주변에서 이루어진다. 섬 내에는 6개의 크고 작은 해변이 있는데, 그중에 해양 스포츠와 편의시설이 구비된 해변은 핫 따웬_{Hat Ta Waen}과 핫 티안_{Hat Tien}이다. 핫 따웬은 꼬란에서 가장 큰 해변으로 한국 패키지 여행자들이 즐겨 찾는 곳이다. 핫 티안은 대만 관광객들과 파타야에서 출발하는 일일 투어 여행자들이 많이 찾는 해변이다. 육지의 파타야 해변보다 물이 맑고 빛깔 또한 고와서 해양스포츠뿐만 아니라 해수욕과 일광욕을 즐기는 사람들도 많고, 관광객들이 많이 방문하는 명소답게 백사장을 따라 수많은 식당과 상점, 파라솔이 자리 잡고 있다.

📷 태국 관광명소

구분	내용
왓 아룬	• 방콕 야이구의 불교 사원으로 차오프라야강 왼쪽 강변에 위치 • 1842년 착공해 라마 5세 통치 말 1909년에 완공되었으며, 높이 79m의 불탑은 크메르 양식으로 지어졌고 우주의 중심을 의미하는 메루산을 상징
왓 프라케우	• 방콕 프라나콘 구의 불교 사원으로 방콕 왕중 주변에 위치 • '에매랄드 사원'으로도 알려져 있으며 태국에서 가장 영험한 불교 사원
꼬란	• 파타야를 여행하는 대부분의 관광객들이 찾는 곳 • 파타야의 해양스포츠는 대부분 꼬란 주변에서 이루어짐
수코타이 역사공원	• 13세기에 창건된 태국 최초의 수도로 태국 왕국의 탄생을 증언하는 유적들
롭부리	• 방콕에서 북쪽으로 150㎞ 위치, 아유타야 시대 나라이 왕이 1664년에 제2의 수도로 발전시킨 곳
깐짜나부리	• 방콕에서 서쪽으로 130㎞ 위치. 콰이 강의 다리로 유명
후아 힌	• 1920년 이후 태국 왕실의 여름 휴양지
차암 해변	• 도로로 매우 아름다운 해변으로 해변의 길이는 약 2㎞ 정도
카엥 크라찬 국립공원	• 카엥 크라찬 국립공원은 면적이 약 3,000㎢에 이르는 태국에서 가장 큰 국립공원
멩라이 대왕의 동상	• 태국 북부 지방에서 존경을 받고 있는 린나 왕국을 세운 멩라이 왕의 동상
제임스 본드 섬	• 007 시리즈 영화 '황금총을 가진 사나이'의 야외촬영 무대가 된 이후 제임스 본드 섬으로 불리고 있음
왓 프라야이의 대존불상	• 코사무이에서 가장 유명한 상징물인 대존불상을 모시고 있는 사찰

KOTRA 글로벌윈도우(http://news.korea.or.kr/), 위키백과(http://ko.wikipedia.org)

③ 여행문화 Tip과 에티켓

1. 여행문화 Tip

• 연간 약 120만 명의 한국인 관광객이 다녀가는 태국에는 방콕을 중심으로 우리나라 식당들도 매우 많은 편이다. 방콕에만 한국인 밀집 지역인 수쿰빗Sukhumvit과 지상철 Asok역 근처를 중심으로 약 70여 개의 한국 식당이 있으며, 태국 전체적으로는 주요 관광지를 중심으로 약 130여 개의 한국식당이 산재해 있다. 한국식당의 가격은 4,000원부터 10,000원 사이의 가격이 대부분이며, 육류, 생선 등의 경우 한국보다 대체로 저렴한 편이다.

- 청구서에는 10%의 Service Charge가 이미 포함되어 있다. 따라서 별도의 팁을 주지 않아도 되는데 종업원 서비스가 좋을 경우 팁을 주기도 한다. 카드 결제 시에는 사인하는 칸 바로 위에 팁 금액을 적은 후 서명하도록 되어 있다. 팁을 줄 경우 대체로 20~40밧_{약 600~1,200원}이면 충분하며, 손님이 많을 경우에도 테이블당 50밧_{약1,500원} 이상을 줄 필요는 없다.

- 교통이 다양한 편이며, 툭툭이라는 바퀴가 3개 달린 택시는 미터 택시와는 달리 운전사와 요금 합의를 한 후 타야 한다. 실제 요금은 저렴하나 외국인들이 탈 경우 현지인보다 요금을 많이 요구하고 있다. 요금은 거리에 따라 다르지만 기본요금이 20~30밧 정도이다.

- 다른 아시아권 문화들과 마찬가지로 태국의 문화도 서구화의 영향에 압도되어가고 있으며 전통적인 금기사항의 일부는 시간이 지남에 따라 서서히 사라져가고 있다.

2. 여행문화 에티켓

- 태국인들은 악수를 잘 하지 않고, 만나면 반갑다는 인사로 '와이'라고 불리는 합장을 한다. 사람들끼리 손을 잡고 악수를 하면 위생상 좋지 않다고 여기기 때문에 하지 않고, 불교의 문화를 받아들여 합장을 하고 '사와디 캅'이라는 인사를 나눈다.

- 태국에서는 발을 불결한 것으로 생각하여 사람 머리 높이 가까이에 두지 않는 것이 예의이다. 발로 사람이나 물건을 가리키면 엄청난 모욕을 당한 것으로 생각하므로 절대 삼가야 한다.

- 사람을 부를 때나, 반가운 사람을 만났을 때 어깨를 치는 경우가 있는데 태국에서 이런 행동을 보이면 무례한 행동으로 상대에게 불쾌감을 주기 때문에 각별히 주의해야 한다.

- 누군가를 발로 치는 행동은 불교문화에서 금기시하므로 주의하여야 한다.

- 아이가 예쁘고 귀엽다고 해서 머리를 쓰다듬는 것은 불쾌하게 생각하기 때문에 하지 말아야 할 행동 중에 하나이다.

- 태국은 불교 국가로 사원의 불상 앞에서 사진 촬영은 금지이며, 종교적인 그림이나 불상이 있는 곳에서는 반드시 신발을 벗어야 한다. 또한 민소매나 반바지, 샌들 차림으로는 입장할 수가 없다. 스님과의 접촉은 금기시되며, 몸에 손을 대서도 안 되고 옷깃이 닿아서도 안 되므로 조심해야 한다.

- 태국인들은 긍정적 사고를 가지고 있기 때문에 시간을 안 지키는 것, 청결하지 못하

다는 것, 여성들의 노출이 심하다는 것 등 부정적인 의미의 말을 하는 것은 지혜롭지 못한 행동이다. 특히 왕실이나 승려, 불교 등에 대해 부정적으로 말하는 것은 심각한 결과를 초래할 수 있다.

· 태국의 화폐에는 주로 왕실의 사진이 그려져 있으므로 화폐를 구기거나, 땅에 버리거나, 땅에 떨어진 화폐를 밟고 지나갈 경우 법적인 조치를 당할 수 있다.

· 태국에서는 남녀가 손잡고 거리를 걷는 것은 아직 용인되지 않고 있다. 따라서 공공장소에서 지나친 애정 행각을 할 경우 예의에 어긋난다고 생각한다.

· 타인을 응시하지 않는 행위는 태국 사회에서도 중요시 여기는 문화이다. 따라서 눈이 마주쳤을 때 빨리 다른 곳을 보는 것이 좋다. 오래 쳐다보고 있을 경우 화를 초래할 수 있다.

05 필리핀

1 필리핀 개관

필리핀의 정식 명칭은 필리핀공화국 Republic of the Philippines이다. 필리핀해海, 셀레베스해, 남중국해의 경계를 이루며 타이완섬과 보르네오섬, 셀레베스섬 사이에 있다. 면적은 30만㎢에 달하는데, 국토를 크게 삼등분할 수 있다. 필리핀의 인구는 2022년 10월 기준 약 1억 1,556만 명으로 세계에서 13번째로 인구가 많은 국가

🧭 마닐라

이며 수도는 마닐라 Manila이다. 적도의 약간 북쪽, 아시아 대륙 남동쪽의 서태평양에 산재하는 7,000여 개의 섬들로 구성된 나라로, 1565년부터 에스파냐가 정복하였고, 1898년 독립을 선언하였으나 에스파냐-미국 전쟁으로 미국의 지배를 받게 되었다. 1943년 일본 점령을 거쳐 1945년 미국군이 탈환한 후 독립하였다.

필리핀은 전체 인구의 81%가 로마 가톨릭교회 신자인 아시아 유일의 가톨릭 국가다. 1521년 페르디난드 마젤란 도착과 함께 16세기에 전파되었다. 개신교는 1899년 미군이 필리핀에 주둔하면서 감리교와 장로교 전도사들에 의해 전파되었다. 20세기 초 토착종파인 '그리스도의 교회'와 '필리핀 독립 교회'가 조직되어 교세를 확장해왔다. 남부 민다나오 지역은 다른 지역에 비해 이슬람교 인구가 높다. 종교는 천주교가 83%이며, 이 밖에 개신교 9%, 이슬람교 5%, 기타 3%로, 문화도 기독교 문화가 지배적이다.

필리핀은 남북 길이가 1,900㎞, 동서 길이가 1,000㎞ 정도에 이르는 7,000여 개의 섬으로 이루어진 나라로 루손, 비자야, 민다나오의 세 지역으로 나뉜다. 지방 행정구역은 주 province, 시city, 군municipality, 바랑가이barangay로 나누고 1989년 '공화국법 제6766호'에 의거 지방자치를 위하여 무슬림 지역인 민다나오와 코르디예라Cordillera를 새로이 자치지역으로 선정하였다.

원래 아시아대륙의 일부로서 대륙의 침강작용으로 생성되었으며, 이에 따라 국토의 대부분이 고지대로서 높이 1,200~2,400m의 산지이며 평지가 적다. 기후는 전반적으로는 고온다습한 아열대성 기후이며, 일부 산악지대는 비교적 쾌적한 산지기후를 보이고 있다. 연평균 기온은 26℃ 정도이다. 연중 온화한 날씨의 열대성 기후와 총천연색 바다, 서구의 풍습과 부족 문화가 어우러진 풍부한 문화자원을 바탕으로 세계적인 휴양지로 자리매김했다.

스페인 통치에 이어 근대에는 미국의 식민지배를 받았는데, 그래서 필리핀은 아시아권임에도 불구하고 미국과 영국에 이어 세계에서 세 번째로 영어 사용 인구가 많은 나라다. 약 100개 이상의 민족으로 구성된 다민족 국가로 인종은 여러 종족 간의 혼혈이지만, 주체는 말레이인이 95.9%이며, 중국인이 1.5%, 기타 3%이며, 언어는 영어와 타갈로그어가 사용된다. 스페인과 스페인 혼혈계만 살았던 마닐라 인트라무로스에는 마닐라 성당, 산티아고 요새, 카나 마닐라 박물관, 산 어거스틴 성당, 산 어거스틴 박물관 등 스페인의 흔적을 엿볼 수 있는 건축물과 박물관이 자리하고 있다. 이 외 보라카이, 수빅, 클락키, 세부 등은 해안가와 인접하여 리조트에서 휴양을 즐기며 다양한 해양 스포츠를 즐길 수 있다. 주요 자원으로는 동·금·니켈·쌀·코프라·설탕·아마카·원목 등이 있다.

오랜 식민 통치 역사와 무역 상인들의 왕래로, 현재도 필리핀에는 서구 문화의 영향이 상당히 많이 남아 있다. 인구의 절대 다수를 차지하는 로마 가톨릭교회의 신앙심이 문화 전반을 지탱하며, 낙천적이고 현실의 삶을 즐기기를 좋아하는 필리핀인은 음악과 축제를 열정적으로 즐긴다. 아래의 표는 필리핀의 일반정보이다.

필리핀 일반정보

구분	내용
국가명	필리핀[The Republic of the Philippines (현지어: Republika ng Philipinas)]
수도	메트로 마닐라(Metro Manila)
인구	1억 1,250만 8,994명(세계 13위)
위치	동남아시아, 베트남의 동쪽
면적	30만㎢(세계 73위)
기후	고온 다습 아열대성 기후, 건기(11~5월)와 우기(6~10월)로 구분
민족구성	말레이인(95.9%), 중국인(1.5%), 기타(3%)
언어	필리핀어(타갈로그어), 영어(공용어), 지방 토착언어
종교	천주교(83%), 개신교(9%), 이슬람교(5%), 기타(3%)

한국학중앙연구원, KOTRA 글로벌윈도우, 두피백과, 외교부 내용을 바탕으로 저자 작성.

② 필리핀의 문화

필리핀에 민족적 통일을 가져다준 것은 에스파냐와 미국의 식민지 지배체제였다. 따라서 토착문화 위에 에스파냐와 미국 문화의 영향이 깊이 뿌리박혀 특이한 복합문화가 성립되었다. 특히 도시인, 그중에서도 엘리트층의 생활이나 행동 양식은 분명히 서구적이다. 에스파냐 사람들이 전파한 로마가톨릭은 필리핀을 아시아에서 유일한 그리스도교 국가로 만들었다. 종파별로는 로마가톨릭 83%에 프로테스탄트와 여러 토착 종파를 합하면 전체 인구의 92%가 그리스도교도이다. 또 연중행사 등과 더불어 플라자_{광장}의 교회를 중심으로 이루어지는 도시의 생활관습은 그리스도교의 전통이 짙게 풍긴다. 이렇듯 필리핀은 다양한 종족과 종교뿐만 아니라 기층문화에 에스파냐, 미국 문화까지 혼합된 복합사회이다. 그러므로 필리핀 사회를 한마디로 정의하는 것은 매우 힘들다. 그렇지만 대체적으로 발견되는 문화 요소는 정실주의가 뿌리 깊이 박혀 있다는 것이다. 필리핀 문화의 근원은 핵가족 제도에서 나오며, 가톨릭적 종교관이 뚜렷해 낙태나 이혼은 부정한 것으로 이해된다.

가톨릭교 전파 이전에는 정령신이 존재했다. 타갈로그어로 최고의 신을 가리키는 바타라_{Bathala}에 대한 신앙은 여전히 남아 있다. 이 외에도 각 지방과 다양한 신들이 있는데 이들은 대부분 산천초목을 상징한다. 그리고 오랜 식민 통치 역사와 무역 상인들의 왕

래로 서구 문화의 영향이 상당히 많이 남아 있다. 특히 약 330년에 걸친 스페인의 통치로 라틴 문화의 속성이 곳곳에서 나타나는데, 이는 필리핀이 여타 아시아 문화권과 구별되는 큰 특징이다. 낙천적이고 현실의 삶을 즐기기를 좋아하는 국민성, 인구의 절대 다수를 차지하는 로마 가톨릭교회의 신앙심이 문화 전반을 지탱한다. 각종 축제 때마다 볼 수 있는 화려하게 장식한 종교 성상과 열정적인 종교의식을 예로 들 수 있다.

근대에는 스페인에 이어 약 40년간 미국의 통치를 받아 현재도 영어를 공용어로 사용하며, 일상생활에서 미국식 쇼핑몰, 펍, 레스토랑과 미국 음악, 드라마 등 서구 문화를 자연스럽게 즐긴다. 또한 필리핀의 특이한 문화로는 미인이 되기 위한 첫 번째 조건이 흰 피부라는 점이다. 여자아이들은 어렸을 때부터 피부를 하얗게 만드는 민간요법을 따르고 있는데, 이는 에스파냐와 미국 식민 당국이 흰 여성들을 선호했기 때문이다.

1. 음식문화

필리핀 음식은 매우 다양한 종류를 자랑하지만 많은 사람에게 잘 알려져 있지 않고 있다. 때로는 필리핀을 대표하는 특색 있는 음식이 없음을 아쉬워하는 사람들도 있는데 이는 그들이 살아온 역사적 굴곡과 함께 다양한 국가의 영향을 받다보니 이들이 함께 어우러지면서 필리핀만을 특색을 나타내는 음식이 다소 부족한 것이 아닌가 하는 평가를 받기도 한다. 또한 필리핀 음식 특징이 열을 많이 가하지 않고 천연향을 중요시하는 경향이 많다보니 음식의 맛 또한 단순해 보일 수 있다.

필리핀 사람들의 주식은 우리와 같이 쌀인데, 보편적으로 찰지지 않다. 그렇다고 찰진 쌀이 없는 것은 아니다. 일종의 찹쌀인데, 이름은 말락킷Malagkit이라고 한다. 그래서 차진 밥을 좋아하는 한국인들은 대노라도Dinorado에다 말락킷을 섞어 먹는다.

필리핀은 스페인과 미국의 통치를 받으면서 그들의 영향을 많이 받았다. 필리핀 고유의 문화에 서구의 문화가 더해져 음식에서도 퓨전이라 불릴 만한 요소가 많다. 스페인이나 미국식 음식도 어렵지 않게 찾아볼 수 있다. 쌀이 주식이지만 육류나 해산물, 바비큐를 선호하기도 한다. 필리핀을 대표하는 음식으로는 아도보Adobo, 시니강Sinigang 등이 있다. 아도보는 돼지고기나 닭고기를 양념에 재웠다가 푹 끓여낸 요리다. 시니강은 고기와 함께 해산물과 야채를 많이 넣고 끓인 탕 요리다. 모두 한국인의 입맛에 잘 맞는다는 평가를 받고 있다. 세계적인 섬나라인 만큼 해산물 또한 빼놓을 수 없는 먹을거리다. 신선한 해산물을 싼값에 맛볼 수 있다.

세계 각국의 여행자들이 몰려드는 곳이다보니 국적을 불문한 다양한 종류의 음식과 레스토랑이 들어서게 됐다. 태국, 인도, 프랑스, 중국, 한국 등 세계의 모든 요리를 맛볼 수 있다. 호텔이 몰려 있는 메트로 마닐라 일대에는 다양한 형태의 식당이 산재해 있다.

아도보

시니강

필리핀 전통음식

구분	내용
크리스피파타(Crispy Pata)	• 돼지족발 튀김 요리
카레카레(Kare-kare)	• 쇠꼬리 요리
아도보(Adobo)	• 돼지고기와 닭고기를 식초에 버무려 삶은 요리
라뿌라뿌(Lapu-lapu)	• 필리핀의 대표적인 생선, 다양한 방법으로 요리
레촌(Lechon)	• 통돼지를 장작불에 돌려 구워서 기름을 뺀 것
포크 리엠뽀(Pork Liempo)	• 두껍게 썰어 팬에 구운 돼지 삼겹살 요리
알리망오(Alimango)	• 검은 녹색을 띠고 있는 게. 대부분 삶아서 요리
시니강(Sinigang)	• 야채와 돼지고기나 생선 등을 이용한 시큼한 맛을 가진 국
칼라만시(Calamansi)주스	• 레몬 비슷한 과일로 만든 신맛 주스

KOTRA 글로벌윈도우(http://news.korea.or.kr/)

필리핀식 전통식당 이외에 특히 중국, 일본, 미국 및 유럽식 요리 등을 하는 식당들이 많다. 패스트푸드는 맥도널드, 웬디스, KFC 등의 다국적 프랜차이즈 브랜드들도 진출하여 있지만 '졸리비Jollibee'라는 필리핀 고유 브랜드가 현지인들의 사랑 받고 있다.

2. 축제문화

일 년 내내 필리핀 어딘가에서는 축제가 치러지고 있다. 몇몇 도시들의 축제는 전국적으로도 유명하다. 예를 들면 카리보Kalibo 지방의 아티-아티한Ati-atihan, 케손 룩반Lucban, Quezon의 파히야스Pahiyas 등이다.

스페인 지배에서 벗어나 독립을 선포했던 1898년 6월 12일을 국경일로 선포하여 기념한다. 이날에는 군대 행렬 등 대규모 행사가 열린다.

❀ 아띠-아띠한 페스티벌

필리핀의 아띠-아띠한 페스티벌은 아기 예수를 기념하는 축제로 필리핀 아클란 칼리보에서 매년 겨울 하루 동안 진행되는 전통 축제이다. 축제의 이름인 '아띠-아띠한'은 칼리보 지역의 원주민인 아띠족을 기린다는 의미를 담고 있다. 13세기부터 시작된 축제로 칼리보로 이주한 보르네오족 족장과 토착 부족이었던 아띠족 족장 사이의 토지 거래를 기념하여 시작되어 지금까지 이어지고 있다.

다른 필리핀 축제를 여는 시초가 되기
도 한 아띠-아띠한 페스티벌은 축제 기간
동안 칼리보 섬에 거주하는 사람들이 화
려한 분장을 하고 축제에 참여하며, 다양
한 퍼레이드와 축제를 즐긴다. 전통 축제
에 걸맞게 부족 춤, 음악, 전통무기, 전시,
퍼레이드 등으로 구성되며, 축제에 참여
한 사람들은 흥겹게 춤을 추며 하루 동
안 축제를 즐긴다.

아띠-아띠한 페스티벌

❀ 파히야스

축제의 이름인 파히야스는 '고귀한 봉
헌'이라는 뜻으로 파히야스 페스티벌은
퀘손 지방의 룩반에서 열리는 축제이다.
추수를 감사하는 감사제로서 퀘손 지역
의 수호성자인 산 아시드로 라브라도를
기념하기 위해 시작되었다. 이곳 지방의
특산물인 '키핑'이라는 쌀로 만든 빵을
이용하여 장식을 하는데, 축제 기간 동안

파히야스 페스티벌

퀘손 지역 사람들은 마을의 수호성인에게 풍년을 기원하면서 집집마다 키핑으로 장식을
하며 감사의 마음을 표시한다. 축제의 막바지에는 각 집집마다 장식한 모습을 보고 가장
멋진 장식을 한 집에 상을 주기도 한다.

축제에 참여하면 퀘손 룩반 시의 별미인 소시지 롱가니사를 먹을 수 있으며, 물소가 이
끄는 그랜드 퍼레이드도 감상할 수 있다.

❀ 마스카라 페스티벌

바콜로드 시에서는 헌장의 날인 10월 19일부터 일주일간 마스카라 페스티벌이 열린
다. 마스카라는 군중이라는 뜻의 '마스mass'와 스페인어로 얼굴이란 뜻을 지닌 '카라cara'
가 합쳐져 만들어진 말이다. 과거 대표적인 사탕수수 생산지였던 바콜로드에서 1980년

설탕을 운반하던 선박이 침몰하는 참사
와 설탕 가격 급락으로 인한 경제위기에
서 탈피하고자 시민들이 웃는 얼굴의 가
면을 쓴 것에서부터 축제가 시작되었다.
이 축제는 바콜로드 시의 가장 큰 연례
행사로 축제 기간 내내 비자야 전 지역의
주민들이 바콜로드 광장에 모여 논스톱
으로 축제를 즐긴다.

축제의 상징인 '웃는 얼굴smiling mask'은 항상 웃으면서 지내는 행복한 기운을 드라마틱
하게 표현한 것으로 삶과 즐거움에 대한 특별한 열정이 담겨 있다. 축제 기간 동안에는 많
은 사람들이 웃는 얼굴의 가면을 쓰고 화려한 퍼포먼스를 하며 퀸 선발대회, 푸드 페스
티벌 등이 열린다.

 필리핀 대표축제

구분	내용
아띠-아띠한 페스티벌	• 아기 예수를 기념하는 축제로 필리핀 아클란 칼리보에서 매년 겨울 하루 동안 진행되는 전통 축제
파히야스	• 추수를 감사하는 감사제로서 퀘손 지역의 수호성자인 산 아시드로 라브라도를 기념하기 위해 시작
마스카라 페스티벌	• 1980년 바콜로드에서 설탕을 운반하던 선박이 침몰하는 참사와 설탕 가격 급락으로 인한 경제위기에서 탈피하고자 시민들이 웃는 얼굴의 가면을 쓴 것에서부터 축제가 시작
카다야완 다 사보	• 필리핀 민다나오에서 가장 큰 축제로 이 지역에 사는 여러 부족의 전통 음악과 춤, 놀이, 민속 예술품들을 경험

3. 여행문화

필리핀은 아름다운 해변과 그림 같은 풍경으로 유명한 여행지로 매년 많은 관광객들이
찾는 대표적인 관광지이다. 약 7,000여 개의 섬으로 이루어진 곳으로 자연과 생태가 살
아 숨 쉬는 청정한 여행지로 유명하지만 치안이 불안정하기 때문에 여행을 할 때 주의해
야 한다.

❀ 리잘공원

리잘공원은 필리핀의 역사적 도시공원으로 마닐라 시내에 위치해 있으며, 루네타공원이라고도 불린다. 공원 안에는 스페인의 통치에서 벗어나는 데 큰 역할을 한 필리핀 독립운동의 아버지인 호세 리잘의 동상이 있다. 근처에 세부 막탄섬 부족장 라푸라푸를 비롯한 독립운동가, 필리핀 역사상 주요 인물들 흉상이 늘어

서 있으며, 두 아이를 안고 있는 어머니의 상인 '모자상'도 빼놓을 수 없다. 필리핀의 과거와 현재, 미래를 상징한다고 한다.

내부에 중국 정원을 비롯한 각종 테마 공간이 자리해 있으며, 특히 필리핀 한국 우정의 탑도 빼놓을 수 없다. 공원 한쪽에 자리한 이 탑은 제2차 세계대전 당시 일본군에 의해 필리핀 지역에 강제 동원되어 희생한 한국인들을 추모하고자 만들어졌는데, 한국과 필리핀 수교 60주년을 기념하고자 2010년 세워졌다. 그 외에도 다양한 꽃들과 지구를 본뜬 분수대가 있어서 관광객들에게는 필리핀의 문화를 쉽게 느낄 수 있는 곳이며, 광활한 대지에 잔디와 나무로 장식되어 있어, 현지인들의 휴식 장소로 사랑받고 있다.

❀ 산 아구스틴 성당

인트라무로스Intramuros에 있는 산 아구스틴 성당San Agustin Church은 필리핀에서 가장 오래된 성당 중 하나다. 1571년에 지어졌던 최초의 교회는 나무로 지어진 교회당이었지만 지진 등을 겪으며 여러 차례 재건되어 오늘날 마닐라에서 가장 오래된 석조 성당이 되었다. 지금 인트라무로스에서 볼 수 있는 바로크 양식의 석조 건물은 1586년 건축을 시작하여 1607년 완공한 것으로 5차례에 걸친 지진과 2차대전을 겪으면서도 파괴되지 않고 남아서 기적의 교회로 불리고 있다.

소박해 보이는 외관과는 다르게 내부는 매우 웅장한 아름다움을 가지고 있어서 마닐라 여행의 명소로 자리 잡았으며, 대형파이프 오르간과 화려한 샹들리에, 섬세하게 디자인된 천장화 등을 볼 수 있다. 종교적 유물과 예술품을 전시한 박물관도 운영되고 있으며, 1993년 유네스코 세계문화유산으로 등재되었다.

🌸 산 페드로 요새

1565년 스페인 총독이 건설한 삼각형의 요새로 14개의 포문이 설치되어 있다. 세부 시내 명소 중 하나이며 역사적 가치가 상당한 곳이다. 스페인 통치 말기에는 세부의 독립운동의 거점이었으며 미국 식민지 시대에는 미군의 병영으로 사용되었다. 일본 식민지 시대에는 포로수용소로 쓰여 험난했던 필리핀 역사를 잘

🕐 산 페드로 요새

말해주고 있는 곳이기도 하다. 필리핀의 역사를 읽을 수 있어 많은 관광객이 찾는 곳이다. 입구에 산 페드로 요새의 역사를 설명하는 그림과 사진 자료들을 전시해 놓았다.

🌸 화이트 비치

화이트 비치는 보라카이를 대표하는 비치이자 세계 3대 비치로 매년 많은 관광객들이 찾는 곳이다. 깨끗하고 그림 같은 바다와 이름처럼 새하얀 모래가 있는 휴양지의 천국 같은 곳이다. 보라카이의 서쪽에 위치해 있으며 보트 승차장을 경계로 스테이션 1, 2, 3으로 나뉘어 있는데 스케이션 1은 럭셔리한 리조트가 많고 화이트 비치 중에서 가장 아름다운 전경을 자랑하는 곳이다. 스테이션 2는 디몰을 중심으로 레스토랑, 여행사, 각종 상점이 몰려 있어 가장 번화하며 스테이션 3은 1과 2에 비해 상대적으로 저렴한 숙소들이 많이 몰려 있는 곳이다.

🕐 화이트 비치

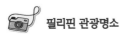 **필리핀 관광명소**

구분	내용
리잘공원	• 마닐라 시내 중심가에 위치 • 필리핀의 국민영웅인 호세 리잘이 1896년 12월 30일 처형된 장소를 기리는 비석이 있음
산 아구스틴 성당	• 인트라무로스에 있는 산 아구스틴 성당은 필리핀에서 가장 오래된 성당 중 하나
산 페트로 요새	• 1565년 스페인 총독이 건설한 삼각형의 요새 • 세부 시내 명소 중 하나이며 역사적 가치가 상당한 곳
화이트 비치	• 보라카이를 대표하는 비치이자 세계 3대 비치로 매년 많은 관광객이 찾는 곳
인트라무로스	• 300년간의 스페인 식민지 시절 스페인이 그들의 거주지로 쓰던 곳
말라카냥 궁	• 필리핀 대통령의 관저로서 일부 공간에는 역대 대통령들의 유물이 전시된 박물관도 있음
보라카이	• 필리핀 중부 파나이 섬 북서단에 있는 작은 섬으로 세계 3대 해변으로 선정
아얄라 거리	• 필리핀 상업, 금융 중심지인 마카티 시티(Makati City)의 중심도로
민도로 섬	• 필리핀 제도 중 7번째로 큰 섬
비간 역사 마을	• 필리핀의 일로코스수르주에 있는 스페인 식민지 시대의 도시 유적으로 1999년 유네스코 (UNESCO) 세계문화유산으로 등재

KOTRA 글로벌윈도우(http://news.korea.or.kr/)

3 여행문화 Tip과 에티켓

1. 여행문화 Tip

• 필리핀은 화폐로 필리핀 페소를 사용하며, 우리나라에서 직접 필리핀 페소로 환전이 가능하지만 달러로 환전한 다음 필리핀 내 공항이나 환전소에서 환전하는 것이 수수료를 낮출 수 있는 방법이기도 하다.

• 필리핀은 국기 계양식과 국가제창이 엄숙하게 이루어지고 있는 나라이다. 따라서 여행자일지라도 국기나 국가에 대한 경의를 표하는 것이 필요하다.

• 필리핀에서는 경찰의 부패도 만연하여 살인과 납치, 금품 갈취, 마약 등 강력사건에 경찰이 개입되어 있는 경우가 빈번하다. 필리핀의 치안 환경은 열악한 수준이어서, 총기를 이용한 강력사건이 전국적으로 연간 1만 건 이상이 발생하고 있는데도 경찰의 수사기법은 초보적인 수준에 머무르고 있는 실정이다. 필리핀에서는 수비크Subic, 세부Cebu 주의 막탄Mactan섬, 보홀Bohol섬, 보라카이Boracay섬 등 관광객이 많이 찾는 지역을 제외하고는 일반적으로 치안 상태가 좋지 않다.

• 필리핀에 대한 여행경보 단계를 전반적으로 상향 조정한 바 있다. 또 민다나오섬 수리가오 주와 아구산주에서 공산 반군의 활동과 이들에 의해 한국 건설회사의 직원들이 억류되는 사건이 발생하는 등 치안상황이 악화됨에 따라 외교통상부는 2011

년 10월 11일 다시 이 지역에 대한 여행경보를 2단계에서 3단계로 한 단계 상승시켜 '여행 자제' 지역에서 '여행 제한' 지역으로 조정 고시한 바 있다.

- 한국의 초여름처럼 날씨가 시원하고 습도가 낮은 12~2월은 필리핀을 여행하기에 가장 좋은 시기다. 겨울 휴가철을 맞아 필리핀을 찾는 여행자들로 붐비는 때이기도 하다. 필리핀은 카톨릭 국가이기 때문에, 각종 축제가 열리는 크리스마스 무렵에는 숙박도 미리 예약해두는 것이 좋다. 필리핀 관광부는 176개 호텔, 60개 Inn, 11개 Apartel 및 113개의 리조트에 총 18,922개의 객실을 보유하고 있는 것으로 집계되고 있다. 호텔에 직접 예약하는 것보다는 여행사를 통해 예약하는 편이 저렴하다.

2. 여행문화 에티켓

- 우리가 손가락을 동그랗게 말아 나타내는 OK사인은 필리핀에서는 승인보다는 돈을 뜻하는 의미가 더 강하므로 OK사인보다 엄지손가락을 치켜드는 최고라는 사인이 오히려 승인의 의미에 더 가깝다.
- 스페인 식민지 시절 필리핀 사람들에게 'Stupido'라고 불러서 필리핀에서는 'Stupid'는 저주의 의미만큼 나쁜 뜻이므로 절대로 사용해서는 안 된다.
- 필리핀 사람들은 적어도 두 번 이상 거절해야 한다고 배운다. 특히 음식의 경우 자신들이 못 먹고 자랐다는 의식을 깨기 위해 많이 거절한다. 따라서 무엇을 권유할 때는 세 번 이상 하는 것이 좋다.
- 초대된 모임이나 방문에서 말없이 떠나버리면 아주 예의에 어긋나는 것이다.
- 선물은 선물을 받은 사람만을 위한 것이라 꼭 확인하고 싶다면 양해를 얻고 열어보는 것이 좋다.
- 필리핀 사람들은 자존심이 강하기 때문에 대중들 앞에서 망신을 주는 행위는 화를 초래할 수 있으므로 주의해야 한다.
- 필리핀 사람들은 적도 부근 기후 특성상 움직임이 느긋하고 여유롭게 움직인다. 따라서 음식점 등에서 답답할 수 있겠지만 재촉하는 행위는 실례이다.
- 필리핀 사람들에게 음식은 가장 중요한 문화 중에 하나이므로 입에 맞지 않더라도 조금은 맛보고 다른 것을 먹는다고 하는 것이 그들의 식사 에티켓 중에 하나이다.
- 필리핀 사람들에게 가장 모욕을 주는 방법 중 하나가 동물에 비유하는 것이기 때문에 절대로 해서는 안 된다.
- 필리핀에서는 지위보다 나이를 중요하게 여기는 사람을 좋게 인식하므로 연장자에 대한 예의를 지키는 것이 좋다.

06 베트남

1 베트남 개관

베트남은 동남아시아의 인도 차이나 반도 동부에 있는 나라이 다. 지정학적 특성 때문에 외국의 침략과 지배를 자주 받아오다가 1884년에 프랑스 식민지가 되어 프랑스령 인도차이나에 편입되었 다. 1945년 제2차 세계대전이 끝 나자 독립을 선언하고 베트민을 중심으로 베트남민주공화국을 발족시켰다.

📷 하노이

베트남의 정식 명칭은 베트남 사회주의공화국Socialist Republic of Vietnam이다. 전체 면적은 33만 1,689㎢이며, 북쪽은 중국과, 서쪽은 라오스 및 캄보디아와 접하고 동쪽은 바다를 면하고 있다. 베트남의 동쪽 해안은 북쪽으로부터 내려오면서 통킹만, 남중국해, 보르네 오해, 시암만과 접해 있고, 남북으로 긴 해안선은 무려 3,444㎞에 달한다. 북으로는 중국 과 국경을 접하고 있고, 동으로부터 남서쪽에 이르기까지 남중국해와 타일랜드만에 접하 고 있으며, 서쪽으로는 '쯩' 산맥을 경계로 라오스, 캄보디아와 접하고 있다. 베트남의 인 구는 2022년 10월 기준 약 9,819만 명으로 전 세계 16위를 차지하고 있다.

베트남의 종교는 불교, 기독교로마 가톨릭교회, 개신교 등이다. 베트남은 대승불교권 국가이며 그 외에 까오다이교와 호아하오교 같은 신흥 종교도 있다. 베트남은 국교로 부를 만한 주 도적인 종교는 없으며 종교법인으로 인정된 16여 개 종교와 43개 조직이 있는 다종교 국 가이다. 베트남의 종교분포는 불교 10.5%, 천주교 9%, 호아하오교 2%, 개신교 0.8%, 기 타 및 무종교는 70%로 나타났다. 여기서 기타에 해당하는 무종교 중 일부는 도교 또는 유교적 성향이 높은 민간신앙에 해당된다.

베트남의 행정구역은 3단계로 성베트남어: Tinh/ 省, 제1급 행정구, 현베트남어: huyện/ 縣, 제2급 행정구, 사베트남어: xã/ 社, 제3급 행정구 단위로 구성되어 있다. 수도인 하노이를 포함하여 호치민, 하이퐁, 껀터, 다낭은 성과 같은 급의 중앙 직할시이다. 또한 2008년 8월 1일 하떠이성이 하노이에 편입됨으로써 59개 성tinh이 58개로 줄었다.

베트남은 남북으로 길게 늘어진 지형 특성상 남과 북의 기후 차이가 큰 편이다. 강우량은 전국적으로 연평균 1,800mm 정도이나 우기 때는 더 높은 강우량을 기록한다. 호찌민시를 비롯한 남부지역은 우기5~10월와 건기11~4월가 6개월씩 교차되며, 수도 하노이를 비롯한 북부 지역은 미묘한 사계절의 변화가 있어 연말과 연초의 기후가 한국의 늦가을 날씨와 유사하다. 우기5~10월 시에는 하루 30분 정도의 게릴라성 폭우가 내리는데 최근에는 기후 변화 현상으로 인해 하루 종일 비가 오는 때가 많다.

베트남인은 54개 민족으로 구성되어 있으며 비엣Viet족이 전체 인구의 약 85.72%를 차지하고 있다. 베트남 소수민족은 원주민을 포함한 이주민으로서 베트남 영토에 생활을 하고 있다. 베트남의 공용어는 베트남어이며, 다른 소수민족에 의해 다양한 소수민족 언어들이 사용되고 있다.

베트남의 근대적 교통 체계는 프랑스 식민지 시대에 수확한 농산물을 옮길 목적으로 발달하기 시작하였지만, 베트남 전쟁 이후 심하게 파손되어 현재까지도 재건이 계속되고 있다. 도로는 대부분 평지와 도시 근교에 집중되어 있으며 산

간 지역이나 중부 고원, 국경 지역이나 메콩강 유역 등의 도로는 매우 부족한 실정이다. 1980년대 시장이 개방되면서 차량과 오토바이가 급속하게 늘어났으며, 아직까지는 오토바이가 대중적인 교통수단이다. 베트남의 오토바이는 약 2,000만 대에 달하며, 거의 한 가구당 한 대꼴로 오토바이를 갖고 있을 정도로 대중 교통수단으로 자리 잡았다.

아시아에서 유일하게 제국주의 세력을 자기 힘으로 물리친 베트남인들은 독립 유지에 대한 자긍심이 대단하며 불교숭상 및 유교적 전통문화 보존으로 사회주의 체제이지만 아시아적 문화 특성을 강하게 지니고 있다. 다음 표는 베트남의 일반정보이다.

베트남 일반정보

구분	내용
국가명	베트남 사회주의공화국(Socialist Republic of Vietnam)
수도	하노이(Hanoi)
인구	9,819만 명(세계 16위)
위치	인도차이나 반도의 동쪽
면적	33만 1,689㎢(세계 66위)
기후	아열대(북부), 열대몬순(남부)
민족구성	베트남인(90%), 54개 다민족
언어	베트남어
종교	불교(10.5%), 천주교(9%), 호아하오교(2%), 개신교(0.8%), 기타 및 무종교(70%)

한국학중앙연구원, KOTRA 글로벌원도우, 두피백과, 외교부 내용을 바탕으로 저자 작성.

2 베트남의 문화

베트남인들은 스스로 근면, 성실, 인내, 친절, 용감성 등의 국민성을 지니고 있다고 생각한다. 오랜 세월 동안의 끊임없는 외침을 성공적으로 물리친 국민으로 자신들을 표현하고자 하며, 무엇보다 외세에 굴하지 않은 역사를 지닌 나라라는 자부심이 매우 강하다.

디엔비엔푸 전투 이후에는 북쪽의 공산정권을 피해서, 대미전쟁 승리 이후에는 정부부처나 관계기관의 고위직을 차지하면서 많은 수의 북쪽 사람들이 남쪽으로 이주하였으며, 또한 하노이와 호치민 간에는 인구와 소득에서 상당한 차이를 보이고 있다.

1945년 혁명 이후 봉건주의 색채를 이유로 상연이 금지되었으나 1975년 통일 이후 완화되어 중부 베트남 지역에서는 잘 보전되어 있다. 베트남의 전통문화 중 아오자이Ao Dai는 베트남 여성들이 즐겨 입는 전통 의상으로, 아오는 옷 또는 저고리, 자이는 길다는 뜻이다.남부에서는 '아오야이'로 발음. 즉, '긴 옷'이란 의미를 갖고 있으며, 19세기부터 입기 시작한 것으로 알려졌다. 논Non은 야자나무 잎으로 만든 모자로, 아오자이Ao Dai와 함께 베트남 여인들의 상징이다. 13~15세기 중 쩐Trân 왕조 시대에 유행하였으며, 비가 올 때는 우산으로, 햇빛이

⊙ 아오자이

내리쬘 때는 양산이 되며, 더울 때는 부채로도 사용된다.

베트남의 전통가극 핫 보이_{Hat Boi}는 14세기 쩐 왕조 시대에 나타난 전통가극으로 핫 보 Hat Bo 또는 북부에서는 뚜옹_{Tuong}이라고도 불린다. 극중 내내 노래와 무용 악기 연주가 이뤄지고 있으며, 베트남의 전통 가무와 중국의 가극이 결합된 무대 예술로 현재 희극, 비극, 풍자극 등 약 600여 편이 전해지고 있다. 베트남인들은 9를 으뜸이자 신성한 수로 여기며, 13은 액운의 상징으로 여긴다. 숫자 5는 베트남어로 위험의 뜻과 비슷하여 숫자의 합이 5가 되거나 15, 25 등 5로 끝나면 이를 기피한다. 베트남인들이 가장 좋아하는 스포츠는 축구로서 축구시합이 있는 날에는 모든 국민이 TV 앞에 모이며, 길거리에 약간의 공터만 있으면 몇 명이 모여 축구를 하는 모습을 쉽게 볼 수 있다.

베트남은 모계 중심 사회라 여자의 생활력이 강하고 가정에 헌신적인 것으로 유명하다. 베트남은 농업사회지만, 오랜 전쟁으로 남성 대부분이 전쟁터에 나가 여자 중심 사회가 되었다. 베트남 가정은 어머니 중심으로 일을 처리하며 가정을 운영한다. 촌락사회에서는 주부를 '안주인'이라 부르며 여성의 지위를 존중한다.

🕐 베트남 전통모자

베트남의 소수민족인 에데족은 결혼할 때 신부집에서 사위를 데려오려고 시댁에 지참금을 지불하는 풍습이 있다.

1. 음식문화

베트남의 음식은 태국, 중국 음식과 함께 아시아 3대 음식으로 꼽힌다. 거의 모든 음식 재료를 구할 수 있는 지리적 여건 덕분에, 베트남의 요리는 1,000년 이상 계속된 문화만큼이나 전통 있고 다양하게 발달했다. 신선한 재료의 선명한 색 대비와 풍부한 식감, 다양한 향신료로 깊은 맛을 내는 베트남 음식은 건강에도 매우 좋은 것으로 알려져 있다.

🕐 베트남 쌀국수

쌀을 뜻하는 껌 요리에서는 쇠고기, 닭고기, 새우 등을 이용하는 덮밥 형식의 음식과 볶음밥 등이 많다. 포는 베트남을 대표하는 음식인 국수 요리다. 베트남의 쌀로 만든 국수를 의미하는 단어인 포pho는 베트남의 대표적인 음식으로 포에는 야채, 특히 숙주가 들어가 시원하고 매콤한 소스와 곁들여지므로 해장국 대신 애용하는 사람들도 많으며 적은 양의 고기로도 만족감과 포만감을 줄 수 있으므로 미국, 캐나다 등에서 건강식으로도 인기를 끌고 있는 메뉴이다. 하노이에서 만들어져 북부 지방을 중심으로 즐겨 먹었으나, 지금은 전국 어디서든 쉽게 먹을 수 있다. 월남쌈으로 알려진 고이 꾸언은 쌀로 만든 얇은 라이스 페이퍼인 반짱을 뜨거운 물에 적셔 닭고기, 쇠고기, 새우, 채소 등을 올려서 동그랗게 만 뒤, 생선 액젓인 느억맘소스에 찍어 먹는 것이다.

베트남인은 더운 날씨로 인해 땀을 많이 흘리는 대신 음료수를 많이 마신다. 따라서 베트남은 다양한 음료문화가 발달되어 있다. 베트남은 세계 2위의 커피 생산국으로, 프랑스 식민지 시절 달랏 등의 고원지대에 커피 농장이 세워져 질 좋고 맛이 뛰어난 커피가 생산되기 시작했다. 베트남 커피 까페는 진하고 구수한

📷 베트남 커피

맛이 특징으로, 보통 양철이나 알루미늄으로 만든 필터를 잔 위에 놓고 바로 걸러서 마신다. 늑윽짜Nuoc Tra는 베트남 전통차를 넣고 끓인 물로서 더위를 식히는 데는 더할 나위 없이 좋다. 사이공에서 유명한 껨박당Kem Bach Dang이란 짜이즈어 껍질에 아이스크림과 갖가지 열대과일을 혼합해서 준다. 껌짜이즈어Com Trai Dua란 음식은 짜이즈어 껍질 속에 밥을 넣고 불에 데워서 요리한다. 또한 베트남 물은 석회질이 많아 그냥 마시기에 적합하지 않다. 그래서 대부분의 가정에서는 물을 끓인 후 식혀서 마신다. 물을 끓여 식혀 보면 흰 석회와 이물질이 바닥에 침전되어 있는 것을 볼 수 있다. 물이 좋지 않아서 상점에는 생수를 많이 판매한다.

문화에 따른 식습관의 차이는 예를 들어 동물의 젖이 과거 서구 목초문화에서 크게 애용되었던 데 반해 베트남인들에게는 동물의 배설물로 여겨져 어떠한 형태로도 식용된 적이 없다는 것 등이다. 베트남 요리는 성찬이며 축제의 종류에 따라 서로 다른 음식물을 준비하는 의식적인 성격을 가지고 있다. 육류나 기타 음식들은 식사 중에 자르는 것이 아니라 이미 요리 과정에서 잘려지므로 식탁에서 포크는 필요 없다. 대신 이들은 식탁에서 질그릇과 숟가락, 그리고 나무, 상아나 은으로 된 젓가락을 사용한다.

베트남 지역별 음식특징

구분	내용
남부지역	• 메콩강 하류에 위치한 남부지역은 열대성 기후로 베트남 제일의 곡창지대 • 다양한 과일과 채소, 메콩강의 민물고기와 바다의 해산물 등이 풍부하여 다양한 식재료를 사용 • 프랑스·미국·태국 등의 영향으로 허브와 향신료를 많이 사용하고 다른 지역에 비해 단것을 선호
중부지역	• 1802년부터 1945년까지 지속되었던 베트남의 마지막 왕조 응우옌왕조의 수도 후에가 있는 지역으로 궁중요리가 발달 • 향신료를 사용하여 자극적이며 매운맛이 강한 편 • 후추보다 칠리를 많이 사용
북부지역	• 일부 지역에서 사계절이 나타나는 북부지역은 다른 지역에 비해 춥기 때문에 향신료를 적게 사용하고 덜 자극적이어서 전체적으로 담백한 맛 • 중국 광둥요리의 영향을 많이 받아 간장을 자주 사용 • 퍼(쌀국수)가 이 지역에서 시작

2. 축제문화

다민족 국가인 베트남에서 축제는 모두를 하나로 만드는 중요한 역할을 한다. 베트남의 공휴일은 전 국가적인 기념일로 축제와 연결되는데, 베트남의 민족성을 엿볼 수 있는 다양한 축제가 있다.

❀ 뗏

뗏Tet은 음력 정월 초하루로, 새해를 축하하는 의미를 가지며 베트남에서 가장 큰 명절이다. 보통 음력으로 12월 28일부터 1월 6일까지 해당하는 긴 연휴를 보내게 되는데, 음력 12월 30일, 말일 그믐밤, 1월 1~3일까지가 가장 중요하다.

그믐밤 12시까지는 집 청소를 완성해야 하는데 이는 구년의 불운이나 슬픔

뗏

등을 털어버려 신년에 행운만 맞이하겠다는 의미가 내포되어 있다. 1월 1일부터 2일, 3일은 신나게 즐기는 날인데, 보통 1일은 아버지를 기억하는 날, 2일은 어머니를 기억하는 날, 3일은 선생님을 기억하는 날이라고 한다. 그래서 베트남 사람들은 1일과 2일에 부모님, 친척 등 윗사람을 방문하고, 3일에는 선생님, 이웃들을 방문해 서로 덕담을 나누고 복을

기원한다. 또한 우리나라와 같이 어린이들에게는 세뱃돈을 주는 풍습이 있는데 이때 새뱃돈은 행운과 복의 색깔이라고 여기는 빨간 봉투에 넣어서 전달한다.

❀ 덴흥 축제

덴흥 축제는 베트남의 건국 시조 훙Hùng 왕을 기리는 명절로, 매년 음력 3월 10일까지 일주일 가량 개최된다. 덴흥 사원은 홍방 왕조의 18대 왕들을 기리는 여러 사원과 왕릉이 모여 있는 곳인데, 제례 일주일 전부터 이 일대에서 덴흥 축제가 펼쳐진다. 베트남의 기원과

🎧 덴흥

정체성을 담은 덴흥 축제는 국가 주석과 고위 관리 다수가 참석하는 국가적 규모의 행사라는 점도 중요하지만 베트남에서 살아가는 54개 민족이 하나로 어우러지는 통합의 축제라는 것에 의미가 있다.

베트남 정부는 음력 3월 10일을 '조또홍브엉국조 홍브엉 제사일'이라 명명하고 2007년에 국경일로 제정하였다. 또한 푸토 성의 홍 왕조 숭배 의식은 오랜 역사를 지닌 채 이어져온 가치를 인정받아 2012년 유네스코 인류무형문화유산에 등재되었다.

❀ 림 축제

림 축제는 베트남 북부 박닌 지역에서 매년 음력 1월에 베트남 민요 콴호를 선보이는 신년 민속축제이다. 베트남 북부 지방은 전통적으로 전해 내려오는 이야깃거리와 노래 문화가 풍성한 곳으로, 이를 바탕으로 다양한 민속 행사가 열려왔다. 그중에서도 베트남 전통 민요인 콴호를 부르며 음력 신년을 축하한다.

베트남 전통 민요 콴호는 남녀가 교대로 노래를 이어가는 것이 주요한 특징이다. 공연 외에도 불교 의식에 따라 제례와 거리 행진이 펼쳐지기도 하고, 각종 경연대회와 민속놀이도 즐길 수 있다. 림 축제는 베트남 북부를 대표하는 축제이며, 나아가 베트남 내에서 가장 독특하면서도 상징성을 지닌 축제로 자리매김했다.

베트남 대표축제

구분	내용
수상 인형극	• 베트남 전통 인형극으로 기원전 12세기부터 시작 • 베트남 전통악기 연주, 노래, 인형극이 어우러진 베트남의 대표 볼거리 중 하나
뗏	• 뗏(Tet)은 음력 정월 초하루로, 베트남에서 가장 큰 명절 • 친척, 친지 등을 방문해 덕담을 나누고 복을 기원하며, 어린이들에게 세뱃돈을 주는 풍습
덴훙 축제	• 베트남의 건국 시조 훙(Hùng) 왕을 기리는 명절로, 매년 음력 3월 10일까지 개최 • 베트남의 기원과 정체성을 담은 덴훙 축제는 국가 주석과 고위 관리 다수가 참석하는 국가적 규모의 행사이자 베트남에서 살아가는 54개 민족이 한데 어우러지는 통합의 축제
림 축제	• 베트남 북부 박닌 지역에서 매년 음력 1월에 베트남 민요 관호를 선보이는 신년 민속 축제 • 베트남 전통 민요인 관호를 부르며 음력 신년을 축하
본마톳 커피 축제	• 베트남의 커피산업을 육성하며 국내외 커피 수요를 증가시키기 위한 목적으로 개최된 축제

3. 여행문화

❁ 하노이 문묘

베트남 최초의 대학으로 알려진 하노이 문묘는 하노이 공자묘라고도 부르는데, 1070년 공자와 그의 제자들을 기리기 위해 처음 세워졌다. 이후 1076년 베트남 최초의 대학으로 유학자를 양성하였다. 리Ly 왕조의 통치기간에 국교를 불교에서 유교로 전환하면서 정신적인 중심지 역할을 하였다. 문묘는 5개의 마당

🏛 하노이 문묘

으로 나뉘어 있는데, 사이사이의 중앙 통로와 문은 황제 전용이다. 이 가운데 두 번째 마당 옆면에 있는 '퀘 반문'을 따라서 나 있는 대로는 1802년에 건설한 것으로 베트남 전통 건축 양식의 정수를 보여주고 있다.

하노이 문묘에서 사람들의 큰 관심을 끄는 것이 정원에 들어선 82개의 거대한 거북이 받침 석비이다. 여기에는 리 왕조 때부터 3년마다 치러진 과거에서 좋은 성적을 낸 졸업생들의 이름과 생년월일, 업적이 기록되어 있는데, 이 비석을 만지면 시험에서 좋은 결과를 얻을 수 있다는 믿음으로 수많은 수험자가 방문을 하고 있다.

❀ 하노이 오페라 하우스

파리의 팔레 가르니에 국립오페라 하우스를 모델로 1911년에 건축되었다. 하노이 오페라 하우스는 하노이에서 주목할 만한 프랑스 건축물 중 하나로 손꼽히는데, 건축 당시에는 프랑스 식민지 관리자들이 콘서트와 공연 등을 보기 위한 목적으로 건설했다.

하노이 오페라 하우스는 파리의 오페

🔔 하노이 오페라 하우스

라 하우스 두 개 중 하나인 오래된 가르니에 팔레를 모델로 하여 지어진 하노이의 건축물이라고 추정하고 있다. 프랑스 식민 시대가 끝난 이후 이 오페라 하우스는 정식 행사를 개최하는 장소가 되어 현재는 연중 다양한 문화 공연이 열리고 있다.

❀ 독립궁

독립궁의 원래 이름은 노로돔궁인데, 최초에 프랑스에 의해 지어졌을 때 붙은 이름이다. 독립궁은 베트남 호찌민시에 있는 역사적 명소로 1975년 베트남이 통일된 이후 독립궁을 통일궁으로 부르기도 하나 자주 쓰이지는 않으며, 현재도 베트남 정부에서는 공식 명칭으로 독립궁을 사용하고 있다. 독립궁 건물은 1868년 프랑스 식민 지배를 받던 때에 프랑스 식민지 정부가 인도차이나 지역을 통치하기 위해 처음 설립되었다. 그 후 1975년 베트남 전쟁이 종전된 역사적 장소로 유명해졌다.

호치민의 관광은 독립궁에서 시작된다고 해도 과언이 아닌데, 베트남의 현대사를 이해할 수 있는 곳이면서 호치민을 대표하는 관광명소로 매년 수많은 관광객이 방문을 하고 있다.

❋ 다낭 대성당

다낭 대성당은 베트남 중부다낭 대교구의 성당으로 프랑스 식민지 시대 다낭에 지어진 유일한 성당이다. 1923년 세워진 분홍빛의 다낭 대성당은 첨탑 위에 닭 모양의 풍향계가 있어 '수탉 성당'이라고 불리기도 한다. 독특한 분홍빛뿐만 아니라 중세풍으로 외관을 장식해서 동화 속에 나올 듯한 모습으로 사람들의 눈길을 끈다. 분홍빛의 성당을 배경으로 사진을 찍기 위해 매년 많은 관광객의 발길이 끊이지 않으며 예쁜 기념사진을 남길 수 있는 포토존으로 유명하다.

성당 오른편에는 주교관이 있으며, 뒤편에는 성직자들의 납골당과 성모마리아상이 놓여 있는 작은 인공 동굴이 있다. 성당답게 미사는 현재도 진행되고 있고 외국인도 미사에 참관할 수 있지만, 하루 2번만 진행되기 때문에 내부에 들어갈 계획이라면 미리 시간을 확인하고 방문해야 한다.

 베트남 관광명소

구분	명소	내용
하노이	하노이 문묘	• 베트남 하노이 호안끼엠(Hoan Kiem)호수 서쪽 2㎞ 지점에 있는 유교 사원
	하노이 오페라 하우스	• 베트남 하노이에 있는 프랑스풍 오페라 극장
	성요셉 성당	• 프랑스 파리의 성당과 유사한 모습의 하노이에 있는 성당
	소피텔 메트로폴 호텔	• 프랑스와 베트남 양식의 조화된 호텔
	코로아 성채	• 기원전 3세기경 축조되었다고 추측되는 고대의 성채
호치민	통일궁	• 베트남 호찌민 시에 있는 역사적 명소
다낭	다낭 대성당	• 1923년 다낭에 거주하던 프랑스인들에 의해 프랑스 건축양식으로 지어진 건물
	꼰시장	• 다낭의 전통시장

위키백과(http://ko.wikipedia.org)

③ 여행문화 Tip과 에티켓

1. 여행문화 Tip

- 하노이의 호안끼엠 호수 주변, 구시가지, 동쑤언 시장, 통일공원 주변 등은 소매치기가 많이 발생하는 지역이다. 밤늦은 시각에는 혼자 다니지 않는 것이 좋다. 부득이 이동해야 할 때는 귀중품을 호텔 세이프티 박스에 보관하고 이동한다.

- 시내 중심인 호안끼엠 호수 주변에 관광 안내소가 있다. 부스 형식의 소규모로 다양한 여행 정보를 얻기에는 부족하다. 하노이 지도, 팸플릿 등을 얻을 수 있으며 일부 여행자료를 판매한다.

- 하노이 쭝화Trung Hoa 지역과 미딩My Dinh 지역이 대표적 한인타운으로 한인 학원, 음식점, 미용실, 주거지 등 다양한 편의시설을 갖추고 있다. 호찌민 판반하이Pham Van Hai 지역, 푸미흥Phu My Hung 지역이 대표적 한인타운이다. 호찌민에는 한인 수가 증가하며 한인 거주 및 상업 지역이 더욱 늘어나고 있다.

- 대체로 치안은 잘 되어 있으나 관광객을 노리는 소매치기가 많은 편이다. 낮에는 시클로 타는 것이 안전하나 어두워지면 미터기 택시를 이용한다. 바가지요금을 요구하거나 귀중품을 훔쳐가는 경우가 있다. 시클로 운전사가 추천한 레스토랑이나 상점 또한 되도록 이용하지 않는다. 호찌민의 동커이 거리, 응우엔후에 거리, 노트르담 성당, 벤탄 시장 등은 밤에 혼자 다니지 않는다.

2. 여행문화 에티켓

- 베트남 사람들은 큰 그릇에 음식을 담아서 여러 사람이 함께 먹는 편이다. 그래서 자기가 먹던 젓가락으로 음식을 떠서 주는 경우가 많은데 이는 다정함을 나타내는 표시니까 절대 불결하게 생각해서는 안 된다. 또한 생선의 뼈나 과일의 껍질은 바닥에 그냥 버리는 문화이기에 우리나라와 다른 문화를 오해하지 말아야 한다.

- 어깨동무는 친구들 사이에서도 친한 경우에만 할 수 있는 행동이다. 친한 사이라도 어깨동무를 하는 것은 예의에 어긋날 수 있다. 그 이유는 베트남인들은 어깨에 자신의 수호신이 머무르고 있다고 생각하기 때문이다.

- 베트남 사람들은 조상을 매우 극진하게 숭배하는 편이기 때문에 집 안에 평상시에도 제사상을 차려 놓고 있는 경우가 대다수이다. 베트남 사람들이 집 안에 차려놓는 이 제사상을 '반터'라고 한다.

- 베트남 사람들은 유독 3, 5의 숫자를 싫어한다. 우리나라에서 4를 싫어하는 이유와 같다고 생각하면 된다. 또한 좋아하는 숫자는 9이다.
- 베트남에서 외국인들에게는 종교의 자유가 있지만 거리에서 찬송가를 부르거나, 베트남 사람을 대상으로 선교 활동을 하는 것은 금지되어 있다. 만약 그러한 행동이 발각되면 추방당할 수도 있다.
- 베트남전쟁에 대해서 그들이 먼저 이야기를 꺼내기 전에는 절대로 먼저 꺼내지 않는 게 좋다.
- 베트남에서 시간 약속에 늦는 것은 큰 실례라고 생각하기 때문에 약속을 하면 조금 일찍 도착하는 것이 좋다.
- 계약문화에 익숙하기 때문에 중요한 사항은 반드시 문서화하는 것이 좋다. 또한 구두로 소개를 하는 것보단 명함을 주고받는 것을 선호하기 때문에 베트남인과 비즈니스를 할 때는 명함을 여유롭게 챙기는 것이 바람직하다.
- 베트남 사람들은 'No'라고 직접적으로 말하는 것은 예의에 어긋난다고 생각하기 때문에 정확한 의사전달이 되었는지 확인해야 한다. 또한 웃음으로 넘어가는 경우가 있는데 이 역시도 정확하게 확인할 필요가 있다.
- 대화 시 허리에 손을 얹거나 팔짱을 끼는 행동과 상대를 가리키며 손가락질하는 행위는 하지 말아야 할 행동이다.

07 인 도

1 인도 개관

인도의 정식 국명은 인도 공화국이며 '신들의 국가', '신이 많은 국가'로 불릴 만큼 종교의 국가이기도 하다. 불교의 창시국가이기도 하지만 현재는 약 80%가 힌두교이며, 이슬람이 약 14% 등으로 종교적 특색이 강한 국가이다. 수도는 1,986만 명이 살고 있는 뉴델리이다. 인도는 유라시아 대륙의 중남부에 위치하고 있으며, 인도의 면적은 약 328만 7,283㎢로 한반도의 15배, 남한의 33배로 세계 7위에 해당한다.

인도의 인구는 2022년 10월 기준 약 14억 1,717만 명으로 중국에 이어 세계에서 두 번째로 많은 인구를 보유한 국가이며, 민족은 아리안족 72%, 드라비다족 25%, 몽골족 및 기타 3%로 구성되어 있다. 인도는 6개의 지방으로 나뉘며 다시 28개의 주와 8개의 연방구역으로 나뉜

다. 주와 연방구역은 언어를 기준으로 나눴지만 힌디어처럼 지나치게 사용인구가 많은 언어의 경우 다시 나눠놓았다.

인도의 기후는 위도상으로는 아열대에서 온대에 위치하지만, 히말라야산맥이 장벽을 이루어 전체적으로 열대몬순기후를 나타낸다. 인도의 계절은 계절풍의 변화를 바탕으로 3월에서 5월에 이르는 건조 혹서기와 6월에서 10월 상순에 걸친 고온 다습기, 그리고 10월에서 2월에 이르는 건조 한랭기 등의 세 가지로 분류되며, 최고기온은 하지와 우계 직전에 해안 가까이 있는 캘커타에서 낮에도 그늘의 기온이 40℃를 넘는 경우가 가끔 있다. 10월 하순부터 시작되는 건기는 겨울이 되며, 인도 북부에서는 곳에 따라 영하로 내려가고 강수량이 적고 건조한 것이 특색이다. 특히 가장 추운 1월에는 육지에서 바다로 바람이 불어 건조하면서도 청명하다. 또한 인도 북동부 메갈라야주체라푼지는 연 강수량 1만mm가 넘는 세계 제1의 다우지역이다.

인도에는 방언까지 합하여 700가지에 달하는 언어가 사용되었다고 하나, 인구의 약 90%는 아리안계의 9개 방언, 드라비다계의 4개 방언을 쓰고 있었다. 그중에서도 아리안계의 중심은 전 인구의 45%가 사용하는 힌디어로서, 헌법은 인도의 장래 표준어로 채택하였다. 힌디어는 델리 부근에서 우타르프라데시주㈜를 중심으로 사용된다. 갠지스강 중류부의 비하르주에서는 비하르어가, 하류부의 서벵골주에서는 벵골어가 사용된다.

기원전 3000~2500년경부터 약 500년간 번성한 세계 4대 문명 중 하나인 인더스 문명을 시작으로 아리안 문화, 도시국가의 형성과정을 거쳐 마우리아 제국이 건립된다. 쿠산왕조, 굽타왕조를 거쳐, 무굴제국으로 이어오던 중 1757년 영국과의 플라시 전투, 1857년의 세포이의 반란을 거쳐 동인도 회사의 해체와 함께 1858년에 영국의 직할지로 편입된다. 이후 반영 독립단체에 의해 독립투쟁을 이어오다 2차 세계대전 후 영국은 인도에 독립을 부여하기로 결정하고, 1947년 8월 15일 영연방의 자치령으로 독립한다.

인도에는 철학자인 마하트마 간디를 비롯하여, 무굴제국의 5대 황제인 샤자한, 아시아 최초의 노벨문학상 수상자인 라빈드 라나드 타고르, 인도 초대 총리를 역임한 자와할라 네루 등이 주요인물로 꼽을 수 있다.

📷 인도 일반정보

구분	내용
국가명	인도 공화국(Republic of India)
수도	뉴델리(new Delhi)
인구	14억 1,717만 명(세계 2위)
위치	아시아 대륙 중남부에 위치
면적	328만 7,283㎢(세계 7위)
기후	열대 몬순, 온대 기후, 고산 기후(북부) 등 다양
민족구성	인도 아리안족(72%), 드라비다족(25%), 몽골족 및 기타(3%)
언어	힌디어, 영어 외 21개의 공용어
종교	힌두교(79.8%), 이슬람교(14.2%), 기독교(2.3%), 시크교(1.7%), 불교(0.7%), 자이나교(0.4%)

한국학중앙연구원, KOTRA 글로벌윈도우, 두피백과, 외교부 내용을 바탕으로 저자 작성.

2 인도의 문화

인도는 카스트 제도라고 하는 특유한 사회제도가 발달했다. 바라문 또는 브라만, 크샤트리아, 바이샤, 수드라 등의 네 가지 계급으로 나누어지는데, 사람은 태어나면서부터 각기의 카스트에 속하며 결혼·직업 등은 동일한 카스트 내에서 행해지게 된다. 혼인 또한 부모가 결정을 하고, 미혼 남녀의 교제는 금지한다. 힌두

🏵 카스트

교 제사를 도맡아 지내는 브라만_{종교인}, 왕이나 귀족을 나타내는 크샤트리아, 상인과 농민, 수공업에 종사하는 바이샤, 일반 백성이나 천민으로 카스트의 최하위 계층인 수드라로 이루어져 있다. 또한 최하위 계층인 수드라에도 속하지 못하는 불가촉천민도 있다. 카스트제도는 인도 헌법에 의해 폐지가 되었으나, 관습적으로 이어지고 있어 여전히 계급에 따라 사람들을 차별하는 문화가 사라지지 않고 있다.

인도는 힌두교, 자이나교, 불교 등의 종교와 관련되어 철학뿐만 아니라 시, 희곡, 설화, 우화 등 문학과 예술 전반에 걸쳐 풍부한 유산을 가지고 있다. 인도의 고전 문학은 베다_{veda} 시대부터 발달해왔으며, 베다 시대 이후 BC 6세기경부터 불교와 자이나교와 같은 신흥 종교가 등장하고 대중적인 힌두교가 출현하면서 문화에서

🏵 힌두교

의 대변혁을 가져왔다. 이러한 인도인들의 뛰어난 감수성은 시인 타고르로 하여금 아시아 최초의 노벨 문학상을 수상하기도 하였다.

인도의 음악은 부족의 음악, 민요, 종교음악 등이 어우러져 복잡하고 다양하며, 음악과 더불어 연극으로의 발전이 두각을 나타낸다. 이는 연극은 음악과 무용, 시가 하나로 결합되어 있는 종합 예술의 성격을 띠고 있기 때문이다. 이러한 전통은 인도의 영화 산업에서 잘 나타난다. 인도는 영화 산업이 잘 발달한 것으로 유명하여 인도 영화는 일명 발리우드라 불린다. 인도는 극장 영화를 매해 1,000편 이상 만드는 나라로, 기네스북에도 등재될

정도로 극장 영화를 가장 많이 만드는 나라이다. 이뿐만 아니라 인도의 영화는 최고의 편수와 최대의 관객을 자랑한다. 보통 헐리우드의 영화 관람객이 1억 정도인 데 반해 인도의 영화는 3억 6,000명을 기록하기도 한다. 이는 같은 영화를 두 번이고 세 번이고 보는 인도인들의 특성을 그대로 살려낸다고 볼 수 있으며, 거의 모든 영화에는 뮤지컬이 포함되어 있다.

1. 음식문화

인도의 음식은 중동 및 서양의 영향을 받아 향신료 문화라는 공통점을 지니고 있다. 또한 지역과 종교에 따라 매우 다양하고, 색깔과 질감의 조화를 중요하게 여긴다. 북인도는 밀가루로 만든 빵인 '난Naan', 남인도는 쌀밥을 주식으로 먹는다. 난은 밀가루에 물과 소금만 넣어 탄두리라는 화덕에 구워내는 세모 모양의 빵이다. 카레와 비슷한 '달Dhal'은 부드럽게 삶은 콩에 마살라를 가미한 것으로 콩에 따라 맛과 모양이 다르다. 우리나라 사람들의 입맛에는 닭을 요구르트와 고추, 커더멈, 정향, 계피, 커민씨드를 넣어 양념한 후 숙성시켜 탄두리에 구워낸 '탄두리 치킨'이 인기 있다.

인구의 80%가 힌두교인이기 때문에 종교적인 특성상 소고기를 먹지 않고 돼지나 닭을 주로 먹는다. 또한 종교적 신념으로 인해 손으로 음식을 먹는 것이 특색이다. 그렇기 때문에 식사 전후에는 반드시 손을 씻는 등 개인위생을 철저히 지킨다. 식사를 할 때 낮은 의자를 사용하거나 바닥에 앉는데, 좌석 배치는 맨 오른쪽에 주인이 앉고, 왼쪽부터 연령순으로 손님이 앉는 것이 특징이다.

인도인들은 첫 번째 후각, 두 번째 손끝의 감각에서 오는 촉각, 세 번째 입을 통한 미각 등 세 가지로 맛을 느낀다고 한다. 식사 중에는 이야기를 하지 않고, 물을 마실 때는 컵에

🕐 인도음식_난

🕐 인도 카레

입을 대지 않고 마시는 것이 예의이다. 또한 다른 사람의 바나나 잎에 음식물을 흘리지 않아야 하며, 남은 음식도 자기보다 낮은 카스트에게는 주지 못하도록 되어 있다.

인도인들의 생활은 카스트제도에 의해 철저히 지배되었는데, 식생활도 예외는 아니다. 브라만, 크샤트리아, 바이샤, 수드라, 불가촉천민의 계급에서 카스트가 높을수록 금기식 품은 더 엄격하게 지켜지고 채식 위주의 식사를 하는 사람이 많다. 그러나 인도인이 모두 채식 위주의 식사를 하는 것은 아니고 힌두교, 자이냐교, 카스트의 상위 사람들은 채식 주의자가 많지만 이슬람교, 시크교, 기독교인들은 비채식주의자들이 많다.

 인도 지역별 음식특징

구분	내용
북부음식	• 16세기에 번영한 무굴식 왕국의 영향으로 화려 • 북서지방은 밀이 주요 작물이기도 하고, 오랜 기간 이슬람의 지배하에 있어서 이슬람 음식의 영향을 많이 받아 빵을 많이 먹는다. • 채식주의자들이 많다. • 주식: 밀, 빵
남부음식	• 전통적으로 힌두교가 많아 소고기를 먹지 않는다. • 불교의 영향으로 육류 섭취 자체가 적다. • 맵고 짠 강한 맛이며, 향신료가 다양하게 사용되어 자극적인 맛 • 주식: 쌀

2. 축제문화

인도에서는 매월 수많은 축제가 열리고 있으며, 그중에는 독특한 문화적 경험과 인도에 서만 느낄 수 있는 종교적 행사를 볼 수 있다.

❀ 폰갈축제

폰갈은 일월 중순에 인도 타밀나두주에서 치러지는 축제로, 원래 추수감사절과 같은 의미로 신들에게 감사하고 풍성한 수확을 거둘 수 있도록 도움을 준 소들에게 고마움을 표하는 날이다.

폰갈 바로 전날은 '보기'라고 부르며 가족들이 쓸데없는 물건들을 한데 모아

북을 치면서 불태우고 온 집안을 닦고 청소하며 치장한다. 축제 기간에 가정에서는 햅쌀과 우유로 라이스 푸딩을 만드는데, 이때 우유가 끓어 넘치면 사람들이 '퐁갈로 퐁갈!'이라고 외친다. 여기서 '퐁갈'은 '차고 넘친다'는 의미로 풍요로운 축복을 상징한다. 축제 끝 무렵에는 마을의 가축들을 목욕시키고 장식을 하며, 가축들이 벌이는 가축경주로 축제의 최고조에 이르게 된다. 축제 마지막날에는 이웃과 친척들을 방문하며, 결혼한 여자들은 특별한 선물을 받고 자매들이 자기 형제들의 무병장수를 위해 기도하며 축제가 마무리된다.

❀ 홀리

2월에 열리는 '홀리'는 북인도에서 가장 화려한 축제 중 하나로 겨울의 끝을 알리려 봄을 맞이하는 축제이다. 두쎄라, 디왈리와 함께 힌두교의 3대 축제로 꼽히는데 크리쉬나 신이 고삐와 물감이 든 풍선을 던지며 놀던 것을 기념하며 하루 동안 가능한 한 많은 사람들에게 물감을

탄 물이나 색깔 있는 가루를 뿌리는 전통이 있다. 이때 뿌리는 색 가루를 '아비르'라고 하는데, 전통적으로 액운을 막아준다는 붉은색이 많이 쓰인다. 또한 마리화나의 일종인 방Bhang을 우유에 타서 마시며 하루를 흥겹게 보낸다.

홀리축제가 열리는 기간에는 카스트, 성, 나이 등에 구애받지 않고 누구나 즐길 수 있으며, 여성의 과감한 행동도 용인되는 날이다. 축제가 끝난 후에는 깨끗하게 목욕을 하고 새 옷으로 갈아입고 친구와 지인을 찾아다니며 친목을 도모한다.

❀ 쿰브 멜라

쿰브 멜라는 전 세계적으로 규모가 가장 크면서도 평화로운 순례자들의 축제이다. 인도 축제 중 가장 인상적인 축제인 '쿰브 멜라'는 4년에 한 번씩 갠지스 강 일대 4개 도시인 우타르프라데시주의 알

라하바드, 우타라칸드주의 하리드와르, 마디야프라데시주의 우자인, 마하라슈트라주의 나시크의 순례지에서 번갈아가며 열리는 목욕축제로서 신들과 악마들이 주전자를 차지하기 위해 싸웠던 고대 전투를 기념하기 위한 것이다.

쿰브 멜라는 카스트와 신조, 종교, 성별 등을 비롯한 모든 세속적인 장벽에 구애받지 않고 수백만 명의 사람들이 참여하는 행사이다. 태양과 목성과 달이 자리하는 위치에 따라 축제의 날짜와 장소가 결정되며, 결정되는 날은 하루지만 결정의 날 전후로 몇 주일 동안 축제가 개최된다.

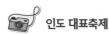
인도 대표축제

구분	내용
리퍼블릭 데이	• 델리에서 열리며, 대표적인 비종교적 축제로 코끼리 행진과 더불어 군대의 퍼레이드가 행해지고, 인도 왕가의 화려한 행차를 볼 수 있다.
폰갈	• 1월 중 3일에 걸쳐 남인도에서 볼 수 있는 추수축제 • 축제의 하이라이트는 마지막 날 마을의 가축을 목욕시키고 장식을 하며, 가축들이 벌이는 가축경주
홀리	• 북인도에서 가장 화려한 축제 중 하나 • 겨울의 끝을 알리는 축제로 하루 동안 가능한 한 많은 사람에게 물감을 탄 물이나 색깔 있는 가루를 뿌리는 전통이 있다. • 홀리축제 동안에는 카스트, 성, 나이 등을 모두 무시하고 다 같이 즐기는 날
무하람 축제	• 모하메드 순교를 기리는 것으로 대규모 퍼레이드와 함께 회개자들이 스스로 채찍질을 하는 행사로 마무리
쿰브 멜라	• 4년에 한 번씩 갠지스 강 일대 4개의 순례지에서 번갈아가며 열리는 목욕축제 • 신들과 악마들이 주전자를 차지하기 위해 싸웠던 고대 전투를 기념하기 위한 것
가네쉬 차투르티	• 코끼리 머리를 한 인기 있는 가네쉬 신을 찬양하는 축제
두세라 축제	• 라마신의 라바나 격퇴를 기념하는 축제로 악을 물리치는 선의 승리를 상징한다.

3. 여행문화

❈ 자미 마스지드

이슬람 사원으로서 인도에서 가장 큰 사원으로 1644년부터 1658년에 걸쳐 완공되었다. 무굴 제국 황제 샤 자한이 아들 아우랑제브에 의해 옥에 갇히기 전 세운 최후의 거대한 건물인 자미 마스지드는 천연바위 암반 위에 위치하여 뭄바이 시를 지배하고 있다.

자마 마스지드는 북문, 동문, 남문이 있는데, 동문은 황제 등 유력자만 통과할 수 있는 문이다. 서쪽 편에 있는 기도용 홀에는 세 개의 돔이 얹혀 있는데 흰색과 검은색 대리석

🕐 자미 마스지드

🕐 타지마할

띠무늬가 번갈아가면서 돔을 장식하고 있으며, 꼭대기 부분은 금으로 장식되어 있다. 한 번에 2만여 명의 이슬람 교도들이 모여 예배를 드릴 수 있는 거대한 규모이다. 예배시간에는 이슬람교 신자만 출입이 가능하며, 개방시간에 반바지 차림으로 입장할 수 있다.

🌸 타지마할

타지마할은 무굴제국의 수도였던 아그라 남쪽, 자무나강가에 자리 잡은 궁전 형식의 묘지이다. 마할의 왕관이라는 뜻으로 무굴제국 황제 '샤 자한'이 그의 사랑하는 왕비 '뭄타즈 마할'을 추모하기 위하여 1631년부터 짓기 시작해 1653년에 완공한 사랑의 징표이다. 무굴제국뿐만 아니라 이탈리아, 이란, 프랑스 등 외국의 건축가와 전문 기술자들을 불러 작업하였으며, 기능공 2만 명이 동원되어 22년간의 결과물이 타지마할이다. 건축학적으로 인도와 페르시아, 튀르키예, 이슬람 문명권의 건축 양식과 기술이 조화되어 건립된 것으로 신비로우면서 찬란한 분위기를 뽐내고 있다.

1983년에 유네스코 세계유산에 등재되었으며, 인도에서 가장 유명한 관광지 중 하나로서 인도의 대표적 이슬람 건축이며, 오늘날 세계에서 가장 아름다운 건축물 중 하나로 알려져 있다.

🌸 도비가트

뭄바이 최대의 빨래터로서 도비는 빨래하는 사람, 가트는 강가라는 뜻이다. 인도인들의 계급사회를 직접 느낄 수 있는 곳으로 하급민들이 상류층의 빨래를 하여 먹고사는 고달픈 삶을 볼 수 있는 곳으로도 유명하다.

도비가트에서 빨래를 하는 사람들은 카스트 제도의 최하위 신분인 수드아레도 미치지 못하는 불가촉천민으로 취급되며, 여기서 빨래를 하는 사람들을 '도비왈라'라고 부르는데 이들의 직업은 세습된다. 도비왈라 사이에서도 계급이 존재하는데, 빨래를 깨끗하게 할수록 계급이 높고, 애벌 빨래를 하는 도비왈라는 빨래를

⏱ 도비가트

헹구는 도비왈라보다 계급이 낮으며, 계급이 높은 도비왈라는 손으로 빨래를 하지 않고 세탁기로 빨래를 한다.

인도 뭄바이 호텔과 대형숙소에서 나오는 빨랫감을 받아 처리하며 뭄바이에서는 관광지로서 인기가 있는 곳이다.

❀ 마니카르니카 가트

바라나시에 100개가 넘는 가트 중 가장 오래되고 성스러운 곳이다. 가트는 강 옆에 있는 층계로 주로 목욕이나, 시신을 화장하는 장소로 사용되고 있다. 마니카르니카 가트는 시신의 화장 가트로 힌두인들만 화장할 수 있는 가장 성스러운 장소 중 하나이다. 화장은 소명의 길이자 불멸의 삶으로 거듭남을 의미하는 것으로

⏱ 마니카르니카 가트

매우 신성시 여겨지며, 계급과 재력에 따라 화장의 규모와 화장할 때 사용하는 나무의 종류가 다르며, 과거에는 '사티Sati'라고 하는 남편이 죽으면 시신을 화장하는 불에 몸을 던져 함께 죽는 순사를 행하기도 하였다.

인도 관광명소

구분	명소	내용
뉴델리	레드 포트	• 무갈왕조 제5대 황제 샤자한이 건설(1639~1748년)한 성으로 올드 델리의 대표적 관광 명소 • 붉은빛의 사암으로 지어져 '붉은 성'이라는 이름을 얻었다.
	인디아 게이트	• 제1차 세계대전에 참전하여 전사한 9만 명의 인도 병사를 위한 높이 42m의 위령비

	자미 마스지드	• 이슬람 사원으로서 인도에서 가장 큰 사원으로 1644년부터 1658년에 걸쳐 완공 • 한 번에 2만여 명의 이슬람 교도들이 모여 예배를 드릴 수 있는 거대한 규모
	라지 가트	• 마하트마 간디 묘소(1948년 유해를 화장했던 장소) • 근처에 간디 기념관이 있다.
	라슈미 나라얀 사원	• 전형적인 힌두사원(1938년 건축)으로, 기타 국립박물관, 국립 현대미술 박물관, 마하트마 간디 박물관, 인디라 간디 및 라지브 간디 기념관이 있다.
	후마윤 묘	• 무굴제국 제2대 황제 후마윤과 왕후의 묘로 페르시아의 양식을 가미한 '정원 속의 묘'라는 양식으로 만들어졌다. • 무굴제국 시대 정원의 기초가 되었고, 타지마할 건축에도 많은 영향을 미쳤다.
	인도의 문	• 포트지구의 남쪽에 있는 타지마할 호텔 앞에 봄베이만을 마주하며 서 있는 거대 한 문
	타지마할 호텔	• 인도의 문 바로 앞에 세워진 금세기 최고 건축물의 하나
	마하트마 간디 박물관	• 1917~1934년 뭄바이 간디 운동의 본부로 사용된 건물 • 비폭력이라는 불멸의 사상으로 인도의 자유를 획득하기 위해 싸운 것을 기념하 기 위한 국립기념관
뭄바이	칸헤리 석굴	• 인도의 대표적인 석굴 사원으로 아잔타 석굴, 엘로다 석굴과 함께 인도의 3대 석굴
	라자바이 시계탑	• 고딕양식의 시계탑으로 80m 높이의 뭄바이 대학교 내에 있다.
	아잔타 동굴	• 서기 3세기 유적지로 거대한 하나의 석굴에 주로 힌두교, 불교 및 자이나교 등 3개 종교의 벽화, 조각 등이 잘 보존 • 유네스코가 지정한 세계 유적지
	도비가트	• 뭄바이 최대의 빨래터로서 도비는 빨래하는 사람, 가트는 강가라는 뜻 • 인도인들의 계급사회를 직접 느낄 수 있는 곳으로 하급민들이 상류층의 빨래를 하 여 먹고사는 고달픈 삶을 볼 수 있는 곳으로도 유명
	카밀라두 주정부 박물관	• 1857년에 설립된 역사가 있는 박물관으로 지질학, 고고학, 인류학, 동물학, 식물학 및 건축학적 의미가 있는 장소
첸나이	마하발리쁘람	• 7세기 위대한 왕인 나라심하바르만(Narasimhavarman) 1세를 마하발리라 불렀 으며 마하발리쁘람은 그가 거처했던 지역
	성조지 요새	• 1653년 영국 동인도 회사가 세운 요새로 여러 번 개축되었다.
아그라	타지 마할	• 7대 불가사의의 하나로 꼽히는 건축물로, 무갈 제국의 제5대 황제 샤자한이 죽은 왕비를 위해 지은 무덤
	사르나트	• 석가모니가 보리수 나무 아래에서 깨달음을 얻고 같이 수행하던 5명의 형제들과 처음으로 불법을 이야기했던 곳 • 다메크 스투파라고 불리는 불탑과 큰 수도의 원의 흔적, 고고학 박물관 등이 같이 있다.
바라나 시	갠지스강	• 중국, 인도, 네팔과 방글라데시 4개국에 걸쳐 흐르고 있다. • 힌두교도 사이에서는 갠지스강에서 목욕을 하면 죄를 면할 수 있고, 죽은 뒤 이 강물에 뼛가루를 뿌리면 극락에 갈 수 있다고 믿고 있다.
	마니카르니카 가트	• 바라나시에 100개가 넘는 가트 중 가장 오래되고 성스러운 곳 • 마니카르니카 가트는 시신의 화장 가트로 힌두인들만 화장할 수 있는 가장 성스 로운 장소 중 하나

네이버 지식백과(저스트 고, http://term.naver.com/)

3 여행문화 Tip과 에티켓

1. 여행문화 Tip

- 외환은행 본점을 비롯한 몇몇 은행에서 인도 루피를 보유하고 있는데, 대부분 단위가 큰 화폐만 보유하고 있다. 고액권으로 환전할 경우 인도에서 바꾸기 쉽지 않고, 소액권으로 환전하더라도 지폐 부피가 커서 갖고 다니기 불편하다. 루피로 직접 환전하는 것보다는 우선 미국 달러를 준비해가는 것이 편리하다. 달러는 되도록 100달러짜리로 가져가는 것이 좋다. 100달러로 환전할 경우 환율이 훨씬 높다. 환전은 공항, 호텔, 은행, 시내 환전소에서 할 수 있다. 은행은 환율이 어디든지 똑같고, 사설 환전소는 환율이 더 높은 데도 있으니 비교해서 선택한다.
- 다양한 종교와 문화가 공존하는 인도는 주의해야 할 사항이 많이 있는 나라로 힌두교도는 금요일이 휴식일이며 토요일에 다시 업무를 시작한다. 하급계층으로 갈수록 거짓말과 자기합리화에 능숙하고, 뒷짐을 지는 것은 복종을 의미한다.
- 길을 물었을 때 모른다는 것보다는 엉터리로 가르쳐주는 경우가 많으며, 외모로 사람을 판단하는 경향이 있어 복장에 신경을 써야 한다.

2. 여행문화 에티켓

- 남성 간에는 악수를 나누지만 여성과는 악수 대신 두 손을 앞으로 모으고 약간 목례를 하며 '그대에게 보내는 경례'란 뜻의 힌디어 "나마스떼"라고 말하는 것이 인도 인사법이다. 또한 가장 정중한 인사법은 오른손으로 상대의 발등을 만진 후 그 손가락을 이마에 대는 '뿌라남'이라는 인사법이다.
- 인도인과 얘기할 때 고개를 좌우로 흔드는 행위는 'NO!'의 의미가 아니다. 인도인들은 상대방의 이야기에 귀를 기울일 때 고개를 좌우로 흔드는 습관이 있기 때문에 절대 부정의 뜻은 아니다. 반면에 고개를 끄덕이는 행위는 부정의 의미를 담고 있다.
- 인도인들에게는 파키스탄, 채식주의, 카스트제도를 이야기하는 것은 금지사항이라 할 정도로 실례이기 때문에 주의하여야 한다.
- 손가락으로 음식을 먹는 것은 괜찮지만 왼손으로 음식을 만지거나 먹어서는 안 된다. 왼손은 볼일을 보고 뒤처리 하는 손으로 여기기 때문에 상대에 대한 아주 무례한 행동으로 여겨진다.

- 카스트 제도가 인도에 남아 있지만 실질적으로 상대에 대한 카스트 직급은 묻는 행위는 무례한 행위이기 때문에 주의를 해야 한다.
- 상점이나 시장에 가면 주인들이 호의로 차를 내오거나 과자를 주는 경우가 종종 있다. 이때 거절한다면 모욕으로 느끼므로 싫더라도 조금 먹는 시늉을 하는 것이 그들의 예의에 맞는 행동이다.
- 식사비에 서비스료Service charge가 포함되어 있는 경우에는 줄 필요가 없고, 보통식사비의 5% 정도 선에서 지불하며, 잔돈은 보통 그냥 놓아두고 오는 것이 에티켓이다. 또한 그냥 택시를 탔을 경우에는 팁을 줄 필요는 없고, 하루 동안 빌린 경우에는 보통 1달러 내지 50루피를 주면 된다.
- 신발이 상대의 몸에 닿은 것은 무례한 일이므로 주의해야 한다.
- 인도는 여성들의 노출을 꺼리는 문화이기에 짧은 치마나 바지를 입는 것을 삼가는 것이 좋다. 또한 사원을 방문할 때는 가급적 긴바지나 치마를 입고, 사원에서 제공하기도 하지만 양말 또한 꼭 신도록 해야 한다. 또 어깨를 드러내는 옷은 입지 않는게 좋으며 아무리 더워도 거리에선 어깨를 함부로 드러내면 안 된다. 또한 사리차림의 여성을 촬영하는 것은 실례이며 꼭 사전에 동의를 구해야 한다.
- 저녁식사를 비교적 늦게 하는 인도는 초청 시간이 7시라고 해서 그때 음식이 나오는 것이 아니고 먼저 식전食前주를 마신 후 저녁은 9시 이후가 돼야 제공되므로 미리 요기를 하고 가는 것이 좋다. 또한 귀한 손님을 초청할 때 시간을 정하지 않는 것은 손님이 오고 싶을 때 오면 된다는 뜻이기도 하다.

08 네 팔

1 네팔 개관

2008년 7월 왕국에서 공화국으로 바뀐 네팔Nepal은 두 가지로 설명하는데 첫째는 성스럽다는 의미의 '네Ne'와 동굴이라는 의미의 '팔pal'에서 유래했다는 설이 있고, 둘째는 카트만두 분지는 네팔계곡이라고도 불렸는데 그 계곡 이름에서 국명이 유래했다는 설이 있다. 수도는 약 144만 명이 살고 있는 카투만두Kathmandu이고, 네팔의 면적은 14만 7,181㎢로 한반도의 3분의 2정도의 크기이다. 히말라야산맥 중앙에서 남쪽에 위치하여 동서로 긴 국토를 이루며 북쪽으로 중국의 시짱자치구西藏自治區: 티베트와 국경선을 접하고, 동·남·서쪽은 인도에 둘러싸여 있기 때문에 두 국가의 완충 작용을 할 수 있는 전략적 중요성이 높은 국가이다.

네팔의 인구는 2022년 10월 기준 약 3,055만 명으로 전 세계 49위 수준이다. 민족은 아리안족이 80%, 티베트 몽고족이 17%이지만 아리안족은 또다시 체트리Chhetri, 브라만Brahman, 마가르Magar, 타루Tharu, 타망 Tamang, 네와르Newar 등 다양한 종족으로 나뉠 수 있다. 인구의 95%가 농촌에 살고, 노동인구의 90%가 농업에 종사한다. 평균 나이가 25.3세로 젊은 국가 중 하나로 분류되지만, 출생률 저하로 인구 구조 변화를 겪고 있으며, 남녀 성비는 0.96 대 1로 거의 비슷한 수준을 유지하고 있다. 인구의 대다수가 공용어인 네팔어를 사용하며, 그 외 지방에 따라 다양한 소수 부족어가 있고, 지식층 및 관광업에 종사하는 이들은 영어를 능숙하게 구사한다.

과거 네팔의 국교는 힌두교였으나, 2008년 6월 발효된 신헌법에서 국교를 폐지하고 신앙의 자유를 명시했으나 현재까지도 전체 인구의 약 87%가 힌두교를 믿는다. 그 외 불교와 이슬람교, 기타 종교가 공존한다.

네팔의 행정구역은 14개 주anchal로 이루어져 있다. 14개 행정구역은 바그마티주, 베리주, 다울라기리주, 간다키주, 자낙푸르주, 카르날리주, 코시주, 룸비니주, 마하칼리주, 메치주, 나라야니주, 랍티주, 사가르마타주, 세티주 등이다.

네팔의 우기는 6~9월이고 1월 평균기온은 11℃, 7월 평균기온은 25℃이다. 전 국토 중 경작 가능한 토지는 16.1%밖에 없으며 영구적 토지는 전 국토의 1%에 해당 되지 않는다.

1951년 절대왕정이 끝나고 의회 체제를 갖춘 입헌군주제를 채택한 후 1990년 다당제 체계를 도입하였다. 그러나 1996년부터 공산주의를 추종하는 반정부군이 정부와 대립각을 세웠고, 2001년에는 왕과 왕비 등을 포함한 10명의 왕족이 살해되는 참사가 발생하기도 하였다. 2006년 11월 정부와 공산주의자들 간의 평화협정이 마무리되어 내전은 끝나고, 2007년에 왕정이 종식되고 2008년 5월 28일부터 공화제가 되었다.

1963년에는 카스트제도를 폐지하는 법령이 제정되었다. 법령은 카스트제도의 폐지 외에 종교·성별에 의한 법적 차별의 폐지, 일부다처제·유아혼幼兒婚의 금지, 이혼 및 과부寡婦의 재혼 허가 등 민주주의적인 내용을 담고 있으나 사회 내에는 여전히 카스트 의식과 남녀차별이 존재하고 있다.

수도 카트만두가 자리하는 카트만두 분지는 평균 해발고도 1,350m의 고지에 주위 20㎞ 정도의 큰 분지를 이루어 네팔의 심장부가 되고 있다. 네팔은 세계 10대 최고봉 가운데 8개를 보유한 히말라야산맥이 지나는 국가로 지형이 험악해서 정복력이 강한 산악인들 사이에 인기가 좋은 산악 국가이기도 하다. 아래의 표는 네팔의 일반정보이다.

📷 네팔 일반정보

구분	내용
국가명	네팔연방민주공화국 (The Federal Democratic Republic of Nepal)
수도	카트만두(Kathmandu)
인구	약 3,055만 명(세계 49위)
위치	아시아 대륙 서남부에 위치
면적	14만 7,181㎢(세계 94위)
기후	아열대 몬순기후
민족구성	아리안족(80%), 티베트·몽골족(17%), 기타 소수민족(3%)
언어	네팔어(공용) 외 10여 개 소수 부족어
종교	힌두교(87%), 불교(8%), 이슬람교(4%)

한국학중앙연구원, KOTRA 글로벌윈도우, 두피백과, 외교부 내용을 바탕으로 저자 작성.

2 네팔의 문화

네팔의 문화는 인도와 중국 사이에 있는 지리적 여건상 인도의 아리안족으로부터 나오는 힌두문화와 티베트와 몽골에서 볼 수 있는 불교문화를 혼합한 성격을 띠고 있다. 따라서 네팔 문화에서 나타나는 가장 큰 특징은 힌두교와 불교의 문화를 적절하게 조화시킨 것을 꼽을 수 있다. 즉, 불교사원 내에 힌두사원이, 힌두사원 내에 불상이 있으며 종교 · 예식 행사를 힌두교인과 불교인이 함께 거행하는 경우도 많이 찾아볼 수 있다. 이러한 의식은 약 2,000년 이상 된 것으로 추정되는데, 불교를 창시한 석가모니가 출생한 곳으로 알려진 룸비니 소재의 불교사원 경내에 힌두교의 대표신인 시바신을 모시는 사원이 위치한 것을 보더라도 종교의 조화를 볼 수 있다. 또한 이집트의 도시 탄타에서 행해지는 전통에 따라 동물을 신에게 바치는 의식이 거행되기도 한다.

네팔은 힌두교의 영향으로 인도와 같은 카스트Caste제도의 영향이 존재한다. 힌두 카스트의 성은 직업 · 지위, 지역 및 신분을 반영한다. 카스트제도는 각 계급이 살아가는 법이나 옷 입는 법뿐만 아니라 출산, 결혼, 죽음과 관련된 기타 의식도 규정하고 있다. 결혼 상대자 선택 및 장례 등 중요한 가정의례 시에도 카스트를 엄격하게 따진다. 네팔인은 힌두교 정신에 입각하여 국왕을 힌두교 신 중의 하나인 비스누Visnu 신의 화신으로 존경한다.

네팔에서 신분을 표시하는 '자나이Janai'는 카스트의 상위계급을 상징하는 신성한 끈으로, 오직 브라만과 체트리 남자들만 어깨와 가슴, 팔 아래쪽에 두를 수 있다. 세 개의 얽힌 끈은 머리와 몸과 말을 상징한다. 자나이를 두르는 이유는 두 번째 탄생을 의미하기 때문이다. 어머니의 몸에서 태어났을 때가 첫 번째이고, 성년식과 함께 힌두교에 입문할 때가 두 번째 탄생을 의미하며, 힌두교로 입문하는 의식은 브라타반다Bratabandha라고 한다. 자나이는 청결하고 숭고하게 간수해야 하며, 더럽혀지거나 닳거나 오염되는 일을 피해야 한다. 만약 월경 기간의 여자와 접촉했다면 즉시 교체해야 한다.

네팔의 대표적인 문화 중 '쿠마리 데비'는 힌두교의 처녀신이자 카트만두의 보호신인 '쿠마리'의 화신으로 추앙받는다. 네와르족의 오랜 풍습으로 명문가의 3~4세 여자아이 중에서 32가지 신성한 선택 과정을 거쳐 쿠마리 데비를 간택한다. 쿠마리 데비가 되면 초경이 시작되기 전까지 부모와 떨어져 사원에서 기거해야 한다. 여신의 신분을 유지하기 위해 일반인과 접촉을 금해야 하기 때문이다. 1년에 12회, 종교행사가 있을 때만 모습을 드러내며 만인의 숭배를 받는다. 인드라 축제 때에는 국왕이 그녀 앞에 경의를 표한다. 쿠마리 데비는 초경 이후 신성성이 사라진다고 하여 자격을 박탈당하며, 강제 환속 후에는 쿠마리 출신 여성과 결혼한 남성은 일찍 죽는다는 미신 때문에 대부분 미혼으로 남은 채 불행한 삶을 이어간다. 이 때문에 일각에서는 쿠마리 데비 풍습이 아동과 여성의 인권침해라는 주장을 제기하고 있다.

1. 음식문화

네팔 요리는 다양한 민족과 지형적 특성만큼이나 독특한 특성을 고루 담고 있다. 따라서 네팔 요리를 정의한다면 다양한 환경 속에 서로 다른 종교문화가 어우러진 요리라고 말할 수 있다. 대표적인 요리로는 달바트Dahl baht가 있는데 여기서 달Dahl은 렌즈콩 커리를 뜻하고 바트baht는 쌀을 뜻한다. 달바트는 네팔 사람들의 주식으로 하루에 두 끼 이상을 먹는다. 또한 인도와 마찬가지로 난을 즐겨 먹기도 한다.

네팔의 요리는 지역과 계급에 따라 크게 네 가지로 분류되는데 먼저 네와르족 요리는 카트만두 계곡 지역에 사는 네와르족의 음식을 말하며, 평균 해발고도가 3,000m에 달하는 히말라야 산기슭에 많이 거주하기 때문에 고지대에서 먹을 수 있는 음식이 발달해 있다. 파하리족은 힌두교 상류 계급에 속한다고 할 수 있는 계급으로 식습관에 제약이 많아서 돼지고기와 쇠고기, 염소 등 모든 육식을 금하고 있다. 이 때문에 "언덕의 종족"이라는 별명이 있다. 하지만 불가촉천민의 경우 육식을 하기도 한다. 테라이 요리는 남쪽 저지에서 발생한 요리 형태로서 몇몇 요리 형태는 인도의 요리와 별반 차이가 없을 정도로 아

난

달바트

주 흡사하지만 타루족과 다른 인종 간의 여러 차이가 드러나기도 한다. 히말라야식 요리는 네팔의 북쪽 지역에서 먹는 음식 형태로서 티베트를 비롯한 지역 종족의 특성을 드러내며, 보리와 기장이 주요 곡식이다. 감자를 아주 많이 먹는 것도 특징이다. 이곳에서는 육류 소비가 가능해서 야크나 소 등의 고기를 먹을 수 있다.

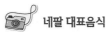 **네팔 대표음식**

구분	내용
달바트	• 네팔인의 주식이며, 렌즈콩 커리(달)와 쌀(바트)에 야채를 곁들어 먹는 요리 • 우리나라의 백반과 비슷
모모	• 다진 닭고기, 야채, 파니르 치즈 등을 넣어 만드는 네팔과 티베트식의 둥근 만두
세쿠와	• 미국의 바비큐나 한국의 불고기, 갈비와 비슷한 요리로 향신료에 재운 고기를 장작불에 구워 먹는 요리
부테코 바트	• 볶음밥과 유사한 네팔 요리
카쉬 코마수	• 염소고기로 만든 네팔의 커리
콰티	• 병아리콩, 완두콩 등 여러 콩을 넣어 만든 수프

2. 축제문화

네팔 사람들은 축제를 좋아한다. 네팔의 축제 가운데 대부분은 종교와 연관이 많으며, 그중에서도 힌두교와 관련된 축제가 많다. 축제일은 대부분이 태음력에 의해서 정해진다.

✿ 비스카 자트라

'비스카 자트라Biska Jatra'라는 봄의 대축제로써 네팔의 구왕국인 박타푸르Bhakta-pur 지역에서는 예전의 화려했던 박타푸르 왕국을 재연하고 회상하는 의미로 열린다. 비스카는 '세계의 깃발'이라는 뜻도 있지만, 네팔어로는 '뱀을 죽인다'는 의미로 지난해에 쌓였던 나쁜 기운을 없애는 것으로 해석한다.

🧭 비스카 자트라

비스카 자트라 축제가 진행되는 동안 '버이러버 신'과 '버드러칼리 여신'의 거대한 신차가 시내를 일주하면 시민들은 술과 피, 음식 등 제물을 바친다. 또한 마을에서는 바늘로 혀를 뚫는 등의 행위를 하는 사람들도 있는데 이는 육체적 고통을 이겨내면 천국에 가는 것으로 믿기 때문이다.

✿ 다사인

다사인Dasain은 네팔 최대 규모의 가을 축제로 10일 동안 지속된다. 첫째 날에는 평평한 접시에 모래를 담고 그 위에 보리씨를 뿌려 집에서 가장 신성한 곳에 놓고 매일 물을 주어 마지막 날인 10일째 되는 날에 길게 자란 싹을 뽑아서 머리에 장식한다. 이는 악으로부터 인간을 구원한 힌두교 여신 두르가Durga의 은총을 상징하

🧭 다사인

는데, 다사인 또한 두르가를 숭배하고 찬양하기 위한 축제로 힌두교를 믿는 국가에서는 중요한 의미를 갖는다.

7일째는 카트만두Kathmandu의 옛 왕국과 툰디켈Tundikhel 광장에서 신의 카샤쿠티를 받는 의식과 병사들이 악마를 쫓아내는 의식이 치러지며 국왕도 참석한다. 9일째는 아침부터 집집마다 염소를 잡아 신에게 바친 다음 요리를 만든다. 10일째는 두르가가 악마에게 승리하는 날로, 마을 어른들로부터 축복의 티카를 받는다. 이날은 왕궁도 오픈되며, 남성은 왕에게, 여성은 여왕에게 티카를 받을 수 있다. 그러나 일 년 내 가족이나 친척이 사망한 집안에서는 티카를 할 수가 없다.

✿ 티하르

네팔에서 다사인 다음으로 가장 규모가 큰 힌두교 축제이며, 축제 기간 동안 작은 도자기에 기름을 붓고 양초에 불을 붙인 디야를 집 밖에 놓아 빛을 비추기 때문에 티하르는 빛의 축제라고도 불린다. 티하르는 디왈리Diwali라고 불리는 날을 중심으로 행해지는 화려한 추수감사제이다. 창문과 문을 꽃다발이나 등으로 장식하고 풍요, 재물, 번영의 여신 락슈미Lakshmi를 집에 맞아들여 부와 번영을 기원한다.

티하르는 5일 동안 열리는데 날마다 숭배하는 대상이 다르다. 첫날은 카그 티하르라고 부르며 까마귀를 숭배한다. 둘째 날은 쿠쿠르 티하르라고 부르며 개를 숭배한다. 셋째 날은 가이 티하르 혹은 락슈미 푸자라고 부르며 암소를 숭배하고, 넷째 날은 고바르단 푸자라고 부르며 황소를 숭배한다. 그리고 마지막 날에는 바이 티카라고 부르며 남자 형제를 대접하는데 동생이 오빠를 죽음의 왕 야마로부터 구했다는 아름다운 이야기를 바탕으로 여성의 힘과 수호력을 남성들에게 준다는 의미로 남자 형제의 이마에 티카를 붙여준다.

 네팔 대표축제

구분	내용
비스카 자트라	• 봄의 대축제로, 네팔의 구왕국인 박타푸르 지역에서는 예전의 화려했던 빅타푸르 왕국을 재연하고 회상하는 의미로 개최
마첸드라나트 축제	• 우기를 목전에 둔 4~5월에 걸쳐 행해지는 축제 • 비의 신에게 제물을 바쳐 한 해 농사가 잘되도록 기원하는 축제
부다 자얀티	• 부처님의 탄신을 기념하는 축제로 불교 사원에 많은 순례자들이 모여 의식을 진행
인드라 자트라	• 국가와 국민의 평화, 번영을 기원하는 축제
다사인	• 네팔 최대 규모의 가을축제로 10일간 개최 • 첫날에는 평평한 접시에 모래를 담고 그 위에 보리씨를 뿌려 집에서 가장 신성한 곳에 놓고 매일 물을 주어 마지막 날에 길게 자란 싹을 뽑아서 머리에 장식
티하르/디왈리	• 빛의 축제로서 디왈리라고 불리는 날을 중심으로 행해지는 화려한 추구감사제

3. 여행문화

✿ 보드나트

유네스코 세계문화유산으로 지정된 보드나트는 네팔에서 가장 큰 불탑으로 안에는 사리가 보관되어 있다. 카트만두 중심가에서 동쪽으로 약 7㎞ 떨어져 있으며, 기단 높이 36m, 탑 높이 38m, 지름이 무려 100m에 달하는 웅장한 규모를 자랑한다. 5세기경에 축조되었는데, 티베트 불교의 영향을 많이 받았다. 탑은 4개의 방형 기단부 위에 세워져 있으며, 돔과 정상부 사이에는 13개의 층으로 이루어진 첨탑이 있고, 이 첨탑은 깨달음을 얻기 위한 13단계를 상징적으로 묘사하고 있다.

보드나트는 '네팔 속의 작은 티베트'라고 불릴 만큼 대표적인 티베트 불교의 순례지로 유명한데, 네팔로 망명한 티베트 난민들이 이 일대에 집단 거주촌을 형성하면서 그들의 종교와 문화를 보존하는 데 중심지 역할을 하고 있다.

✿ 스와얌부나트 사원

네팔의 수도인 카트만두 서쪽 언덕에 있는 불교 사원으로, 언덕 위에는 눈부시게 흰 돔과 황금빛 첨탑으로 이루어진 건축물이 우뚝 솟아 있다. 네팔에서 가장 오래된 불교 사원으로 약 2,000년 전에 건립된 것으로 추정된다. 주변에 원숭이들이 많이 살고 있어 원숭이 사원이라고 부르기도 한다.

스와얌부나트 사원은 카트만두 시가지를 조망할 수 있는 전망대 역할을 담당하기도 하는데, 언덕을 오르면 도시 전체를 한눈에 내려다볼 수 있으며, 시원한 바람을 느껴볼 수 있다. 네팔을 대표하는 불교 성지 중 하나이자 유네스코 세계 문화유산으로 지정된 명소로 연중 관광객들의 발길이 끊이지 않는다.

✿ 사랑코트

사랑코트는 사란코트라고도 부르며, 간다키 구역의 해발고도 1,600m의 산악지대에 위치해 있고 페와호 북쪽, 히말라야 전망대가 있는 언덕이다. 사랑코트는 일정이 짧아 트레킹을 할 여정이 충분하지 않은 여행자들이 선호하는 곳이다. 별도의 트레킹 허가가 필요하지 않으며, 전문 등산객이 아니라면 사랑코트 전망대까지 가벼운 산행을 하며 히말라야의 설경을 가까이에서 감상하기에도 좋다.

해가 지거나 질 때 황금빛으로 물드는 경관이 유명하며, 새벽 4시쯤 레이크사이드에서 출발하면 아침 해에 물든 히말라야의 파노라마 뷰와 페와호까지 한눈에 감상할 수 있다.

세계 문화와 관광

🎞 네팔 관광명소

구분	명소	내용
카트만두	보드나트	• 유네스코 세계문화유산으로 지정된 보드나트는 네팔에서 가장 큰 불탑으로 안에는 사리가 보관되어 있다.
	스와얌부나트 사원	• 네팔에서 가장 오래된 불교 사원으로 약 2,000년 전에 건립된 것으로 추정된다.
	파슈파티나트 힌두사원	• 갠지스 강 상류에 해당하는 바그마티(Bagmati) 강에 접한 네팔 최대의 힌두교 성지이다.
	네팔 파탄	• 유서 깊은 도시로 카트만두, 박타푸르와 함께 카트만두 계곡에서 번영한 3대 왕국 중 하나였다.
	더르바르 광장	• 중세에 건립된 카트만두의 주요 건축물들이 모여 있는 광장으로 17세기 말라 왕조 시대에 건립된 옛 왕궁을 중심으로 독특한 구조와 양식이 돋보이는 수많은 사원과 신상들을 둘러볼 수 있다.
포카라	안나푸르나 박물관	• 안나푸르나 지역 보존 계획으로 설립된 박물관이다. 히말라야의 풍요로운 생태계를 한눈에 둘러볼 수 있다.
	포카라 박물관	• 서부 네팔의 문화를 상세히 살펴볼 수 있는 곳이다. 구룽, 타루족과 같은 소수민족의 생활양식과 역사를 표본, 사진, 조형물 등으로 전시한다.
	굽테쉬드 머하데브 동굴	• 어느 날 한 사두가 나타나 이 종유동굴에 시바 신의 동상이 잠들어 있다는 내용의 꿈을 꾸고 내부를 조사한 결과, 진짜 동상이 발견되었다고 한다. 현재 동굴 안에는 당시 발견된 시바 신상을 모신 사원이 있다.
	사랑코트	• 페와호 북쪽, 히말라야 전망대가 있는 언덕이다.

네이버 지식백과(저스트 고, http://term.naver.com/)

③ 여행문화 Tip과 에티켓

1. 여행문화 Tip

• 네팔의 공식화폐인 루피Rupee와 빠이사Paisa를 사용한다. 한국에서는 네팔 통화로 직접 환전할 수가 없으니 달러로 준비해간 뒤 현지에서 환전하는 것이 일반적이며, 인접국인 인도 루피도 통용된다. 양국 간 환율은 1:1.6으로 고정적이다. 일부 호텔이나 여행사에서는 달러를 취급하기도 한다.

• 전압은 220V, 주파수는 50Hz이다. 한국에서 가져온 전자제품을 그대로 사용할 수 있으며, 간혹 어댑터가 필요한 경우도 있다. 한국은 주파수가 60Hz이므로 정밀한 기계를 사용할 때 오작동 등 이상이 발생할 수 있다. 정전이 자주 되어 충전 중인 전자제품이 손상될 수 있으니 사용하지 않을 때는 콘센트에서 빼두는 것이 좋다.

- 2008년 이후로 네팔의 정세가 안정되면서 카트만두, 포카라 등 대도시의 치안 상태는 양호한 편이다. 카트만두 시내에서 때때로 시위가 일어나기도 하지만 외국인에게 해를 끼치지는 않는다. 단, 소매치기 등 소지품을 노린 범죄는 잦은 편이다. 한편 테라이 일부 지역과 극서부 지방은 치안 취약 지역이므로 여행을 자제하는 것이 좋다.

- 네팔에 입국하려면 반드시 비자를 발급받아야 하며, 비자 발급 방법은 크게 두 가지가 있다. 첫째, 네팔 입국 전 네팔대사관에서 미리 비자를 받을 수 있다. 방콕을 비롯한 제3국에서 중간 경유할 경우, 현지 네팔대사관에서 인터뷰 후 비자를 발급해준다. 국내에서는 주한 네팔대사관에서 비자를 발급한다. 둘째, 카트만두의 트리부반 국제공항에서 도착비자를 받는다. 수수료만 납부하면 현장에서 바로 발급된다. 육로를 이용할 경우 국경에서도 바로 발급이 가능하다. 도착 후 72시간 이내에 네팔을 떠나는 경우 무료비자 Gratis Visa를 받아 체류할 수 있다. 또한 한 해에 JAN-DEC 첫 번째 입국해서 15일 이상 체류한 사람은 두 번째 입국할 때 비자비가 면제되며, 10살 미만의 어린이도 비자비가 면제된다.

2. 여행문화 에티켓

- 네팔인들은 이성 간의 행위에 보수적인 편이다. 그래서 아무리 결혼한 사이라도 남녀가 공개적으로 애정 표현을 하지 않는다. 다른 사람들 앞에서 키스를 하거나 껴안거나 손을 잡고 다니면 안 좋은 시선으로 바라보기 때문에 주의하여야 한다.

- 네팔인들은 자존심이 강한 편이다. 따라서 잘못했다고 해서 분노는 드러내지 않는 것이 최선이다. 다른 사람에게 공개적으로 화를 내면 그 사람의 체면이 손상되고 이는 무례를 범하는 것이기 때문이다.

- 네팔에서도 고지 부족은 목욕할 때도 보수적이다. 남자들은 짧은 반바지를 입어야 하고, 여자들은 '룬기'로 겨드랑이 아래를 가리는 문화가 있다.

- 옷은 단정하고 보수적으로 입어야 한다. 예를 들어 남자들은 옷통을 드러내면 안 되고, 여자들은 어깨가 보이는 옷이나 반바지를 피하는 것이 좋다. 평소에는 편안하게 입고, 넥타이와 정장은 특별한 행사 때에만 착용하면 된다.

- 다른 사람의 험담은 반드시 남들이 없는 곳에서 사적으로 조용히 해야 한다.

- 다른 사람 쪽으로 발을 뻗지 말고, 불가피하게 발을 뻗어야 할 경우에는 천이나 옷으로 감싸야 한다. 발로 다른 사람의 신체 부위를 건드리는 것도 금물이다.

- 선물을 받더라도 그 자리에서 풀어보지 않는 것이 예의이다. 이는 상대에 대한 무례로 비칠 수 있기 때문이다.
- 머리는 신성한 부위이기 때문에 늘 존중해야 한다. 절대 재미 삼아 모자를 함부로 벗겨서는 안 되며, 어린아이들이 귀엽다고 쓰다듬어서도 안 된다.
- 쌀밥과 음식은 신성한 것이다. 하지만 브라만이라면 다른 사람이 주는 음식을 거절할 수도 있다. 종교와 문화에 따른 관습이므로 언짢아할 필요도 없고, 자꾸 권하지도 말아야 한다. 또한 자신이 먹던 숟가락을 다른 사람의 음식이나 공동의 음식에 대는 것은 상당히 불순한 행동이므로 각별히 주의해야 한다. 마찬가지로 네팔에서는 요리하는 숟가락으로 간을 봐서도 안 된다.
- 화장실에서 왼손으로 뒤처리를 하기 때문에 왼손으로 음식이나 돈을 건네주면 상대에게 큰 무례를 범하는 행위가 되므로 각별히 주의해야 한다.

09 터 키

1 튀르키예 개관

오래전부터 터키Turkey는 국명을 튀르키예Türkiye로 바꾸자는 운동을 하였는데, 2022년 6월 유엔의 승인을 받으면서 튀르키예 공화국이 되었다. 기존의 터키가 칠면조를 뜻하기도 하고 겁쟁이라는 속뜻으로도 사용된다는 점에서 터키 정부는 유엔에 국명 변경을 요청하였고, 요청이 승인되어 터키Turkey가 튀르키예

🎧 앙카라

Türkiye로 변경되었다고도 한다. 유럽과 아시아를 잇는 관문적 위치로 인해 역사적으로 동방과 서방의 문화를 혼재되어 보유한 국가이며, 수도는 약 566만 명이 살고 있는 앙카라이다. 전체 면적은 78만 3,562㎢로 한반도의 3.5배이며, 동쪽으로 이란·아르메니아·조지아그루지아, 남쪽으로 이라크·시리아, 북서쪽으로 불가리아·그리스와 국경을 접하고, 북쪽으로 흑해, 남쪽으로 지중해, 서쪽으로 에게해海·마르마라해에 접하고 있다.

튀르키예의 인구는 2022년 10월 기준 약 8,534만 명으로 세계 18위에 해당하며, 민족구성을 살펴보면 튀르키예인, 쿠르드인Kurd: 약 1,200~1,400만 명으로 추정, 아랍인50만 명, 아르메니아인5만 명, 기타 그리스인, 유대인 등으로 구성되어 있다. 튀르키예의 언어로는 튀르키예어를 공용어로 사용하고, 그 외에 쿠르드어, 아랍어, 아르메니아어도 소수민족들이 사용하고 있다.

튀르키예는 종교의 자유가 보장된 나라이다. 다른 이슬람 국가에 비해 사회적으로 종교적 규율을 엄격히 적용하지는 않지만, 이슬람교의 전통과 관행은 매우 중시한다. 튀르키예인 대부분이 수니파 이슬람교를 믿으며, 튀르키예에 등록된 이슬람교 사원의 수는 7만 5,000여 곳에 달한다. 이 외에는 주로 그리스 정교, 유대교 등 기독교를 믿는다.

튀르키예의 행정구역은 81개 주Province, 695개 군District, 3만 5,855개 면Sub-district으로 나뉘어 있으며, 주지사와 군수 및 면장은 내무부 장관에 의해 임명된다. 튀르키예의 지방 행정 체제는 프랑스의 제도를 모방하였고, 지방자치단체 의원은 주민들의 선거를 통해 선출된다.

튀르키예의 내륙지방은 대륙성 기후이며, 해안지방은 해양성 기후이다. 1~2월이 가장 추우며, 겨울철 평균 기온은 0~10℃이다. 지중해 및 에게해 연안은 전형적인 지중해성 기후로서 여름은 대체로 고온 건조하며, 겨울은 온화하고 다습하다. 연 평균 기온은 18~20℃이다. 흑해Black Sea 연안은 온화한 해양성 기후이며 연평균 강우량은 2,500㎜로 연중 고른 분포를 기록하고 있다. 하지만 아나톨리아고원의 내륙 지방은 주변이 산맥으로 둘러싸여 지중해의 영향을 거의 받지 않는다. 이로 인해 기후가 건조하며 곳에 따라 반사막지대가 형성되어 있다. 냉대기후인 아르메니아고원 지역은 겨울철 영하 40℃까지 내려갈 정도로 춥지만 눈의 경치가 장관을 이룬다.

튀르키예 민족은 기원전 2000년경부터 아나톨리아 반도에서 정착하여 독립국가를 형성해왔다. 13세기 말 오스만투르크 제국1297~1922이 성립하였고, 1354년에 유럽에 진출하였으며, 1차 세계대전 때 독일 측에 가담하여 패전국으로 1922년 술탄제制를 폐지하였다. 1923년 10월 공화국 수립을 선언하였고 1924년 칼리프제制 폐지와 함께 근대화 정책을 추진하였다. 그리스와는 역사적인 숙적관계로서, 특히 1974년 7월 키프로스 사태 이후 민족감정 및 에게해 및 사해死海 문제 등 갈등과 대립이 계속되고 있다.

튀르키예 일반정보

구분	내용
국가명	튀르키예공화국(Republic of Turkey)
수도	앙카라(Ankara)
인구	8,534만 명(세계 18위)
위치	아시아 대륙 서쪽에 위치
면적	78만 3,562㎢(세계 37위)
기후	내륙지방은 대륙성 기후이며 해안지방은 해양성 기후
민족구성	튀르키예인, 쿠르드인, 아랍인, 아르메니아인, 그리스인, 유대인
언어	튀르키예어(공용어), 쿠르드어, 아랍어, 아르메니아어
종교	수니파 이슬람교, 그리스 정교, 유대교

한국학중앙연구원, KOTRA 글로벌원도우, 두피백과, 외교부 내용을 바탕으로 저자 작성.

2 튀르키예의 문화

튀르키예는 헌법상 국교를 명시하고 있지 않으나 전체 국민의 98% 이상의 절대 다수가 수니파 이슬람교도이기 때문에 이슬람 국가라고 할 수 있다. 따라서 이슬람의 전통과 관행이 매우 중요시되며 특히 법을 해석하고 적용하는 데 종교적 율례의 영향을 받기 쉽다.

튀르키예의 국민성은 수세기에 걸쳐 유럽과 아시아의 영향을 동시에 받아왔기 때문에 동서양의 특징을 그들의 사고방식이나 생활양식에 적용해왔다. 따라서 민족의식이 매우 강하며, 위계질서를 중요시하고, 개인이나 국가의 명예를 중시하며 무사 기질을 존중한다.

튀르키예인의 대부분은 스포츠 애호가이며 모든 종류의 스포츠 클럽이 있다. 특히 축구나 농구 등의 프로 스포츠가 인기가 높으며, 배구리그는 세계 최고를 자랑한다. 레슬링은 올림픽에서 많은 메달을 따고 있는 전통적인 튀르키예의 스포츠 종목

카파도키아 계곡

이기도 하다. 겨울에는 스키를 즐길 수 있는 스키장이 각지에 있으며, 여름에는 지중해, 에게해, 흑해 등에서 해수욕을 할 수도 있고, 고급 호텔의 풀장이나 시립의 실내외 수영장을 이용할 수 있다.

대부분의 튀르키예인은 집 안에 들어갈 때 신발을 벗고 들어간다. 손님의 경우 문 쪽에 신을 벗어놓고 슬리퍼를 신으면 된다. 방문할 경우 선물로 사탕이나 과일, 꽃을 준비하는 것도 좋다. 튀르키예인들은 손님 접대를 정성껏 하는 편이며, 손님 접대 시에는 꼭 튀르키예 차나 커피를 대접한다.

튀르키예의 가족제도는 대부분 부부 및 미혼의 자녀로 이루어진 대가족이며, 경우에 따라서는 결혼한 자식과 그 가족도 함께 살고 있다. 1927년에 스위스 민법을 받아들여 일부다처제를 폐지하고 여성에게 이혼권리를 부여하였다. 모든 가족 구성원은 가장의 절대적 권위에 복종해야 하고, 가족과 분리되어서 행동할 수 없다. 튀르키예인들은 친족과 가족의 유대 관계를 매우 중시하고 있으며, 가족 및 친족의 존재를 가족 구성원 개개인의 현재와 미래를 결정하는 소규모 집합체로 여기고 있다. 그러므로 가족 구성원은 가장의 권위를 존중하며 연장자와 상의하지 않고 독단적으로 행동하기를 꺼려하고 있다. 하지만

최근에는 여성이 남성에 복종하는 전통적 남녀 관계에서도 탈피하여 여성에게도 남성과 동등한 지위와 권리가 부여되었다.

튀르키예의 법률은 결혼 연령을 남자 17세, 여자 15세 이상으로 정하고 있고, 한 쌍의 남녀가 출생증명서 및 건강증명서, 건강진단서를 첨부하여 관할 관청에 신고를 함으로써 결혼에 대해 공식적으로 인정받도록 하고 있다. 하지만 농촌에서는 가장의 결정에 의해 조혼이 보편적으로 이루어지고 있으며, 결혼 신고조차하지 않는 경우도 많다. 이에 튀르키예 정부는 결혼 신고를 강제규정으로 정하고 있다. 그 이유는 일부다처제에 대한 규제 및 2세들의 법적 보호 및 상속권, 세금 공제 등과 같은 법적 문제를 해결하기 위함이다.

앙카라와 이스탄불 등 대도시에는 다수의 영화관을 보유하고 있으며 비교적 저렴한 요금으로 관람할 수 있다. 또한 국립 오페라·발레 극장 외에는 연극을 위한 2, 3개의 국립극장 및 콘서트 홀이 있어, 10월부터 4월에 이르는 문화시즌에는 오페라, 발레, 연극 등의 공연을 관람할 수도 있다.

1. 음식문화

튀르키예인들은 튀르키예 음식을 중국, 프랑스 음식에 이어 세계 3대 주요음식의 하나로 자랑할 정도로 자부심이 강하며, 오스만 제국의 600여 년에 이르는 영토 확장 시기에 유럽, 페르시아, 발칸, 북부아프리카 등의 문화를 많이 흡수하여 음식 종류도 다양하다.

⏱ 케밥

튀르키예 전통음식은 양고기로 된 케밥Kebap 종류로서, 튀르키예인들은 식사 후 디저트로 단것을 먹으며, 튀르키예식 차튀르키예어 "차이" 또는 커피튀르키예어 "카흐베"를 마신다. 튀르키예식 커피는 제스웨cezve라고 불리는 특수한 커피 주전자에서 끓인다. 손님은 커피를 마신 후에 커피잔을 받침 위에 엎어놓는다. 커피잔에 남아 있는 것이 식으면 주인은 남은 것이 흘러서 생

⏱ 튀르키예 커피

긴 흔적을 가지고 손님의 운수를 읽어주는 관습이 있다.

　쌀, 빵, 마카로니 등은 언제나 구입할 수 있을 정도로 많으며, 과일, 야채 등의 신선한 계절식품도 풍부하고 가격도 싼 편이다. 튀르키예에서는 생선이 육류보다 비싸다. 육류는 주로 양고기가 많지만 쇠고기를 팔기도 한다. 한편 튀르키예인은 돼지고기를 먹지 않기 때문에 돼지고기를 취급하는 상점은 극히 적지만, 이스탄불 등 외국인이 많이 거주하는 도시에서는 이들을 상대로 돼지고기를 파는 가게도 있다. 닭고기는 대부분 한 마리를 통째로 팔고 있지만 부분적으로 나누어 파는 가게도 있다.

　튀르키예인과 식사할 때는 식생활 문화에 필히 주의해야 한다. 먼저, 음식에 코를 대고 냄새를 맡지 말아야 하며, 음식을 식히기 위해 입으로 불지 않는다. 또한 숟가락이나 포크를 빵 위에 놓지 않으며, 상대방 앞에 있는 빵의 조각을 먹어서도 안 된다. 식사 중에 사망자나 환자에 대해서 언급하지 말아야 하며, 음식을 그릇에 남기지 말고 깨끗하게 비운다. 음식을 마련한 사람에게 감사의 표시로 "엘리니제 사을륵"이라 말하며, 직역하면 '당신 손에 축복을'이라는 뜻이지만 우리나라의 표현으로 "맛있게 먹었습니다."라는 인사를 빠뜨려서는 안 된다.

 튀르키예 대표음식

구분	내용
초르바(Chorba)	• 녹두 및 야채로 만든 수프
되네르 케밥 (Doener Kebap)	• 양고기 또는 쇠고기를 불에 구워 가늘게 썬 것
이쉬켄데르 케밥 (Ishkender Kebap)	• 되네르 케밥에 요구르트와 토마토소스를 첨가한 것
쉬쉬케밥(Shish Kebap)	• 양고기 또는 쇠고기 등을 꼬챙이에 끼워 불에 구운 것
베야즈 필라브(Beyaz Pilav)	• 기름을 섞은 흰밥
초반 살라타(Choban Salata)	• 토마토, 오이, 양파 등을 가늘게 썰어 만든 샐러드

네이버 지식백과(저스트 고, http://term.naver.com/)

2. 축제문화

전통적으로 튀르키예 사람들은 가족, 친족과의 관계를 중요하게 여겨 명절과 축제를 가족과 함께 보낸다.

✿ 메시르 마주누 축제

마니사에서 열리는 메시르 마주누 축제는 위대한 술탄 쉴레이만의 어머니인 아이셰 하프사 술탄이 '메시르 마주누'라는 페이스트를 먹고 병에서 완치된 것을 기념하는 축제이다. 메시르 마주누는 튀르키예 전통방식에 따라서 계피, 커민, 생강, 겨자씨, 오렌지 껍질 등 41개의 다양한 향신료와 허브를 달여서 만드는 것으로 우리나라의 엿과 비슷한 음식이다. 아이셰 하프사 술탄이 메시르 마주누를 먹고 병이 완치되자 이 음식을 일반 대중에게 나눠주라고 명하였는데, 그 뒤로 이 음식이 튀르키예인들에게 널리 사랑받게 되었다.

메시르 마주누 축제는 이러한 역사를 가지고 약 500년간 개최된 축제로 매년 3월 21일~3월 24일 1명의 요리사와 견습생들이 전통적인 방식으로 메시르 마주누를 준비하며, 이를 포장해서 사원의 탑과 술탄 모스크 돔에서 뿌리면 사람들은 이를 잡으려고 하는데, 떨어지는 메시르 마주누를 잡으면 1년 안에 소원을 이룰 수 있다고 믿기 때문이다. 그래서 메시르 마주누 축제는 소원을 이뤄주는 축제로도 알려져 있다.

✿ 바이람

튀르키예의 가장 큰 종교 축제인 바이람은 쉐케르 바이람Seker Bayram과 쿠르반 바이람Kurban Bayran으로 나눌 수 있다. 바이람 전 한 달 동안을 라마단이라고 칭하며 해가 뜰 때부터 질 때까지 금식을 한다. 쉐케르 바이람은 라마단이 끝난 후 3일 동안 열리는 축제로 친지, 가족들과 어울려 단 음식을 나누어 먹으며 가족애를 다진다.

쿠르반 바이람은 희생절로 튀르키예인들이 가장 중요하게 여기는 축제이며, 신이 아브라함의 충성심을 시험하고자 아들 이삭을 제물로 바칠 것을 요구하였고 이를 받아들여 제물로 바치려는 순간 신은 양으로 대신하라고 한 데서 시작되었다. 이 기간에는 양을 잡아 사람들과 나누어 먹는 풍습이 있다.

✿ 튤립축제

매년 4월이면 튀르키예의 이스탄불은 튤립으로 덮인다. 한 달 동안 개최되는 튤립축

제로 대게 튤립하면 네덜란드를 생각하지만 튤립의 진짜 고향은 튀르키예이다. 중앙아시아의 야생화였던 튤립을 11세기 무렵 재배하기 시작하였고, 16세기 후반에야 유럽으로 전해졌다. 랄레Lale라는 이름이 무슬림의 머리에 두르는 터번을 닮았다고 해서 튀르키예어로 머릿수건을 뜻하는 '튈벤트Tülbent'라고 불리다가 지금의 튤립이 되었다.

18세기 오스만 투르크 제국의 전성기를 튤립의 시대라 부를 만큼 튤립은 튀르키예를 상징하는 꽃으로 여겨왔다. 단편적인 예로 튀르키예의 도자기나 타일 및 공예품에서 튤립 모양을 쉽게 찾아볼 수 있다.

 튀르키예 대표축제

구분	내용
메시르 마주누 축제	• 위대한 술탄 쉴레이만의 어머니인 아이셰 하프사 술탄이 '메시르 마주누'라는 페이스트를 먹고 병에서 완치된 것을 기념하는 축제
바이람	• 튀르키예의 가장 큰 종교 축제로 쉐케르 바이람과 쿠르반 바이람으로 나뉨 • 쉐케르 바이람은 라마단이 끝난 후 3일 동안 열리는 축제 • 쿠르반 바이람은 희생절로 튀르키예인들이 가장 중요하게 여기는 축제
레스링 축제	• 세계에서 가장 오래된 레스링 축제로 매년 6월 사흘에 걸쳐 셀리미예 사원이 있는 에디르네시 외곽에서 개최
튤립축제	• 매년 4월 튀르키예 이스탄불에 튤립이 만개하면 한 달 동안 개최되는 축제 • 18세기 오스만 투르크 제국의 전성기를 튤립의 시대라 부를 만큼 튀르키예를 상징하는 꽃

3. 여행문화

튀르키예는 지리적으로나 문화적으로나 유럽과 아시아가 만나는 지점에 있으며, 튀르키예 최대 도시인 이스탄불은 세계에서 두 대륙에 걸쳐 있는 유일한 주요 대도시이다. 튀르키예에서는 건물과 사람들부터 음식과 심지어 풍경에 이르기까지 모든 것에 동서양이 섞여 있어 동서양의 이국적인 문화를 경험하고 싶은 여행객들의 발길이 끊이질 않는 곳이다.

❀ 하기아 소피아

종교적인 부분에서도 문화의 공존이 나타난다. '성스러운 지혜'를 뜻하는 이름을 가진 하기아 소피아는 콘스탄티노플을 점거하기 직전까지 그리스 정교회의 총본산이었다. 하지만 콘스탄티노플을 점령한 오스만 제국의 술탄 메흐메드 2세는 하기아 소피아를 이슬람의 모스크로 사용하겠다고 선언했다. 이후 1923년 튀르키예공화국이 수립되었을 때 유럽 각국은 하기아 소피아의 반환과 종교적 복원을 강력하게 요구했다. 이에 튀르키예 정부는 이곳을 박물관으로 운영하기로 결정하고 기독교든 이슬람이든 그곳에서의 종교적 행위를 금지했다. 현재 이곳에는 성당으로서의 흔적과 모스크로서의 흔적이 사이좋게 같이 공존하고 있다. 또한 1923년까지 1,600년 동안 수도였던 이스탄불에는 그리스·로마시대부터 오스만 제국시대에 이르는 다수의 유적들이 분포해 있다.

❀ 돌마바흐체 궁전

돌마바흐체 궁전의 모델은 베르사유 궁전이다. 현존하는 궁전 중 가장 화려한 궁전이라는 평을 듣는 이곳을 꾸미기 위해 들어간 금만 해도 14톤, 은은 40톤이 동원되었다. 15,000㎡의 면적에는 방 285개, 연회장이 43개, 튀르키예식 욕탕이 6개 있다. 홀은 43개, 화병은 280개, 시계는 156개가 있으며, 크리스탈 촛대 58개와 샹들리에 36개가 찬란하게 그 호화로움을 밝히고 있다. 카펫이나 커튼, 좌석 커버 등은 튀르키예제이지만 가구와 샹들리에는 대부분 유럽에서 주문한 것인데, 그중에는 외국 왕실이 보낸 선물도 있다.

'튀르키예의 아버지' 아타튀르크로 불리는 튀르키예공화국의 초대 대통령 무스타파 케말은 수도를 앙카라로 이전했지만 이스탄불에 머물 때는 돌마바흐체 궁전을 사용했는

ⓒ 하기아 소피아

ⓒ 돌마바흐체 궁전

데, 그가 죽은 1938년 11월 10일 9시 5분을 기념하기 위해 현재 돌마바흐체 궁전 안의 모든 시계는 9시 5분에 멈춰 있다.

❀ 히에라 폴리스

히에라 폴리스로 불리는 로마 유적은 기원전 2세기 페르가몬 왕조의 터전으로 석회층 언덕 위에 남아 있다. 로마의 지배를 받으면서 성스러운 도시를 뜻하는 '히에라 폴리스'로 불렸고, 한때 인구 8만 명에 이르는 큰 도시였으나 전쟁으로 인해 쇠락의 길을 걷기 시작했고, 1350년 대지진 때 사라졌던 도시는 19세기 발굴 작업에 의해 모습을 되찾았다.

원형극장, 공동묘지, 목욕탕 등은 폐허가 된 채 넓게 흩어져 있다. 공동묘지에는 1,000여 개의 석관이 남아 있는데 튀르키예에서 가장 큰 규모이고 목욕탕과 어울려 있다는 점이 독특하며, 이 석관들이 치료와 휴양을 위해 몰려들었던 병자들의 무덤이라는 주장도 있다.

파묵칼레로 가는 길은 이스탄불에서 데니즐리까지 항공으로는 1시간 10분 소요되고, 버스 등 대중교통으로는 10시간가량 걸린다. 데니즐리 터미널에서 파묵칼레행 미니버스가 운행된다.

 튀르키예 관광명소

구분	명소	내용
이스탄불	돌마바 호체 궁전	• 튀르키예의 이스탄불(Istanbul)에 있는 돌마바호체 궁전은 1843~1856년에 건립된 오스만 제국의 두 번째 왕궁 • 대칭 구조의 3층으로 285개의 방과 43개의 홀이 있다.
	술탄 아흐메트 사원	• 1609~1616년에 건축된 튀르키예와 이슬람 세계에서 가장 유명한 기념 건축물
	성 소피아 성당	• 비잔틴 제국의 가톨릭 성당으로 오랜 시일이 경과되었음에도 그 원형을 유지하고 있다는 점에서 세계 건축학상 8대 불가사의 중 하나로 꼽히고 있다.
	톱카프 궁전	• 오스만 제국 술탄(황제)의 첫 번째 궁전이다.
	군사 박물관	• 튀르키예 군사박물관은 신관과 구관으로 구성 • 신관에는 각종 무기류, 시대별 튀르키예군의 제복 및 튀르키예 군기와 노획한 외국 군기가 함께 전시 • 구관에는 오스만 제국 당시의 갑옷과 투구, 제복 등이 전시
	고고학 박물관	• 오스만 제국 말기에 건립되어 1891년부터 일반에 공개된 박물관
	지하 궁전	• 튀르키예어로 예레바탄 사라이(Yerebatan Saray)는 '지하궁전'이라는 뜻으로 비잔틴 시대에 만들어진 지하 저수지
	보스포루스 해협	• 보스포루스 해협은 아시아와 유럽 대륙을 나누는 자연경계
	카팔르 챠르쉬	• 카팔르 챠르쉬는 세계에서 가장 오래되고, 지붕이 있는 대형 시장으로서 15세기에 건축
	갈라타	• 갈라타 타워는 원래 6세기경 '그리스도의 탑'이라는 이름으로 비잔틴 제국(Byzantine Empire)에 의해 건축
앙카라	케말 아타튀르(Kemal Atatürk) 기념관	• 튀르키예공화국의 국부인 케말 아타튀르크(케말 파샤의 다른 이름)의 시신이 안장 • 앙카라(Ankara) 시내를 내려다보는 가장 높은 언덕에 위치
	아나톨리안 문명 박물관	• 전형적인 오스만 제국 시대 건축물로서 1464~1471년에 마흐무트 파샤 (Mahmut Pasha)가 건축
	튀르키예의 한국 공원	• 1971년 8월 서울-앙카라(Ankara) 사이의 자매결연을 계기로 설치

네이버 지식백과(저스트 고, http://term.naver.com/)

③ 여행문화 Tip과 에티켓

1. 여행문화 Tip

• 튀르키예의 화폐는 튀르키예리라를 사용하고, 달러로 교환한 후에 현지에서 리라로 교환하는 것이 환전에 유리하다.

• 종교와 정치는 분리되어 있어 다른 이슬람 국가에 비해 엄격한 이슬람 문화에 대한

융통성이 있으며, 그 예로 음주는 자유이며, 라마단 기간도 엄격하지 않다. 또한 이슬람 국가에서 합법적인 카지노도 허락된다.

- 우리나라와 비자 면제 협상국이며 위치상 8개국과 접경되어 있어 다양한 경로로 입국할 수 있고, 유럽의 주요도시와 버스, 철도노선이 연계되어 있다.
- 카펫을 구입하였을 경우 공항에서 출국 시 필요한 서류로 새것일 경우에는 구입증명서, 오래된 것은 미술관의 반출 증명서가 필요하다.
- 불안정한 경제상황으로 인해 외국인을 대상으로 약물을 이용한 범죄가 발생하기도 하며, 과도한 친절을 보이는 현지인을 주의해야 한다.

2. 여행문화 에티켓

- 튀르키예식 커피는 원두가루를 거르지 않고 가라앉혀 마시는데, 이는 커피를 마신 후 잔 바닥에 남은 찌꺼기를 보고 그 모양으로 점을 쳐주는 풍습이 있기 때문이다.
- 이스탄불, 앙카라 등의 대도시는 서양식 문화가 발달하여 서양식 에티켓을 따르고, 지방은 동양식 문화가 발달하여 동양식 에티켓을 따르는 것이 특색 있는 풍경이다.
- 손님이 방문하거나 손님을 초대했을 때, 예의를 갖추어 차를 대접하고 코란의 교리대로 후대하지 않는 것은 가문의 커다란 불명예라고 생각하기 때문에 모르는 집을 방문해도 반갑게 맞이해주는 경우가 많다.
- 초대를 받아 다른 이의 집에 방문을 하였을 때, 주인은 신발을 벗지 않아도 된다고 하지만 신발을 벗고 슬리퍼를 신고 들어가는 것이 예의이다. 또한 나올 때 슬리퍼를 겹쳐놓으면 그 집에 불운을 불러일으킨다고 믿기 때문에 각별히 주의해야 한다.
- 우정의 표시로 주는 선물에 값을 지불하려 하면 안 되며, 빌린 물건은 내용물이 보이게 돌려줘서는 안 된다.
- 여성의 경우 튀르키예의 전통 커피숍에 들어가서는 안 된다. 그 이유는 튀르키예의 전통 커피숍은 남성들만의 사교 클럽으로 알려져 있기 때문이다.
- 라마단 기간에는 금식을 하는 사람들이 많이 있기 때문에 식당 이외의 공공장소에서 먹고 마시면 안 되며, 담배를 피워서도 안 된다.
- 친근한 사이에는 악수 후에 포옹하며 양 볼을 맞대고 인사한다. 수차례 만났음에도 악수만 하는 것은 아직 친근하지 않다는 것이고, 손톱 검사를 하는 듯한 동작은 호의적인 것이다.

- 이슬람 사원인 자미에 입장할 때는 기도시간 이외의 시간에 입장하는 것이 좋으며, 또한 이슬람 사원은 경건한 곳으로 신발을 벗어야 하며, 여성은 머리, 어깨를 가리고 무릎 길이의 치마를 입어야 하며, 신체 노출이 심한 옷은 금하는 것이 좋다.
- 누군가에게 신발 한쪽을 보여주거나, 공공장소에서 코를 풀거나 키스를 하거나 끌어안는 일은 굉장히 무례한 행동이므로 각별히 주의를 요하도록 해야 한다.
- 튀르키예는 이슬람 국가이므로 이슬람을 비판하거나 기독교를 선교하는 활동을 하는 등의 타종교를 전파하려는 행위를 해서는 안 된다.

세계 문화와 관광

CHAPTER

04

유럽권의
문화와 관광

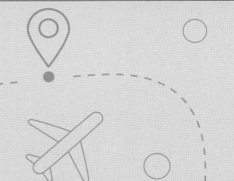

01 프랑스

1 프랑스 개관

프랑스는 987년 프랑크 왕국이 멸망하고 카페 왕조 창시로 최초의 국가가 형성되었다. 절대왕정과 제정, 공화정을 반복하다가 1871년 공화정부 수립 이후 오늘에 이른다. 정식 명칭은 프랑스공화국la République française이다. 동쪽은 이탈리아, 스위스, 독일, 북동쪽은 룩셈부르크, 벨기에와 접하고, 북서쪽은 영국해협을 건너 영국과 마주하며, 서쪽은 대서양, 남쪽은 지중해와 에스파냐로 이어진다. 프랑스의 면적은 약 64만 679㎢로 세계에서 42번째로 큰 나라이며, 수도는 파리이다. 프랑스의 인구는 2022년 10월 기준 약 6,463만 명으로 세계에서 23번째로 인구가 많은 국가에 해당한다.

프랑스의 종교는 가톨릭교 · 이슬람교 · 신교 · 유대교 · 불교 · 그리스정교 등이다. 역사적으로 기독교 특히 로마 가톨릭교가 매우 뿌리 깊은 나라이며, 16세기 종교개혁 이후에는 위그노를 필두로 한 개신교 종파도 생겼다. 현재는 이민자들의 영향으로 인해 무슬림의 비율도 높은 편이다.

🔔 프랑스 파리

프랑스의 본토는 13개의 레지옹Région으로 나뉘며, 이는 다시 95개의 데파르트망Départements, 332개의 아롱디스망Arrondissements, 2,054개의 캉통Canton, 36,644개의 코뮌Commune 등으로 나뉜다. 이 중 레지옹, 데파르트망, 코뮌은 자치권이 있으나, 아롱디스망, 캉통에는 자치권이 없다.

사계절을 지닌 프랑스는 일반적으로 연중 온화한 기후를 자랑하고 있으며 지역마다 다양한 특징을 보이고 있다. 해양성서부은 연중 강수량이 높으며, 대체로 온도가 낮다는 특징이 있다. 대륙성중부와 동부은 겨울에는 강한 추위와 여름에는 뜨거운 더위가 동반되며, 지중해성남·동부은 여름철 건조 기후와 열기가 특징적이고 대체로 일조량이 많다는 특징이 있다.

인종은 북부·중부 유럽에서 이주해 온 켈트Gaule족·게르만·노르만계가 대다수이고 소수의 라틴계가 혼재하며, 피레네산맥 북부의 바스크족 50만여 명이 거주하고 있다. 공용어는 프랑스어이다. 켈트어 계통의 브레통어, 로망스어 계열의 오크어, 게르만어 계열의 알자스어 등의 각 지역어가 있지만 프랑스의 강력한 1언어 정책으로 인해 소수언어에 대한 공적 지위는 인정되지 않고 있다.

프랑스는 중세 이래로 유럽 문화를 이끌어온 나라이기도 하며, 프랑스의 문학, 회화, 음악, 연극 등 여러 분야의 예술이 서유럽에 영향을 끼쳤고, 특히 중세 고딕 양식의 종교 건축물들이 유명하고 노트르담 대성당과 아미앵, 샤르트르, 랭스 대성당 등이 대표적인 고딕 성당들이다. 예술의 도시로 불리는 프랑스의 수도 파리는 수백 년 동안 세계의 예술과 교육의 중심지였다. 지금도 전 세계의 예술가들이 파리에서 아름다운 작품을 남기고 있으며, 파리는 오랫동안 프랑스의 수도였기 때문에 다양한 문화유산이 현대적인 건물들과 어우러져 남아 있어 독특한 문화의 향기를 풍기는 매력적인 도시이다. 아래의 표는 프랑스의 일반정보이다.

 프랑스 일반정보

구분	내용
국가명	프랑스 공화국(République Française)
수도	파리(Paris)
인구	6,463만 명(세계 23위)
위치	유럽의 서쪽
면적	64만 679㎢(세계 42위)
기후	대부분 지역이 온대성 기후이나 남부 지방은 지중해성 기후
민족구성	켈트족, 라틴족, 슬라브족, 북아프리카인, 인도차이나인 등
언어	프랑스어
종교	가톨릭교, 이슬람교, 신교, 유대교, 불교, 그리스정교 등

한국학중앙연구원, KOTRA 글로벌윈도우, 두피백과, 외교부 내용을 바탕으로 저자 작성.

2 프랑스의 문화

자연과 인문 어느 면에서도 다양성이 풍부한 프랑스가 정치와 행정면에서 재빨리 중앙집권체제를 확립한 것은 언뜻 보면 역설적이지만, 한편으로는 주변 국가들과의 접촉이 쉬워 다른 문명과 제도의 영향을 받아들이는 경우도 적지 않은 데다_{예컨대 일부에서 게르만의 관습법을 채용한 사실 등}, 지역적 차이가 컸기 때문에, 이를 통일하기 위해 강력한 중앙집권이 필요했던 것으로 짐작된다.

세계의 문학, 음악, 연극 등의 모든 예술 활동은 파리에 집중되고, 각각 반발과 공명_{共鳴}을 되풀이하면서 새로운 틀 속에서 다시 창조되었다. 다다이즘·미래파·추상주의에서 쉬르 리얼리즘_{초현실주의} 등 새로운 표현을 통하여 잇따라 저마다의 에너지를 발산하게 되었다. 여기에서 프랑스 문화에 존재하는, 많은 요소의 복합성을 느낄 수 있다. 제2차 세계대전 후의 실존주의 등을 보아도 마찬가지이다. 프랑스는 가톨릭국가인 동시에 칼뱅의 나라이고 디드로의 나라이며, 한편에서는 지드와 사르트르가 있다. 또 한편에서는 페기·베르나노스도 태어난 나라이다. 이것은 추상과 보 칼뱅 편성을 기본으로 각 시대를 뛰어넘어온 프랑스 문화의 두께를 짐작하게 하는 특성인 것이다.

샹송_{Chanson}은 프랑스의 대표적 전통 음악으로, 주로 서민의 노래를 칭할 때 쓰인다. 샹송은 가사가 드라마처럼 이야기로 되어 있는 것이 특징이며, 쿠플레_{Couplet}라는 스토리 부분과 르프랭_{Regrain}이라는 반복 부분으로 이루어져 있다. 샹송은 멜로디와 더불어 가사의 내용을 중시하여 노래를 부를 때 완벽함을 추구하기보다 곡을 해석하여 개성적으로 표현하는 데 중점을 둔다. 대표적 샹송 가수로는 에디트 피아프, 파트리샤 카스 등이 있다.

1. 음식문화

세계적인 미식가의 나라인 프랑스는 요리를 예술로 재탄생시키고 요리의 체계를 잡은 나라이다. 온화한 기후에 따른 농수산물이 풍부하며, 양질의 식재료의 맛을 살리는 고도의 기술을 구사하면서 음식문화가 성장하였다. 프랑스의 음식문화가 발달한 것은 화려한 귀족문화 때문인데, 좀 더 화려하고 사치스러운 요리

🍷 프랑스 와인

가 높은 신분을 나타내는 척도가 되었기 때문이다. 예를 들어 프랑스의 감자요리에는 보다 특별한 것이 있으며, 헤아릴 수 없을 만큼 다양한 종류의 감자요리가 있다. 그 종류는 수백 가지에 이르고 각각의 요리마다 독특한 이름을 가지고 있다.

🍳 에스카르고

프랑스에서는 일반적으로 음식을 들 때 대개 점심과 저녁, 이에 맞는 와인을 함께 마신다. 단순화시켜 이야기하자면 식사 전에는 스파클링 와인, 첫 번째 코스에는 화이트 와인, 두 번째 고기 요리 코스엔 레드 와인, 그리고 식사가 끝난 뒤에는 디저트 와인을 마시는 것이 보통이다.

프랑스 음식은 이탈리아 메디치가의 왕녀가 프랑스로 시집오면서 이탈리아의 요리법을 전수받아 발달하였고 극도로 사치스럽다. 서유럽의 음식문화는 중세를 거쳐 르네상스 시기까지 음식문화의 주도권을 잡았던 이탈리아와 프랑스를 중심으로 이뤄졌다고 볼 수 있다. 또 창의력을 중시하고 유럽의 다른 어떤 나라보다도 외국의 문물에 대하여 수용적이다. 프랑스 음식의 맛의 비결은 소스에 있다. 가장 어렵고 공이 많이 들면서 음식 맛의 기본을 이루는 것이 마리네이드 소스이다.

프랑스에는 네 가지의 식당 유형이 있는데, 비스트로는 가장 서민적인 파리의 모습과 분위기에 파묻힐 수 있는 곳이며, 브라세리는 비스트로보다 더 대중적인 가게로 비어홀이라는 뜻이지만 한국의 대폿집에 더 가깝다. 비스트로보다는 규모가 크고 낮부터 밤 1시까지 영업한다. 주로 맥주를 취급하는데, 안주는 카스 크루트뿐만 아니라 간단한 요리

🍳 푸아그라

🍳 라따뚜이

도 내놓는다. 레스토랑은 가장 고급스러운 분위기의 음식점이며, 카페는 프랑스어로 커피, 술, 간단한 식사를 판매하는 곳을 말한다.

서양 음식의 중심지라고 불릴 정도로 음식문화가 발달한 프랑스는 미식여행의 중심으로도 유명한데, 그 명성에 맞게 다양한 대표적인 요리들이 존재한다. 프랑스의 대표 음식으로는 달팽이 요리인 에스까르고, 거위 간 요리 푸아그라, 라따뚜이, 부야베스, 코코뱅, 바케트, 크레페, 크로와상 등 다양하다.

 프랑스 대표음식

구분	내용
에스 까르고	• 프랑스식 달팽이 요리로, 식사가 아닌 에피타이저 • 식용 달팽이에 마늘, 파슬리, 소금, 버터 등을 넣어 구운 음식
푸아그라	• 거위 간 요리이며, 고급요리로 부드럽고 고소한 맛이 일품인 요리
라따뚜이	• 프랑스의 프로방스 지방에서 즐겨 먹는 전통적인 야채 스튜로서 니스에서 유래한 음식 • 가지, 호박, 피망, 토마토 등에 허브와 올리브 오일을 넣고 뭉근히 끓여 만든 채소 스튜
부야베스	• 생선을 비롯한 해산물과 마늘, 양파, 감자 등을 넣고 끓인 지중해식 생선 스튜 • 프랑스 마르세유 지방의 전통 요리
코코뱅	• 부르고뉴 지방에서 생산되는 레드 와인에 닭을 넣고 푹 고아 만든 스튜
바케트	• 껍질이 갈라져 있는 기다란 빵으로 버터를 발라 먹거나 채소와 햄 등을 넣어 샌드위치로 먹음
크레페	• 우리나라의 전과 같은 대중적인 음식으로, 보통 치즈, 햄, 버섯, 해산물 등을 넣어 식사나 에피타이저로 먹거나 생크림, 과일 등을 넣어 디저트나 간식으로 먹음
크로와상	• 바삭거리면서 쫄깃한 빵으로 버터를 발라 먹거나 채소와 햄 등을 넣어 샌드위치로 먹음

2. 축제문화

프랑스에서는 다양한 축제들이 개최되고 있는데 그중 대표적인 축제로는 프랑스 레몬 축제, 누벨 프랑스 축제, 니스 카니발 등이 있다.

✿ 프랑스 레몬 축제

가장 유명한 세계 축제 중에는 프랑스의 레몬 축제가 있다. 망통 레몬 축제Lemon Festival Menton는 매년 2월 지중해와 맞닿아 있는 프랑스 남부의 작은 도시, '프랑스의 진주la perle de la France' 망통Menton에서 개최되는 레몬을 소재로 한 축제다. 아름다운 풍경과 온난한 기후를 자랑하는 세계적인 휴양지 코트다쥐르Côte d'Azur, 쪽빛 해안에 자리한 망통은 예로부터

🏵 레몬 축제

🏵 니스 카니발

가까운 거리에 있는 니스와 함께 유럽의 왕족과 귀족이 추운 겨울을 나던 곳으로 널리 알려졌다. 본래 망통에서는 19세기 말부터 사육제 기간에 가장 행렬을 선보였는데, 여기에 망통의 특산물인 레몬을 결합시키면서 지금과 같은 형태의 축제가 탄생했다. 1934년에 공식적으로 출범한 망통 레몬 축제는 비교적 오래지 않은 역사를 지녔지만, 지역의 특색을 잘 살림으로써 니스 카니발과 함께 남부 프랑스를 대표하는 축제로 자리 잡았다. 또한 망통 레몬 축제는 토마토 던지기로 유명한 에스파냐의 토마토 축제와 함께 유럽의 대표적인 특산물 축제로 꼽힌다. 해마다 시내 전체가 싱그러운 노란 빛깔로 물드는 광경을 보기 위해 인구 3만 명의 작은 도시 망통에 16만 명 이상의 관람객이 몰려든다.

🌸 니스 카니발

18세기 베네치아 카니발의 전통을 이어받은 유일한 카니발이며, 1878년부터 시작된 니스 카니발은 코트다쥐르 지역에서 열리는 가장 크고 성대한 겨울 축제로 브라질의 리우 카니발, 이탈리아의 베네치아 카니발과 함께 세계 3대 카니발로 유명하다. 매년 사순절 전날까지 2주 동안 열리는데 꾸준히 이어진 니스 카니발은 니스를 프랑스의 대표적인 관광지로 만드는 데 큰 역할을 담당했다.

다른 지역의 카니발과 마찬가지로 니스 카니발 역시 화려하고 기괴한 거대 조형물의 행렬, 꽃마차와 기마 행진, 가장행렬, 색종이 날리기, 밀가루 전쟁, 불꽃놀이 등이 축제의 중심을 이루고 있다. 니스 카니발은 매해 개최될 때 특색 있는 테마를 선정해서 열리는데, 테마에 맞게 거대 조형물을 니스 시내 곳곳에 설치한다. 이뿐만 아니라 메인 테마를 나타내는 조형물 외에도 사회나 정치, 경제, 문화적으로 이슈가 된 현실의 인물을 풍자하는 조

형물도 제작되어 다채로운 볼거리를 제공한다. 그 외에 카니발 기간에는 도시 전체에 각양각색의 퍼레이드가 펼쳐지는데, 카니발 거리 퍼레이드, 빛의 카니발 퍼레이드, 꽃의 전쟁은 니스 카니발의 3대 퍼레이드로 불리고 있다.

 프랑스 축제

구분	내용
프랑스 레몬 축제	• 망통 레몬 축제는 매년 2월 지중해와 맞닿아 있는 프랑스 남부의 작은 도시, '프랑스의 진주(la perle de la France)' 망통(Menton)에서 개최되는 레몬을 소재로 한 축제
니스 카니발	• 18세기 베네치아 카니발의 전통을 이어받은 유일한 카니발로 알려져 있으며 1878년부터 시작
누벨 프랑스 축제	• 퀘벡 시티에서 가장 큰 역사, 문화 축제 • 매년 3만 명 이상의 관광객이 찾는 누벨 프랑스 축제는 캐나다에서 프랑스 문화를 체험할 수 있는 기회를 제공
프랑스 음악 축제	• 매년 6월 21일 프랑스 파리에서 개최되는 음악 축제로 다양한 장르의 음악 공연을 무료로 접할 수 있는 축제

3. 여행문화

프랑스는 서유럽에서 가장 큰 국가이면서 다양한 여행지가 있다. 3,000㎞가 넘는 해안선, 3개의 주요 산맥, 15㎢의 숲 등 다양한 자연 풍경을 선택할 수 있으며, 나라의 길고 풍부한 역사가 남긴 많은 성과 요새 도시가 있어서 중세 기사 시대로 여행을 떠날 수 있다. 특히 프랑스는 역사와 지리 외에도 요리로도 유명하다.

✿ 노트르담 대성당

센 강의 시테 섬에 자리한 세계에서 가장 유명한 대성당으로 1163년에 파리의 주교였던 모리스 드 쉴리에 의해 착공되었다. 이 성당은 프랑스 고딕 양식의 걸작으로 꼽히는데, 노트르담은 '우리의 귀부인Our Lady'이라는 뜻이며 성모 마리아를 지칭한다.

노트르담 성당은 매년 1,200만~1,400

노트르담 대성당

만 명가량의 방문객이 찾을 정도로 프랑스 내에서도 가장 인기 있는 관광 명소로 꼽히는 곳이다. 프랑스 문화의 정수가 축적·집약됐다는 평가를 받는 노트르담 성당은 1991년 이 같은 가치를 인정받아 센 강 일대의 자연환경 및 주변 문화유산들루브르 미술관, 생트사펠 성당, 그랑 팔레, 에펠탑 등과 함께 '파리의 센 강변'이라는 이름으로 유네스코 세계문화유산에 지정됐다.

❁ 루브르 박물관

루브르 박물관은 영국의 대영 박물관, 바티칸시티의 바티칸 박물관과 함께 세계 3대 박물관으로 꼽힌다. 프랑스의 수도인 파리의 대표적인 랜드마크이며, 세느 강 오른쪽 편, 파리 중심가 1구역에 위치하고, 세계문화유산으로 지정되어 있다. 루브르 박물관은 12세기 말부터 13세기 초 사이 필립 2세의 루브르 성이 있

🕐 루브르 박물관

던 곳으로 중세시대 지하 요새가 보존되어 있는데, 1682년 루이 14세가 베르사유 궁전으로 천도하면서 루브르 궁전은 왕실 소장품을 전시하는 공간으로 사용되었다.

루브르 박물관의 전시관은 1층에서 3층까지로 리슐리외관, 쉴리관, 드농관 등이 있는데, 이곳은 모두 '디귿'ㄷ자 모양으로 연결돼 있다. 조각 부문은 주로 1층과 2층에, 회화와 공예 부문은 2층과 3층에 진열하고 있으며, 소장품은 8개 부문이집트 유물과 근동 유물, 그리스, 에투루리아, 로마유물, 이슬람 미술, 조각, 장식미술, 판화와 소묘으로 나누어 관리하고 있다. 소장품을 지역과 시대에 따라 세밀하게 구분한 것이 특징이다.

❁ 에펠탑

에펠탑은 프랑스 파리의 상징적 건축물로, 1889년에 프랑스 혁명 100주년을 맞이하여 파리 만국 박람회를 개최하였는데 이 박람회를 상징할 만한 기념물로 에펠탑을 건축하였다. 높이 324m에 3층으로 이루어졌고 관광객을 위해 3개 층이 개방되어 있다. 첫 번째 층과 두 번째 층까지는 표를 구입하여 계단하고 엘리베이터를 통해 올라갈 수 있다. 첫 번째 층까지의 높이와 첫 번째 층부터 두 번째 층까지의 높이는 각각 300계단이 넘는다.

가장 높은 세 번째 층은 엘리베이터로만 올라갈 수 있다. 첫 번째 층과 두 번째 층에는 음식점이 있다.

에펠탑은 파리의 대표적인 명물로 사랑을 받게 되었으며, 1985년 야간 조명시설이 설치된 이후 파리의 아름다운 야경을 만드는 데 일조하고 있다. 1991년에는 세계문화유산으로 등재되었다.

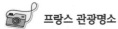 **프랑스 관광명소**

구분	명소	내용
파리	노트르담 대성당	• 1163년에 건축된 고딕식 주교좌 성당
	에펠탑	• 1889년 파리의 만국박람회장에 세워진 높은 철탑
	루브르 박물관	• 영국의 대영 박물관, 바티칸시티의 바티칸 박물관과 함께 세계 3대 박물관 • 프랑스의 수도인 파리의 대표적인 랜드마크로서 세느강 오른쪽 편, 파리 중심가 1구역에 위치하고 있으며, 세계문화유산으로 지정
	몽마르트르 언덕	• 해발 400m로 파리 에펠탑보다 높은 자연 전망대
	상젤리제 거리	• 베르사이유 궁의 정원사가 건축
	오르세 박물관	• 1986년에 옛 역사를 개조한 18세기 박물관
	생트 샤펠	• 대법원(옛 왕궁)의 부속성당(루이 9세가 13세기에 예수의 가시관과 십자가 등을 보관하기 위해 건축)
	개선문	• 나폴레옹 1세가 건축(옥상에서 12개 방사선 도로 및 파리 전경을 볼 수 있음)
	콩시에르쥬리	• 루이 16세의 왕비 마리앙투아네트가 수감된 감옥
베르사유	베르사유 궁전	• 파리 남서쪽 베르사유에 있는 바로크양식의 궁전으로 원래 왕의 여름 별장으로 사용
니스	샤갈 미술관	• 언덕 시미에 지구에 위치한 작고 소박한 국립미술관으로 안드레 말로의 추진으로 설립

네이버 지식백과(저스트 고, http://term.naver.com/)

3 여행문화 Tip과 에티켓

1. 여행문화 Tip

- 프랑스는 구권의 화폐로 통용되다가 유로화로 통일된 지금 유로를 사용하고 있다.

- 프랑스인에게 카페는 단순히 술이나 커피를 마시는 장소가 아니라 사람을 만나 이야기를 나누는 장소로서의 의미가 크다. 따라서 과거 카페는 많은 화가, 작가 등 예술가들이 모여 예술을 논하며 창작활동을 하는 공간의 역할을 하였다. 이제 카페는 예술가는 물론이고 일반인에게도 차나 커피를 마시며 일광욕을 즐기고 책을 읽을 수 있는 문화 공간으로서 자리 잡게 되었다.

- 프랑스인들은 '와인은 신의 선물' 이라 칭할 정도로 와인에 대한 애정이 각별하다. 프랑스의 보르도와 부르고뉴 지방은 프랑스 최대의 와인 생산지로, 샤토chateau, 메독Medoc, 오브리옹Haut Brion 등 세계적으로 유명한 와인을 생산한다. 프랑스인은 룩셈부르크인에 이어 많은 와인을  소비하며, 식사 때 와인을 곁들여 먹거나 요리할 때 와인을 넣어 음식을 만들기도 한다.

- 프랑스는 국내 치안이 안정되어 있으며 전쟁, 내란, 테러와 같은 사건이 자주 발생하는 편은 아니다. 그러나 테러의 위험으로부터 벗어난 안전지대라고 할 수는 없어 경찰당국은 테러 경계경보를 '오렌지 단계'로 유지하고 있다. 치안은 유럽에서 가장 안정적이라 평가되지만, 파리 북동부 및 외곽 지역, 유명 관광지, 유흥가, 지하철역 등에서는 여행객을 노리는 소매치기가 종종 일어난다. 또한 지나치게 호의를 베풀며 접근하는 사람이나 가짜 경찰 행세를 하며 여행객에게 접근하는 경우도 있다.

- 프랑스인들은 자국 문화에 대한 자부심이 확고하다. 특히 언어에 대한 자부심이 강하기 때문에 영어로 의사소통할 수 없는 경우가 있다. 일반적으로 파리의 관광지, 호텔, 식당 등에서는 영어가 통용되지만, 지방이나 교외 지역에서는 영어 사용에 어려움이 많은 편이다. 때문에 기본적인 프랑스어 표현을 외워두어 위급한 상황에서는 프랑스어를 사용하는 것이 좋다.

- 프랑스 내에서 택시를 탈 경우에는 진짜 택시인지 확인해야 한다. 가짜 택시 기사에 의한 강간, 살해 사건 등이 종종 일어나므로 택시에 탑승할 때는 운전사의 영업허가서와 영업허가판 등을 확인해야 한다. 프랑스 내에서 전쟁, 내란의 위험은 없는 편이나 최근 이슬람 과격분자들에 의한 테러가 발생하기도 한다.

2. 여행문화 에티켓

- 택시 운전석 옆에 손님이 앉지 않는 것이 예의이다. 운전사가 허락한다면 탑승은 가능하지만 추가요금이 청구된다.
- 미국식 OK사인은 '가치가 없다'는 의미이므로 프랑스인 앞에서 조심해야 할 제스처 중에 하나이다. 대신 '좋다'라는 뜻을 가진 제스처는 엄지를 치켜올리는 것이다.
- 주위의 허락 없이 닭고기를 손에 들고 먹으면 야만인 취급을 받게 되므로 반드시 사전에 동의를 구해야 한다. 포크와 나이프를 이용하여 식사하는 것이 일반적인 모습이다.
- 레스토랑에서 까르송을 부를 때 손을 흔들거나 큰 목소리로 부르면 예의에 어긋나는 행동이다. 지나가는 까르송을 조용히 쳐다보며 눈맞춤을 하고 있으면, 눈길이 마주칠 때 고개를 끄덕이면 알아서 다가온다.
- 반가움 표현으로 와락 껴안는 것은 예의에 어긋나며 서로 뺨을 가볍게 부딪치며 입으로 뽀뽀하는 소리를 내는 '비쥬bisous'를 하는 것이 익숙하다.
- 와인을 다 마셨다고 직접 따라 마시는 것은 삼가야 할 행동 중에 하나이다. 웨이터가 잔을 채워줄 때까지 기다리면 된다. 특히 여자는 남자가 와인을 따라줄 때까지 기다리는 것이 예의이며, 잔이 비어 있으면 웨이터가 알아서 채워준다. 만약 그만 마시고 싶을 때는 절반 정도 채워진 잔을 그냥 두면 된다.
- 탁자나 의자 위에 발을 올려놓거나, 사람들이 많은 곳에서 이쑤시개, 손톱깎이, 빗 등을 사용하는 것은 예의에 어긋나는 행동이다. 또한 공공장소에서 하품하거나 코를 푸는 행위도 피해야 할 행동 중에 하나이다.
- '에티켓'이라는 단어가 프랑스어에서 유래했다는 사실을 기억할 필요가 있다. 프랑스에서는 행동을 각별히 주의해야 한다.

02 영국

1 영국 개관

그레이트브리튼 및 북아일랜드 연합왕
국United Kingdom of Great Britain and Northern Ireland
또는 영국英國은 서유럽의 북해의 서쪽에
위치한 입헌군주제 국가이다. 수도는 런던
이며 영어로는 흔히 United Kingdom,
UK, Britain으로 줄여 부른다. 지리적으

로는 영국 본토인 그레이트브리튼 섬과 아일랜드섬 동북부에 걸쳐 있으며 크게 영국 본
토인 잉글랜드, 스코틀랜드, 웨일스와 바다 건너 아일랜드섬의 북아일랜드 네 지역으로
나누어진다. 이 외에도 영국 왕실 영지인 맨섬, 저지섬, 건지섬이 존재하고 지중해, 카리브
해와 아프리카 지역에 몇몇 해외 영토를 가지고 있다. 영국의 면적은 24만 2,900㎢로 세
계 80위에 해당하며 인구는 2022년 10월 기준 약 6,751만 명으로 세계에서 21번째이다.

잉랜드인 83%, 스코틀랜드계 9.6%, 아일랜드계 2.4%, 웨일스계 1.9% 등의 인종이 살
고 있으며 영국의 주된 종교는 기독교이지만 힌두교, 유대교, 이슬람교, 시크교, 바하이
교, 불교 등 다양한 종교가 존재하는 사회다. 그러나 영국인의 약 23%는 종교를 가지고
있지 않으며, 출생, 결혼, 사망 등의 인생의 중요한 행사 때만 공식적 종교의식에 참여하
는 것이 일반적이다.

영국의 행정구역은 복잡하게 구성되어 있는데, 스코틀랜드, 북아일랜드, 잉글랜드, 웨
일스의 구성 국가들로 나뉘며, 영국은 단일국가이지만 1998년 주민 투표를 통해 구성국
인 스코틀랜드, 북아일랜드, 웨일스에 의회를 설립해 영국 의회의 입법권을 일부 넘겨받
아 사실상 자치지역이 됨으로써 연방제 비슷한 형태가 되었다. 다양한 혁명과 산업의 발
전으로 인한 시민들의 권리 의식 고조로 이루어진 19세기 의회 민주주의는 오늘날까지
많은 나라의 본보기가 되고 있다.

영국의 기후는 중위도 대륙 서해안의 해양성 기후로서 멕시코 만류와 편서풍 때문에

위도에 비해서는 따뜻하여 1월의 기온이 6~3℃ 정도이다. 그러나 겨울에는 간혹 섭씨 영하 10도까지 기온이 떨어지기도 하며 여름에는 섭씨 35도까지 오르기도 한다. 비는 서해안에는 많으나 동해안에는 적고, 습기가 많기 때문에 안개가 많으며 런던에서는 스모그가 1

년에 90일간 생겨서 '안개의 도시'라고도 불린다. 연평균 강우량은 서부와 북부의 산간지방에서는 1,600mm 이상이지만 중부와 동부 지역에서는 800mm 미만이다. 비는 연중 고루 내리는 편이지만 평균적으로 3월부터 6월까지가 비가 가장 적고 9월부터 1월까지가 가장 많은 시기이다.

영국은 공식적으로 모국어를 정하진 않았으나, 사실상 모국어는 영어라고 할 수 있다. 영국 인구의 95%는 오직 영어만을 할 줄 알며, 대략 5.5%에 달하는 국민만이 최근의 이민자들이나 교육의 영향으로 외국어를 모어로 한다. 그 외에 웨일스어, 스코트어, 스코틀랜드 게일어, 얼스터 스코트어, 아일랜드어, 콘월어가 소수에 의해 사용되고 있다.

 영국 일반정보

구분	내용
국가명	그레이트브리튼과 북아일랜드 연합 왕국 (The United Kingdom of Great Britain and Northern Ireland)
수도	런던(London)
인구	6,751만 명(세계 21위)
위치	유럽 대륙의 서북쪽 북대서양
면적	24만 2,900㎢(세계 80위)
기후	온대 해양성 기후
민족구성	잉글랜드인(83%), 스코틀랜드계(9.6%), 아일랜드계(2.4%), 웨일스계(1.9%)
언어	영어(공용어), 웨일스어, 스코트어, 스코틀랜드 게일어, 얼스터 스코트어, 아일랜드어, 콘월어
종교	기독교, 힌두교, 유대교, 이슬람교, 시크교, 바하이교, 불교, 무교

한국학중앙연구원, KOTRA 글로벌윈도우, 두피백과, 외교부 내용을 바탕으로 저자 작성.

2 영국의 문화

영국인들의 뿌리를 거슬러 올라가면 노르
만족인 바이킹의 후예라는 것을 알 수 있다.
바이킹 하면 바다의 해적으로 광폭한 성질과
지저분한 외모가 떠오르는데 이러한 성품을
고치기 위해 영국인들은 예부터 엄격한 규
율을 지켜야 하는 청교도를 믿으며 자기 자
신들을 다스렸다. 특히 남자들은 기사도, 신

⏱ 엘리자베스 타워

사도라 하며 약자를 보호하고 신앙을 지키며 여자를 보호하는 것을 명예라고 생각했다.
이런 정신을 잘 보여주는 사례가 버큰헤드 전통이다. 1852년 영국의 수송선 버큰헤드가
남아프리카로 항해하던 중 암초에 부딪혔고 가라앉게 되었다. 배에는 630여 명의 승객이
있었지만 구명정은 정원이 180명인 3척밖에 없었다. 이때 이 배의 선장인 세튼 대령과 남
자들은 여자와 어린이들을 구명정에 태우고 배에 남게 된다. 이 사건 후 영국에서는 '여
자와 어린이가 먼저'라는 전통이 확립되었고 '레이디 퍼스트 정신'이 이어져오게 되었다.

영국은 미국, 프랑스, 이탈리아와 더불어 전 세계적인 문화 강국 중 하나로 여겨지고
있다. 특히 문학과 록음악, 공연문화가 전 세계적으로 유명한 나라이다. 영국은 국제사회
에서 문화적 초강대국으로의 지위를 가지고 있는데, BBC에서 주최한 글로벌 여론 조사
에 따르면 영국은 2013년과 2014년에 세계에서 세 번째로 긍정적인 이미지를 가진 국가
로 선정되었다. 또한 전 세계 공용어가 영어라는 점도 영국문화의 인기에 큰 날개를 달아
주는 요소라 할 수 있다. 영국 작가들이 쓴 작품들은 전 세계 각국의 언어로 번역되어 소
개되면서 많은 인기를 얻고 있다.

1. 음식문화

'홍차의 나라'라 불릴 정도로 영국과 차
문화는 밀접하다. 먼 이국에서 가져온 차는
처음에 궁정과 귀족, 신사계층 사이에서 애
음되었고 1720년경에는 '다기 세트'와 '밀크
티'를 기본으로 하는 영국풍의 홍차문화가
뿌리를 내렸다. 1860년대 인도에서 생산된

⏱ 홍차

최상품 차가 영국으로 대량 들어오면서부터 차가 일상적인 기호품이 되었다. 영국에서 아침식사 때 포도주와 맥주를 마시던 오랜 습관이 있었지만 모닝티가 이를 대신하게 되었다. 차 문화가 발달함에 따라 도자기 공예 역시 발달했다. 영국을 비롯해 많은 유럽 국가들은 중국에서 들여온 것을 통해 처음 자기를 접했다. 영어에서 자기를 '차이나china'라고 표현하는 것은 바로 이런 이유에서다. 영국의 경우 차 문화를 바탕으로 19세기 초 영국만의 독특한 '본 차이나'가 탄생하게 된다.

영국은 지형적 조건 때문에 생선이 많이 잡히고 감자 생산량도 풍부한데, 피시 앤 칩스는 이 두 가지 재료를 이용해 조리한 요리다. 대구나 가자미 등 흰살 생선을 기름에 튀겨 감자튀김을 곁들여 먹는다.

피시 앤 칩스

로스트 비프는 온 가족이 교회를 다녀온 일요일에 점심으로 고기를 먹던 풍습에서 유래한 음식이라고 해서 '선데이 로스트'라 부르기도 한다. 쇠고기를 양념 없이 통째로 오븐에 구워 조리하여 구운 야채들과 함께 접시에 낸다. 쇠고기를 굽는 과정에서 흘러나온 고깃기름에 달걀과 밀가루를 섞어 요크셔 푸딩을 만들기도 한다. 마지막으로 영국의 대표음식으로 하기스가 있는데 스코틀랜드의 대표적인 요리로 양의 내장을 잘게 다져 현미와 섞은 것을 양의 위장에 채워서 찐다. 취향에 따라 메시포테이토와 순무를 곁들이기도 한다.

영국 하면 떠오르는 '잉글리시 브랙퍼스트'는 풍성하고 알찬 음식을 제공하며, 과일주스, 시리얼, 베이컨, 달걀, 소시지, 훈제한 청어, 토마토, 토스트, 요구르트, 과일, 달걀에 토마토를 프라이한 것, 커피 또는 홍차와 함께 먹는 영국식 아침식사이다.

영국 지역별 음식특징

구분	내용
잉글랜드 요리	• 과거 왕국의 전통적인 요리법을 따르며, 대영제국 시기 북아메리카, 중국, 인도로부터 수입된 향신료 및 재료들을 바탕으로 다양한 요리가 발전
스코틀랜드 요리	• 스코틀랜드 전통의 독특한 특성과 요리법을 가지고 있으며, 스코틀랜드의 국민음식인 해기스, 쇼트 브레드 쿠키가 대표적이다.
웨일스 요리	• 다른 지역의 영국 요리에 많은 영향을 받았고, 양고기의 품질이 높은 것으로 유명하여 양고기와 부추를 넣은 수프인 카울과 같은 전통적 양고기 요리가 발달
북아일랜드 요리	• 밀과 감자에 근원을 두고 있으며, 지역적 고립으로 인해 요리의 다양성은 제한되었지만, 세계화와 문화적 교류를 통해 전통요리와 세계요리가 고르게 발달

2. 축제문화

영국에서는 1년 내내 셀 수 없이 많은 다양한 행사가 벌어진다. 심지어는 작은 마을에서도 주마다 장이 서며, 전통적인 관습과 의식을 그대로 보존하고 있으며, 이런 행사 중에는 그 기원이 수천 년 전으로 거슬러 올라가는 것도 있다. 영국 관광청BTA에서 발행되는 포스 커밍 이벤트Forth Coming Events와 아트 페스티벌Art Festival은 한 해 동안 일어날 행사와 축제를 선별해놓은 리스트로서 정확한 날짜까지 기입되어 있다.

✿ 에든버러 국제 페스티벌

대표적인 축제로 에든버러 국제 페스티벌Edinburgh International Festival은 매년 8월, 3주간 스코틀랜드의 수도 에든버러에서 열리는 페스티벌이다. 1947년부터 계속되고 있고 동시대 최고의 연극, 오페라, 발레, 재즈, 서커스, 스코틀랜드 민속음악 등 다양한 문화, 예술적 공연들이 펼쳐지는 세계 최대의 예술잔치이다. 제2차

🎗 에든버러 페스티벌 프린지

세계대전으로 상처받은 국민들을 치유하기 위한 목적으로 시작되었는데 지금은 전 세계적인 축제로 발전하였다.

에든버러 페스티벌 프린지, 로열 에든버러 밀리터리 타투, 에든버러 아트 페스티벌, 에든버러 인터내셔널 북 페스티벌, 에든버러 인터내셔널 필름 페스티벌, 에든버러 멜라 등 다양한 종류의 하위 축제들을 총칭하여 에든버러 국제 페스티벌로 부르는데, 매일 밤 에든버러 성 앞에서 벌어지는 밀리터리 타투Military Tattoo는 이 축제의 빠질 수 없는 자랑거리이다.

✿ 노팅힐 카니발

노팅힐 카니발Notting Hill Carnival은 유럽에서 가장 큰 거리축제로, 매년 8월 마지막 주 일요일과 뱅크 홀리데이인 월요일 이틀에 걸쳐 노팅힐 지역을 중심으로 레드브록 그로브와 웨스트본 파크에서 진행된다. 노팅힐 카니발은 19세기 카리브해 지역에서 개최된 카니발에 뿌리를 두고 있다는 점에서 그리스도교에 기반을 두고 있는 다른 유럽 카니발들과 차

이가 있다. 그래서 유럽 카니발보다는 브라질의 리우 카니발과 비슷한 양상을 띤다.

🏅 노팅힐 카니발

1833년에 영국의 노예제도가 폐지되면서 흑인 노예들은 자신들의 주인이었던 백인들의 의복 등을 흉내 내어 입고, 그들을 비판하는 음악, 춤 등을 만들었다고 한다. 이러한 행동이 훗날 노팅힐 카니발의 기원이 되어 거대한 종합 예술 축제로 발전했고, 이제는 흑인들만의 축제가 아닌 유럽 최고의 예술 축제로 발돋움했다. 이러한 역사를 바탕으로 노팅힐 카니발은 런던의 다양성을 축하하는 시간이며, 그들 몸속에 카니발의 사랑이 숨 쉬고 있다고 표현한다.

❀ 글래스턴베리 현대 공연 예술 축제

글래스턴베리 현대 공연 예술 축제Glastonbury Festival of Contemporary Performing Arts는 영국 서머싯 주 필턴에서 매년 6월 마지막 주에 열리는 종합 공연 예술 축제이다. 1990년에는 더욱 다양한 즐길거리를 제공하기 위해 현대 공연 예술의 다양한 장르를 포괄하도록 범주를 넓혔다. 이로 인해 더욱 많

은 관객이 모여들면서 폭력 사태, 무대 전소, 안전 울타리 훼손 같은 사건 사고가 일어났다. 다소 침체된 분위기를 깨고자 1995년에는 오아시스, 엘라스티카Elastica, PJ 하비PJ Harvey, 더 큐어The Cure 같은 최정상 뮤지션의 공연을 추진했으며, 댄스 음악의 인기에 힘입어 처음으로 댄스 공연을 선보였다. 1996년에는 워디 농장의 지반 회복을 위해 축제를 열지 않았고, 이후 5년마다2011년 안식년은 올림픽이 열리는 2012년으로 대체 안식년을 보내고 있다. 1999년에는 입장권 미구매자 10만 명을 포함해 약 25만 명이 축제에 참여했다.

영국 대표축제

구분	내용
에든버러 국제 페스티벌	• 매년 8월, 3주간 스코틀랜드의 수도 에든버러에서 열리는 페스티벌 • 연극, 오페라, 발레, 재즈, 서커스, 스코틀랜드 민속음악 등 다양한 문화, 예술적 공연들이 펼쳐지는 세계 최대의 예술잔치
노팅힐 카니발	• 유럽에서 가장 큰 거리축제로, 매년 8월 마지막 주 일요일과 뱅크 홀리데이인 월요일 이틀에 걸쳐 개최 • 1833년에 영국의 노예제도가 폐지되면서 흑인 노예들이 자신들의 주인이었던 백인들의 의복 등을 흉내 내어 입고, 그들을 비판하는 음악, 춤 등을 만든 것에서 기원
글래스턴베리 현대 공연 예술 축제	• 영국 서머싯 주 필턴에서 매년 6월 마지막 주에 열리는 종합 공연 예술 축제 • 음악 공연을 중심으로 서커스, 전시회, 연극, 코미디 등의 다양한 공연이 이루어지는 행사
첼시꽃박람회	• 런던의 첼시에서 매년 5월 개최되는 축제로 세계의 진귀한 꽃들을 전시하는 행사

3. 여행문화

영국은 역사와 개성, 그리고 부인할 수 없는 아름다움으로 가득한 나라이다. 영국은 잉글랜드, 스코틀랜드, 웨일스, 북아일랜드로 구성되어 있으며 시선을 사로잡는 다양한 풍경과 독특한 문화가 있는 나라로 여행객들에게 인기가 많다.

❀ 버킹엄 궁전

영국 런던 웨스트민스터에 있는 국왕의 궁전으로 1703년 버킹엄 공작 셰필드의 저택으로 건축되었으며, 1761년 조지 3세가 이를 구입한 이후 왕실 건물이 되었다. 1837년 빅토리아 여왕 즉위 뒤에 국왕들의 상주常住궁전이 되었다.

2만m²의 호수를 포함해 약 17만m²에 이르는 대정원, 그리고 무도회장, 음악당,

🍴 버킹엄 궁전

미술관, 접견실과 도서관 등이 들어서 있으며, 버킹엄 궁의 방수는 알현실 19개, 손님용 침실 52개, 스태프용 침실 188개, 사무실 92개, 욕실 78개를 포함하여 총 775개이다.

매년 5만 명에 달하는 인원들이 버킹엄 궁전으로 초대받는데, 여름에는 이곳에서 파티

가 열리며, 궁전의 앞마당에서는 매일 근위병 교대식이 열린다. 근위병 교대식은 영국의 가장 상징적인 관광 이벤트로 4월에서 7월까지는 매일 1회, 나머지 철에는 이틀에 한 번 씩 오전 11시 혹은 11시 30분에 열린다.

✿ 웨스트민스터 궁

영국 런던 템스 강변에 있으며, 영국의 상원과 하원이 열리는 곳이다. 원래 1050년부터 약 15년 동안 건설된 웨스트민스터 궁전이었다. 16세기부터 의회가 열리는 곳으로 사용되었다. 현재는 네오고딕 양식의 건물로 길이 265m, 방 1,000개, 면적 3만 3,000㎡, 복도 길이 약 3.2㎞이다. 중앙에 로비가 있으며, 북쪽은 하원

웨스트민스터 궁전

의사당, 남쪽은 상원의사당이다. 북쪽에 빅벤, 남쪽에 빅토리아 타워가 있다. 높이 95m의 시계탑인 빅벤은 국회의사당의 상징이자 런던의 상징이기도 하다. 이곳에 매달려 있는 무게 13t짜리 종은 국제 표준시를 정확히 알리고 있다.

국회의사당으로 쓰이는 웨스트민스터 궁은 영국 민주주의의 상징이며, 맞은편의 웨스트민스터 사원은 11세기 이래 영국 국왕의 대관식을 거행했던 유서 깊은 장소다. 또한 사원 옆의 작은 건물인 세인트 마거릿 교회는 중세 고딕 양식의 전형을 보여주는 아름다운 건물로 꼽힌다. 이들 세 건물은 1987년 유네스코 세계문화유산으로 지정되어 보호받고 있다.

✿ 타워브리지

타워브리지는 영국 런던 시내를 흐르는 템스 강 위에 도개교와 현수교를 결합한 구조로 지은 다리로 1887년 착공에 들어가 8년에 걸친 공사 끝에 1894년 완공·개통되었다. 템스 강 상류에 세워진 타워브리지는 국회의사당의 빅벤과 함께

런던의 랜드마크로 꼽히는 건축물로 특히 교각 중앙이 개폐식으로 되어 있어 큰 배가 통과할 때에는 교각의 중간이 좌우로 갈라지며 90초간 수직으로 세워지는 모습으로 유명하다.

엘리베이터를 이용해 탑 위로 올라가면 유리 통로로 된, 2개의 탑을 연결하는 인도교가 나오는데 브리지 아래의 템스 강은 물론 멀리 런던의 경치를 바라보기에 더할 나위 없는 최고의 전망대이며, 템스 강을 가로지르는 다리 중 가장 야경이 아름답다는 평을 듣는 만큼 밤하늘을 배경으로 조명을 받아 하얗게 빛나는 타워 브리지는 빼놓을 수 없는 런던의 명물이다.

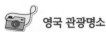 **영국 관광명소**

구분	명소	내용
런던	버킹엄 궁전	• 영국 런던 웨스트민스터에 있는 국왕의 궁전
	웨스트민스터 사원	• 런던의 웨스트민스터구에 있는 교회
	웨스트민스터 궁	• 영국 런던 템스 강변에 있으며, 영국의 상원과 하원이 열리는 곳
	런던 브리지	• 영국 런던의 템스 강에 놓은 다리
	트라팔가 광장	• 영국 런던 중심부에 있는 광장
	세인트 폴 대성당	• 영국 런던에 있는 영국 국교회의 성당
	타워 브리지	• 1894년 완성된 런던 타워 앞쪽의 다리
	런던 타워	• 런던 시민들을 위로하기 위하여 세운 성
에든버러	에든버러 성	• 12세기에 건축된 성으로 영국 최대 관광명소
케임브리지	피츠윌리엄 박물관	• 신고전주의 건축양식을 보여주는 박물관으로 비스카운트 피츠윌리엄이 소장품을 보관하기 위해 1848년 건립

네이버 지식백과(저스트 고, http://term.naver.com/)

③ 여행문화 Tip과 에티켓

1. 여행문화 Tip

• 영국은 유로국가에서 탈퇴하기 전부터 화폐를 파운드라는 자체화폐를 통용하였다. 또한 영국의 파운드는 국내 은행에서 환전이 가능하다.

• 영국은 유럽 중에서도 비교적 치안이 좋은 편으로 낮 동안은 혼자 여행하는 것도 크게 위험하지 않다. 하지만 야간 외출은 자제하고 우범지역은 가급적 방문하지 않

도록 한다. 또한 저렴한 가격의 무허가 숙박업소는 사고 발생률이 높으니 되도록 피한다. 사람들이 많이 몰리는 유명 관광지에서는 소매치기를 주의하고 값비싼 물건은 눈에 띄지 않도록 한다.

- 버스를 탈 때에는 운전기사 뒷좌석에, 2층 버스일 경우 운전자 시야에 들어오는 1층에 앉는 것이 좋다. 또한 열차나 지하철을 이용할 때는 사람들이 많은 칸에 탑승하고, 택시를 이용할 때는 영국 정부가 승인한 택시black cab를 이용하는 것이 안전하다.
- 영국에서는 자동차의 핸들이 우측에 달려 있어 우리나라와는 반대로 좌측통행을 하므로 횡단보도로 길을 건널 때 반드시 오른쪽 방향을 보고 차량의 위치가 어디인지 주의해야 한다.
- 영국의 전압은 240V, 50Hz이며, 우리나라와 달리 네모난 모양의 3개짜리 구멍으로 된 콘센트를 사용하기 때문에 별도의 멀티 어탭터를 챙기는 것이 좋다.
- 비가 많이 오는 영국 날씨의 특성상 우산이나 간단한 비옷을 준비하면 유용하다.
- 영국의 출입국 심사는 다른 유럽 국가와 비교해 까다로운 편이다. 입국심사관이 일단 입국거부 결정을 내리면 번복하는 일이 거의 없으므로 입국 관련 서류를 철저하게 준비하는 것이 중요하다.

2. 여행문화 에티켓

- 사다리 밑으로 지나가거나 방 안에서 우산을 펴면 불길하다고 믿기 때문에 다른 사람의 집에 초대를 받았을 경우 주의해야 한다.
- 길을 걷다가 지나가는 검은 고양이를 보면 행운의 상징이라고 생각하는 경향이 있다.
- 런던의 지하철 에스컬레이터를 이용할 때 왼쪽 편에 서면 우리나라와 마찬가지로 무조건 걷거나 뛰어야 한다. 그렇지 않으면 "좀 비켜주시겠어요?"라는 말을 듣게 된다. 런던의 지하철에서는 반드시 지켜야 하며, 만약 움직이기 싫다면 오른편에 서면 된다.
- 영국인들은 애완동물을 끔찍이 생각하므로 함부로 다루거나 위협적인 행동, 가혹 행위는 절대 삼가야 한다. 이를 어겼을 경우 처벌받을 수 있다.
- 영국식 영어를 사용하는 것이 좋다. 미국식 발음이나 어설픈 악센트는 영국인들에게 재미있게 들리지 않으며, 오히려 그들을 짜증스럽게 만들 수 있기 때문이다.

- 미국 등 다른 영어권 국가에서 'Fanny'는 한국에서는 '힙색'이라고 부르는 허리에 달 수 있는 지퍼가 달린 작은 가방을 가리킨다. 그러나 영국에서 'Fanny'는 속되게 여성의 성기를 가리키는 말이기 때문에 표현의 자제가 필요하다.
- 영국인들은 직설적으로 말하는 것을 좋아하지 않는다. 이들은 스스로 그들의 '돌려 말하기'가 거의 세계 최고라고 말한다. 이들의 돌려 말하는 문화 때문에 만약 누군가를 비난하고 싶으면, 직접 말하지 말고 빈정거리는 것이 낫다.
- 영국은 왕권 국가이므로 여왕의 안부를 묻는 것은 대화의 좋은 시작이라 할 수 있다. 하지만 궁을 지키고 선 근위병들을 절대로 건드리면 안 된다. 이를 여왕에 대한 위협으로 인식하기 때문이다.
- 만약 영국인 친구들과 펍에 갔는데 한 사람이 맥주 값을 모두 낸다면, 고맙다고 말하고 끝날 것이 아니다. 다음 차례에는 다른 사람이 내야 하고, 그다음 차례에는 다른 사람이 순차적으로 계산하는 것이 암묵적인 규칙이다.
- 지하철역 등에서 교통카드를 찍을 때, 미리 카드를 준비하지 않아서 그 앞에서 지갑을 꺼내느라 멈춰 선다면 굉장히 예의 없는 행동이다. 지하철뿐만 아니라 줄이 긴 자판기 등도 마찬가지다.

03 스페인

1 스페인 개관

스페인은 남부 유럽, 이베리아 반도에
위치한 나라다. 정식 명칭은 스페인왕국
Kingdom of Spain으로, 에스파냐Espana 또는
이베리아Iberia, 에스파냐의 옛 이름라고도 한다.
서쪽으로는 포르투갈, 북동쪽으로는 피
레네 산맥을 경계로 프랑스, 안도라 공국
과 접한다. 지역별로 기후, 자연, 문화적
특성이 두드러지는 다양한 특성을 지녔

🧭 스페인 마드리드 공원

다. 해안선의 길이는 4,964㎞이며, 면적은 50만 5,992㎢이다. 인구는 2022년 10월 기준
약 4,756만 명이며, 수도는 마드리드Madrid이다. 언어는 스페인어가 통용되며, 종족구성은
라틴계 스페인인, 이베리아인, 게르만인, 아랍인 등으로 구성되어 있고, 전 인구의 74%
이상이 가톨릭교를 믿는다.

스페인은 17개의 자치 지방으로 나뉘어 있고 이 자치 지방이 다시 3~4개 정도로 나뉘
어 총 50개의 주provincias를 이룬다. 주는 대부분 같은 이름의 시municipios를 중심지로 두고
있다. 그리고 행정구역은 아니지만 플라사스 데 소베라니아라는 모로코 북쪽의 작은 섬
들이 존재한다.

스페인의 기후는 여름이 덥고 겨울이 약간 추운 온대성이다. 지중해에 면한 남유럽 국
가라는 이유 때문에 일 년 내내 따스하고 햇볕 강한 기후라는 이미지가 강하지만 사실
스페인은 넓은 국가라 기후가 꽤 다양한 편이다. 북부는 한국인이 생각하는 것보다 훨씬
습하면서 서늘하고 남부와 내륙 지방은 중동과 북아프리카가 연상될 만큼 덥고 건조하다.

농업이 주된 산업이며 올리브·보리·포도 등이 재배된다. 석탄·철광석·아연 등 광물
자원도 풍부하지만 다른 서구제국에 비해 개발이 늦다. 그 밖에 관광산업이 스페인경제
의 주요 수입원이다. 낮은 물가와 투우·플라멩코 및 이슬람교 유적 등에 끌려 세계 각국

에서 관광객이 많이 오고 있다. 그이베리아 반도의 80% 이상을 차지한 국토는 상업 요충지로 여겨 역사적으로 수많은 부침을 겪어야 했는데, 기원전에는 로마제국이, 8세기 무렵에는 이슬람 세력이 스페인 땅을 지배했고, 그 후에도 잦은 내부 갈등이 있었다. 그러나 스페인의 다사다난한 역사는 풍부한 문화유산을 남겼다. 로마인의 유물, 이슬람의 사원, 중세의 수도원 등은 스페인의 지난날을 대변한다. 로마가톨릭교회의 정신이 문화 전반에 뿌리 깊게 스며들어 있는 한편, 수백 년 동안 아랍의 지배를 받은 영향으로 남부 안달루시아 지방을 중심으로 이슬람 문화의 흔적이 많이 나타난다. 투우와 플라멩코, 수많은 축제는 '정열의 나라' 스페인을 상징하는 대표적인 문화 아이콘이다. 아래의 표는 스페인의 일반정보이다.

 스페인 일반정보

구분	내용
국가명	스페인(Spain, Kingdom of Spain)
수도	마드리드(Madrid)
인구	4,756만 명(세계 31위)
위치	유럽 서남부 이베리아반도, 북대서양과 지중해 연안
면적	50만 5,992㎢(세계 52위)
기후	지중해안: 지중해성 기후, 내륙: 대륙성 기후 • 여름: 내륙은 고온건조, 북부해안지방 높은 강우 • 겨울: 낮은 일조량, 우기
민족구성	스페인인, 이베리아인, 게르만인, 아랍인
언어	스페인어
종교	로마 톨릭교, 기타

한국학중앙연구원, KOTRA 글로벌윈도우, 두피백과, 외교부 내용을 바탕으로 저자 작성.

2 스페인의 문화

스페인의 주요 민족은 라틴계 스페인인이다. 원주민인 이베리아인, 로마인, 게르만인, 아랍인 등 다양한 종족이 혼혈된 스페인의 민족 구성은 스페인의 문화적 다양성 및 독창성의 근원이다. 스페인은 플라멩코flamenco를 비롯한 많은 민속무용이 발달했으며 프랑스, 이탈리아, 아랍풍의 다양한 양식의 건축술이 발달했고 가우디와 같은 세계적인 건축가도 배출하였다. 스페인은 역사적으로 로마, 아랍 지배 등을 거치면서 다양한 문화

를 융합하고 발전시켜온 독특한 문화 전통을 가지고 있다. 특히 기원후 711~1492년간 아랍의 지배를 받은 영향으로 인해 이슬람 문화의 흔적이 남아 있다.

🕐 플라멩코

스페인의 대표적인 문화를 꼽으라면 '투우'를 말할 수 있다. 스페인어로 코리다 데 토로스라고 하는데, 목추고아 농업의 풍요를 기원하기 위해 황소의 죽음을 신에게 바치는 의식에서 기원했다. 투우는 소와 인간의 싸움으로 스페인과 포르투갈의 명물 중 하나이며 특히 스페인에서는 큰 인기를 끌어 국기國技로 되어 있다. 매년 봄 부활제의 일요일부터 11월까지 매 일요일에 마드리드, 세비야 등의 도시에 있는 투우장

🕐 투우

에서 개최가 되는데, 19세기, 20세기에 들어서면서 전국적으로 인기를 끌어 스페인을 대표하는 풍습이 되었다. 투우와 마찬가지로 스페인의 대표적인 문화로 플라멩코가 있는데, 이는 스페인 남부의 안달루시아 지방에서 유래한 춤, 노래와 기타 세 파트로 구성된 민속예술이다. 주로 집시들과 가난한 하층민들이 즐기던 음악과 무용이 예술로 자리를 잡게 되었는데 지역에 따라 다양한 특징을 가진 형태를 띠고 있다.

스페인에는 세계 수준의 다양한 문화유산이 있으며 화가인 파블로 피카소Pablo Piccaso, 호안 미로Joan Miro, 살바도르 달리Salvador Dali와 건축가인 안토니오 가우디Antonio Gaudi 등이 스페인 사람이다. 스페인의 마드리드Madrid에는 엘 프라도El Prado, 레이나 소피아Reina Sofia, 티센Thyssen 박물관이 있고 빌바오Bilbao에도 주요 박물관이 있다.

그 외에 스페인에서 가장 유명한 문화 중 하나가 라 시에스타la siesta일 것이다. 원래 타오르는 한낮의 열기를 피하기 위한 실용적인 수단으로 시작된 라 시에스타la siesta는 스페인에서 인기 있는 전통으로 남아 있다. 그러나 마드리드와 바르셀로나 같은 대도시의 사람들은 관습을 따르지 않는 경우가 있지만, 아직도 라 시에스타는 전국의 작은 도시에서 두드러지게 남아 있다.

1. 음식문화

먹고 자고 마시고 즐기는 스페인의 음식문화는 지역마다 다양한 요리와 빠에야·하몽·가스파쵸·꼬치니 요 아사도 등 투우와 플라멩코가 어우러진 정열의 나라 스페인은 세르반테스의 돈키호테가 태어난 곳이고 유명 검객 조로의 나라이기도 하다. 50여 개가 넘는 주로 이루어진 스페인은 지역에 따라 자연환경도 다르고 언어와 풍습도 다르다. 스페인은 기후조건에 따라 하루의 생활 패턴도 특이한 개성을 갖게 됐다. 일반 가정에서의 아침식사 시간은 7시 30분~9시 사이로 한국과 그다지 차이가 없지만 점심식사 시간은 오후 2~4시로 매우 늦은 편이다. 또 저녁식사 시간은 오후 9~11시 사이로 보통 한국인이라면 잘 시간에 식사를 하는 것이 특이하다. 이는 시에스타Siesta란 낮잠 시간 때문인데 점심식사를 하고 난 후 시에스타를 즐기고 다시 오후의 일과에 들어가면 일을 마칠 시간이 8시가 되기 때문이다. 이 시에스타는 스페인뿐 아니라 그리스 등지의 지중해의 더운 나라에서는 오래된 풍습으로 오후의 더운 날씨에 잠시 휴식을 취하는 데서 생겨났다.

스페인 귀족들은 신대륙에서 들여온 많은 보물과 황금 등으로 풍족한 생활을 누렸으며, 저녁 늦게 시작된 연회에서 밤새도록 놀다가 새벽녘에 잠자리에 들고 아침을 가볍게 먹었다. 점심때는 가족과 풍성한 식사를 즐기고 나서 밤새 놀아 부족한 잠을 보충하는 시간이 바로 시에스타가 되었고 이후 다시 저녁식사로부터 파티가 시작되는 것이다.

남부 유럽은 건조하고 더운 기후로 인해 열량 소비량이 높아 신진대사가 빨라지고 그에 따라 식사량이 많아지는 것이 당연하지만, 특히 스페인 사람들은 하루에 다섯 끼를 먹을 정도로 먹고 노는 파티문화를 좋아한다. 먹는 것을 무엇보다 중요하게 생각하는 나라인 스페인은 한 가지 일에 10년, 20년, 30년을 매달려 소박하면서도 맛있는 요리를 만들어내는 장인들이 있다. 또 다른 스페인의 음식과 관련된 문화의 특징으로는 다양성을 들

 빠에야

🕐 타파스

수 있다. 다양한 맛과 종류의 스페인 요리는 수백 년에 걸쳐 문화와 각 지역별로 다른 특성 등 역사로부터 많은 영향을 받았다. 스페인은 신대륙에 닭, 돼지, 소, 쌀, 양파, 호밀, 당근 등을 전해주었는데 이런 교류가 식습관에도 많은 영향을 끼치게 된다. 이러한 역사적 배경은 스페인 요리를 특징짓는 특성 중 다양성을 이끌어내었다.

스페인 대표음식

구분	내용
하몽	• 스페인식 돼지고기
타파스	• 점심과 저녁 후에 먹는 대표적인 음식
빠에야	• 우리나라처럼 삼면이 바다로 둘러싸여 있어 싱싱하고 감칠맛 나는 해산물 요리
가스파쵸	• 차가운 토마토 수프, 토마토 퓌레와 피망, 양파, 오이 등을 갈아 넣어서 만든 수프

네이버 지식백과(저스트 고, http://term.naver.com/)

2. 축제문화

스페인에는 매년 200여 개가 넘는 축제가 지방별로 개최된다. 스페인에서 가장 유명한 축제로는 2월에서 3월 사이에 열리는 헤레스 플라멩코 축제와 7월에 열리는 산 페르민 축제, 8월 발렌시아 지방에서 열리는 라 토마티나 등이 있다.

✿ 산 페르민 축제

산 페르민 축제는 스페인의 북부 나바라 주의 수호성인이자 3세기 말 주교였던 산 페르민을 기리기 위해 매년 7월 6일에 나바라Navarra 주의 주도인 팜플로나pamplona에서 개최되는 축제이다. 스페인 하면 가장 먼저 떠올리게 되는 투우가 축제의 메인 테마로, 축제에서 투우 현장을 볼 수 있다.

축제 기간 동안에는 소몰이, 투우, 행진, 폭죽 터트리기 등의 다양한 행사를 진행하는데, 가장 유명한 행사는 '엔씨에로'이다. 이는 길들여지지 않은 소들을 투우장으로 인도하

는 것으로 짧은 시간 긴박하고 아찔한 상황을 연출해낸다. 강한 자만이 살아남을 수 있는 축제라는 명성에 걸맞게 엔씨에로와 같은 행사는 빈번한 사고를 동반하기 때문에 팜플로나 시에서는 매번 안전을 위해 다양한 노력을 기울이고 있다.

✿ 라 토마티나

스페인 동부 발렌시아 지방의 소규모 마을인 부뇰Bunol에서 매년 8월 마지막 주 수요일에 열리는 토마토 축제로 세계에서 가장 재미있는 전쟁으로 알려져 있는 축제이다. 1940년대 중반에 시작된 것으로 역사가 길지는 않지만 강렬한 붉은 토마토의 색채와 역동감 넘치는 축제 풍

경이 여러 영화, 광고, 방송에 등장하면서 전 세계적으로 유명해져 3만여 명이 함께하는 축제로 발전했다.

토마토 던지기는 수요일에 1시간여 동안만 진행되는데, 축제 참가자들은 허락된 시간에 잘 익은 토마토를 서로에게 던지며 축제를 즐긴다. 토마토 던지기가 끝난 후에는 소방차까지 동원하여 길바닥을 씻어낸다.

✿ 헤레스 플라멩코 축제

헤레스 플라멩코 축제는 2월 말~3월 초 세비야 근교마을 헤레스에서 개최된다. 플라멩코는 북아프리카 이슬람 문화의 영향을 받은 안달루시아 음악에 기독교와 유대인, 15세기 전후로 스페인에 유입된 집시들의 음악적 요소가 가미되어 생성된 것으로 추정한다.

노래와 기타 반주를 기본으로 하며, 무용에는 캐스터네츠 등 타악기가 부수적으로 사용된다. 플라멩코는 크게 플라멩코 혼도Flamenco Jondo와 플라멩코 페스테로Flamenco Festero로 나뉜다. 전자는 우수에 찬 주제와 어둡고 슬픈 감정을, 후자는 축제 분위기의 밝고 경쾌한 감정을 표현한다. 스페인 남부 안달루시아 지방의 전통적인 민요와 향토 무용이자 유네스코 세계 무형문화유산으로 등재된 플라멩코를 축제를 통해 감상할 수 있다.

 스페인 대표축제

구분	내용
산 페르민 축제	• 스페인의 북부 나바라 주의 수호성인이자 3세기 말 주교였던 산 페르민을 기리기 위해 매년 7월 6일에 나바라(Navarra) 주의 주도인 팜플로나(pamplona)에서 개최
라 토마티나	• 스페인 동부 발렌시아 지방의 소규모 마을인 부뇰(Bunol)에서 매년 8월 마지막 주 수요일에 열리는 토마토 축제
헤레스 플라멩코 축제	• 2월 말~3월 초 세비야 근교마을 헤레스에서 개최되며, 안달루시아 지방의 전통적인 민요와 무용인 플라멩코를 축제를 통해 감상
카스테예르스 데 바르셀로나	• 높은 높이로 인간 탑을 세우는 카탈루냐의 전통으로 공연자들이 인간 탑을 쌓는 모습을 볼 수 있는 축제
소나르	• 세계 최대 규모의 가장 유명한 전자 음악 축제로 다양한 아티스트들이 모이는 축제

3. 여행문화

피레네 산꼭대기부터 햇살을 듬뿍 받은 해변과 사막에 가까운 지역까지, 스페인은 다양한 풍경을 자랑하는 나라이다. 스페인의 17개 지방에는 눈길을 사로잡는 경치, 가슴 뛰는 야외 모험과 아름다운 해변이 자아내는 편안한 분위기까지 갖추고 있어 여행지로서의 매력이 가득하다.

❀ 사그라다 파밀리아 성당

스페인의 거장 건축가 안토니 가우디의 설계로 스페인 바르셀로나시에 건축 중인 로마 가톨릭교 성당이다. 1882년 착공해 가우디 사망 100주년인 2026년 완공될 예정인 곳으로 현재도 지어지고 있는 곳이다. 성당이 완공된다면, 예수를 상징하는 첨탑이 성당의 가운데 가장 높게 위치하게 되며, 세계에서 가장 높은 성당이 된다.

특이한 점은 그동안 무허가로 지어온 이 성당이 착공된 지 137년 만에 시의 공식 건축 허가를 받았다는 점이다. 이 성당은 매년 약 450만 명이 찾는 관광 명소이며, 2005년 바르셀로나 일대의 가우디 건축물 6개와 함께 유네스코 세계문화유산으로 지정됐다.

❀ 구엘 공원

❂ 구엘공원

가우디가 설계한 구엘 공원은 1900년에서 1914년 사이에 조성된 공원으로, 1984년 유네스코 세계유산에 등재되었다. 1914년에는 가우디의 집과 건물 두 채, 광장만이 지어진 채 미완성된 모습이었지만, 1922년엔 바르셀로나 시의회가 이 땅을 사들였고 이후 공원으로 조성되어 일반인들에게 공개되면서 가우디의 작품이 전 세계 많은 이들에게 사랑받게 된 계기가 됐다.

공원은 언덕 꼭대기의 황홀한 경치, 과자집이 연상되는 진저브레드 스타일의 집과 지붕이 쓴 산책로, 모자이크 타일과 같이 개성 넘치는 풍경으로 유명하다. 공원에는 과거 가우디가 살았으며, 지금은 가우디 기념 박물관으로 쓰이는 건물도 있다. 가우디가 사용했던 침대나 책상 등 유품 등이 전시되어 있다. 사그라다 파밀리아 성당과 함께 바르셀로나를 여행하는 사람은 꼭 방문해봐야 하는 곳으로 손꼽힌다.

❀ 알람브라 궁전

❂ 알람브라 궁전

알람브라 궁전은 스페인은 물론 전 세계적으로 유명한 유네스코 문화유산이다. 해발 740m 구릉에 있는 이 궁전은 1238년 나스르 왕조를 세운 무함마드 1세가 건설했으며 본래 군사 요새로 건설되었다가 이슬람 왕실의 거처로 바뀌었다. 알람브라 궁전은 여러 대에 걸쳐 증축됐

는데 현재의 모습은 14세기 유수프 1세와 그의 아들 무함마드 5세 재위 당시 갖춰졌다. 이 건물은 주로 세 개의 정원인 맞추카의 정원, 코마레스의 정원, 라이온의 정원을 기본 축으로 하여 설계된 정원 형식의 건축물이다.

 스페인 관광명소

구분	명소	내용
바르셀로나	바르셀로나 왕의 광장	· 왕의 광장(Placa del Rei)은 중세시대 바르셀로나의 정취가 남아 있는 곳
	바르셀로나 대성당	· 에스파냐 바르셀로나주(州) 바르셀로나에 있는 대성당
	모누멘딸 투우 경기장	· 바르셀로나에서 마지막 투우 경기가 열렸던 경기장
	사그라다 파밀리에 성당	· 스페인의 바르셀로나에 있는 가우디가 설계한 성당
	구엘궁전	· 1984년 유네스코 세계문화유산으로 지정된 저택
	구엘공원	· 가우디가 설계한 구엘 공원은 1900년에서 1914년 사이에 조성된 공원으로, 1984년 유네스코 세계유산에 등재
	카사 비센스	· 「카사 비센스」는 어떠한 양식에서도 영향을 받지 않은 순수한 가우디만의 조형적 감각이 드러난 작품
	라 페드레라	· 안토니오 가우디(1852~1926년)의 작품으로, 그의 가장 큰 주거 프로젝트이자 지금까지 세워진 건축물 중에 가장 상상력이 풍부한 건물
그라나다	알람브라 궁전	· 1238년 나스르 왕조를 세운 무함마드 1세가 건설했으며 본래 군사 요새로 건설되었다가 이슬람 왕실의 거처로 변경
마드리드	스페인광장	· 마드리드를 구시가와 신시가로 나누는 기준인 그란비야 대로의 끝 쪽에 위치한 광장

네이버 지식백과(저스트 고, http://term.naver.com/)

③ 여행문화 Tip과 에티켓

1. 여행문화 Tip

· 통화로 유로를 사용하는 국가이며, 치안 상태는 그리 좋지 않은 편이다. 특히 바르셀로나는 스페인에서 한국인 여행객 사고가 가장 많은 도시다. 오물을 뿌려 주의를 분산시키거나, 여성과 어린이로 구성된 조직이 자선단체 기부금을 요구하는 척하면서 소지품을 강탈한다. 사람들이 많이 모이는 바르셀로나 국제공항, 산츠역 주변,

고딕 지구, 몬주익 언덕, 람블라스 거리 주변에서 강도 및 소매치기 사건이 빈발하며, 바르셀로나와 그라나다의 알바이신 지역에서 한국인 여행객 사고가 많다.

- 여름인 6월 말~9월에 여행객이 가장 많다. 혹한의 추위가 오기도 하는 피레네 산맥 일대를 제외하면, 스페인 전역이 일 년 내내 일조량이 충분해 어느 시기라도 여행하기 좋은 기후를 띤다. 지중해 연안의 해수욕 성수기는 5월 말~9월까지다.

- 레스토랑에서 음식을 빨리 달라고 재촉해도 순서대로 알아서 진행할 정도로 여유가 있는 문화이다. 심지어 특히 스페인 사람들과 약속하면 1~2시간은 기다릴 각오를 하라는 말이 있을 정도로 느긋하며, 약속시간에 대한 인식이 강하지 않다.

2. 여행문화 에티켓

- 시에스타Siesta는 스페인어로 '낮잠'이라는 의미이다. 옛날 스페인의 농가에서는 뜨거운 태양볕을 피하기 위해 점심식사 후 낮잠을 자는 풍습이 있었는데 이것이 지금까지 전해 내려오고 있으며, 오후 1시부터 4시까지 낮잠을 자기 때문에 레스토랑이나 상점, 관광지, 박물관 등도 문을 닫는 문화이다. 만약에 이 시간대에 방문을 해야 한다면 꼭 사전에 미리 알아보고 방문을 해야 한다.

- 스페인에서 저녁식사는 9~10시경에 하는 것이 보통인데, 초대를 받았을 경우 시간을 맞춰가는 것보다 조금 늦게 가는 것이 예의이다. 또한 빈손으로 가는 것은 예의에 어긋나므로 와인이나 디저트를 선물로 갖고 가는 것이 좋다.

- 우리나라와 마찬가지로 2011년부터 건물 내 흡연이 전면 금지되었으며, 술집에서도 금지이므로 각별히 주의할 필요가 있다.

- 스페인의 성당을 구경하기 위해서 너무 짧은 옷이나 민소매 옷을 착용하는 것을 피해야 한다. 노출이 심한 복장이나 모자를 쓸 경우 입장이 불가능할 수도 있기 때문이다.

- 모든 문화가 예약문화이기 때문에 식당, 이발소, 영화관 등을 이용할 경우 사전 예약이 필수다.

- 개인적인 친분이 있다고 해도 나이, 결혼여부, 가족관계, 종교 등 개인적인 신상정보를 묻는 것은 바람직하지 않으며, 여성의 경우 더욱 그러하다.

- 스페인에서도 처음 만나는 사람과 악수로 인사를 나누는데 이때 손을 강하게 잡는 것이 제대로 된 악수라고 생각하는 경향이 있기 때문에 강하게 잡는다.

- 신발을 벗어 발을 보이는 것은 무례한 행동이므로 각별한 주의가 필요하다.

04 독일

① 독일 개관

독일의 정식명칭은 독일연방공화국 Federal Republic of Germany이고, 북쪽으로 북해, 발트해에 면하고 덴마크와 접하며, 동쪽으로 폴란드, 체코, 남쪽으로 오스트리아, 스위스, 서쪽으로 프랑스, 룩셈부르크, 벨기에, 네덜란드와 접한다. 국경선 안쪽으로 알프스산맥, 라인강, 다뉴브강, 슈바르츠발트산맥이 자리하고 있으며, 독

🧭 베를린 의회

일의 면적은 35만 7,022㎢이다. 인구는 2022년 10월 기준 약 8,337만 명이며, 수도는 베를린이다.

종교는 신교와 구교가 주류를 이루고 있는데, 신교는 주로 북부와 동부에 분포하여 전체 인구의 약 51%가 믿고 있으며, 구교는 주로 남부와 서부에 분포하여 전체 인구의 약 48%가 믿고 있다.

독일의 행정구역은 16개 주州로 구성된 연방제 국가이다. 주를 칭하는 공식 명칭은 연방주Bundesland, 구체적으로는 10개의 '주Land', 3개의 '자유주Freistaat', 3개의 '도시주Stadtstaat'가 있는데, 즉 연방주는 따로 있는 게 아니라 이들을 통칭할 때 사용하는 용어이다. 독일은 EUEuropean Union: 유럽연합의 창설국이며 EU에서 가장 인구가 많은 국가이다.

기후는 서유럽의 해양성 기후와 동유럽의 대륙성 기후의 중간형이다. 해양성 기후와 대륙성 기후의 중간 지대에 속해 날씨의 변화가 심하며 특히 서풍이 많이 분다. 연평균 기온은 9℃이다. 여름에는 기온이 25℃ 가까이 올라가기는 하지만 습도가 낮아 그리 덥지 않고 그늘에서는 쾌적함마저 느낄 수 있다. 겨울에는 산맥과 가까운 남부 지역이 더 추워 1월과 2월에는 밤 기온이 영하로 내려가기도 한다. 이에 반해 북쪽은 난류의 영향을 받아 비교적 따뜻하다.

독일의 인구의 대부분은 게르만족이고, 유대인, 슬라브인, 위그노인 등의 소수민족이 있으며, 언어는 고지독일어와 저지독일어 중 일반적으로 고지독일어를 표준어로 삼고 있으며, 16세기에 루터의 성서번역에 의해 신고지독일어가 확립되어 방언의 차이가 많이 줄었다.

독일은 수백 년 동안 여러 연방 국가와 자치 국가로 나뉘어 있었다가 19세기가 되어서야 프로이센 왕국이 나라를 하나로 통일했다. 통일 이후에 독일은 해외로 세력을 넓히려고 제1차 세계대전을 일으켰으나 패배하였으며, 1939년에는 히틀러가 다스리는 나치가 정권을 잡고 다시 제2차 세계대전을 일으켰으나 패배하고 민주주의 국가인 서독과 공산 국가인 동독으로 나누어지기도 했다. 하지만 서독의 놀라운 경제 성장을 토대로 1990년 통일을 이루면서 오늘에 이르고 있다. 세계 문화에 많은 영향을 끼친 나라이기도 하며, 특히 바흐, 베토벤, 슈베르트, 브람스 등 세계 음악사에 이름을 떨친 음악가들이 많다. 괴테 같은 문학가와 칸트, 헤겔 등의 철학가들은 근현대 서양 사상의 흐름을 이끌었다.

중세와 르네상스 시기에는 많은 독일 건축가, 화가, 조각가들이 뛰어난 작품들을 만들어냈고, 그때 쾰른 대성당을 비롯한 고딕 양식의 성당들이 세워졌다. 18세기에 독일 왕가에서는 프랑스 베르사유 궁전을 모방한 궁전을 지었는데, 그중 하나가 베를린과 포츠담 지역에 있는 상수시 궁전이다.

지금도 독일은 각 지방마다 높은 수준의 문화 활동이 이루어지고 있고, 출판이 발달하여 매년 10월에 세계에서 가장 규모가 큰 프랑크푸르트 도서전이 열리고 있다. 아래의 표는 독일의 일반정보이다.

 독일 일반정보

구분	내용
국가명	독일(The Federal Republic of Germany)
수도	베를린(Berlin)
인구	8,337만 명(세계 19위)
위치	유럽중부
면적	35만 7,022㎢(세계 63위)
기후	서유럽의 해양성 기후와 동유럽의 대륙성 기후의 중간형
민족구성	게르만족, 유대인, 슬라브인, 위그노인
언어	독일어
종교	신교(51%), 구교(48%)

한국학중앙연구원, KOTRA 글로벌윈도우, 두피백과, 외교부 내용을 바탕으로 저자 작성.

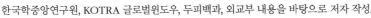

2 독일의 문화

독일은 역사적으로 괴테, 실러, 바흐, 베토벤, 칸트, 헤 겔 등 예술가와 철학자를 많이 배출했다. 현재 독일은 5,000여 개 뮤지엄과 300개가 넘는 극장, 130여 개 오 케스트라, 7,500여 개 도서관 등 풍부한 문화 인프라가 구축되어 있어 다양한 문화를 창조해내고 있다.

독일의 문화중심지는 특정한 몇 개 도시에 국한되어 있는 외국의 경우와는 달리 지난 날의 분권주의 역사적 배경을 반영하여 전국적으로 퍼져 있다. 각각 독특한 지방색을 보이면서 세계적으로 높은 수준의 문화 · 예 술을 유지하고 있는 것이 독일 문화의 특색이다.

🔊 베토벤

연방국가 독일은 문화정책에 있어서도 기본적으로 연방주의를 엄격하게 적용한다. 국 외 문화정책의 경우, '다른 외국 국가들과의 관계를 관리하는 것은 연방의 업무'라고 규 정한 기본법 32조 1항에 의거해 연방정부에서 담당한다. 국외 문화정책들은 연방정부가 직접 담당하는 것이 아니라 다양한 문화기구들을 통해 이루어진다는 것이 특징이다. 국 외 문화교육정책을 담당하는 주요기구로서 독일문화원Goethe Institute은 문화프로그램 실 행, 독일어 보급, 포괄적인 독일 이미지 홍보 등의 활동을 하고, 독일 학술 교류처는 대학 간에 국제적 협력을 하도록 지원한다.

독일의 대표 문화로는 클래식을 꼽을 수 있다. 바흐, 베토벤, 슈만, 멘델스존, 바그너, 브 람스 등의 음악가를 배출한 국가답게 일 년 내내 클래식 음악을 즐길 수 있는 곳이 바로 독일이다. 세계 제일의 오케스트라로 손꼽히는 베를린 필하모닉을 비롯해 드레스덴, 라이 프치히 등의 도시에 130여 개 전문 오케스트라가 존재한다. 9월부터 다음해 6월까지 오 케스트라 시즌이 펼쳐지며, 한여름에는 모차르트 음악제, 바흐 음악제 등 각종 음악제가 개최된다. 독일은 수백 년 동안 수십 개의 독립 국가였기 때문에 각 지역에는 독특한 문 화유산이 풍부하다.

독일의 독특한 문화로는 나눔문화가 있다. 독일인은 검소한 생활습관을 가지고 있는데 이러한 생활습관에서 기인한 문화가 바로 나눔문화라고 할 수 있다. 독일인은 근검절약 하며, 검소하고 재활용을 잘하는 습관을 가지고 있는데 이것이 나눔문화로 나타난 것이 다. 독일을 여행하다보면 거리 곳곳에 자리 잡은 나눔 상자 'Zu verschenken!'를 볼 수

있는데 한국말로 번역하면 '가져가세요!'라는 의미이다. Zu verschenken!라고 적혀 있는 상자를 발견한다면 필요한 물품은 가져와도 괜찮으니 독일 여행 시 찾아보는 것도 또 다른 즐거움이 될 것이다.

1. 음식문화

독일의 음식문화는 실용적인 독일의 국민성에서도 잘 드러난다. 조리 과정은 단순하지만 다양한 종류의 음식들은 풍부한 맛을 가지고 있다. 하루 중 점심을 가장 중요한 식사로 여기는데 이는 산업혁명시기의 산물로 볼 수 있다. 또한 독일은 예로부터 각 지방의 특색이 강한 나라로, 이러한 특성은 음식에도 그대로 나타난다. 각 지방마다 즐기는 음식은 물론 먹는 법과 요리법이 각각 달라 독일의 대표적인 음식인 소시지와 맥주도 지방마다 맛의 차이가 뚜렷하다.

소시지와 햄이 발달한 독일에서는 소시지를 부르스트라고 한다. 돼지고기 간 것에 소금, 마조람marjoram, 넛맥nutmeg 등의 향신료를 섞고 케이싱에 채워서 만든 독일식 소시지로 돼지고기의 부위와 제조방법, 크기 또한 다양하며 맛도 모두 다르다. 독일은 세계 1위의 맥주 소비국일 뿐만 아니라 5,000종 이상의 맥주를 생산하고 있는 나라이다. 식수가 부족하기 때문에 독일 국민들에게 맥주는 술이라기보다 일상적인 음료에 가까울 정도여서, 맥주는 액체 빵이라고 부를 만큼 매우 소중히 여겨진다. 통계에 의하면 1년에 독일인 한 사람이 마신 맥주는 평균 131.2ℓ로, 하루에 330㎖ 정도를 마셨다고 할 수 있다. 독일에는 거의 모든 지역에 맥주 양조장이 있어 각 지방마다 나름의 특색을 갖춘 독특한 맥주를 만날 수 있다. 독일의 맥주는 순수성으로도 유명하다. 1516년 빌헬름 4세는 '독일 순수법'을 제정해 맥주 양조를 엄격하게 관리하도록 했다. 지금도 이 법이 철저히 지켜지고 있다.

 소시지

 맥주

 **독일 지역음식**

구분	내용
동부지역	• 강한 향신료를 많이 사용하는 것이 특징이다.
북부지역	• 바닷가를 접한 지역으로 스칸디나비아 반도의 영향으로 인해 청어와 같은 생선을 많이 먹는다.
서부지역	• 라인강 유역의 지역으로 양념이 강하지 않은 것이 특징이다.
남부지역	• 소시지와 맥주, 감자를 이용한 요리가 다른 지역에 비해 많아 우리가 일반적으로 생각하는 독일 요리에 가장 가깝다고 할 수 있다.

2. 축제문화

독일에서는 1년 내내 다양한 행사가 열린다. 전통 민속 축제와 수확을 기념하는 축제, 뛰어난 음악가를 기념하는 음악제, 종교적인 축제 등 독일은 지역마다 독자적인 방언과 기질, 전통이 발달되어 있다. 이 중 바이에른은 전통적인 맥주 축제 '옥토버페스트'가 개최되는 지역으로, 해마다 수백만 명의 사람들이 바이에른의 주도 뮌헨에 몰려든다. 또한 라인란트 지역의 전통은 카니발에서 찾을 수 있는데, 이는 과거 겨울을 물리치는 의식에서 비롯되었다고 한다. 일주일간의 축제 기간에 도시는 가면을 쓴 무리들로 넘쳐난다.

✿ 옥토버페스트

옥토버페스트는 매년 9월 세 번째 토요일 정오부터 10월 첫 번째 일요일까지 뮌헨에서 열리는 세계에서 가장 큰 맥주 축제이다. 독일 국민은 물론 전 세계에서 700만 명이 넘는 관광객이 이 축제를 즐기기 위해 모여든다. 1810년 10월 바이에른 공국의 초대 왕인 빌헬

옥토버페스트 천막

옥토버페스트 거리행진

름 1세의 결혼을 축하하는 축제에서 시작된 옥토버페스트는, 1883년 뮌헨의 맥주 회사들이 축제를 후원하면서 독일을 대표하는 국민 축제로 발전하였다. 축제 첫날에는 시민들이 분장하고 음악가 바그너가 세운 극장에서부터 시내를 행진한다. 동시에 시내 광장에서는 뮌헨의 6대 맥주 회사가 3,000명 이상을 수용할 수 있는 천막 술집을 열어 분위기를 고조시키고, 이어 뮌헨 시장이 그해 첫 생산된 맥주를 선보이면서 축제의 개막을 선언한다. 이후 16일 동안 맥주를 마시고 즐기면서 독일이 자랑하는 맥주 축제가 벌어진다.

❁ 마인츠 사육제

독일에는 부활절 40일 전부터 고기를 먹지 않고 근신하는 사순절이라는 기간이 있었는데, 이 기간이 시작되기 전에 실컷 고기도 먹고 술도 마셔두자는 잔치가 바로 사육제 카니발이다. 마인츠 사육제는 1823년 쾰른에서 '카니발 위원회'가 공식적으로 창립되면서 시작되어 연중행사로 노드라인베스트팔렌 주에서 매년 개최된다.

쾰른에서는 마인츠 사육제의 공식적인 시작을 11월 11일 11시로 잡는데 이 시간부터 축제가 시작되어 분위기가 서서히 고조되며 특히 사순절이 시작되기 일주일 전부터 축제는 최고조에 달한다. 축제가 시작되면 다양한 퍼레이드와 함께 도시 전체가 흥겨운 분위기로 들썩이는데, 티켓을 따로 구입할 필요 없이 무료로 모든 것들을 즐길 수 있다. 축제의 하이라이트는 '장미의 월요일'인데, 이 시기에는 거리에 성대한 가장행렬이 이어지고 밤새 축제가 벌어지지만 축제의 마지막인 '재의 수요일'이 되면 모두 일상으로 돌아온다.

❁ 프랑크푸르트 도서전

독일은 출판과 도서의 나라로서 매년 10월에 세계에서 가장 규모가 큰 프랑크푸르트 도서전이 열린다. 10월 중순 수요일부터 일요일까지 약 5일간 독일 헤센주 프랑크푸르트 암마인에서 개최된다.

프랑크푸르트 도서전은 15세기 초 구텐베르크의 금속활자 발명 이후 정기적으로 개최

되었다가 2차 세계대전으로 인해 잠시 중단된 뒤 1949년부터 재개되었다. 개막 후 3일 정도는 출판업 전문인들만 입장 가능하며 마지막 이틀간은 일반 방문객들도 출입이 가능하다.

프랑크푸르트 도서전에는 도서 전시, 계약 이외에도 다양한 상 제도들이 있는데 가장 대표적인 것이 바로 평화상이다. 평화상은 극작자이면서 시인인 슈바르츠에 의해 제안된 것으로 1950년에 만들어져 평화와 인권, 국제간 상호이해에 공헌한 사람들에게 수여되는 상이다. 수상자들은 상금을 받게 되는데, 상금은 출판업자와 서적 상인들의 기부금으로 형성된다.

 독일 대표축제

구분	내용
옥토버페스트	• 매년 9월 세 번째 토요일 정오부터 10월 첫 번째 일요일까지 뮌헨에서 열리는 세계에서 가장 큰 맥주 축제
마인츠 사육제	• 부활절 40일 전부터 고기를 먹지 않고 근신하는 사순절이라는 기간이 있었는데, 이 기간이 시작되기 전에 실컷 고기도 먹고 술도 마셔두자는 잔치
프랑크푸르트 도서전	• 출판과 도서의 나라인 독일의 프랑크푸르트에서 매년 10월에 열리는 세계에서 가장 규모가 큰 도서전
베를린 국제 영화제	• 1951년 독일의 통일을 기원하는 의미에서 시작된 독일 베를린 영화제는 매년 2월 중순에 개최되며, 칸 영화제, 베네치아 영화제와 함께 3대 영화제로 손꼽힌다.
뮌헨 오페라 페스티벌	• 카를 폰 페어팔이라는 궁정 음악감독이 1875년 처음 시작한 오페라 페스티벌로, 역사적으로 가치가 있고 관객들에게 인기가 있던 오페라를 공연한다.

3. 여행문화

독일은 세계에서 경제가 가장 튼튼한 나라, 자동차 나라 등 다양한 수식어를 갖고 있는 곳이다. 세계 최고 선진국인 만큼 여행을 하기에도 좋은 환경을 가지고 있는 나라이다.

✿ 브란덴부르크 문

브란덴부르크 문은 18세기에 베를린에 지어진 초기 고전주의적인 양식의 개선문으로 아테네 아크로폴리스에 있는 신전 입구를 본따 만들었으며, 서부 베를린의 중심부에 자리 잡고 있다. 독일 지도에서는 브란덴부르크 문을 단순화한 도안만으로 베를린을 표시하는 경우가 있을 정도로 베를린의 가장 대표적인 상징이다.

브라덴부르크 문은 나폴레옹 전쟁, 프로이센-프랑스 전쟁, 2차 세계대전, 베를린 장벽, 1990년 통일과 같은 수많은 역사적인 사건들과 세월을 같이한 건축물이다. 특히, 베를린 장벽의 붕괴와 독일 재통일 또한 브란덴부르크 문이 배경이 되었기 때문에 지금은 단순히 베를린이나 독일의 상징일 뿐만 아니라 유럽 전체의 통합과 번영을 상징하는 건축물로 떠오르고 있다.

🕐 브란덴부르크 문

❀ 샤를로텐부르크 궁전

샤를로텐부르크 궁전은 독일, 베를린에 현존하고 있는 3번째로 큰 궁전으로 베를린의 샤를로텐부르크 지역에 위치하고 있다. 성은 프로이센의 초대 국왕 프리드리히 1세의 부인인 소피 샤를로테 왕비의 여름별장으로 1713년에 이탈리아풍의 바로크 양식을 가미해서 지어졌다. 이후 200여 년에 걸쳐 증축되었다.

🕐 샤를로텐부르크 궁전

제2차 세계대전 당시 심각하게 훼손이 되었지만 1945년 이후 복원 사업에 착수하면서 박물관 및 음악 공연장으로서의 기능을 담당하고 있다. 성 뒤편의 공원은 별도의 입장료가 없지만 아름다운 모습을 하고 있어 입장료가 있는 박물관을 가지 않더라도 공원은 가보는 것을 추천한다.

❀ 하이델베르크 성

하이델베르크 성은 독일의 유명한 유적이면서 하이델베르크의 랜드마크로, 독일 남서부 바덴뷔르템베르크주에 있는 도시 하이델베르크에 위치하고 있다. 13세기 초 작은 성으로 고딕 양식으로 건축되었으나, 1618년에 발발한 30년 전쟁으로 인해 하이델베르크

하이델베르크 성

성은 양 진영으로부터 공격을 받아 심각한 피해를 입었다. 전쟁이 끝난 후 재건축 작업을 시작했으나, 1689년과 1693년 프랑스와의 전쟁으로 복원작업이 수월하지 못해 더욱 황폐화되었으며, 1764년 낙뢰로 파괴된 이후 현재 위치에 옮겨지게 되었다.

독일 관광명소

구분	명소	내용
베를린	브라덴브루크 문	• 18세기에 베를린에 지어진 초기 고전주의적인 양식의 개선문
	샤를로텐부르크 궁전	• 베를린에 있는 프로이센의 구고아 프리드리히 1세가 아내를 위해 지은 여름 궁전
	베를린 대성당	• 초기에는 수수한 바로크 양식이었지만 1905년, 중앙에 거대함 돔을 갖춘 지금의 모습이 완성
	체크포인트 찰리	• 1961~1990년까지 사용된 동서 베를린의 국경 검문소로 장벽 박물관 옆에 위치
	포츠담 수상시 궁전	• 독일의 유네스코 세계 문화유산으로 1739~1916년에 포츠담에는 공원 500ha와 건물 150동이 모인 복합지구가 건립
쾰른	쾰른 대성당	• 독일의 유네스코 세계 문화유산으로 고딕양식의 걸작, 1248년에 건축을 시작하여 1880년에 완공
뮌헨	렌바흐 미술관	• 뮌헨에 위치한 19~20세기의 유명한 화가였던 렌바흐의 저택을 개조한 미술관
	슈바빙	• 뮌헨을 대표하는 학생과 예술가의 거리로 레오폴드 거리를 따라 카페, 바, 화랑, 극장 등이 있음
프랑크프루트 암마인	프랑크푸르트 대성당	• 1562년부터 230년간 신성 로마 제국 황제의 대관식이 거행된 곳으로 붉은 갈색의 고딕양식 건축물
	괴테의 생가	• 프랑크푸르트에 있는 독일의 대문호 괴테가 태어나고 자란 생가 건물은 4층에 20여 개의 방이 있는 고딕 양식의 저택
하이델베르크	하이델베르크 궁전	• 독일의 유명한 유적이자 하이델베르크의 랜드마크로, 독일 남서부 바덴뷔르템베르크주에 있는 도시 하이델베르크에 위치

최철호(2016) 저스트 고 유럽, 시공사 자료 참조.

하이델베르크 성은 계획적으로 건설된 것이 아니기 때문에 내부를 보면 다양한 건축 양식을 볼 수 있다. 성의 서쪽과 남쪽은 고딕 양식인데, 북쪽과 동쪽은 인물 장식으로 화려한 르네상스 양식으로 개조되었으며, 여러 양식이 혼용되어 현재는 하이델베르크의 대표적인 건축물로 자리 잡았다.

③ 여행문화 Tip과 에티켓

1. 여행문화 Tip

- 겨울을 제외한 4월부터 10월까지가 여행하기 좋은 계절이다. 겨울에도 많이 춥지는 않지만 일조 시간이 짧아 오후 4시경부터 어두워지기 시작하므로 관광하기에 어려움이 따른다. 반면 여름에는 습도가 낮아 한낮에도 덥지 않으며, 늦은 밤이 되어서야 해가 지기 시작한다. 한편 모터쇼, 북페어 등 산업 박람회가 열리는 시즌에는 숙박료가 오르고 빈방을 구하는 것도 쉽지 않다. 박람회가 목적이 아니라면 이 기간은 피하는 것이 좋다.

- 프랑크푸르트는 독일에서 범죄 발생률이 가장 높은 도시 중 하나다. 중앙역과 그 앞길, 카이저 거리 주변은 소매치기와 날치기가 빈번하게 발생하는 지역이므로 이 지역을 지날 때는 주의해야 한다. 그리고 베를린에서는 S반의 동쪽 노선에서 극우파의 외국인을 대상으로 한 폭력사건이 자주 발생하므로 주의해야 한다.

- 독일에서 장거리 여행을 하려면 장거리 여행 버스인 코치를 이용하면 된다. 로맨틱 가도, 고성 가도, 검은 숲 지방을 여행하려면 유로 버스를 이용하는 것이 좋고 매년 4~10월까지 운행한다.

- 식당에서는 계산서에 나온 액수의 5~10%를 팁으로 주는 것이 보통이다. 만일 카드 결제를 할 경우에는 팁을 잔돈으로 따로 주거나 카드 명세서의 서비스액을 적는 곳에 따로 기입하여 결제를 해도 된다.

- 독일의 상점은 일요일에 문을 닫는 경우가 많다. 식료품을 포함한 대다수의 상점이 일요일에 영업을 하지 않기 때문에 필요한 물품이 있을 경우에는 미리 구매해두는 것이 좋다.

2. 여행문화 에티켓

- 꽃 선물은 홀수로 하되 13송이를 선물하는 것은 삼가야 한다. 그 이유는 13일의 금요일처럼 불길한 징조로 여기기 때문이다.
- 선물을 포장할 때 흰색, 검정색, 갈색 포장지는 피해야 한다. 장례식을 연상케 하기 때문이다.
- 독일인과 만날 때마다 식사는 했냐고 물어보면 먹는 것밖에 모르는 별난 속물로 오해받을 수 있으니 주의해야 한다.
- 독일인들은 대화를 하는 도중 무의식적으로 주머니에 손을 넣는 것을 무례한 행동이라 생각하기 때문에 각별한 주의가 필요하다.
- 기차역이나 백화점 등 공공장소에 출입할 때 문을 열었는데 바로 뒤에 사람이 있으면 문을 잡아주는 것이 예의이다.
- 유명 관광지에서는 길거리에서 행위 예술을 하는 사람들 또는 길거리 음악가들을 종종 만나게 된다. 이때 이들을 촬영할 때는 약간이라도 비용을 지불하는 것이 예의이다.
- 보행자는 자전거 도로에 들어가서는 안 되고, 만약 그러다 사고가 나면 전적으로 보행자의 과실이다.

05 러시아

1 러시아 개관

러시아의 정식 명칭은 러시아 연방Russian Federation이며, 수도는 모스크바이다. 러시아의 전체 면적은 1709만 8,242㎢로 한반도의 77.1배이며, 세계에서 가장 큰 나라이다. 북쪽으로는 북극해, 동쪽으로는 태평양에 면하며, 남쪽으로 북한·중국·몽골·카자흐스탄·아제르바이잔·그루지야, 서쪽으로는 우크라이나·벨라루스·라트비아·폴란드·리투아니아·에스토니아·핀란드·노르웨이 등에 닿아 있다.

러시아의 인구는 2022년 10월 기준 약 1억 4,471만 명으로 세계 9위에 해당하며, 민족구성을 살펴보면 러시아인80.9%, 타타르인3.8%, 우크라이나인1.4%, 기타 150여 소수민족고려인은 약 100만 명으로 추산 등으로 구성되어 있다.

러시아는 다양한 인구만큼 종교의 분포도 다양하여 전체 인구의

🕐 모스크바 밤 강

약 82%가 러시아 정교를, 약 14%가 회교를 신봉하고 있다. 기타 로마가톨릭이 약 1.5%, 유대교가 약 1.5%, 개신교가 약 0.5%를 차지하고 있다.

러시아는 세계에서 가장 큰 면적을 가진 나라답게 행정구역도 가장 복잡하다. 가장 크게는 연방관구가 8개 존재하며 연방주체와 달리 헌법에 명시된 행정단위는 아니지만 그 장은 대통령에 의해 임명된다. 연방관구 밑으로는 연방주체가 있는데 연방주체에는 22개의 자치 공화국, 46개의 주, 9개의 지방, 3개의 연방시, 4개의 자치구, 1개의 자치주가 존재하며 총합 85개가 있다.

러시아의 기후도 큰 면적에서 알 수 있듯이 지역마다 다르게 나타나지만, 매우 한랭하고 긴 겨울과 짧고 서늘한 여름을 가지는 전형적인 대륙기후가 전반적이다. 기온의 연교

차는 지역에 따라 큰 차이를 보이는데, 시베리아 베르호얀스크의 경우 연교차가 60℃를 넘어 세계에서 가장 큰 연교차를 보이고 있다. 이에 비해 모스크바는 연교차가 30℃에 못 미치고 있으며, 발트해와 태평양 연안지역은 이보다 작다. 모스크바 부근은 겨울 평균기온이 영하 10℃, 여름 평균기온이 16℃이다. 1월에는 매우 한랭한 고기압부가 시베리아에서 형성된다. 바람이 육지에서 해양으로 불기 때문에 대부분 지역이 영하로 떨어지며 살인적인 추위를 느끼게 한다.

러시아의 언어로는 세계에서 러시아만큼 다양한 언어가 공용되고 있는 나라는 없으며, 민족구분도 주로 언어구분에 따른다. 현재 100개 이상의 언어가 사용되는데, 구소련 이래 러시아는 소수민족언어에 대해 유화적인 정책을 펴왔다. 그리하여 취학 후 8학년까지는 학교에서 소수민족언어에 의한 교재사용 및 학과운영이 실시되고 있으며, 소수민족 고유언어로 신문 및 방송제작이 이루어지고 있다. 다만 고급관료나 전문직에 종사하기 위해서는 러시아어 구사를 필수조건으로 하고 있다. 현재 러시아에서 쓰는 언어를 계통적으로 분류하면 인도유럽어족, 우랄알타 이어족, 투르크어족, 기타어족으로 나눌 수 있다.

러시아 일반정보

구분	내용
국가명	러시아연방(Russian Federation)
수도	모스크바
인구	1억 4,471만 명(세계 9위)
위치	유럽과 아시아 대륙의 북쪽에 위치
면적	1709만 8,242㎢(세계 1위)
기후	광범위한 기후대(겨울이 길고 여름이 짧은 대륙성 기후) 1월 평균기온: -16~-9℃, 7월 평균기온: 13~23℃
민족구성	러시아인(80.9%), 타타르인(3.8%), 우크라이나인(1.4%), 150여 소수민족
언어	러시아어(공용어), 인도유럽어족, 우랄알타이어족, 투르크어족, 기타어족
종교	러시아 정교(82%), 회교(14%), 로마가톨릭(1.5%), 유대교(1.5%), 개신교(0.5%)

한국학중앙연구원, KOTRA 글로벌원도우, 두피백과, 외교부 내용을 바탕으로 저자 작성.

2 러시아의 문화

러시아는 함축적인 의사소통 문화를 갖고 있다. 러시아인은 서로가 사회적 통념, 관습, 경험, 정보 등 많은 부분을 공유하고 있기 때문에, 어떤 사안에 대해 자세하게 설명하지 않아도 상대방이 자신의 메시지를 이해할 것으로 생각한다. 이 때문에 러시아인과 깊은 커뮤니케이션을 하려면 사전에 반드시 관계가 형성되어 있

🏛 레닌 동상

어야 한다. 중국으로 치면 일종의 꽌시 문화가 있는 것인데 인간관계를 중요시하는 러시아의 문화가 잘 묻어 있는 것이다. 중국에 꽌시가 있다면 러시아에서는 블라트Blat가 있고 이게 있으면 안 되는 일이 없을 정도이다.

러시아 문화에서 발레는 특별한 존재이다. 1734년 발레학교가 세워졌고 이를 계기로 발레가 발전하여 서유럽 발레에 영향을 미쳤을 정도로 발레의 발전에 러시아의 공헌이 크다고 할 수 있다. 또한 러시아 문화에서 빼놓을 수 없는 것이 건축문화이다. 러시아의 기원이 된 동슬라브족들은 나무를 건축 재료로 능숙하게 사용하였는데, 이후로 전통적인 러시아의 건축물은 목재로 지어졌고 집의 지붕이나 배의 고물에도 목조장식을 붙였다.

키에프 시대에는 기독교가 도입되고 이에 따라 교회 건물이 생겨나면서 비잔틴문화가 강력한 영향을 주었고, 이에 따라 건축 재료에 있어서 석조건물이 나타났으며, 건축의 내부 장식에서도 그리스식의 회반죽이 마르기 전에 수채화법으로 그리는 프레스코, 조개껍질이나 유색금속가루를 부착하는 모자이크가 도입되었다.

1. 음식문화

러시아 요리의 특징은 채소, 어패류는 적고 육류 사용이 많아 한마디로 소박하고 영양이 많으며 실질적이다. 북쪽에는 종류가 별로 많지 않은 편이고, 남쪽에는 과일이나 채소가 풍부하지만 전국적으로 생채소가 적기 때문에 양배추·토마토·감자·양파·당근·사탕무비트·오이 등의 저장채소나 염장채소를 쓰는 요리가 많다. 기후와 땅의 영향으로 러시아의 주식은 감자이며 야채가 귀하고 대신 육류를 이용한 음식들이 많다.

빵과 고기가 주식으로 특히 북부에 위치해 춥고 혹독한 자연환경 때문에 주로 지방질이 많은 고기를 선호하는데 이러한 이유로 돼지고기가 쇠고기에 비해 훨씬 비싸다. 또 양고기를 많이 쓰는 편이고, 어류는 청어·연어·대구가 많으며, 특히 철갑상어알은 카스피해에서 나는 것이 세계적으로 유명하며 물이 안 좋아 차를 많이 마신다. 고기와 관련해서 러시아는 특이한 음식문화가 있는데, 1년에 약 200일 정도가 음식금지기간으로 설정되어 있어 러시아인들이 그 기간에 고기를 먹을 수 없다는 것이다. 그래서 육식금지기간에 육류 대체음식으로 생선이 러시아인의 식탁에 중요한 음식으로 자리를 잡게 되었다.

흑빵은 호밀가루에 캐러멜을 넣고 색을 내 구운 빵을 말한다. 호밀이 러시아의 자연환경에서 잘 자라기 때문에 러시아인들의 주식이 되었다. 피로시키는 야채나 다진 고기 등을 속에 채워 튀긴 빵인데, 오늘날에는 대부분 달걀과 파, 감자, 양배추, 다진 고기 등을 소로 사용하지만 원래는 월귤나무 열매와 버섯을 넣어 만든 것이 원조이다.

샤슬릭은 러시아의 전통 꼬치요리로서 양고기나 돼지고기, 쇠고기 등에 양념을 한 후 야채와 함께 끼워 불에 굽는다. 주로 축제 요리로 보드카를 곁들여 먹는다. 우하는 생선을 주재료로 끓인 수프로 양파, 파슬리, 양배추 등의 야채를 첨가해 만들며 쌀, 콩을 곁들여 먹기도 한다. 뺄메니는 시베리아에서 기원한 러시아식 물만두로 만두피가 두껍고 속은 고기로 채워져 있다. 끓는 물에 넣어 삶은 후에 건져

ⓘ 샤슬릭

내 어스메따나 러시아 전통 소스 또는 향신료를 뿌려 먹는다.

러시아인들은 빵을 신성하게 여기고 예로부터 죽을 많이 먹었다. 항상 중요한 자리에는 죽을 준비하는 습성이 있으며, 밀 보드카는 세계 최고 수준을 자랑한다. 또한 소프트한 음료로는 크바스가 가장 잘 알려져 있다. 건배를 한 후 술이 남으면 불신不信이 남는 것이라 생각하며, 보드카 1잔을 마신 후에야 마음을 여는 습성이 있다. 또한 접대는 식당에서 식사 후 서커스나 발레 같은 공연을 관람하는 것으로 행하며, 선물은 술을 좋아한다.

러시아 대표요리

구분	내용
오크로시카 (Окрошка)	• 오이, 양파와 같은 야채와, 삶은 감자, 계란, 햄, 크바스를 섞어 만든 수프
시(Щи)	• 양배추가 주재료로 돼지 고기, 감자, 토마토, 당근, 양파 등을 넣어 끓인 수프
우하(Уха)	• 연어, 농어, 참치, 청새치, 상어 같은 생선으로 끓인 수프
보르시(борщ)	• 감자와 당근, 양파, 사탕무, 비트 등을 채썰어서 양갈비와 함께 푹 고은 수프
샤실리크 (Шашлык)	• 러시아의 양꼬치. 러시아인들이 밖에 놀러 나갈 때마다 구워 먹는 인기 메뉴
펠메니 (Пельмень)	• 다진 돼지고기, 양고기, 소고기에 후추, 마늘, 양파를 섞어 만든 소를 넣어 만든 러시아식 만두
수구다이 (сугудай)	• 연어, 송어, 묵순 등을 주재료로 사용한 시베리아의 전통 생선 요리
캐비아(Кавиар)	• 철갑상어의 알

2. 축제문화

러시아의 축제는 주로 농촌절기, 자연현상 및 러시아 정교와 관련되어 있는 축제들로 이루어진다. 988년 러시아 정교의 도입은 축제에 큰 영향을 미쳤으며, 이러한 종교적 축제는 농촌절기에 행해오던 축일을 대체하거나 병합하여 러시아인들의 삶 속에 자리를 잡아갔다. 사회집단별이나 집안의 관습, 개인의 생활방식에 따라 축제를 즐기는 것이 다른데 대다수 러시아인들의 축일은 신년설날, 깔라다, 마슬레니차, 부활절, 따찌야나의 날, 노동절, 전승기념일 등이 있다.

✿ 마슬레니차

마슬레니차는 추운 지역에서 사는 러시아인들에게 따뜻한 태양과 같은 축제이다. 즉, 봄을 맞으며 한 해의 농사 채비를 갖추는 축제로 우리나라의 풍년기원제로 볼 수 있다. "마슬레니차를 지내기 위해 마지막 남은 치마까지 내다 판다."라는 속담이 있을 정도로 러시아인들에게

🔆 마슬레니차

는 마슬레니차에 실컷 놀지 못하면 평생 불행하다고 믿는다. 따라서 러시아의 명절 중 가장 방탕한 명절 중에 하나로 알려져 있다. 마슬레니차 기간에는 교회에서 육류의 섭취를 금하고, 유제품·물고기·달걀만을 먹을 것을 허용한다. 또한 썰매타기나 눈싸움으로 그 분위기를 달구고 마을별로 패를 나누어 싸움을 하는데 이때 흘린 피는 땅을 굳게 만들어 많은 수확을 걷을 수 있다고 믿었다. 축제의 마지막 날에는 정화의 날로 모닥불을 피워 각종 악재를 씻어내는 의식을 진행한다.

❀ 백야축제

백야축제는 북극에 가까운 샹트 페테르부르크에서 자연 현상으로 나타나는 백야현상을 기념하는 축제인데 백야란 새벽 2시에 해가 져서 3시경에 다시 뜨는 24시간 동안 해가 지지 않는 날을 의미한다. 축제의 개막식에는 대통령이 직접 참석하고, 각종 행사나 기념식, 시상식에는 시장이 참석하여 세계 각국의 손님들을

❀ 백야축제

맞이한다. 이 축제는 학생들이 학년말 시험이 끝난 후에 시작하기 때문에 학업에서 해방된 청소년들과 대학생들로 인해 분위기는 더욱 뜨겁게 달아오른다. 젊은이들은 곳곳에서 사랑과 우정을 속삭이고, 거리엔 노래와 춤이 가득하고, 강변에서는 일광욕을 즐기는 사람들로 다양하게 축제를 즐기는 모습을 볼 수 있다.

3. 여행문화

세계에서 가장 넓은 영토와 오랫동안 세계의 주요 강대국이었던 역사 덕분에 인문과 자연을 막론하고 엄청나게 많은 잠재적 관광자원을 보유하고 있는 나라이다.

❀ 크렘린

크렘린은 모스크바에 위치한 러시아 연방의 대통령궁이다. 중세 러시아의 성새城塞·성벽城壁으로, 오랫동안 러시아 황제의 거성居城이었으나 18세기 초 페테르스부르크지금의 상트페테르부르크에 '동궁冬宮'이 세워지면서 황거皇居로서의 기능을 잃었다. 1917년의 러시아혁

명으로 모스크바는 다시 수도가 되어, 1918년 이후 크렘린은 소련 정부의 본거가 되었다. 현재에도 러시아 대통령의 집무실로 사용되면서 러시아 정치의 중심부를 차지하고 있다.

🎗 크렘린 궁전

모스크바에 위치한 크렘린 말고 노브고로드, 니즈니노브고로드, 카잔, 아스트라한에도 있지만 일반적으로 크렘린이라고 하면 모스크바에 있는 것을 가리킨다. 현재의 크렘린 궁전은 모스크바 강을 따라 1변이 약 700m의 삼각형을 이루고, 높이 9～20m, 두께 4～6m의 벽으로 둘러싸여 있다. 장식적인 성벽의 첨탑, 피라미드형 탑, 북동의 주문主門 레데멜문의 시계탑 등은 17세기에 증축되었고 세계에서 가장 큰 종인 황제의 종이 있는 곳이다.

❀ 성 바실리 대성당

성 바실리 대성당은 모스크바의 붉은 광장에 있는 러시아 정교회 성당으로, 러시아 황제 이반 4세가 전승을 기념하여 봉헌한 성당이다. 주위의 탑에는 저마다 다른 양파 모양의 큐폴라가 붙어 있고, 외면은 다채롭게 채색되어 있으며 불균형을 이루는 지붕들이 더욱 조화를 이루어 아름다운 건축물로 꼽히고 있다. 건축가 보스토니크와 파르마에 의해 1555년 기공되어 5년 만에 완성하였지만 이들은

🎗 성 바실리 대성당

더 이상 이와 같은 아름다운 건축물을 지을 수 없도록 눈을 멀게 한 슬픈 전설도 이어지는 곳이다.

원래 성당의 건물은 8개의 교회들이 중앙 교회 건물 1개를 감싸고 있는 형태인데, 그래서 당시 성 바실리 대성당을 '삼위일체 교회', '삼위일체 대성당'으로 불렀다. 1990년 대성당 옆의 붉은 광장과 크렘린 궁과 함께 유네스코 세계문화유산에 등재되었다.

❀ 붉은 광장

붉은 광장은 러시아 모스크바에 있는 광장으로 크렘린 궁을 도시와 분리시키는 경계 역할을 하고 있다. 원래 광장은 모스크바의 주요 시장터였는데, 주로 이곳에서 법령의 공포, 공공 행사 등이 집행되었으며, 특히 왕의 즉위식이 진행되었다.

⏱ 붉은 광장

붉은 광장은 다갈색의 포석鋪石이 깔려 있으며, 가장 넓은 부분의 너비는 100m, 길이는 500m가량이다. 남동단의 화려한 바실리블라제누이 성당16세기, 크렘린 쪽의 레닌묘, 북 서단의 역사박물관 등 아름다운 역사적 건물과 유명한 굼 백화점 등으로 둘러싸여 있다. 역사적으로는 상업광장·화재광장 등으로 불렸다가 17세기 말부터 '아름다운크라스나야 광장'이라는 이름으로 바뀌었다. 하지만 메이데이와 혁명기념일에 붉은 현수막과 붉은 깃발을 들고 모여든 사람들로 인해 붉은 광장이라고 유래되었다. 현재는 메이데이 등의 시위행사나 사열식이 행해지는 곳으로 유명하다.

❀ 여름궁전

검소한 실용주의를 추구했던 표트르 대제가 건설한 건축물 가운데 유일하게 호화로운 건축물이며, 1714년 착공된 이래 9년이 지나 완공되었다고 하지만 실제로는 150년이 지나서야 완공되었다고 한다. 표트르 대제는 당시 유럽에서 가장 크고 호화로운 베르사유 궁전에 버금가는 거대한 궁전을 건축하도록 지시했고,

⏱ 여름궁전

7층의 계단으로 이루어진 폭포, 64개의 분수, 금으로 도금한 조각과 장식품으로 꾸며놓은 궁전은 그 면적이 800만㎡가 넘는다.

여름궁전은 규모는 물론이고 건물과 조형물, 산책로 등 대부분이 프랑스 베르사유 궁

전과 비슷하여 '러시아의 베르사유'라고 불린다. 이는 유럽을 방문했을 때 베르사유 궁전을 둘러본 표트르 대제가 러시아 왕가의 위용을 과시할 목적으로 건설하였기 때문이다.

 러시아 관광명소

구분	명소	내용
모스크바	크렘린	• 중세 러시아의 성새(城塞) · 성벽(城壁)으로, 오랫동안 러시아 황제의 거성(居城)이었지만 지금은 소련정부의 본거지
	성 바실리 대성당	• 러시아 황제 이반 4세가 전승을 기념하여 봉헌한 성당
	붉은 광장	• 크렘린 쪽의 레닌묘, 북서단의 역사박물관 등 아름다운 역사적 건물과 유명한 굼 백화점 등으로 둘러싸여 있는 광장
	레닌묘	• 러시아혁명의 지도자 레닌의 유해가 안치되어 있는 영묘
	모스크바 국립대학교	• 러시아 최고대학
	모스크바 굼 백화점	• 1890년에 세워진 러시아 최고급 백화점
	노보데비치 수도원	• 러시아 정교회의 수도원으로 16~17세기에 걸쳐서 건립되었다.
	볼쇼이 극장	• 세계적인 수준의 발레, 오페라, 클래식 음악을 감상하는 곳
	트레치야코프 미술관	• 1892년, 트레치야코프라는 상인이 수집한 물건 4,000여 점을 정부에 기증한 것을 시작으로 현재는 5만 점이 넘는 작품과 50여 개의 명작이 소장된 미술관
상트페테르부르크	그리스도 부활 교회	• 알렉산더 2세의 암살 장소로 '피의 사원'으로 불림
	에르미타주 국립박물관	• 영궁의 대영박물관, 프랑스의 루브르박물관과 더불어 세계 3대 박물관으로 꼽히는 곳
	여름 궁전	• '러시아의 베르사유'로 불리는 웅장한 궁전
	카잔 성당	• 로마의 산피에트로 대성당을 본뜬 네오클래식 양식의 성당
	페트로파블로프스크요새	• 적의 급습으로부터 도시를 지키기 위해 만들어진 요새지만 18세기부터 형무소를 겸함
블라디보스토크	블라디보스토크 철도역	• 세계에서 가장 긴 시베리아 횡단철도의 동쪽 종착역
	독수리 전망대	• 블라디보스토크를 한눈에 볼 수 있는 산 정상
	향토 박물관	• 자연, 민족지학, 고고학, 역사박물관을 겸하고 있음
	잠수함 박물관	• 2차 세계대전 동안 11대의 독일 잠수함을 침몰시킨 잠수함으로 현재는 박물관으로 사용

네이버 지식백과(저스트 고, http://term.naver.com/)

3 여행문화 Tip과 에티켓

1. 여행문화 Tip

- 러시아의 화폐 단위는 루블_{Rouble}이며, R로 표시한다. 지폐로는 10루블, 50루블, 100루블, 500루블, 1,000루블이 있으며, 동전은 1, 5, 10, 50까뻬가 있다. 루블 외에 USD 달러, 유로 모두 통용되나 루블을 사용하는 것이 편리하다.

- 여권만 제시하면 환전을 받을 수 있다. 은행은 사설 환전소보다 환율이 낮기 때문에 은행을 이용하는 것이 좋다. 달러에서 루블로 환전할 때는 수수료가 거의 없지만 루블에서 달러로 환전할 때는 수수료가 붙는다. 환전소는 도시 중심부나 관광지, 호텔 등지에 자리 잡고 있어 쉽게 찾을 수 있다.

- 입국한 모든 외국인은 72시간 내에 관할 경찰서에 거주를 등록해야 하며, 호텔에 투숙한 경우 업주가 대신한다.

- 플러그는 220V 50Hz로 우리나라 플러그보다 조금 작기 때문에 콘센트를 구입해야 한다.

- 전화국이나 우체국 내의 국제전화 부스를 이용해 전화를 걸 수 있는데, 신용카드 사용이 가능하다. 모스크바 등 대도시에서는 시내 통화용 전화카드를 판매하고 있다.

- 대도시 곳곳에는 인터넷 카페가 있다. 모스크바와 상트페테르부르크 번화가에 5~6개 정도이며, 그 외 도심 번화가에서 인터넷 카페를 찾아볼 수 있다. 1시간 이용 요금이 1~2달러 정도다. 사용량을 기준으로 요금을 부과하는 곳도 있다.

- 14만㎞로 세계 최대의 철도 왕국이며 외국인은 이중요금을 지불해야만 하며, 승용차도 영업을 할 수 있도록 되어 있지만 강도로 돌변하는 경우도 있으므로 가급적 택시를 이용하는 것이 안전하다.

- 외국인을 상대로 한 폭력행위가 보고되고 있다. 4월 20일 히틀러 생일부터 5월 9일 승전기념일 사이에 특히 사고가 많이 일어난다. 일몰 이후 그 빈도가 높다.

2. 여행문화 에티켓

- 콘서트에서 휘파람을 불면 연주에 만족했다는 표시가 아닌, 불만족의 의미이니 공연 관람 후 주의해야 한다.

- 앉을 때 양발을 벌리거나, 한쪽 발목을 다른 쪽 무릎 위에 올리면 불쾌하게 생각하니 다리를 꼬고 앉는 버릇을 가진 사람은 항상 염두에 두어야 할 사항이다.

- 엄지와 검지로 동그라미를 만드는 OK사인이나 주먹을 흔드는 제스처는 외설스러운 의미로 해석되니 하지 말아야 할 제스처이다.
- 러시아인들은 약속시간에 자주 늦는다. 그러나 보통 30분 이상은 늦지 않으므로 늦는 것에 인내가 필요하다.
- 러시아인들은 보통 몇 개의 전공과 학위를 가지고 있는 등 지식수준이 일반적으로 높다. 그들과 함께 문화, 예술 및 지식 등에 이야기할 수 있다면 좋은 관계를 맺는 데 도움이 될 수 있다.
- 러시아 사람에게 선물이 갖는 의미는 아주 남다르다. 일반적으로 러시아 사람들은 가족과 친구와 떨어져 멀리 여행이나 출장을 다녀오면 그들을 위한 선물을 반드시 챙기는 문화가 있다. 비싼 선물보다는 선물에 담긴 의미를 중요시한다.
- 러시아 사람들에게 문지방은 외부의 사악한 기운이 넘어오지 못하게 한다고 생각한다. 따라서 다른 사람 집에 방문했다면 확실하게 집 안에 들어가서 인사를 나눠야 한다. 같은 이유로 문지방을 밟는 것도 금기다.
- 러시아인들의 식사에 초대를 받으면 참석한 모든 사람들이 건배사를 하기 때문에 건배사를 준비하는 게 좋다.

06 그리스

1 그리스 개관

그리스의 정식 명칭은 그리스공화국 Hellenic Republic: Greece으로 유럽 남동부에 위치하고 있으며 북쪽, 동쪽으로 각각 불가리아, 터키와 접하고 있어 지리적으로 유럽과 아시아를 이어주는 요충지이자, 유럽 남동부 발칸반도의 교차점에 위치해 유럽과 지중해의 특성을 모두 가지고 있다. 발칸반도 남단의 본토를 비롯하

🎯 아테네 신전

여 주변의 여러 섬들로 이루어져 있으며, 해안선의 길이는 1만 3,676㎞이다. 면적은 13만 1,957㎢로 세계 98위이고, 인구는 2022년 10월 기준 약 1,039만 명으로 수도는 아테네이다.

종교는 그리스정교가 국교로서 국민의 98%가 신봉하고, 1.3%가 이슬람교를 믿는다. 그리스정교는 명상적이고 신비주의적 색채가 강하며 정적이고 보수적인 성격의 종교이다. 이로 인해 그리스인은 로마가톨릭을 믿는 다른 유럽 국가와는 다소 다른 사상과 가치관을 가지고 있다. 그리스인들은 그리스정교를 통해 출생에서 죽음까지의 통과의례들을 주관한다.

그리스의 행정단위인 주는 여러 현을 아우르고 있다. 그리스는 13개 주아티키주, 중앙그리스주, 중앙마케도니아주, 크레타주, 동마케도니아 트라키주, 이피로스주, 이오니아 제도주, 북에게주, 펠로폰네소스주, 남에게주, 테살리아주, 서그리스주, 서마케도니아주와 54개 현으로 나뉜다.

기후는 남부 및 도서지역은 여름철에 건조가 심한 전형적인 지중해성 기후이고, 북부는 여름에 비가 많고 겨울에 기온이 내려가는 대륙성 기후이다. 전통적인 농업국이지만 식량은 수입에 의존하며, 해운업과 관광산업이 외화획득의 주산업이다.

그리스는 인구의 97%는 그리스인이고, 나머지는 터키인 · 유대인 · 알바니아인 등의 소

수민족으로 구성되어 있다. 언어는 그리스어가 통용되며, 공용어는 그리스어지만 관광지나 대형 호텔, 레스토랑 등지에서는 영어를 사용하기도 한다. 곳에 따라서는 프랑스어나 독일어를 더 많이 사용하는 곳도 있다.

🕐 아테네

　그리스는 지리적 위치 때문에 역사가 파란만장하다. 그리스는 기원전 388년 마케도니아의 알렉산드로스 대왕에 의해 정복된 이후 오랫동안 이민족의 지배를 받다가 1830년 오스만제국에서 독립하였으며 매년 3월 25일은 독립기념일로서 국경일이다. 유럽 문명의 모태가 된 미노아 문명에서부터 1970년대까지 그리스는 끊임없는 외세의 침략으로 유럽의 전쟁터였을 뿐만 아니라 각종 내란과 쿠데타 등으로 혼란한 시기를 보냈다. 험난했던 만큼 다양하고 우수한 문화를 자랑하는 그리스는 1981년 유럽연합EU에 가입한 이후로 비로소 안정기에 접어들었다.

　현재에도 수많은 관광객들이 그리스를 방문하고 있는데 이는 유럽 문화, 예술의 뿌리를 찾기 위함이다. 그리스는 국가 전체가 하나의 박물관으로 불릴 정도이며, 국가 전체에서 쉽게 찾아볼 수 있는 부서진 돌기둥, 성곽, 폐허가 된 건축물 등은 한 시대를 풍미했던 옛 그리스 역사의 증거물들이다. 사라지고 부서진 유적도 많지만 지금도 그리스에 가면 찬란했던 도시 국가들의 영광스런 날들과 마주칠 수 있다.

 그리스 일반정보

구분	내용
국가명	그리스공화국(Greece, Hellenic Republic)
수도	아테네(Athens)
인구	1,039만 명(세계 87위)
위치	유럽 동남부 발칸반도의 남단
면적	13만 1,957㎢(세계 98위)
기후	지중해성
민족구성	그리스인(97%), 소수민족(터키인, 알바니아인, 마케도니아인, 불가리아인, 아르메니아인)
언어	그리스어
종교	그리스정교, 이슬람교

한국학중앙연구원, KOTRA 글로벌윈도우, 두피백과, 외교부 내용을 바탕으로 저자 작성.

2 그리스의 문화

그리스는 유럽 남동부에 있는 작은 나라이지만, 서양 문명이 시작된 나라로 전세계에 많은 영향을 끼쳤으며, 고대 그리스는 폴리스라는 도시 국가들에서 발달했는데, 대표적인 도시 국가가 아테네와 스파르타였다. 특히 아테네의 아크로폴리스는 그 중심이 되는 곳으로 지금도 파르테논 신전을 비롯한 고대 그리스 문명의 흔적이 많이 남아 있다.

⏱ 아크로폴리스

고대 그리스 사람들은 정의와 개인의 자유를 중시한 것으로 유명하며, 그런 까닭에 최초로 민주주의가 시작된 곳이기도 하다. 또한 그리스의 예술, 철학, 과학은 오늘날까지 서양의 사고와 문화를 이루는 기초가 되고 있다. 지금까지도 서양의 대표적인 철학자로 손꼽히는 플라톤, 소크라테스 등이 모두 고대 그리스 사람들이다. 아크로폴리스Acropolis란 도시 국가 폴리스에 있는 높은 언덕을 가리키는 것으로, '높다'라는 뜻의 그리스어 '아크로akros'에서 유래되었다. 대부분 폴리스 중심에 있던 아크로폴리스에는 수호신을 모시는 신전을 세웠고, 신앙의 중심지는 물론 전쟁 때에는 군사적 요충지로도 사용했다.

흔히 아크로폴리스라고 하면 이 중에서도 가장 잘 알려진 아테네의 것을 말한다. 아테네의 아크로폴리스는 세 개의 신전과 두 개의 현문을 가지고 있으며, 그 외에도 디오니소스 극장, 헤로데스 아티쿠스 음악당 등이 있다. 아테네의 아크로 폴리스는 세계 문화유산 1호로 지정되었으며, 세계 문화유산의 이상을 상징하는 곳이기도 하다.

고대 그리스 사람들은 신을 믿었고 그래서 신들의 이야기인 그리스 신화를 소재로 문학이 발달하였으며, 신을 모시기 위해 신전을 세우고, 신의 예언을 듣기 위해 신탁소에 가기도 했다. 여러 신탁소들 가운데 델포이에 있던 신탁소가 가장 유명하다. 그리스의 올림피아는 고대 올림픽이 열렸던 곳이기도 하며, 고대 올림픽은 제우스 신을 기리기 위해 각 도시 국가들이 모여 펼쳤던 스포츠 제전이다. 올림픽은 오늘날에 다시 시작되어 세계적인 스포츠 행사로 열리고 있다. 지금도 그리스에는 고대 그리스 사람들의 유물과 유적지가 많이 남아 있어 전 세계의 관광객들이 찾고 있다.

그리스 문화는 이성 중심주의와 함께 합리성을 지니는 인간적이고 현세적이며 지적이

고 조화로운 특징을 지닌다. 본래는 만물의 근본 원리를 탐구하는 자연철학이 주종을 이루었으나, 페르시아 전쟁 이후 평민 세력이 등장하고 개인주의가 성장하면서 소피스트의 활동 이후에는 철학의 주된 탐구 대상이 인간으로 전환되었다. 그리스인들도 다른 문명권에서처럼 다신교를 받아들이고 있었으나, 그들의 신은 인간과 같은 외양과 감정을 가지고 있었다. 즉, 그리스에서는 인간이 신을 숭배하는 것이 아니라, 신이 인간을 닮아갔다. 여기서도 그리스 문화의 특징이 상징적으로 드러나는 것이다.

1. 음식문화

고대 건축, 조각, 시와 산문 등 서양예술의 발판이 된 그리스는 옛날부터 요리 역시 예술로 분류해 요리사를 예술가로 대접해왔다. 고대부터 발달한 그리스 요리는 지중해 음식의 기초로 그리스 요리는 지중해 연안 요리라고 불리는데, 예를 들어 올리브 기름과 레몬을 넉넉히 쓰는 요리이다.

음식의 종류는 매우 다양하지만 대부분이 올리브 기름을 많이 사용해 요리법이 단순하면서도 오랜 전통의 깊은 맛이 난다. 또 화려하진 않지만 재료에 관하여 신선한 것만을 사용한다. 제철 과일과 야채, 어패류 역시 갓 잡은 것을 재료로 사용한다. 해산물 요리가 다양한데 갓 잡은 생선을 그릴에 구워 올리브 기름을 발라 먹는다. 계절별로 겨울에는 오렌지가 많이 생산되며 가을에는 포도, 무화과, 땅콩, 아몬드 등이 많이 난다. 또 여름에는 멜론, 수박 등이 생산된다. 농작지는 풍부하지 않지만 야채를 이용한 샐러드는 그리스인들의 필수 식사코스로, 올리브를 비롯해 토마토, 가지, 오이 등이 많이 소비된다. 여름이 건조하고 산악지역이 많은 특성 때문에 가축으로는 양과 염소의 사육이 많고 육류도 양고기가 많다. 돼지고기 역시 소비가 많은데 쇠고기는 상대적으로 비율이 낮다. 치즈 역시

🕐 돌마다키

🕐 수블라키

양젖으로 만든 훼타치즈가 그리스 대표 치즈로 유명하다.

로마와 더불어 지중해 요리를 탄생시킨 고대 그리스의 요리는 곡식, 식용유, 포도주의 세 가지에 기초한다. 신을 모시는 제물로 주로 고기가 바쳐졌기 때문에 생선을 많이 먹었다. 고대 그리스의 소박한 요리는 곡식으로 만든 죽과 빵으로 이루어지며 오일, 올리브, 염소나 양의 젖으로 만든 치즈, 누에콩, 렌즈콩, 무화과, 향신료 등이 곁들여진다. 부자들의 화려한 음식은 암퇘지의 젖통과 생식기, 꿀을 넣은 설치류나 새의 혀 등 복잡하고 특이한 요리들로 발전했다.

현대 그리스의 정찬은 샐러드, 에피타이저, 메인디시, 디저트 등으로 이뤄지며 서양 식사에서 흔히 있는 수프는 특별히 중요시되지 않고 있다. 에피타이저로는 옥토푸스, 칼라마리, 멸치새끼 튀긴 것 등이 대표적이며 메인요리는 스테이크, 생선 등 그릴한 요리와 수블라키 등이 제공되며 디저트는 과일, 꿀 요구르트, 커피 등이다. 그리스도 여타의 지중해 지역 유럽 국가들처럼 시에스타, 즉 낮잠시간이 있다. 이 때문에 하루 네 끼 식사를 하는 곳이다. 그리스인들의 업무시간은 보통 7시에 시작되기 때문에 이전에 아침식사를 간단하게 먹으며 10시가 되면 차와 쿨루리라고 하는 도넛 모양의 빵을 먹는다. 보통은 아침에 출근해서 1시까지 근무하고, 집에 돌아와서 2~3시 사이에 느긋하게 식사를 하고 그 다음 두세 시간은 낮잠을 잔다. 점심식사의 비중이 가장 높기 때문에 저녁은 매우 늦어진다. 대부분 8시 이후인데 보통은 9~10시 정도에 시작해서 2시간가량 즐긴다.

 그리스 대표음식

구분	내용
돌마다키 (Dolmadakia)	• 다진 고기나 생선, 잘게 썬 야채를 찐 밥에 섞어 포도잎이나 양배추에 싸서 찐 요리
칼라마키 (Kalamarakia)	• 오징어 등의 튀김요리인데, 냉동한 것은 작은 튀김조각으로 제공하고, 신선한 것은 통째로 튀김
무사카 (Mousaka)	• 세계적으로 유명한 그리스의 대표 요리 • 양고기를 갈아서 가지를 비롯해 토마토, 감자, 양파 등의 야채와 치즈를 넣고 오븐에 구운 파이 형태의 요리
수블라키 (Souvlaki)	• 꼬챙이에 올리브기름과 오레가노를 버무려서 재워놓은 고기를 겹겹이 포개놓고 세로로 세워 천천히 돌리며 불에 구우며, 익은 부위를 칼로 잘라 밀전병과 양파와 함께 접시에 담아 먹는 음식

우문호 외 4인(2006), 글로벌 시대의 음식과 문화, 학문사.

2. 축제문화

고대 그리스에서는 다양한 종교적 축제들이 열렸다. 이들 중 대다수는 특정 신이나 도시 국가에 한정된 축제였다. 예를 들어, 리카에아 축제는 그리스의 아르카디아에서 열렸으며 목신 판Pan을 기리는 축제였다. 또한 다른 지역들에서 매년마다 열리는 경기가 있었는데, 가장 대표적인 것이 고대의 올림픽 경기이다. 고대 그리스의 올림픽 경기는 4년마다 열렸으며 고대 그리스 종교의 주신인 제우스를 기리는 경기였다.

그 밖에 그리스를 대표하는 중요한 예술 축제 기간 중 희극, 오페라, 무용극, 고전 음악 연주회를 상연한다. 로마 원형극장을 그대로 복원한 헤로데스 아티쿠스의 음악당Oden of Herodes Atticus에서 고전영화 작품과 연주회 감상이 가능하다.

❊ 파트라 축제

파트라 축제는 부활절 40일 전에 파트라 항구에서 열리는 축제로 학생들부터 교사, 상인, 공무원에 이르기까지 파트라의 전 주민들이 30~50명씩 250여 개의 그룹으로 나뉘어 다양한 전통 의상과 조형물 등을 들고 거리를 행진한다. 이때에는 술의 신 바쿠스를 기념하며 각 지방마다 고유의 의상을 입고 전통 민속춤을 추는데 종교적으로 정결한 생활에 들어가기 전 마지막 축제이다.

3. 여행문화

그리스는 매력적인 고대 문화로 유명하다. 아테네부터 스파르타까지 우리가 알고 있는 다양한 문화 및 유적지를 가지고 있으며, 많은 섬들의 아름다운 경관도 빼놓을 수 없는 명소이다.

❊ 아크로폴리스 유적

아테네의 아크로폴리스는 고대 그리스가 세계에 남긴 가장 위대한 건축과 예술의 복합체로 칭송받고 있다. 아테네뿐만 아니라 그리스의 상징인 아크로폴리스 언덕이 아테네 시 한복판에 위치해 있는데 파르테논 신전을 비롯하여 수많은 신전들이 2,500년 전의 모습을 보이며 푸른 하늘을 이고 서 있다.

아테네의 아크로폴리스는 신화로부터 관습화된 숭배에 이르기까지 고대 그리스 종교에 대해 정확하고 다양한 방식으로 독특한 증언을 해준다. 아크로폴리스는 아테네

에 대한 전설이 생긴 신성한 신전으로서 1,000년 이상에 이르는 그리스 문명을 보여주고 있다. 기원전 15세기의 왕궁과 최초의 요새인 펠라스기 성벽Pelasgian walls에서부터 헤로데스 아티쿠스Herodes Atticus가 서기 161년에 세운 음악당, 오데움Odeum에 이르기까지 일련의 독특한 공공 기념물들이 지중해 연안에서 가장 인구가 밀집된 공간 가운데 하나에 건설되고 보존되었다.

🏵 아크로폴리스

🌸 산토리니 섬

산토리니는 지중해에 큰 섬이었는데 기원전 1500년경 화산활동으로 폭발이 일어나면서 섬의 대부분이 사라지고 둥근 형태의 칼데라Caldera 호로 남게 된 것이다. 이때 발생한 거대한 화산재는 주변의 크레타 문명을 파괴시켰다. 섬은 사라지고 남은 흔적은 섬 외곽과 가운데 봉우리 일부만 남았다. 남은 흔적은 암벽지

🏵 산토리니

대를 이루는 섬이 되었고 점차 시간이 지나면서 바닷가에 떠있는 각각의 섬으로 여겨지게 되었다. 물이 풍부하지 않은 산토리니는 항상 건조하다. 샘물이 솟는 곳도 많지 않으므로 이곳의 주민들은 종종 빗물을 받아 사용한다. 산토리니 최고의 특산품은 와인이다. 이를 나타내듯 섬의 대부분이 포도밭으로 되어 있다. 또한 산토리니는 매우 비옥한 땅을 가지고 있으므로 우수한 농산물이 재배된다. 'Fava'라 불리는 콩과 건조한 기후에서 재배되는 작은 토마토도 유명한 특산품이다. 부활절 기간과 5월이 되면 그리스 전역에 열리는 음식 축제, 부활절 축제가 산토리니에도 펼쳐진다.

🌸 제우스 신전

제우스 신전은 고대 그리스의 올림피아에서 제우스 신에게 헌정되었던 신전이다. 기원

전 470년경부터 기원전 457년경 사이에 건설되었으며, 중간에 공사가 중단되었다가, 한참이 지난 기원후 131년 하드리아누스 황제에 의해 완공되었다.

당시 제우스 신전은 기둥이 100개가 넘고 기둥 하나당 지름이 약 2m에 달해 웅장한 규모를 자랑했지만, 지금은 신전이 있던 자리에 15개의 기둥만이 남아 있다. 그러나 옛날에는 올림피아 신역에서 가장 웅대한 건물이었다. 이곳에 있던 올림피아의 제우스 상은 세계 7대 불가사의 가운데 하나였는데, 로마가 기독교를 국교로 삼으면서 전통종교에 대한 탄압으로 426년 로마 전역에 신전 파괴령이 내려지며 사라졌으며, 522년과 551년에 일어난 지진으로 형체가 사라졌다.

📷 그리스 관광명소

구분	명소	내용
아테네	아크로폴리스 유적	• 고대 그리스가 세계에 남긴 가장 위대한 건축과 예술의 복합체
	파르테논 신전	• 파르테논 신전은 아테네의 수호 여신인 아테나에게 바친 신전으로, 아크로폴리스에서 가장 아름답고 웅장한 건축물
	에레크테이온 신전	• 신전을 받치고 있는 남쪽 벽의 여인 조각상 카리아티드로 유명
	불레의 문	• 아크로폴리스로 들어가는 첫 번째 관문
델포이	아폴로 신전	• 기원전 6세기 아폴로의 신탁을 들을 수 있는 신전
올림피아	올림피아 유적	• 펠로폰네소스(Peloponnesus)의 계곡에 있는 올림피아 유적지는 기원전 10세기경에 제우스(Zeus) 숭배의 중심지
	제우스 신전	• 고대 그리스의 올림피아에서 제우스 신에게 헌정되었던 신전
산토리니	산토리니 섬	• 기원전 1500년경 화산활동으로 폭발이 일어나면서 섬의 대부분이 사라지고 둥근 형태의 칼데라(Caldera)호로 남게 된 것
	산토리니 와인 박물관	• 와인 박물관에서는 산토리니의 여러 와이너리에서 제조한 다양한 와인의 구입이 가능
	고대 티라 유적	• 기원전 9세기경부터 비잔틴 시대까지 약 1,000년 이상 전성기를 맞이하였던 도시의 유적
	카마리 해변	• 카마리 해변은 산토리니 섬에서 가장 인기가 높은 해변

위키백과(http://ko.wikipedia.org)

③ 여행문화 Tip과 에티켓

1. 여행문화 Tip

- 물가는 우리나라와 비교했을 때 평균 20% 정도가 비싸며 품질은 오히려 조금 떨어진다. 하지만 고대 그리스 문양이 새겨진 항아리를 비롯하여 그림 접시, 향토 인형 등의 장식품이나 모피 제품, 카디건, 양모 스웨터 등은 가격도 비교적 저렴하며 품질도 좋아 관광객들이 많이 찾는다. 플라카는 예쁘고 종류도 다양한 금, 은 세공품이 유명하며 신타그마는 모피 제품으로 잘 알려져 있다. 특산물로는 올리브와 포도가 유명하다.
- 아테네의 치안은 대체로 양호하지만 매우 혼잡한 오모니아 주변과 지하철 등의 장소에서는 소매치기를 조심해야 한다.
- 레스토랑에서는 식대에 서비스 요금이 포함되어 있다고 해도 별도로 5~10% 정도의 팁을 주는 것이 상식이다.
- 그리스는 현금이 많기 때문에 충분한 현금을 소지해야 하며, 대도시 중심부에서는 ATM을 쉽게 찾을 수 있다. 신용카드를 사용할 수 있는 곳도 있지만 식당과 레스토랑에서 신용카드를 받지 않는 곳이 있을 수 있으니 현금이 충분하지 않다면 ATM을 이용하면 된다.
- 그리스는 관광객들이 많기 때문에 이용할 곳을 미리 예약을 하는 것이 좋다. 숙소나 렌트카, 음식점 및 항공 등 예약을 미리 하지 않으면 이용이 어려울 수 있으니 예약은 항상 미리 해야 한다.

2. 여행문화 에티켓

- 그리스인들은 여름철 오후 4~6시 낮잠시에스타 자는 습관이 있기에, 동시간대에는 가급적 전화연락 등으로 휴식 또는 수면을 방해하지 않도록 주의해야 한다.
- 그리스 정교는 국교로서 경건한 신앙심으로 대해야 한다. 만약 수도원 시찰 시 여성은 스커트를 입어야 하며, 남성은 긴바지를 입고 입장해야 한다.
- 그리스 정교의 성산인 '아토스 산'의 경우 여성의 입산이 금지되며, 또한 남성이라도 비자를 발급받아야 입산할 수 있다.
- 그리스에서는 제스처에 조심해야 한다. 그리스에서 헤어질 때, '안녕' 하며 손을 흔들면서 손바닥을 상대에게 보이는 행위는 모욕적인 제스처이므로 삼가해야 하며,

우리나라에서 사진을 찍을 때 하는 V동작을 할 때도 주의해야 한다. 손바닥이 보이게 V를 하면 욕이라고 하니 사진을 찍을 때는 손등이 보이게 V동작을 하면 된다.

- 턱을 한 번 치켜올리면 강한 부정의 뜻을 보이는 것이다. 물건을 사며 가격을 흥정할 때 가게 주인이 턱이나 눈썹을 치켜올린다면 일찌감치 포기하거나 흥정 전략을 바꾸는 것이 좋다. 턱이나 눈썹을 치켜올린다면 '절대 안 된다'는 뜻이기 때문이다. 반면 고개를 살짝 갸우뚱하는 행동은 '좋다 또는 괜찮다'는 의미이므로 긍정적으로 생각해볼 수 있다.

- 그리스 전통 인사로는 볼 인사가 있다. 남녀 간 또는 동성 간에 오랜만에 만났을 때 양 볼을 서로 맞닿게 하면서 볼 키스를 한다. 이때 볼 키스를 하면서 서로 간의 안부와 근황을 묻곤 한다. 또한, 이성뿐만 아니라 동성 간 친구들 사이에서 반갑게 인사를 하거나 동의할 때 윙크를 하기도 한다.

- 그리스인들은 대화 도중에 본인의 잘못이 명확한 경우에도 보통 미안하다는 말을 잘하지 않는다. 오히려 목소리를 높이며 본인의 상황이 왜 그러했는지 주변 상황 탓으로 돌려서 설명을 한다.

- 그리스인들과 길을 걷다가 몸이 부딪힐 경우에 그리스인들은 보통 여타 서양인들과 같이 미안하다는 말을 하지 않는다.

- 그리스인들의 집에 식사 초대를 받았을 경우에 5~10분 정도 늦게 도착하는 것이 보통이다. 방문할 때는 보통 초콜릿, 와인, 꽃 등을 준비해가는 것이 좋다.

- 그리스인이 외국인과 한번 안면을 트고 대화를 하게 될 경우 다음에 만날 때 매우 잘 아는 사람처럼 과도하게 행동을 하는 경향이 있다. 이러한 점을 주의해야 할 필요가 있다.

CHAPTER

05

아메리카권의
문화와 관광

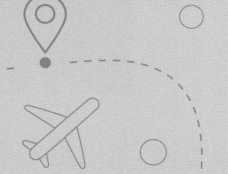

01 미국

1 미국 개관

북아메리카 대륙의 캐나다와 멕시코 사이에 있는 나라로, 1607년 영국이 제임스강 연안에 식민지를 조성한 이후 영국의 식민 상태였다가 1775년 미국독립혁명 후 1776년 독립을 선언하고 1783년 파리조약에서 독립이 승인되었다.

⏳ 미국 국회의사당

미국의 정식명칭은 아메리카합중국United States of America으로, 본토와 알래스카·하와이로 구성된 연방공화국이다. 국토의 면적은 983만 4,000㎢로서 세계에서 러시아, 캐나다에 이어 세 번째로 면적이 넓은 나라로, 한반도의 약 45배의 크기이며, 본토 면적만으로는 네 번째이다. 인구는 2022년 10월 기준 약 3억 3,829만 명으로 민족이 이주하여 정착한 다민족국이다. 인구 규모는 세계 3위에 해당하며, 수도는 워싱턴 D.C.이다. 남쪽으로 중앙 아메리카의 꼭지를 이루는 멕시코와 국경을 마주하고, 북쪽으로 캐나다와 접해 있다. 서쪽으로 태평양, 동쪽으로 대서양에 접해 있고 남동쪽으로는 카리브해가 있다.

미국은 다양한 인종과 민족만큼 종교도 다양하며, 미국 수정 헌법 제1조에 의해 종교의 자유를 보장하고 있다. 미국에서는 역사적으로 기독교, 그중에서도 특히 프로테스탄트의 영향력이 강하여 미국 문화의 형성에 큰 영향을 끼쳤다. 미국은 전 세계에서 기독교도의 수가 가장 많은 국가로 미국에서 기독교가 70.6%, 비기독교도 5.9%, 무교가 22.8%를 구성하고 있다.

북아메리카 대륙의 온대 주요부를 차지하며, 50개주state와 1개 수도구district: 컬럼비아구, 약칭 D.C 외에 해외속령으로 푸에르토리코·사모아제도·웨이크섬·괌섬이 있다. 캐롤라인 제도는 1947년부터 1986년까지 UNUnited Nations: 국제연합의 신탁 통치령으로 미국이 관할하였다.

 미국은 거의 온대기후이지만 국토가 광활한 만큼 지역마다 한대, 열대, 건조기후 등이 다양하게 나타난다. 서해안은 지중해성 기후 지역으로 기온 변화가 거의 없다. 4~10월은 거의 비가 내리지 않으며 11~3월도 대체로 따뜻한 편이다. 내륙 지방은 계절에 상관없이 일교차와 연교차가 극심하다. 겨울에는 영하 10℃까지 내려가 추운 편이다. 로키 산맥 주변에 있는 산악지대는 봄과 여름에는 기온과 습도가 그렇게 높지 않아 선선하다. 그러나 겨울은 기온이 낮아 항상 눈으로 덮여 있고 상당히 추운 편이다. 오대호와 중서부 지역은 전형적인 대륙성 기후를 보이는 지역으로 여름에는 서늘하고 겨울에는 추위가 심하다. 일교차가 큰 편이며 여름에는 토네이도가 자주 발생한다. 동해안의 여름은 40℃를 넘을 때가 많으며, 겨울은 영하 10℃ 이하가 되는 날이 많다. 남부 지방은 겨울에도 따뜻한 습윤 온대 기후를 보인다. 1년 내내 비가 많이 내리며, 여름부터 겨울까지는 허리케인이 상륙하는 경우가 많다.

 미국은 따로 공용어를 지정하고 있지 않지만 인구의 대다수가 영어를 사용하고 있어 사실상의 공용어로 입법, 사법, 행정 등에서 쓰이고 있다. 미국에서 두 번째로 많이 사용되는 언어는 에스파냐어로 그 외 중국어, 따갈로그어, 한국어 등 이주민들의 언어들이 사용되고 있다.

 미국 일반정보

구분	내용
국가명	미국 아메리카합중국(United States of America)
수도	워싱턴 D.C(Washington, District of Columbia)
인구	3억 3,829만 명(세계 3위)
위치	북아메리카, 북대서양과 북태평양 연안, 캐나다와 멕시코 사이
면적	983만 4,000㎢(세계 4위)
기후	온대지역에 있으나 국토가 넓어 기후차가 심함
민족구성	백인(79.96%), 흑인(12.85%), 아시아인(4.43%), 인디언 및 알래스카인(0.97%), 하와이 원주민(0.18%), 다민족(1.61%)
언어	영어
종교	기독교(70.6%), 비기독교도(5.9%), 무교(22.8%)

한국학중앙연구원, KOTRA 글로벌윈도우, 두피백과, 외교부 내용을 바탕으로 저자 작성.

② 미국의 문화

미국의 문화는 원래 유럽 문화의 영향을 받은 서양 문화이다. 이러한 문화는 미국이 미국 영어, 미국 음악, 미국 미술, 사회적 관습, 미국 요리, 민속 등의 고유한 사회적·문화적 특징을 갖춘 나라가 되기 전 오랫동안 발전되어왔다. 오늘날 미국은 역사적으로 다른 수많은 국가로부터 대규모 이민을 받아들이면서 민족적으로나 인종적으로 다양한 문화를 지니게 된 국가이다.

미국은 개인주의 성향이 매우 강한 나라이다. 미국인들은 본인이 옳다고 생각되면 무조건 자신의 의견을 주장하는 것이 당연하다고 여긴다. 우리나라에서는 한턱내는 문화가 자리 잡은 대신 미국은 더치페이의 문화가 자리 잡고 있어 처음에는 살짝 괴리감이 생겨서 당황할 수 있다. 또한 미국인들은 자신이 누구와 함께 식사하고 싶지 않으면 혼자 먹는 것이 당연하여 나눠주는 우리나라의 문화와 다르다. 이뿐만 아니라 미국은 다른 문화권에 비해 연장자에 대한 존경심이 적은 편인데, 이는 미국의 개인주의 성향과도 연관된다. 미국은 성인이 되면 부모와의 긴밀한 관계를 유지하기보다는 평등하고 개인적인 사람으로 간주하기 때문이다.

미국은 개방적이면서 보수적인 문화를 가지고 있다. 미국인들의 사고는 형식에 얽매이지 않고 원하는 사고방식도 귀납적이면서 분석적이고 설명을 하더라도 분명하게 알아들을 수 있도록 하는 것이 좋다고 한다. 미국인과 대화를 할 때에는 FORMFamily, Occupation, Recreation, Money이라고 표현하는데 가족, 직업, 레크리에이션, 돈 등과 관련된 내용을 자유롭게 이야기할 수 있지만 성문제든 개인의 성질과 종교 같은 것에 관해서는 이야기를 잘하지 않는 것이 예의라고 생각한다. 또한 미국에서는 시간엄수를 매우 중요하게 생각하는데, '시간은 돈이다'라는 말은 많은 미국인들이 사용하는 일반적인 표현일 정도이다. 회의나 약속, 수업 시간에 정확히 도착하는 것은 미국에서 무엇보다 중요하며 만일 늦을 상황이라면 미리 연락을 하는 것이 중요하다.

1. 음식문화

아메리카의 유럽 식민지화로 말미암아 수많은 요리 재료와 요리 스타일이 미국 요리에 도입되었다. 19세기와 20세기에도 다른 수많은 나라에서 이주민들이 유입되면서 다양한 스타일이 지속적으로 확장되어갔으며 이에 따라 미국 전역의 음식 다양성을 부추겼다.

미국 음식을 설명하라면 이 두 단어로 축약할 수 있다. 세계 어느 나라를 가든 맥도날

⏱ 햄버거

⏱ 스테이크

드와 코카콜라를 찾아보기 힘든 곳은 아마도 거의 없을 것이다. 사실 미국 음식은 뚜렷한 특징은 없지만 현대 음식이 곧 미국 음식이라고 할 정도로 전 세계의 음식문화를 소화해 새로운 음식문화를 만들어내는 것이 미국의 음식문화라고 할 수 있다. 미국인은 주로 감자와 빵, 그리고 고기를 즐겨 먹는다. 다양한 민족이 모여 사는 나라답게 이태리, 그리스, 프랑스, 멕시코, 중국, 일본, 한국 음식 등 다양한 음식을 즐길 수 있다. 미국인의 식생활은 아침 식사로 토스트와 우유, 베이컨과 계란 등을 즐겨 먹고, 점심 식사는 햄버거나 샌드위치 등 간이 식품으로 간단히 해결한다. 저녁 식사는 돼지고기, 쇠고기 스테이크, 닭고기, 칠면조고기, 생선 등의 육식과 생선으로 아침이나 점심에 비해 푸짐하게 먹는다.

미국 음식은 신대륙 발견 전부터 이곳에서 살던 인디언 원주민의 식생활문화와 초기 식민세력이었던 스페인, 프랑스의 식문화, 그리고 그 후 미국의 지배세력이 된 영국의 식문화를 바탕으로 후기 이민자들인 독일, 유대인 등 다양한 국가의 식생활문화가 합쳐지면서 세계적인 식생활문화를 보유하게 됐다. 현재 경제, 정치, 군사적으로 세계의 중심인 미국은 그에 걸맞게 음식문화에서도 중심 역할을 톡톡히 하고 있다. 국가로서는 비록 200여 년의 짧은 역사를 갖고 있지만 세계 모든 음식문화의 발전을 주도해가고 있는 미국은 실제로 독일 음식이 기초가 된 햄버거와 핫도그 음식문화가 미국에서 먼저 발달하기 시작했으며, 전 세계적으로 사랑받고 있는 이태리 음식, 그리고 현재 건강식으로 각광받고 있는 일식, 동남아식이 모두 미국에서 뜨고 난 후에 유럽과 아시아로 흘러들었다. 뉴욕이 배경이 되는 영화라면 자주 등장하는 핫도그는 뉴욕뿐만 아니라 미국의 대표적인 음식이라고 해도 과언이 아니다. 길거리에서도 손쉽게 사먹을 수 있기 때문에 바쁜 비즈니스맨들의 안성맞춤 메뉴로 각광받고 있다. 또한 미국은 샌드위치의 천국이라고도 불린다. 그만큼 다양하고 특색 있는 샌드위치가 있다. 가장 유명한 것은 BLT베이컨 + 상추 + 토마토 샌드위치라고 한다.

칠면조 요리 또한 미국의 대표 음식문화 중 하나이다. 11월 넷째 주 목요일은 미국의 가장 큰 명절인 추수감사절Thanksgiving Day이다. 추수감사절은 온 가족이 모두 모여 칠면조Turkey를 먹는 풍습을 가지고 있다. 터키데이Turkey Day라고 불릴 만큼 많은 소비를 하는 칠면조 요리 문화를 가지고 있다. 칠면조는 닭에 비해 크기가 크고 살코기를 자랑하고 있어 미국인들의 사랑을 받는 음식이다. 전원생활을 즐기는 미국인들에겐 바비큐 요리는 아주 친근한 요리이다. 주로 패티나 소시지를 구워 햄버거, 핫도그 등을 만들어 먹고 스테이크나 립구이, 해산물은 물론 옥수수, 아스파라거스 등과 같은 야채도 함께 구워 먹는다.

🎗 칠면조 요리

미국의 식사 예절로는 식사 중에 머리에 손을 대지 않고 식탁에서는 다리를 꼬지 않아야 한다. 또한 식사 중에 식탁에서 컵의 물을 쏟거나, 나이프, 포크, 수저 등을 바닥에 떨어뜨릴 경우에 줍지 않으며 새로운 것을 달라고 요구를 해야 한다. 음식마다 자신이 먹는 방법이 존재하겠지만 미국에서는 음식을 자기식으로 먹지 않고, 음식마다 먹는 방법이 정해져 있어 그 방법을 따라서 먹어야 한다. 만일 먹는 방법을 모를 경우에는 웨이터나 다른 사람에게 물어보는 것이 오히려 실례를 하지 않는 방법이 된다.

미국 대표음식

구분	내용
핫도그	• 기다란 롤빵 사이에 부드러운 소시지를 넣고 다진 양파, 피클, 머스터드 등을 곁들여 먹는 요리
스테이크	• 들소인 바이슨 고기나 일반적인 가축으로 키우는 소고기로 만드는 요리로, 한국의 삼겹살만큼 미국에서는 대중화된 음식
햄버거	• 미국을 상징하다시피 하는 요리 • 채소, 치즈, 토마토 등의 야채와 독일의 함박 스테이크를 패티로 만들어 빵 사이에 넣어 만든 음식
칠면조요리	• 추수감사절 때 먹는 요리로 칠면조 몸통에 소시지, 양파, 파슬리 등 각종 소를 넣고 오븐에 굽는 요리
호박파이	• 핼러윈 데이와 추수감사절 때 많이 먹는 요리로, 반죽을 파이 바닥에 깔고 호박을 넣어 굽는 요리
치킨누들수프	• 치킨 스톡에 당근, 샐러리, 양파, 에그누들을 넣어 만든 시골풍의 수프

2. 축제문화

미국에는 국경일National Holiday이 없고 주州가 각각 축제일을 결정한다. 다만 새해 첫날New Year's Day 및 2월의 대통령의 날Presidents day, 5월의 현충일Memorial Day, 7월의 독립기념일Independence Day, 9월의 노동절Labor Day, 10월의 콜럼버스의 날Columbus Day, 11월의 재향군인의 날Veterans Day 및 추수감사절Thanksgiving Day, 12월의 크리스마스가 법정 휴일Federal Holidays로 지정되어 있다. 여기에 1986년부터 마틴 루터 킹 탄생일Martin Luther King Day이 추가되었다.

미국의 공휴일은 지정된 날에 쉬는 것 외에 '몇째 주 월요일'과 같이 정해서 금요일부터 월요일까지 연휴로 쉴 수 있게 한 날이 많다. 그리고 주마다 서로 다른 공휴일을 적용하기도 한다. 미국 각 주에서 공통적으로 지키는 대표적인 공휴일과 이 외에 공식적인 공휴일에 속하지는 않지만 대부분의 미국인들이 지키는 기념일, 축제일은 다음의 표와 같다.

미국 대표 공휴일 및 기념일

구분	날짜	내용
공휴일	1월 1일	새해 첫날(New Year's Day)
	1월 셋째 월요일	마틴 루터킹의 날(Martin Luther King Day)
	2월 셋째 월요일	대통령의 날(Presidents Day)
	5월 넷째 월요일	현충일(Memorial Day)
	7월 4일	독립기념일(Independence Day)
	9월 첫째 월요일	노동절(Labor Day)
	10월 둘째 월요일	콜럼버스의 날(Columbus Day)
	11월 11일	재향군인의 날(Veterans Day)
	11월 넷째 목요일	추수감사절(Thanksgiving Day)
	12월 25일	크리스마스(Christmas)
기념일 및 축제일	2월 14일	성 밸렌타인의 날(St. Valentine's Day)
	3월 17일	성 패트릭의 날(St. Patrick's Day)
	3월 하순~4월 상순	부활절(Easter Sunday)
	4월 1일	만우절(April Fool's Day)
	5월 둘째 일요일	어머니의 날(Mother's Day)
	5월 마지막 주 월요일	전몰장병 기념일(Decoration Day)
	6월 14일	국기의 날(Flag Day)
	6월 셋째 일요일	아버지의 날(Father's Day)
	10월 31일 밤	핼러윈(Halloween)

한국학중앙연구원, KOTRA 글로벌윈도우, 두산백과, 외교부 내용바탕으로 저자 작성.

❀ 핼러윈 데이

미국에서 하는 대표적인 축제는 핼러윈 데이이다. 핼러윈 데이는 서양에서 10월 31일 귀신분장을 하고 치르는 축제이다. 영국 등 북유럽과 미국에서는 큰 축제일로 지켜지고 있는 핼러윈 데이는 원래 기원전 500년경 아일랜드 켈트족의 풍습인 삼하인Samhain 축제에서 유래되었다.

켈트족들의 새해 첫날은 겨울이 시작되는 11월 1일인데 그들은 사람이 죽어도 그 영혼은 1년 동안 다른 사람의 몸속에 있다가 내세로 간다고 믿었다. 그래서 한 해의 마지막 날인 10월 31일, 죽은 자들은 앞으로 1년 동안 자신이 기거할 상대를 선택한다고 여겨, 사람들은 귀신 복장을 하고 집 안을 차갑게 만들어 죽은 자의 영혼이 들어오는 것을 막았다고 하며, 이 풍습이 핼러윈 데이의 시작이다. 그러다 로마가 켈트족을 정복한 뒤 기독교가 들어오면서 교황 보니파체 4세가 11월 1일을 '모든 성인의 날All Hallow Day'로 정하면서 그 전날이 '모든 성인들의 날 전야All Hallows'Eve'가 되었고 이 말이 훗날 '핼러윈Halloween'으로 바뀌어 오늘날에 이르게 된 것이다. 이후 영국 청교도들이 미국으로 이주하면서 미국에서도 핼러윈 축제가 자리를 잡게 되었으며, 이제는 국민적 축제가 되었다. 미국·유럽 등지에서는 핼러윈 데이 밤이면 마녀·해적·만화주인공 등으로 분장한 어린이들이 "trick or treat과자를 안 주면 장난칠 거야"를 외치며 집집마다 돌아다니며 초콜릿과 사탕을 얻어 간다. 한편 핼러윈 데이에는 '잭-오-랜턴Jack O'Lantern'이라 불리는 호박등이 등장한다. 속을 파낸 큰 호박에 도깨비의 얼굴을 새기고, 안에 초를 넣어 도깨비눈처럼 번쩍이는 것처럼 보이게 만든 장식품이다.

❀ 추수감사절

11월 넷째 주 목요일 추수감사절Thanks-giving Day은 미국에서는 크리스마스 다음 가는 두 번째로 큰 명절이다. 사람들은 서로에게 감사 카드를 보내고 가족들은 식탁에 많은 음식을 차린다. 11월의 마지막 목요일부터 다음 주 일요일까지 계속되는 4일간의 추수감사절 연휴를 즐기기 위해 미국인들은 그들의 고향으로 돌아간다. 흩어졌던 가족들은 한자리에 모이고 멀리 대학에서 공부 중인 아들, 딸도 집으로 돌아온다.

추수감사절은 유럽인들이 처음 신대륙에 도착했던 때로부터 기원한다. 그들은 이 신세계에서의 성공적인 정착을 자축하고 싶었고 또 그들을 도와주었던 미국의 원주민 인디언들에게 감사를 표하고 싶었다.

과거에 그랬듯이 오늘날 미국인들은 구운 칠면조와 옥수수빵과 고구마 그리고 호박파이로 이 날을 축하한다. 이 음식들은 그들의 조상들이 즐겼던 것이다. 추수감사절 식탁에 올리는 모든 음식들은 뜨겁고 양이 푸짐하도록 되어 있다.

3. 여행문화

미국의 주요 관광지는 자유의 여신상, 브로드웨이, 센트럴 파크, 엠파이어 스테이트 빌딩, 백악관, 피셔맨스 워프, 스페이스 니들, LA 다운타운, 디즈니랜드, 비버리 힐스, 할리우드볼, 그랜드 캐니언 국립공원, UCLA, 하버드 대학, 워싱턴 스퀘어, 유니버설 스튜디오 할리우드 등이 있다. 자유의 여신상Statue of Liberty, 그랜드 캐니언 Grand Canyon과 금문교Golden Gate Bridge는 미국을 상징하는 대표적인 랜드마크이다.

❀ 자유의 여신상

먼저 자유의 여신상Statue of Liberty은 프랑스의 조각가 프레데리크 오귀스트 바르톨디

Frédéric - Auguste Bartholdi와 공학자·토목 기술자인 구스타브 에펠이 협업하여 만들었다. 자유를 기념하는 이 높다란 조각상은 1886년 미국 독립 100주년을 기념하여 프랑스가 선물로 준 것이었다. 자유의 여신상은 오른손에 횃불을 높이 들고 있고, 왼손에는 독립 선언서를 들고 있으며, 왕관에는 7개의 뿔이 달려 있는데 이는

🔔 자유의 여신상

세계 7대의 바다와 7개의 주에 자유가 널리 퍼져나간다는 것을 의미하고 있다.

조각상은 뉴욕항New York Harbour 입구에 세워져 있어 아메리칸 드림을 안고 오는 이민자들이 가장 먼저 보게 되는 것으로 지금까지 수백만 명의 이민자들을 환영해왔으며, 미국의 독립을 기념해 만들어졌기 때문에 자유와 인권, 기회 등을 상징적으로 의미하고 있다. 1984년에 유네스코 세계유산으로 지정되었다.

❀ 그랜드 캐니언

그랜드 캐니언Grand Canyon은 미국 애리조나 주 북부에 있는 고원지대를 흐르는 콜로라도 강에 의해서 깎인 거대한 계곡이다. 콜로라도 강의 계곡으로 들어가는 입구는 동쪽에 있는 글랜 캐니언댐Glen Canyon Dam 밑에 있는 리스페리Lees Ferry가 된다. 여기서 계곡으로 들어가는 콜로라도 강은 서쪽으로 446㎞의 장거리를 흘러서 계곡의 출구가 되는 미드호로 들어

🔔 그랜드 캐니언

가는데 이 구간의 양편 계곡을 그랜드 캐니언이라고 부른다. 대부분의 지역이 그랜드 캐니언 국립공원으로 지정되어 있으나 인디언 부족의 땅에 속한 지역도 상당 부분을 차지한다. 강을 따라 고무보트 배Raft를 타고 캐니언을 통과하는 관광을 할 경우 2주일 이상의 시간이 소요되는 것을 보면 캐니언의 규모를 짐작할 수 있다. 콜로라도 강에 의해서 깎인 계곡의 깊이는 1,600m에 이르고 계곡의 폭은 넓은 곳이 30㎞에 이른다. 시어도어 루스벨트 미국 대통령의 노력으로 1908년에 그랜드 캐니언은 내셔널 모뉴먼트National Monument

로 지정되었고 1919년에 국립공원으로 승격되었다. 그랜드 캐니언은 1979년에 유네스코 세계유산으로 지정되었다.

❀ 금문교

금문교Golden Gate Bridge는 샌프란시스코의 상징적인 건축물로, 골든게이트 해협을 가로질러 샌프란시스코와 북쪽 맞은편의 마린카운티를 연결하는 아름다운 주홍빛의 다리다. 금문, 즉 골든게이트Golden Gate라는 명칭은 골드러시 시대에 샌프란시스코 만을 부르던 이름이다. 당시 골든게이트 해협은 페리가 유일한 교

⏱ 금문교

통수단이었는데 자연적 문제 때문에 다리를 건설하기 힘들다고 여겨지고 있었다.

'실현 불가능한 꿈'이라 불리던 다리의 건설이 실현된 것은 설계자인 조셉 B. 스트라우스의 노력에 힘입은 바가 크다. 그는 수차례에 걸쳐 설계를 수정했으며 계획에 반대하는 보수파와 페리선 사업자, 공학 전문가들을 설득했다. 대공황에도 불구하고 1931년에 3,500만 달러의 채권이 승인되어 마침내 1933년에 착공하여 1937년 5월에 개통하였다. 많은 이들이 복잡한 지형 등을 이유로 건설을 반대했지만 그 예상을 뒤엎고 건설 기간 4년 만에 다리가 완성된 것이다. 금문교의 건설은 1996년 미국토목학회ASCE가 선정한 현대 토목건축물 7대 불가사의 중 하나다.

다리의 총 길이는 약 2,800m이며, 걸어서 건널 경우 40~50분 정도 소요된다. 다리를 지탱하는 두 개의 탑의 높이는 227m로 건설 당시 세계에서 가장 긴 다리이자 가장 높은 현수교 탑이라는 기록을 세웠다. 도로면은 수면에서 66m 높이에 있으며 수심이 깊어 대형 배도 통과할 수 있다. 거대한 다리를 지탱하는 케이블은 직경이 약 90cm나 되는데 2만 7,572개의 가는 케이블을 꼬아서 만든 것으로 포트포인트에 그 단면이 전시되어 있다.

금문교를 감상하기 좋은 위치는 시간에 따라 다르다. 오전에는 다리 아래쪽의 포트포인트가 좋고 특히 포트포인트 동쪽의 해안가 도로에서는 다리 전체의 모습이 잘 보인다. 오후에는 마린카운티 쪽의 조망대인 비스타포인트에 오르면 샌프란시스코 스카이라인을 볼 수 있으며 저녁에 서쪽의 베이커스 비치에서는 아름다운 석양이 보인다.

✽ 유니버설 스튜디오

미국의 유명영화를 주제로 만든 170
만㎢ 면적의 세계 최대 영화와 TV 촬영
스튜디오 및 테마파크이다. 미국 디즈니
랜드에 이어서 세계 2대 테마파크로 불
리고 있으며 미국에는 로스앤젤레스와
올랜드 등 두 지역에 있고 일본 오사카에
도 유니버설 스튜디오가 있다. 각종 위락

👆 유니버설 스튜디오

 미국 관광명소

구분	명소	내용
워싱턴 (D.C.)	스미스소니언 박물관	• 영국인 과학자 제임스 스미스의 기부금으로 1846년에 설립된 종합박물관
	한국전쟁 참전 용사 기념관	• 한국전쟁에 참전했던 미군들의 뜻을 기리고자 건립된 곳
	국회의사당	• 1973년에 착공하여 1800년에 완공된 미국을 상징하는 대표적인 건물로 미국 연방정부의 입법부인 미국 의회가 있는 건물
	백악관	• 미국 대통령의 관저로 영국과의 독립 전쟁 당시 포화로 그을린 벽을 흰색 페인트로 칠하면서부터 '백악관'이라고 불리기 시작
	미국 국방부	• 세계 최대의 관청빌딩으로 건물모양이 오각형으로 되어 있음
뉴욕	메트로폴리탄 박물관	• 뉴욕시에 있는 미국 최대의 미술관으로 프랑스의 루브르 박물관, 영국의 대영 박물관과 함께 세계 3대 박물관
	자유의 여신상	• 뉴욕항의 리버티섬에 세워진 거대한 여신상으로 프랑스 국민이 미국 독립 100 주년을 기념하여 기증한 것
	센트럴 파크	• 뉴욕시 맨해튼에 있는 공원으로 공원 내에 숲과 산책로뿐만 아니라 메트로폴리탄 박물관, 센트럴 파크 동물원 등의 명소들이 자리 잡고 있음
	엠파이어 스테이트빌딩	• 뉴욕의 상징적인 빌딩으로 뉴욕시의 대표적인 명소
	타임스 스퀘어	• 뉴욕 최고의 번화가로 브로드웨이 극장가, 다양한 거리공연으로 많은 볼거리와 즐길거리가 제공
로스앤젤레스	디즈니랜드	• 만화영화 제작자 월트 디즈니가 1955년에 로스앤젤레스 교외에 세운 세계 최고의 테마파크
	유니버설 스튜디오	• 미국의 유명영화를 주제로 만든 170만㎢ 면적의 세계 최대 영화와 TV 촬영 스튜디오 및 테마파크
샌프란시스코	금문교	• 샌프란시스코의 상징적인 건축물로, 골든게이트 해협을 가로질러 샌프란시스코와 북쪽 맞은편의 마린카운티를 연결하는 아름다운 주홍빛의 다리
라스베이거스	그랜드 캐니언	• 미국 애리조나 주 북부에 있는 고원지대를 흐르는 콜로라도 강에 의해서 깎인 거대한 계곡

시설과 대형 영화관 등 볼거리가 풍부하여 관광객의 발걸음이 끊이질 않고 있으며 로스앤젤레스의 대표적 관광명소로 유명하다.

유니버설 스튜디오는 유명영화의 세트 및 특수 촬영장면, 스턴트 쇼 등을 관람할 수 있는데 스튜디오 투어, 스튜디오 센터, 엔터테인먼트 센터 등 세 가지 코스로 구분되어 있다.

3 여행문화 Tip과 에티켓

1. 여행문화 Tip

- 미국은 워낙 땅이 넓어서 어느 계절에 여행하든 크게 상관없는 곳이다. 하지만 대체로 날씨가 좋은 봄과 가을이 여행하기에 좋을 때로, 봄은 대개 3~5월, 가을은 9~11월이다. 지역으로 보면 로스앤젤레스, 샌프란시스코는 4~11월, 시카고, 뉴욕, 워싱턴 등은 5~9월이 여행하기 좋다.

- 미국의 기본 화폐 단위는 달러Dollar, $와 센트Cent, ¢이며, 원화는 미국의 은행이나 환전소에서 달러로 환전하기가 쉽지 않다. 그러므로 짧은 일정의 여행자는 국내에서 달러로 환전해 가는 것이 좋다. 장기간 여행자라면 환율이 유리하고 수수료가 저렴한 여행자 수표를 이용하는 것도 좋은 방법이다. 분실하거나 도난을 당해도 재발행이 가능하다.

- 미국 전기 전압은 주마다 약간씩 차이가 있지만 110~220V이고 주파수는 60Hz이다. 우리나라 전자 제품을 사용하려면 멀티어댑터를 가져가는 것이 좋다.

- 많은 호텔이 무선 인터넷 서비스를 제공한다. 인터넷 접속료는 보통 하루에 $10~15 정도이며, 경우에 따라 무료인 곳도 있다. 노트북이 없는 경우 인터넷 카페를 이용하면 된다. 요금은 장소에 따라 다르지만, 시간당 $6~10 정도이다.

- 미국은 총기 소지가 가능한 나라이기 때문에 범죄가 빈번하게 일어나는 곳으로 인식되고 있다. 그러나 일반적인 예상과 달리 몇 대도시 지역을 빼고는 치안이 안정된 편이다. 다만 소매치기와 같은 단순 범죄가 발생할 수 있으니 혼자 위험지역을 방문하거나 밤에 돌아다니지 않는 편이 좋다. 혼자 다닐 때는 가급적 사람이 많은 곳으로 다니고, 큰 돈이나 값비싼 물건은 숙소에 두고 다니도록 한다. 워싱턴 D·C의 경우 미국의 대도시 중 강력사건이 상대적으로 많은 편이며, 특히 국회의사당을 중심으로 북서쪽 지역을 제외한 지역은 여행을 자제하는 것이 바람직하다.

2. 여행문화 에티켓

- 미국에서 택시를 탈 때는 운전자 옆자리에 앉지 않도록 주의해야 한다. 택시 앞 좌석보조석 포함은 운전자만의 공간이기 때문이다.

- 미국인들은 친구에게 선물을 받았다면 그 자리에서 뜯어보고 감사의 마음을 전하는 것을 예의로 생각한다.

- 미국인에게 꽃을 선물하는 것은 일반적 관례이나, 백합은 죽음을 의미하기 때문에 절대 선물하면 안 된다.

- 택시 기사들 중 간혹 특별한 요구가 없으면 '땡큐'라고만 하고 거스름돈을 주지 않는 경우가 있다. 그러므로 요금에 팁을 더한 금액이 얼마인지 정확하게 계산하고 주는 것이 현명하다.

- 미국에서는 동성끼리 손을 잡거나 어깨동무, 또는 허리를 감싸는 행동은 게이나 레즈비언으로 오해받기 쉽기 때문에 해서는 안 될 행동 중에 하나이다.

- 처음 만난 사람에게 개인 신상과 같은 결혼 여부, 데이트 여부, 정치적 의견, 종교가 무엇인지, 나이, 몸무게, 기타 개인적 · 신체적 질문은 하지 않는 것이 보편적인 예의이며, 대화를 나눌 경우, 팔 하나 정도의 거리를 두고 이야기하는 것이 좋다.

- 미국 에티켓의 가장 중요한 것은 상대방을 배려하는 것이다. 예를 들어 문을 열고 들어갈 때 뒷사람을 위해서 문을 잡고 기다려 주는 것 등이 이에 해당한다.

- 지나가는 사람과 길이 엇갈려서 마주치게 되었을 경우엔, "Excuse me", 사소하다고 생각하는 일일지라도 도움을 받았을 때는 항상 "Thank You", 지나가다가 다른 사람과 실수로 스쳤을 땐 반드시, "I'm sorry"라는 표현을 아끼지 말아야 한다.

- 상대방의 옷이나 머리에 대해 칭찬을 하는 것은 좋다. 하지만 살이 빠졌다고 말하는 것은 삼가야 한다. 왜냐하면 병 때문에 몸무게가 준 것일 수도 있고 이전에는 살이 쪄서 보기 안 좋았다는 뜻이 될 수도 있기 때문이다. 또한 남의 신체에 대해 부정적인 말을 하는 것을 삼가야 한다.

- 코를 풀 때는 손수건이나 수건에 하도록 하며, 식사 중에는 절대 하지 않는다. 코나 귀가 간지러울 때에는 자리를 피해 혼자 있을 수 있는 곳에서 처리하도록 한다.

02 캐나다

1 캐나다 개관

북아메리카 대륙 북부에 있는 국가로, 영국연방에 속한다. 1763년 영국이 프랑스와 맺은 파리조약 이후 영국의 식민 상태로 있다가 1867년 캐나다 자치령으로 독립하였으며, 1951년 정식국명을 캐나다로 변경하였다. 면적은 998만 4,670㎢로 러시아에 이어 세계에서 두 번째로 넓은 나라로서 북아메리카 대륙 면적의 3분의 1을 차지하는 거대한

ⓐ 캐나다 의회

면적의 나라이지만 사람이 거주할 수 있는 곳은 한정되어 있다. 서쪽으로 미국 알래스카 주州, 남쪽으로 미국 12개 주에 접하고, 서쪽으로 북태평양, 북쪽으로 북극해, 동쪽으로 대서양, 데이비스 해협, 배핀만에 면한다. 서경 144°알래스카 국경선 근처에서 동쪽으로 배핀 제도까지의 북극해상 섬들이 캐나다에 속해 있다. 캐나다의 인구는 2022년 10월 기준 약 3,845만 명이며 수도는 오타와이다.

인구 구성은 영국계 28%, 프랑스계 23%, 독일계 3.4%, 이탈리아계 2.8%, 중국계 2.2%, 토착원주민 1.7%, 우크라이나계 1.5%, 기타 37.4%로 이루어져 있으며, 종교는 가톨릭 44%, 개신교 23.3%, 기타그리스정교, 유대교 등 17.5%로 구성되어 있다. 언어로는 영어와 프랑스어를 연방 공용어로 사용하는데, 영어 사용자가 59.3%이고, 프랑스어 사용자는 23.2%이며, 그 외 다른 언어를 사용하는 사람이 17.5%이다.

행정구역은 10개 주province, 3개 준주territory로 이루어진다. 국명은 수천 년 동안 이곳에서 살아온 캐나다 인디언의 후예인 휴런-이로쿼이Huron-Iroquois족의 언어로 '마을', '정착지'를 뜻하는 '카나타kanata'에서 생겨났다. 15세기 영국과 프랑스가 캐나다를 탐험하였고 유럽에서 건너온 이주민이 동쪽 대서양 해안가에 정착하기 시작하였다. 영국과 프랑스는 7년 전쟁을 벌여 캐나다를 차지하기 위해 싸웠고 1763년 프랑스가 패배하여 캐나다에서 물러나게 되었다.

　캐나다는 확연히 구분되는 사계절을 가지고 있다. 한여름 낮의 기온은 35℃ 정도이지만 그 이상까지 오르기도 하며, 겨울에는 영하 25℃까지 기온이 내려가는 경우도 있다. 봄과 가을에는 평균적으로 온화한 기온이 나타난다. 여름에 초원 지방은 뜨겁고 건조하며, 중앙 캐나다 지역은 다습한데 반해 해안 지방은 온화한 기후를 나타낸다. 봄은 캐나다 전반에 걸쳐서 온화하며, 가을은 종종 신선하고 시원하다.

　많은 이민자들과 유학생들이 캐나다에 정착하여 살고 있는데, 약 17만 명 이상의 교포가 온타리오 주와 브리티시컬럼비아 주, 퀘벡 주에 거주하고 있으며, 유학생도 해마다 증가하고 있다. 대학 과정에는 취업을 위한 직업 대학과 학위가 수여되는 일반 대학이 있으며, 대부분 국가에서 운영하는 국립대학교로 토론토 대학교와 브리티시컬럼비아 대학교, 맥길 대학교 등은 국제적으로 이름난 명문 대학으로 꼽힌다.

캐나다 일반정보

구분	내용
국가명	캐나다(Canada)
수도	오타와(Ottawa)
인구	3,845만 명(세계 38위)
위치	북아메리카, 북대서양과 북태평양 연안, 캐나다와 멕시코 사이
면적	998만 4,670㎢(세계 2위)
기후	한랭지역에 있으나 국토가 넓어 기후차가 심하다.
민족구성	영국계(28%), 프랑스계(23%), 독일계(3.4%), 이탈리아계(2.8%), 중국계(2.2%), 토착원주민(1.7%), 우크라이나계(1.5%), 기타(37.4%)
언어	영어, 프랑스어
종교	가톨릭(44%), 개신교(23.3%), 기타(그리스정교, 유대교 등)(17.5%)

한국학중앙연구원, KOTRA 글로벌윈도우, 두피백과, 외교부 내용을 바탕으로 저자 작성

2 캐나다의 문화

캐나다는 거의 모든 집이 나무로 지어져 있다. 한국의 집들이 시멘트로 지어진 것과는 많은 차이를 보이고 있는데 그중에서 가장 큰 차이를 나타내는 것이 바로 화장실이다. 한 국은 화장실 바닥에 하수구가 있어 습식으로 사용이 가능하지만 캐나다 화장실 바닥에 는 하수구가 없어 건식으로 사용을 해야 한다. 또한 화장실 바닥에 카페트를 깔아놓은 경우도 많이 있어서 물이 튀지 않게 조심해야 하며 이를 위해 샤워부스를 사용하는 경우 가 많다. 나무로 집이 지어져 있기 때문에 습기로 인해 나무가 썩지 않도록 환풍기를 틀고 물기를 잘 제거하는 것이 필요하다.

캐나다의 주요 도시에서는 아무 곳에서나 술을 살 수도 없고 아무 곳에서나 술을 마실 수도 없다. 캐나다에서는 공공장소에서 술을 마시는 것을 불법행위로 취급하고 있어서 넓은 잔디에 앉아 맥주 한잔하는 영화 속의 모습을 재현해보긴 어렵다. 모든 주류는 지정 되어 있는 리커스토어Liquor Store에 가서 ID 카드를 확인한 후 구매할 수 있으며, 영업시간 외, 국가 공휴일에는 술을 팔지 않는 점도 주목해야 한다.

캐나다에서 빠질 수 없는 스포츠 문 화로는 아이스하키가 있다. 캐나다는 아 이스하키를 국기로 삼고 있을 뿐만 아니 라 명실상부 아이스하키의 종주국이다. 2008년에는 남녀팀 모두 국제 아이스하 키연맹IIHF 랭킹 1위를 차지했을 만큼 아 이스하키에서 강세를 나타내고 있다. 내  셔널 하키 리그의 최종 우승자에게는 스텐리 컵이 수여된다. 캐나다 전국에 57만 명이 넘는 선수가 아이스하키 선수로 등록되어 있는데 이는 전 국민의 1.76%에 해당하는 숫 자이다. 캐나다 하키 선수였던 웨인 그레츠키는 북미에서 마이클 조던과 비견될 만큼 국 민적 영웅으로 대접받는다.

캐나다의 원주민 중 북극 지역에 사는 이누이트인은 지금으로부터 약 2,000년 전에 시 베리아에서 북아메리카로 이동했다고 추측된다. 현재 유콘과 노스웨스트, 누나부트, 그 리고 퀘벡주 북부에 걸쳐 약 3만 8,000명 정도가 살고 있다. 이누이트란 이들의 언어로 '인간'이란 뜻이다. 전 세계적으로는 약 15만 명 정도가 있는데, 이들은 북극과 캐나다, 그 린란드, 시베리아, 알래스카 등지에서 어업과 수렵을 하며 살고 있다. 옛날에는 사냥을 하

기 위해 옮겨 다녔지만, 지금은 정착 생활을 통해 문화와 언어를 보존하며 살고 있다.

캐나다에 이민자들이 들어온 후 원주민들은 전쟁에 휘말리거나 땅을 빼앗기는 등 불이익을 겪었다. 이에 캐나다 원주민들은 자신들의 권리를 주장하며 오랫동안 법정 싸움을 벌인 끝에 1970년대에 원주민의 권리를 합법화하였고, 1999년 캐나다 북부에 이누이트인들의 자치주가 인정되자, '누나부트'라고 이름 지었다. '누나부트'는 이누이트어로 '우리의 땅'을 의미한다.

이누이트 족

누나부트 준주는 북극권에서 남쪽으로 불과 3° 아래 위치한 곳으로 캐나다 전체 면적의 5분의 1에 해당하는 지역이며, 석탄·금·아연·다이아몬드 등의 광물이 풍부하게 매장되어 있다. 수도 이콸루이트에는 총 2만 6,000여 명의 이누이트인 중 5,000여 명이 살며, 자치 정부를 비롯하여 주요 공공시설과 북극대학이 있어 이누이트 발전에 기여하고 있다.

1. 음식문화

캐나다는 세계적인 고품질 식자재의 보고라고 불린다. 비옥한 땅에서 생산되는 야채와 곡물, 육류 등이 풍부하고 해산물도 다양한 나라이다. 옛날 이누이트인들은 주로 순록과 물범 등을 사냥하거나 생선을 잡아먹었는데, 오늘날에도 이 식습관은 거의 바뀌지 않아서 도시에 사는 사람들도 주말마다 직접 사냥과 낚시를 하기도 한다. 특히 북극 지방에서 잡히는 악틱차라는 생선은 이누이트인들이 즐겨 먹는 것으로, 살짝 얼려 날로 먹거나 스테이크로 즐긴다. 캐러부와 사향소, 반달무늬 물범의 고기도 많이 먹으며, 몸을 따뜻하게 하기 위해 수프로 만들거나 생간과 피를 마시기도 한다.

이민자가 많은 캐나다는 지역에 따라서 음식도 다양하다. 프랑스계가 많이 사는 퀘벡에서는 메이플 시럽을 사용한 프랑스 요리가, 인도나 중국 등 아시아 이민자가 많은 밴쿠버에서는 그 지역에서 많이 나는 홍합이나 게, 생선 등을 이용한 중국 요리와 인도 요리가 유명하다. 또 뉴펀들랜드에서는 그 지역에서 잡힌 어린 하프 물범의 지느러미로 만든 플리퍼 파이가 잘 알려져 있다. 영국이나 독일 이민자가 많은 노바스코샤와 프린스 에드워드 아일랜드 같은 지역의 감자 요리도 빼놓을 수 없으며, 일반적으로 베이크드 빈즈, 클램 차우더, 팬케이크처럼 미국에서 즐기는 요리도 많이 먹는다.

🕐 메이플 시럽

🕐 바다가재

　캐나다를 대표하는 것 중 하나인 메이플 시럽은 전 세계 생산량의 85%가 캐나다에서 만들어지는데, 대부분 퀘벡과 온타리오에서 채취된다. 메이플 시럽의 최대 생산지가 바로 퀘벡주로 전체 생산량의 90%를 차지한다. 호박색의 메이플시럽은 매년 3~4월에 단풍나무 수액을 끓여서 만든다. 이 시럽은 여러 가지 캐나다 요리에 사용되는데, 이것으로 설탕 대신 요리를 만들거나 빵에 발라 먹고 홍차에 넣어 먹기도 한다.

　캐나다 요리 중 가장 유명한 것이 어류와 해산물을 이용한 씨푸드 요리이다. 캐나다는 어류와 해산물 수출국으로 세계에서 다섯 손가락 안에 꼽힌다. 동서로 바다에 접해 있고, 호수도 많아 각종 어류와 해산물을 만날 수 있는데, 이 중에서도 훈제 연어나 연어구이, 바다 가재 요리가 특히 유명하다. 서쪽 해안에서는 연어가, 동쪽 해안가에서는 가재가 많이 잡히며 비단 바다뿐만 아니라 세계에서 담수량이 가장 많은 나라로 담수어들이 풍부하다. 대표적인 것이 연어이다. 보통 양 대양 연안에서 잡히지만, 산란기에 강으로 올라오는 연어는 낚시광들이 가장 선호하는 물고기이다. 이 외에 꼬치, 송어, 빙어 등 어종이 다양해 약 100여 종에 이른다고 한다. 서해안의 밴쿠버에는 훈제 연어나 스테이크 등이 유명하다. 대서양 연안의 뉴펀들랜드 섬과 프린스 에드워드 섬에서는 바다가재를 비롯해 대서양 연어, 홍합, 가리비와 같은 해산물이 풍부하며 특히 프린스에드워드 섬은 큰 가리비의 명산지이다.

　캐나다인의 아침은 토스트, 머핀, 베이컨, 달걀 프라이, 커피 등으로 시작된다. 이탈리안 요리를 특히 즐기는 캐나다인들은 점심에 주로 파스타나 피자, 샐러드 등으로 가볍게 먹는 것이 보통이다. 캐나다는 어느 도시든지 이탈리안과 멕시칸 요리가 많은 것이 특징으로 특히 치즈가 곁들여진 담백한 소스를 로메인 등의 야채에 끼얹어 먹는 시저 샐러드 Ceaser Salad를 간식으로 즐긴다. 저녁은 캐나다의 풍부한 식재료를 사용한 해산물, 육류의 풀코스를 즐긴다.

 캐나다 대표음식

구분	내용
푸틴	• 프렌치 프라이에 치즈커드를 얹어서 뜨거운 그레이비 소스를 뿌려 먹는 음식
메이플 시럽	• 캐나다에서 가장 인기 있는 제품 중 하나로 캐나다의 상징인 시럽
뉴펀들랜드 전통음식	• 다양한 재료를 병에 담아 병조림이나 통조림 형태로 만드는 음식
투르티에르	• 프랑스 식민지 시대부터 생겨난 것으로 고기로 속을 채운 빵 반죽을 구워만든 고기파이
비버테일	• 통밀로 만든 페이스트리 반죽을 납작하게 만들어 튀긴 도넛 위에 다양한 토핑을 올리고 소스를 뿌린 캐나다의 국민 간식

2. 축제문화

캐나다는 각 지역마다 다양한 축제들이 개최되고 있으며, 대표적인 축제로는 캐나다를 상징하고 매년 봄에 개최되는 메이플 시럽 축제가 있다.

❋ 캐나다의 날

캐나다의 축제 중 캐나다의 날은 7월 1일로 모든 캐나다인들의 가장 성대한 공휴일이자, 1867년 영국의 식민지에서 캐나다 연방으로 독립한 것을 기념하는 날이다. 행정 수도 오타와에서는 기념식이 열리고, 지역마다 불꽃놀이 등 축하 행사가 벌어진다. 캐나다가 하나의 연방으로 자치를 시작한 날을 기념하는 캐나

🕐 캐나다의 날

다의 '건국 기념일'이자 '연방 설립 기념일'이다. 1867년의 7월 1일부터 캐나다는 영국에 해방되어 자체적인 캐나다 영토와 주권을 가지게 되었던 만큼 캐나다의 날은 캐나다 국민들이 국가적 자긍심을 높이고 공동체 의식을 다시금 깨닫게 해주는 중요한 날이라고 할 수 있다.

캐나다인들에게 이토록 의미 있는 날을 기념하기 위해 캐나다에서는 해마다 기념주화, 공식 엠블럼, 티셔츠 등 다양한 기념상품들을 발행한다. 이러한 상품들이 많이 생산되고 또한 많은 캐나다인들이 이러한 상품들을 구매하는 것을 보면 캐나다인들이 얼마나 자

국을 사랑하고 또 캐나다 데이를 중요시 여기는지 알 수 있는 부분이다. 우리나라의 '개천절'이나 '광복절'과는 다르게 캐나다의 날은 오랜 세월을 거쳐 즐길 수 있는 축제의 의미로 발전되었다. 이러한 연유로 캐나다의 날에는 다양한 행사들이 전역에서 열리며 다양한 볼거리가 제공된다. 축제 하면 빠질 수 없는 화려한 퍼레이드와 폭죽행사는 캐나다 데이에서 빠질 수 없는 주요 이벤트이다. 이런 화려한 퍼레이드와 불꽃놀이 등 많은 축제들로 캐나다 전체가 떠들썩해진다고 한다.

✿ 몬트리올 국제 재즈 페스티벌

몬트리올 국제 재즈 페스티벌은 해마다 6월 말에서 7월 초 여름이 되면, 세계 20여 개국에서 모인 2,000여 명의 세계적인 음악가들이 몬트리올 예술의 광장에 모여 재즈 공연을 펼친다. 도시 곳곳에서 재즈 연주와 퍼포먼스가 벌어지며, 전 세계에서 200만 명 이상이 찾아와 함께 즐기는 세계적인 축제이다. 몬트리올 국제 재즈 페스티벌 1,000개의 콘서트, 30개국에서 온 3,000명의 아티스트와 200만 명의 축제 방문객이 방문한다.

아침부터 늦은 밤까지 진행되는 파티이다. 리듬에 맞춰 춤추고 노래하며 프랑스에 온 듯한 분위기 속에서 감자튀김과 5코스 샘플 메뉴를 느긋하게 즐기거나 몬트리올의 부티크에서 쇼핑하기도 한다. 메종 드 페스티벌로 향해 소규모 콘서트를 즐기거나 야외에서 자유롭게 움직일 수 있는 축제이다. 노천카페에서 카푸치노를 마시고 오븐에서 갓 구워낸 초콜릿 빵을 맛보는 것도 몬트리올 국제 재즈 페스티벌의 매력이라고 할 수 있다.

몬트리올 국제 재즈 페스티벌은 보행자 전용 카르티에 데 스펙터클에서 10만 명의 새 친구를 만날 수 있다. 다이애나 크롤의 음악을 들으며 한여름에 스케이트를 즐기거나, 가만히 눈을 감고 마일즈 데이비스의 클래식 리메이크를 감상할 수도 있고, 11일간의 재즈 축제와 수백 가지의 행사가 진행된다.

🕉 몬트리올 국제 재즈 페스티벌

✿ 메이플 시럽 축제

온타리오 주 엘마이라에서 개최되는 축제로 매년 4월 초에 하루 동안 열리는 축제이다. 메이플 시럽 축제가 4월에 개최되는 이유는 4월 초순 사이에 단풍나무 수액에 녹아 있는 당분이 가장 높아 수확하는 철이기 때문이다. 달콤한 메이플 시럽을 맛보고 봄의 따스함과 자연 속 전원생활에 대한 향수를 느끼고 싶어 하는 수많은 관광객들이 세계 각지에서 축제를 방문하고 있다.

메이플 시럽이 새로 나오는 봄에는 축제와 행사도 많은데 4월 초, 엘마이라에서 열리는 메이플 시럽 축제가 가장 크고 성대하다. 축제에서는 깨끗한 눈을 뿌린 널빤지 위에 시럽을 붓고, 시럽이 굳기 시작할 때 작은 나무 막대에 감아 만드는 사탕인 메이플 태피를 맛볼 수 있다.

 캐나다 축제

구분	내용
캐나다의 날	• 캐나다의 축제 중 캐나다의 날은 7월 1일로 모든 캐나다인들의 가장 성대한 공휴일이자, 1867년 영국의 식민지에서 캐나다 연방으로 독립한 것을 기념하는 날
몬트리올 국제 재즈 페스티벌	• 해마다 6월 말에서 7월 초 여름, 세계 20여 개국에서 모인 2,000여 명의 세계적인 음악가들이 몬트리올 예술의 광장에 모여 재즈 공연을 펼치는 축제
메이플 시럽 축제	• 온타리오 주 엘마이라에서 개최되는 축제로 매년 4월 초에 하루 동안 열리는 축제
오타와 겨울 축제	• 캐나다의 수도인 오타와에서 겨울철 1979년 한 달 동안 열리는 연례 축제
캐나다 튤립축제	• 매년 5월에 오타와에서 열리는 세계 최대의 튤립 축제
몬트리올 국제 불꽃 축제	• 1985년에 시작되어 매년 개최되는 몬트리올 국제 불꽃 축제는 캐나다 몬트리올의 놀이공원 라 롱드(La Ronde)에서 펼쳐지는 불꽃 예술 경연대회

3. 여행문화

캐나다는 OECD가 선정한 세계에서 가장 살기 좋은 나라 2위로 선정될 만큼 좋은 환경을 자랑하는 나라이다. 넓은 영토와 함께 아름다운 자연경관을 자랑하고 있어 많은 관광객들이 찾는 국가이기도 하며, 다양한 관광지를 보유하고 있다.

✿ 리도 운하

오타와 남쪽에서 온타리오 호수의 킹스턴 항구까지 리도와 캐터라퀴 강의 202㎞에 이르는 19세기 초의 구조물이다. 북미 대륙에서 가장 오래된 운하이며, 영국의 왕립 공학자

ⓙ 리도운하

인 존 바이 대령이 1826년에 공사를 시작하여 1832년에 완공하였다. 리도 운하는 미국이 전쟁을 일으켜 군사 물자 수송 및 침략에 대비하기 위한 군사적인 목적으로 건설되었지만, 실제로 전쟁이 일어나지 않아 군사 목적으로 활용이 되진 못하였다. 그러나 리도 운하가 생기면서 오타와가 교통 중심지로 부상하면서 바이 타운이라고 불릴 정도로 비약적인 발전을 이룩했다.

19세기 운하의 형태를 고스란히 보존하고 있어 2007년 유네스코 세계문화유산으로 지정되었다. 현재는 시민들의 산책로로 인기가 많으며, 여름에는 유람선을 운행하고 겨울에는 스케이트장으로 사용하는 등 관광을 목적으로 활용되고 있다.

❀ CN 타워

CN 타워는 1976년에 캐나다 토론토에 세워진 553.33m 높이의 탑이다. 1973년에 착공하여 1976년에 완공한 CN 타워는 토론토의 상징으로 여겨질 정도로 유명한 건물이다.

ⓙ CN 타워

텔레비전이나 라디오의 전파를 내보내기 위해 건립된 송출탑이지만, 국내외 관광객들에게는 송출탑이라는 본래의 기능보다 토론토의 대표적인 명소로 더 잘 알려져 있다.

346m의 룩 아웃과 447m의 스카이 포드 전망대가 있으며 실내외에서 바라보는 전망이 환상적이어서 매년 많은 관광객들이 찾는 곳이다. 전망대에서 토론토 전역을 한눈에 바라볼 수 있고, 날씨가 맑은 날에는 120㎞ 떨어진 나이아가라 폭포도 볼 수 있다.

❋ 캐나다 플레이스

1986년 엑스포를 위해서 세워진 건축물로 벤쿠버와 콜 하버 지역의 대표 관광명소이다. 5개의 범선의 돛을 본따 만든 새하얀 지붕이 특징이며, 벤쿠버 해안선의 이색적인 풍경을 연출하는 데 중요한 역할을 하고 있다. 건물 내부에는 대형 스크린의 아이맥스 영화관도 있으며, 벤쿠버 무역컨벤션 센터, 세계무역센터, 팬 퍼시픽 호텔 외에 레스토랑과 다양한 숍이 있다.

 캐나다 관광명소

구분	명소	내용
오타와	리도운하	• 북미 대륙에서 가장 오래된 운하로, 초기에는 군사 목적으로 건설되었지만 현재는 관광목적으로 활용되고 있다.
	캐나다 자연사 박물관	• 캐나다 일대에서 발견할 수 있는 공룡부터 동식물 등의 역사를 알 수 있는 곳
토론토	CN 타워	• 토론토의 상징으로 여겨질 정도로 유명한 건물로 전망대에서 토론토 전역을 한눈에 바라볼 수 있다.
	토론토 신 시청사	• 1965년에 완공된 건축물로 토론토를 대표하는 건축물로 꼽고 있다.
몬트리올	성요셉 성당	• 캐나다의 수호성인인 요셉을 모시고 있는 전 세계에서 가장 많은 사람이 찾는 성당 중 하나
	매코드 캐나다 역사박물관	• 캐나다의 역사와 문화를 이해하는 데 가장 중요한 박물관으로 100만 점 가까운 역사기록사진이 전시되고 있다.
퀘벡	퀘벡성채	• 캐나다 퀘벡주 퀘벡시티는 북아메리카 유일의 성채로 이루어진 도시로, 1957년 국가 역사지구로 지정
벤쿠버	캐나다 플레이스	• 1986년 엑스포를 위해서 세워진 건축물로 벤쿠버와 콜 하버 지역의 대표 관광명소
앨버타	스매쉬드 버펄로 지대	• 많은 양의 버펄로 뼈와 원주민 부락의 유적지
	주립 공룡 공원	• 최대의 공룡 채집지로 지금까지 60여 종의 중요 공룡 화석 5,500여 점과 7,300만 년 된 나무 화석, 공룡 무덤 등이 발견된 곳

건물 밖으로는 멋진 산책로가 조성되어 있으며, 건물 양옆의 선착장에는 세계 유명 크루즈들이 정박하는 장소로, 매년 7월 1일 밤에 개최되는 '캐나다 데이 불꽃놀이'와 다양한 이벤트가 열리는 명소이다.

③ 여행문화 Tip과 에티켓

1. 여행문화 Tip

- 2016년 3월 15일부터는 항공편으로 캐나다에 입국하는 한국인들은 캐나다에 도착하기 전에 반드시 온라인으로 입국 허가를 받아야 한다. 전자여행 허가 신청은 캐나다 이민성Citizenship and Immigration Canada, 'CIC' 홈페이지에서 신청가능하며, 비용은 7 캐나다 달러이다. 신청자의 신상정보, 국적, 여권 번호, 방문 목적 등의 정보를 입력하면 수분 내에 자동으로 처리된다. 전자 여행 허가는 발행된 날로부터 5년간 유효하며 캐나다 학생비자, 취업비자 혹은 영주권을 보유한 한국인이라면 별도로 전자 여행 허가를 발급받을 필요가 없다.
- 캐나다 통화 시스템은 미국 및 호주, 뉴질랜드와 유사하게 달러dollar와 센트cents를 사용하며, 한국과 캐나다의 금융기관, 은행, 신탁은행 또는 환전소에서 환전이 가능하다.
- 캐나다에서는 팁을 지불하는 것이 관례이다. 팁은 일반적으로 레스토랑의 계산서에 포함되지 않는다. 일반적으로 전체 청구 금액의 15~20%를 팁으로 지불하는 것이 상례이다.
- 캐나다의 전압은 110V, 60Hz이며, 콘센트는 11자 모양으로 되어 있어 캐나다에서 한국의 전자제품을 사용하기 위해서는 별도의 멀티어탭터를 준비해야 한다.

2. 여행문화 에티켓

- 캐나다에서는 냅킨 대신 서비에트Serviette란 단어를 쓴다. 그 이유는 냅킨은 기저귀를 의미하기 때문이다.
- 캐나다 인디언들에게 '인디언'이라고 부르는 것은 인종차별적 발언으로 간주될 수 있다고 하니 주의해야 한다. 보통 First nation people 혹은 Natives라고 부른다.
- 캐나다인은 국가에 대해 자부심이 강해 미국과의 국제관계 등의 비교에 대해 매우 민감하니 비교는 삼가는 것이 좋다.

- 캐나다인에게 백합은 미국과 마찬가지로 죽음을 의미하기 때문에 절대 선물해서는 안 된다.
- 캐나다인들은 다른 사람이 재채기를 하면 'Bless you'라고 말해준다. 이는 예로부터 재채기를 하면 영혼이 조금씩 빠져나간다고 믿고 있기 때문이다.
- 아이들이 추운 겨울이나 비 오는 날 혼자 걷고 있다고 해서 차에 태워주겠다고 접근할 경우 아동 성폭행범으로 몰리기 쉬우니 각별히 주의해야 한다.
- 겨울철 집 앞 눈을 치우지 않고 며칠씩 방치해놓았다간 이웃 등의 신고로 인하여 경고장 및 벌금에 처해질 수 있다.
- 캐나다인들은 냄새에 매우 민감하므로 한국음식 김치, 된장, 인삼, 오징어 등을 먹은 후에는 반드시 양치를 하거나 가글을 해야 한다.
- 캠핑장 등을 제외하고는 야외에서 술을 마시는 것이 불법이므로 각별히 주의하여야 한다. 또한 술집에서 술 마시다 일행이 취해 있을 경우 더 이상 판매를 하지 않으며 나가달라는 요구에 응해야 한다. 길거리에서 술에 취해 비틀거리거나, 쓰러져 누워 있을 경우 곧바로 경찰서로 데려간다.
- 사람을 부를 때는 손바닥을 위로 향하게 부르고, 사람 수를 셀 때는 손가락 대신 손 전체를 사용하는 것이 예의이다. 손바닥을 아래로 해서 부르면 가라는 뜻으로 용인된다.

03 브라질

1 브라질 개관

브라질의 정식 명칭은 브라질 연방 공화국Federative Republic of Brazil이다. 남아메리카 대륙의 중앙부에 자리 잡고 있으며, 26개의 주포르투갈어: estados와 1개의 연방구포르투갈어: distrito federal로 이루어져 있는 연방 국가이다. 면적은 한반도의 38배인 920만 5,770㎢로 러시아, 캐나다, 미국, 중국에 이어 세계에서 다섯 번째로

🔗 브라질리아 의회

큰 국가이며 남미 대륙의 47.7%를 차지하고 있다. 전체 인구는 2022년 10월 기준 약 2억 1,531만 명으로 세계에서 7번째이며 수도는 브라질리아이다. 남아메리카에서 가장 많은 인구를 보유한 브라질은 전 인구의 70%가 동부와 남부지방에 밀집되어 있어 인구 분포의 지역 차가 큰 편이다. 인종별 구성은 유럽계, 혼혈, 흑인, 일본·중국·한국 등의 아시아계로 되어 있다.

종교는 국민의 약 74%가 로마 가톨릭교를 신봉하며, 그 뒤를 이어 신교가 15%를 차지하고 있으며, 원주민과 아프리카인들 사이에는 전통신앙이 그대로 이어져오고 있다. 인디오는 주로 밀림지역에서 독립된 생활을 영위한다. 언어는 포르투갈의 식민지였던 영향으로 포르투갈어가 공용어이며, 그 밖에 에스파냐어·이탈리아어·영어·프랑스어도 사용된다.

브라질 국토의 대부분은 적도 아래 남반구에 있어 우리나라와는 반대로 남쪽으로 갈수록 날씨가 선선해진다. 여름은 11월에서 4월 사이, 겨울은 5월에서 7월 사이로 지형에 따라 다양한 기후를 보이며 지역에 따라 크게 열대와 아열대, 온대로 구분된다. 아마조니아를 중심으로 북부에 위치한 열대 지역은 비가 많이 오는 고온 다습한 곳이며, 중앙 고원과 남부 고원의 일부 지역은 기온은 높으나 비가 적은 아열대 기후로 5월과 9월 사이에

건기가 찾아온다. 남부 고원은 브라질 최대의 곡창 지대로, 연평균 기온 17~19℃ 사이의 따뜻하고 적당한 비가 내리는 온대 기후 지역이다. 브라질은 남아메리카 대륙에서 가장 큰 나라이다. 칠레와 에콰도르를 제외한 남아메리카 모든 나라의 국경과 맞닿아 있으며 마주하고 있는 국경의 길이 만도 4,353㎞나 된다.

　중남미에서 가장 산업화된 국가인 브라질은 남아메리카 국가들과의 무역 자유화와 협상을 적극적으로 지원하며 남아메리카 공동 시장을 설립해 관세 동맹을 공식 출범시켰다. 또한 중남미 국가 간의 국경 분쟁, 국제 조직범죄, 환경 문제 등의 해결을 주도하며 지도국 역할을 하고 있다.

　브라질에서 농업은 제조업과 서비스업의 성장으로 경제적 비중이 점점 약화되고 있지만, 노동 총인구의 20%가 농업에 종사하고 있고 수출에서 농업생산물이 차지하는 비중이 여전히 높아 농업국으로서의 면모를 다분히 갖고 있다. 생산량에서 설탕, 오렌지 주스, 커피 등이 세계 1위를 차지하고 있으며, 대두와 쇠고기 생산은 세계 2위, 닭고기, 담배, 옥수수 생산은 세계 3위를 차지하고 있다. 수출량에서는 커피, 오렌지 주스, 설탕, 대두, 쇠고기, 담배 등이 세계 1위를 점하고 있다.

📷 브라질 일반정보

구분	내용
국가명	브라질(Brazil)
수도	브라질리아(Brasilia)
인구	2억 1,531만 명(세계 7위)
위치	남아메리카 대륙 중앙
면적	920만 5,770㎢(세계 5위)
기후	연간 평균 강수량은 2,000mm 기온은 연중 30℃ 전후인 열대성 기후
민족구성	유럽계, 혼혈, 흑인, 일본·중국·한국 등의 아시아계
언어	포르투갈어(공용어)
종교	로마가톨릭교(73.6%), 개신교(15.4%)

한국학중앙연구원, KOTRA 글로벌윈도우, 두피백과, 외교부 내용을 바탕으로 저자 작성.

② 브라질의 문화

브라질은 각국의 인종이 모여 있는데 각기 자기 나라의 문화를 가지고 와서 그것들이 전통적인 포르투갈의 문화와 뒤섞여 점차로 독자적인 브라질 문화를 형성하였다. 특히 남부의 상파울루주州는 이탈리아 이민移民의 영향이 크고, 남쪽에 있는 히우그란데두술주는 독일이나 동東유럽에서 온 이민의 영향이 크다. 이와 같이 남부의 여러 지방은 유럽계系의 이민이 많이 모여 있기 때문에, 문화 수준도 상당히 높고, 교육도 앞서 있다. 지방적·민족적인 문화와 유럽 문화를 혼교混交시켜서 독자적인 브라질 문화를 창조하는 데 기여한 사람도 많다.

브라질은 유럽계 백인, 혼혈인종, 아프리카계 흑인 및 기타 동양계 이민으로 구성된 다인종 국가이다. 인종 간의 혼혈이 세계 어느 나라보다 보편화되어 있어 인종 편견이 상대적으로 적은 편이다. 인디오는 마투그로수Mato Grosso 지역 등 주로

밀림 지역에서 독립된 생활을 영위한다. 브라질 사람들은 시간관념이 철저한 편이 아니며 급하게 서두르지 않는다. 브라질은 인적관계를 중요시하는 사회로서 농촌의 지주들은 아직도 가부장적인 성향이 남아 있다. 하지만 도시에서는 현대적 생활방식이 지배적이다. 브라질은 포르투갈, 독일, 이탈리아 등 남부 유럽의 풍속과 습관이 기저를 이루며, 특히 축구 등 스포츠와 카니발이 국민 생활 속에 깊이 자리 잡고 있다.

브라질의 독특한 문화 중 하나로 결혼문화를 꼽을 수 있는데, 브라질에서는 결혼을 하기 위해서 시험을 봐야 한다. 일정 기간 동안 신랑과 신부는 결혼에 관련된 각종 교육을 받고 시험을 치러 합격을 해야만 결혼을 할 수 있다. 시험에 합격하지 못하면 여러 부분에서 불이익을 당할 수 있어 결혼 전 시험 합격은 필수이며, 결혼식에서 신랑의 넥타이를 잘라 하객들에게 파는 문화도 또 하나의 독특한 문화로 볼 수 있다. 이때 넥타이를 판 돈은 신랑 신부에게 전달된다고 한다.

1. 음식문화

브라질은 남미 대륙의 거의 절반을 차지하는 나라로 그 광활한 국토만큼이나 다양한 인종과 문화를 갖고 있다. 라틴아메리카는 전 세계에서 모인 민족들이 모여 살지만 브라

질은 복잡한 혼혈과정을 거쳐 새 인종을 만들었다고 할 만큼 그 융화에 성공했다.

브라질에는 유럽과 아프리카, 남아메리카 인디오의 세 문화가 어우러져 있는데 그 역사적 배경을 살펴보면 인디오의 땅이었던 브라질이 1500년 포르투갈인에 의해 발견되고 그 후 포르투갈인들은 대규모 사탕수수 재배를 위해 아프리카로부터 다수의 흑인을 노예로 데려옴으로써 그 각각의 문화가 이어지며 혼합된 것이다. 현재 브라질은 경제권에 있어서는 유럽계의 백인들이 잡고 있지만 문화의 측면에 있어서는 흑인 중심의 것이 대부분이다. 이러한 배경으로 인해 브라질의 음식은 흑인 노예들로부터 유래된 것이 많다.

흑인의 음식은 소금과 마늘을 많이 이용한다는 특징이 있는데, 이는 더운 지역에서 일을 할 때 배출되는 염분을 보충하고 열병을 막기 위해서 즐겨먹게 된 것이다. 또한, 아프리카에서 가져온 덴데유라는 야자수에서 짜낸 기름을 사용한 것도 흑인들의 독특한 음식문화로 볼 수 있다. 인디오 음식은 브라질의 오지인 북부와 북동부 지역에서 인디오들에 의해서 발달되었는데, 식문화를 발달시킬 필요가 없던 인디오들은 자연 그대로를 식품으로 대용했다. 마니오카, 옥수수, 열대과일, 감자 및 아마존 강에서 잡히는 생선을 즐겨 먹었으며, 허브를 많이 이용하고 당밀로 단맛을 낸 것이 특징이다. 마지막으로 유럽의 음식문화는 브라질 남부에서 가장 발달하였는데, 스파게티, 치즈, 버터를 이용한 음식이 많이 발달하였으며, 대구를 이용한 포르투갈의 전통 음식이 발달한 것이 유럽 음식문화의 특징이다.

브라질의 요리는 전통과 역사의 산물이다. 식민지 시대를 겪은 독특한 문화, 강 또는 바다와의 근접성, 강수량과 토질 등에 따라 브라질 각 지방 요리들은 나름대로 다양한 발전을 해온 것이다.

❀ 훼이조아다

리우데자네이루에서 유명한 훼이조아다는 훼이조라는 콩에 고기를 넣어 조리한 것으로 보통 토요일 점심으로 먹는데 콩을 목요일 밤부터 물에 담가 불려 다음 날 하루 종일 삶아 만든다. 훼이조아다는 16세기 식민지 시대에 흑인 노예들이 만들어낸 음식으로 알려졌으며, 근대에 와서는 내륙 오지의 간이식당에서 대도시

에 있는 고급 식당에 이르기까지 대부분의 브라질 식당에서 내놓는 대중적인 음식이다. 이 음식이 대중화된 것은 노예들이 기운이 좋은 것을 신기하게 생각했던 농장 주인이 어느 날 노예들이 음식을 맛있게 먹는 것을 본 뒤 따라서 먹기 시작했기 때문이라고 한다. 농장 주인이 자세히 살펴보니 돼지 발가락, 꼬리, 귀, 혀 등 그야말로 자신들이 먹지 않는 부위를 활용해서 소시지, 그리고 검은콩을 추가해 푹 끓인 음식이었다. 노예들은 주인이 먹지 않는 부위를 모아 소금을 뿌려 보관했다가 조금씩 꺼내어 검은콩을 넣어서 끓여 먹은 것이다. 농장 주인들은 노예들이 그 음식 때문에 힘이 좋은 것으로 생각하고 훼이조아다를 먹기 시작했다고 한다. 브라질 사람들이 축제 기간에 며칠간 잠도 제대로 자지 않고 축제에 참가할 수 있는 힘의 원천이 바로 훼이조아다라고 한다.

✿ 츄라스코

리오그란데에서 유명한 츄라스코는 쇠고기, 돼지고기 등 다양한 고기의 요리이다. 1m나 되는 기다란 쇠꼬치에 다양한 부위의 다양한 고기를 꿰어 숯불에 돌려가며 서서히 구워낸 것으로 토마토 소스와 양파 소스를 곁들여 먹는다. 브라질내 대부분의 츄라스코 전문점은 종업원이 쉴 새 없이 종류별, 부위별 고기를 계

속 서브하는데 자기가 좋아하는 고기만 받아도 된다. 또한 츄라스코는 결혼식이나 생일 등의 행사에 빠지면 안 되는 요리 중 하나이기도 하다. 맛은 알갱이가 굵은 돌 소금을 뿌려 숯불에서 구운 데서 나오는데 소금이 굵어 간이 서서히 배고 또 숯불에서 구워 기름기가 쏙 빠지며 숯불향이 배어 담백하고 고소한 맛이다. 츄라스코 전문점에서는 개개인 앞에 한쪽은 빨간색, 한쪽은 초록색의 신호 막대기가 놓이는데 고기를 계속 먹고 싶으면 녹색 부분을 위로, 그만 먹고 싶으면 빨간 부분을 위로 가게 놓으면 된다.

✿ 바이아주의 요리

독특한 요리들이 식민지 시대 농장주의 부엌으로부터 발전되어 온것인데, 그 당시 밀가루와 고기가 귀했을 때라 아프리카 노예 요리사들은 해안에서 잡히는 해산물과 마니

옥 가루, 고구마, 파인애플, 코코넛, 야자유와 같은 지역적 산물을 많이 사용하였다. 조미료는 아프리카에서 나는 양념을 주로 썼는데, 바이아 요리는 야자유의 일종인 덴데유와 코코넛 가루의 독특한 맛이 그 특징이다.

✿ 카챠카

브라질의 맥주는 서구에서 가장 좋은 질의 맥주로 손꼽혀지고 있으며 대표적인 술로는 익지 않는 럼주가 있다. 이를 '카챠카'라고 부르는데 사탕수수를 발효시킨 알콜로 만든 것으로 강하고 맑은 것이 특징이다. 카챠카를 잘게 자른 라임, 설탕, 얼음과 같이 낸 것이 카이피링야로 매우 인기가 높다.

✿ 구아라나

브라질만의 독특한 음료인 구아라나는 아마존에서 나는 과일로 만든 것으로 인기가 많다.

 브라질 지역별 음식특징

구분	내용
북부 지역	• 인디오들이 많이 살고 있는 지역으로 말린 새우, 양파, 토마토, 살란트로, 오크라를 한 냄비에 넣고 끓인 요리가 주요리
북동부 지역	• 리오그란데가 있는 건조지역으로 소를 많이 키우고, 해산물이 풍부
중서부 지역	• 건조 사바나기후로 강에서 잡히는 물고기와 넓은 목축지에서의 소와 돼지, 작물로는 마니옥과 쌀, 옥수수 등이 풍부
남동부 지역	• 브라질 전체 중에서도 핵심적인 산업지대임과 동시에 브라질의 독특한 요리문화가 남아 있는 곳
남부 지역	• 리우데자네이루와 상파울로 등의 대도시가 있는 곳으로 브라질의 대표임식 페이조다가 유래한 곳 • 유럽의 이민자들이 이주해와서 다양한 음식문화가 발달한 곳

2. 축제문화

브라질에서 가장 유명한 카니발은 원래 금욕 기간인 사순절을 앞두고 즐기는 축제를 말한다. 그 가운데 가장 유명한 축제가 세계 3대 미항의 하나인 브라질의 지우데자네이루에서 열리는 리우 카니발이고, 실제로 브라질을 찾는 많은 관광객들은 리우 카니발 기간에 맞춰 방문하고 있다.

✿ 리우데자네이루 카니발

　리우데자네이루 카니발Rio Carnival은 브라질 리우데자네이루에서 매년 사순절 전날까지 5일 동안 열리는 카니발 축제이다. 카니발이 브라질에 전래된 것은 유럽인들이 이주해온 16세기 이후의 일로, 브라질 카니발에 대한 최초의 기록은 1723년에 발견된다. 포르투갈의 식민 지배가 19세기 초까지 이어지는 동안 브라질에서는 포르투갈, 스페인, 프랑스, 네덜란드 등 유럽의 문화와 원주민의 전통, 그리고 노동력 확보를 위해 끌고온 아프리카인의 문화가 한데 뒤섞였다. 브라질의 카니발은 이처럼 여러 대륙의 다양한 문화가 집결되는 과정에서 형성되어 오늘날 브라질의 전통과 문화를 대표하는 축제로 자리 잡았다.

　브라질 카니발은 리우데자네이루, 상파울루Sao Paulo, 사우바도르Salvador, 헤시피Recife 등 4개 도시를 중심으로 브라질 전역에서 열리며, 카니발 기간에는 기본 산업체, 소매업, 축제 관련업을 제외한 브라질 전체가 일을 멈추고 밤낮없이 축제를 즐긴다. 그중 리우 카니발은 그 규모와 화려함에 있어서 전 세계 최고라는 평가를 받는다. 브라질 카니발의 상징이자 카니발을 이끄는 춤 삼바samba는 바로 리우데자네이루에서 태동했다. 삼바는 아프리카의 전통춤에 폴카, 마시시 등의 다른 장르가 합쳐져 브라질의 독특한 문화로 정착됐다.

　따라서 번쩍이는 의상을 입고 골반을 전후좌우로 격렬하게 흔드는 삼바 무용수들,

화려하게 장식한 축제 차량, 노래를 부르고 음악을 연주하는 악단이 펼치는 삼바 퍼레이드는 리우 카니발의 하이라이트를 이룬다. 리우 카니발의 삼바 퍼레이드는 리우데자네이루 지역에 결성되어 있는 200여 개 삼바 스쿨들이 일 년 동안 준

비해 조직적이고 체계적으로 벌이는 행사라는 특징을 지닌다. 삼바 스쿨들은 춤, 음악, 노래, 의상, 소품 등을 어우러지게 구성한 프로그램을 선보이며, 퍼레이드를 벌이는 동안 심사를 거쳐 그해 카니발의 최고의 삼바 스쿨이 선정된다. 이렇듯 삼바 경연대회이기도 한 삼바 퍼레이드는 다른 카니발과 차별되는 리우만의 독자적인 행사로, 리우데자네이루를 전 세계 카니발의 수도로 인식시키는 역할을 하고 있다.

3. 여행문화

브라질은 남아메리카에 있는 국가로 상파울루, 리우데자네이루, 포르투알레그렘 등 잘 알려진 도시들이 많다. 우리나라와 계절이 정반대인 브라질은 피서지나 피한지로 적절한 여행지로 매력적인 명소들이 많은 곳이다.

✿ 코르코바도 언덕Morro do Corcovado

코르코바도 언덕Morro do Corcovado은 리우데자네이루 어디에서나 보이는 거대한 그리스도상이 있는 곳으로 유명하며 해발고도 710m에 있다. 브라질을 대표하는 유명한 곳이 코르코바도 언덕의 구세주 그리스도상인데, 세계 7대 불가사의에 포함된 이 조각상은 1931년 브라질이 포르투갈로부터 독립한 지 100주년을 기념하여 세워진 기념상으로 1926년 설계를 시작하여 5년 후인 1931년 완공했다. 높이 30m, 좌우길이 28m, 손바닥과 머리의 크기 각 3m, 무게 1145t의 거대한 조각상이다. 코르코바도 언덕의 전망대에서는 시내의 경관뿐만 아니라 코파카바나 해안, 이파네마 해안까지도 바라볼 수 있다.

✿ 티주카 국립공원

티주카 국립공원Parque Nacional da Tijuca은 브라질 리우데자네이루 시 산지에 있는 도시 국립공원으로 공원의 면적은 120㎢이다. 리우데자네이루 중심부 오른쪽에 자리 잡고 있으며, 브라질에서 두 번째로 작은 국립공원이다. 상콘라두 해안을 면하고 있는 산악공원으로 높이 1,021m의 피쿠다 티주카산山을 중심으로 펼쳐져 있다.

공원은 주도로에 의해 세 부분으로 나뉘며 길이 잘 나 있어 접근하기 쉬우며 숲과 동굴 외에 30여 개의 폭포, 300종 이상의 식물, 100종 이상의 동물, 전망대 등 다양한 요소가 있어 많은 관광객이 찾고 있다.

1961년 티주카 숲이 국립공원으로 선포되었고, 2011년에는 카리오카 모자이크가 국립공원을 포함하여 설립되었으며, 2012년 유네스코는 이 공원을 포함한 리우데자네이루 주변 경관을 세계문화유산으로 지정하였다.

❁ 상파울루 메트로폴리타나 대성당

브라질 상파울루의 가톨릭 교구의 성당이다. 처음 건립된 것은 1544년이지만, 현재의 건물은 1913~1954년의 대공사 끝에 40년 만에 완공된 것이다. 르네상스 양식의 돔을 가지고 있음에도 불구하고, 상파울루 메트로 폴리타나 대성당은 세계에서 네 번째로 큰 네오고딕 양식의 성당으로 평가된다. 상파울루 역대 사제들의 시신이 안치되어 있고, 브라질의 종교사를 표현한 스테인드글라스가 아름답게 장식되어 있다.

❁ 상파울루 미술관

1947년 개관한 상파울루 미술관Museu de Arte de São Paulo은 가장 번화가이며 상업 활동의 중심지인 파울리스타 거리에 입지해 있다. 이탈리아 건축가 리나 보 바르디Lina Bo Bardi에 의해 설계된 미술관에는 중세 이후의 서유럽 회화 1,000여 점이 소장되어 있다. 건물 자체가 하나의 예술 작품이라고 할 수 있는 미술관은 세잔, 고흐, 마티스, 피카소, 르누아르 등 세계적인 화가들의 작품들을 직접 감상할 수 있는 상

설 전시관과 상파울루 비엔날레와 같은 특별한 전시가 이루어지는 특별 전시관으로 구분되어 있다.

✿ 브라질 독립 기념 공원

독립기념공원Parque da Independência은 브라질의 독립을 기리기 위해 만들어진 공원으로, '이피랑가Ipiranga 공원'이라고도 부른다. 1822년 포르투갈 황태자 페드루 1세Pedro I가 "독립이냐, 죽음이냐"라고 부르짖으며, 브라질 독립 선언을 행한 자리에 독립 기념상이 세워져 있다. 독립기념공원 바로 앞에 있는 이피랑가 박물관Museu do Ipiranga은 신 고전적 르네상스 양식의 박물관이다. 1895년에 건설되었으며, 상파울루에 있는 주요 건축물 중 하나이다. 19세기의 유물을 비롯하여 많은 유물을 보관하고 있다.

 브라질 관광명소

구분	명소	내용
리우 데자네이루	코파카바나 해안	• 리우데자네이루를 상징하는 가장 유명한 해변으로 5㎞에 걸쳐 활처럼 휘어 있는 해변을 따라 모래사장이 늘어져 있다.
	코르코바도 언덕	• 리우데자네이루 어디에서나 보이는 거대한 그리스도상이 있는 곳으로 유명
	퍼레이드 거리	• 시내 중심부에서 조금 떨어져 있으며 브라질 각지에서 벌어지는 카니발 때에 최고수준의 퍼레이드가 행해지는 곳
	티주카 국립공원	• 리우데자네이루 중심부 오른쪽에 자리 잡고 있으며, 브라질에서 두 번째로 작은 국립공원
	킨타 다 보아 비스타 공원	• 공화국 성립 이전에는 포르투갈 왕이나 브라질 황제 전용의 정원이었으며 광대한 부지 안에서 다양한 동식물 감상
	카리오카 수도교	• 고대 로마의 수도교를 본떠 만든 것으로 1750년에 건설
상파울루	메트로 폴리타나 대성당	• 브라질 상파울루의 가톨릭 교구의 성당이며, 세계에서 네 번째로 큰 네오고딕 양식의 성당으로 평가
	상파울루 미술관	• 건물 자체가 하나의 예술 작품이라고 할 수 있는 미술관은 세잔, 고흐, 마티스, 피카소, 르누아르 등 세계적인 화가들의 작품들을 직접 감상
	브라질 독립기념 공원	• 브라질의 독립을 기리기 위해 만들어진 공원으로, '이피랑가(Ipiranga) 공원'이라고도 부른다.
브라질리아	브라질리아 대성당	• 브라질 수도 브라질리아에 있는 대성당으로 지붕이 유리 소재의 돔 구조로 되어 있어 원형의 거대한 왕관을 연상케 하는 형상을 하고 있다.

3 여행문화 Tip과 에티켓

1. 여행문화 Tip

- 브라질 화폐는 레알혹은 헤알, R$을 사용하며, 보조 화폐로는 센타포Centavo를 사용한다. 외환은행에서 브라질 레알을 취급하고 있어 미리 환전해갈 수 있다. 또는 달러로 준비해간 뒤 현지에서 재환전을 할 수도 있다.

- 브라질의 사용 전압은 110~220V이며 표준 주파수는 60Hz이다. A, B, C, I형 콘센트를 사용한다. 또한 지역에 따라 사용하는 전압과 콘센트의 모양이 다르니 주의해야 한다.

- 브라질 인터넷 카페의 대부분은 한글을 지원하지 않는다. 보통 전화방과 인터넷 카페를 함께 운영하는데 인터넷의 속도는 괜찮은 편이다.

- 브라질의 치안은 좋은 편이 아니다. 여행객들을 노리는 소매치기는 물론 강도 사건도 빈번하게 일어난다. 특히 카니발 축제 기간을 기준으로 1~2주 정도는 크고 작은 사건이 많이 발생하니 조심해야 한다. 시내를 이동할 경우에는 택시를 이용하는 것이 가장 안전하다.

- 브라질에는 공중화장실이 많지 않다. 또한 화장실에서는 휴지를 제공하는 대신 많은 팁을 요구하기도 하므로, 화장실은 카페테리아나 주스 전문 판매점, 작은 규모의 음식점Lanches 등에서 이용하는 것이 좋다.

- 물을 마실 때에는 생수보다는 음료수를 마시거나 미네랄 워터를 구입하는 것이 더 낫다.

- 브라질 열대 우림지대의 모기가 독하고 많으니 모기향을 꼭 챙겨야 한다.

2. 여행문화 에티켓

- 브라질에서 칼은 '관계의 단절'을 뜻하기 때문에 선물하지 않는 것이 좋다.

- 브라질 사람에게 한국어로 '떡만두국'이라고 말하면 굉장히 불쾌해한다. 그 이유는 브라질어포르투갈로 '또마노꾸'라는 단어가 있는데 그 의미가 브라질에서는 상스러운 욕이기 때문이다. 두 언어의 뜻은 다르나 발음의 유사성에서 빚어질 수 있는 일종의 해프닝이라고 말할 수 있다.

- 브라질의 인사법은 여자들끼리는 베이징유Beijinho라고 해서 서로의 양볼에 가볍게 키스를 하며 쪽쪽 소리를 내고, 남자들끼리는 악수를 하며 서로의 어깨를 툭툭 쳐

주는 것이다. 또한 처음 만나도 낯설어하지 않고 어느 정도 대화하다보면 금세 친근감을 느낀다.

· 브라질 사람과 약속을 정하려면 구두 약속 외에도 이메일이나 문자 메시지로 확실하게 정리하는 것이 좋다. 그 이유는 약속 시간을 잘 지키지 않으며, 늦어도 미안해하지 않기 때문이다.

· 브라질 사람들은 저녁식사를 보통 9시나 10시 이후에 하는 경향이 있다. 그러므로 초대를 받거나, 초대를 할 경우에 참고하는 것이 좋다.

· 브라질 사람들은 술을 즐겨 마시나 많이 마시지는 않는 편이다. 까이삐리냐는 사탕수수로 만든 술에 레몬과 얼음을 넣어 으깨어 먹는 술로써 브라질 사람들이 가장 즐겨 마시는 전통주이며 요즘은 레몬 대신 키위나 딸기 등 다른 과일을 넣어 마시는 것이 유행이다.

· 브라질에서 자주색은 죽음을 상징하므로, 자주색 선물이나 포장을 피해야 한다.

· 우리가 흔히 취하는 OK동작은 비난의 표시이므로 되도록이면 사용을 피하고 주의해야 한다.

· 브라질에선 인사를 할 때 가족이나 배우자의 안부를 묻는 경우가 많다. 이는 가족을 소중하게 생각하는 브라질만의 문화에서 나온 안부이다. 또한 상대방의 자녀에 대한 칭찬을 하면 더 좋은 인상을 남길 수 있다.

04 페 루

1 페루 개관

페루의 정식 국가 명칭은 페루 공화국República del Perú이며, 남아메리카 중부 태평양 연안에 있는 나라로, 15세기 케추아족族의 잉카제국帝國이 탄생한 곳으로서 수도는 리마이다. 1532년 에스파냐의 프란시스코 피사로에게 정복된 후 300년 동안 에스파냐의 지배를 받았으며, 1821년 독립 선언 후 1824년 완전한 독립을 달성하였다. 국가면적은 128만 5,216㎢로 세계 19위권에 해당하며, 한반도의 6배 크기이다. 위치상 북쪽으로 에콰도르·콜롬비아, 동쪽으로 브라질, 남동쪽으로 볼리비아, 남쪽으로 칠레와 국경을 접하고 서쪽만 태평양과 맞닿아 있는 해안선을 가지고 있으며, 남아메리카에서 유일하게 고대 문화유산을 간직하고 있는 나라이기도 하다.

인구는 2022년 10월 기준 약 3,405만 명으로 세계 44위이며, 민족 구성은 다인종 국가로, 고대 잉카문명의 꽃을 피웠던 인디오가 25.8%, 혼혈계인 메스티소가 60.2%, 백인이 5.9%, 흑인이 3.6%, 일본계 0.1%로 구성되어 있다. 특이한 점은 정치·경제의 실권은 백인이 장악하고 있다는 것이다. 페루의 종교는 로마 가톨릭교가 76%, 기독교 14.1%, 무교 5.1%, 기타가 4.8%이다.

페루의 국가 형태는 공화국으로써 정치 체제는 우리나라와 같은 임기 5년의 대통령 중심제와 같은 임기의 의원단원제로 구성된다. 행정구역은 25개 주region와 1개 지역provincia으로 되어 있다.

페루의 기후는 위도상으로 열대권과 아열대권에 속하지만, 지역별로 큰 차이가 있다. 태평양 연안을 따라 북서쪽에서 남동쪽으로 5,000m 이상의 안데스산맥이 형성되어 있기 때문에 이 나라를 3개의 지역으로 나누어, 각각 독특한 기후를 보인다. 먼저 수도 리마가 속해 있는 해안

🧭 마추픽추

지방코스타은 훔볼트 해류의 영향으로 연중 온난다습하다. 산악지대시에라는 우기와 건기로 나뉘는데 여름에는 아열대 기후를 보이지만 겨울에는 한랭하다. 밀림지대 또는 산림지대몬타냐는 국토의 절반가량을 차지하는데 연중 고온다습하며, 대부분이 평지로 구성되어 있다.

언어는 스페인어를 공용어로 사용하지만, 케추아어가 1975년에 추가되었다. 이 외에도 아이마라Aymara어 및 아샤닌카Ashaninka어와 같은 원주민 언어가 사용되기도 한다. 페루에서는 주로 스페인어, 케추아어, 아이마라어가 많이 쓰이고 있다.

페루의 자연환경은 안데스의 최고봉인 우아스카란산6,768m을 포함하고 있으며, 남쪽 볼리비아와의 경계에는 세계에서 가장 높은 곳에 위치한 호수인 티티카카호수면 높이 3,810m, 표면적 8,135㎢가 있다. 또한 구리·아연·철·은 등 광물자원이 풍부하고, 면화·커피·사탕수수 같은 농산물

은 주요 수출품으로서 전국에 걸쳐 재배된다. 수산업 역시 활발해 어획량이 많고, 전체 인구의 47%를 차지하는 인디오는 주로 라마, 양, 알파카를 사육하면서 자급자족의 농업을 영위하며 살아간다.

페루 일반정보

구분	내용
국가명	페루 공화국(República del Perú)
수도	리마(Lima)
인구	3,405만 명(세계 44위)
위치	남아메리카 서쪽에 위치
면적	128만 5,216㎢(세계 19위)
기후	열대와 아열대로 구분, 해안지대(온난다습), 산악지대(우기와 건기로 구분), 산림지대(열대성 기후)에 따라 상이함
민족구성	인디오(25.8%), 메스티소(60.2%), 백인(5.9%), 흑인(3.6%), 일본계(0.1%)
언어	스페인어(공용어), 케추아어, 원주민 고유어족
종교	로마 가톨릭교(76%), 기독교(14.1%), 무교(5.1%), 기타(4.8%)

한국학중앙연구원, KOTRA 글로벌윈도우, 두피백과, 외교부 내용을 바탕으로 저자 작성.

2 페루의 문화

페루는 남미에서 5,000여 년의 문화적 유산을 간직한 유일한 나라로 중부와 북부지역 에는 BC 10세기에서 AD 1세기에 걸쳐 조성된 피라미드, 토기 모양의 신전 등이 아직도 남아 있다. AD 8세기 이전에 이미 독자적인 도예술 및 직조 기술을 갖추었고, 8세기부터 12세기까지는 호수를 중심으로 한 고원지대에 티아우아나코 문화를 형성해 동남부의 안 데스 산악지방에 공공건물, 신전, 무덤 등을 건축하는 한편, 견고하면서도 거대한 석조건 축 양식을 이룩하였다. AD 15세기경 잉카제국은 안데스산맥 일대를 중심으로 오늘날의 페루, 에콰도르, 볼리비아, 칠레, 아르헨티나 북부 일대에 걸쳐 광활한 영토를 지배하면서 찬란한 잉카문화를 형성하였다.

잉카제국은 건축, 금은 세공, 수리관개, 농업, 기하학적인 요새 구축을 비롯하여 수준 높은 문화를 보여주었다. 1532년 스페인에 정복당한 이후, 라틴계 서구문화가 들어오면 서부터 페루에는 양대 문화가 병존하게 되었는데 그 문화는 서로 융합하거나 병존하는 특이한 사회구조를 형성하였다. 문화의 병존으로 인하여 백인 위주의 상위 10%가 연간 총수입의 33%를, 하위 50%가 총수입의 13%만을 차지할 정도로 계층별, 지역별로 빈부 격차가 극심하며, 의복에서도 도시에 거주하는 중산층 이상의 페루 사람들은 유럽식 의 복을 착용하지만, 안데스 고원 지대에 거주하는 인디오들은 손으로 짠 모직옷전통의상을 입 는다. 페루는 가톨릭 의식을 존중하며, 대가족 제도의 풍습이 아직도 남아 있다. 보편적 으로 가족 중심의 생활을 하며, 가정 단위로 생일, 종교적 축제 행사를 가진다.

1. 음식문화

페루의 음식문화는 높은 산, 해변, 건조, 열대우림, 열대지역에 인디오 및 스페인 문화 가 혼합된 형태를 유지하고 있다. 페루의 음식은 고추를 많이 쓰며, 맥주나 음료수를 곁들 인다. 페루 안데스 고원지역은 감자요리의 원조이며, 인디오 케추아족은 독특한 식생활을 갖고 있다. 감자 저장추노, 꾸이페루 고산지대 각 가정에서 기르는 설치류, 차르키라마고기를 넓적하게 잘라 말린 것 가 페루 고지대의 대부분의 식생활이며 페루의 저지대는 옥수수가 주식이며, 고지대는 감자류가 주식이다.

페루는 다른 남미국가들과는 달리 원주민이 과반수에 이르며 원주민의 음식문화가 비 교적 잘 보존되어 있는 편이다. 여기에 유럽, 중국, 일본, 인도, 아랍 등의 이민자들의 문화 가 섞이면서 현재의 복합적인 페루의 음식문화가 탄생하게 되었다. 세비체를 주식으로 먹

으며, 세비체는 라틴아메리카 전 지역에서 해산물과 생선회를 이용한 음식을 지칭하는 용어인데 페루식 세비체는 생선이나 해물을 산도가 강한 푸른 라임즙에 절여두었다가 각종 야채로 소스를 만들어 양파와 함께 먹는 음식이다.

페루의 레스토랑 예절은, 손님이 식사를 더 하겠다고 하면 주인은 기뻐해야 한다. 식사하면서 책이나 신문을 읽으면서 먹어도 괜찮으며 레스토랑에서는 손짓을 하거나 손뼉을 쳐서 웨이터를 부르는 게 예의며, 서비스에 대하여는 꼭 팁을 지불하는 것이 예의다. 종업원을 부를 때는 손바닥을 밑으로 하여 손짓하여야 한다. 다리를 꼬고 앉는 것은 괜찮으나 한쪽 다리를 다른 쪽 무릎에 올려놓는 것은 예의가 없는 것이다. 또한 페루의 음식 예절에는 왼쪽에 포크, 오른쪽에 나이프로 세팅되어 있으며 오른손으로 나이프를 들고 잘라서 왼손인 포크로 식사하는데 제일 중요한 매너는 양손을 항상 테이블 위에 올려두어야 한다.

 페루 주요음식

구분	내용
깔도 데 까바사	• 양머리 국물 요리로 우리나라의 곰탕과 비슷하다. 페루에서는 매우 대중적인 음식이며 수분 섭취와 양질의 영양을 섭취하기 좋은 요리이다.
료모 살타도	• 중국 음식의 영향을 받아 탄생한 퓨전 요리로, 양념을 한 기름진 스테이크 요리로 야채와 밥이 곁들여져 나온다.
꾸이	• 기니아 피그를 전통적 흙화덕을 이용하여 굽는 대표적인 전통 고원음식이며, 페루 축제에서 빠지지 않는 메뉴이다.

2. 축제문화

페루는 잉카문명의 역사가 깃든 나라로 종교적인 행사가 유명하다. 페루의 정열적인 축제는 남녀노소 불문하고 다 같이 화합하는 공동체 행사이기 때문에 더욱이 페루에서는 축제를 중요하게 여긴다. 웅장한 축제부터 잉카시대부터 이어오던 의식으로 페루의 축제는 전통이 깊다.

❁ 태양제

태양제6월 24일는 남미 3대 축제 중 하나로 손꼽힌다. 태양신을 숭배했던 잉카인들에게 1년 중 가장 중요한 제사로 페루 현지에선 인티라이미라 부른다. '인티Inti'는 태양, '라미

Raymi'는 축제를 뜻한다. 잉카인들이 태양에 그 해의 풍작을 기원하는 제사다. 이날을 위해 모든 잉카인들은 3일 전부터 금식을 하고 몸을 정갈히 하여 제사를 맞이할 준비를 한다. 이 제사의 시작은 먼저 왕이 제단에 올라 태양을 향해 두 손을 번쩍 들어올린 후 산 꼭대기의 태양을 향해 경배를 드린다. 태양제의 절정은 여자들이 손에 받쳐 든 곡식을 불에 태우면서 시작된다. 각 지역마다 뽑혀온 수십 마리의 라마 중 흠 없고 건강한 검은 라마 한 마리가 선택되어 제단 위에 올려진다. 왕은 칼로 라마의 배를 단숨에 가르고 심장을 끄집어내 하늘 높이 치켜올린다. 들어올린 심장이 거세게 꿈틀거려야 길조라 여겼다. 모든 재물이 태워져 연기가 되어 올라간 후에는 잉카인들의 음악과 춤으로 가득한 본격적인 축제가 진행된다.

❀ 칸델라리아 축제

칸델라리아 축제는 남미 4대 축제이자 유네스코 인류무형문화재로 지정된 축제로서 푸노의 수호 성인인 성처녀 칸델라리아가 푸노에 처음 나타난 2월을 기념해 열리는 행사로 매년 2월 첫째 주부터 2주일간 열린다. 가톨릭 전통과 안데스 세계관의 상징적인 요소들이 강조된 종교적·축제적·문화적 성격을 지닌 활동이다. 축제 내내 모레나다 Morenada, 디아블라다 Diablada, 리아메라다 Llamerada 등 수백 가지 다양한 페루의 전통 춤 공연이 이어진다. 특히, 페루 전역에서 170개 이상의 무용단, 4만 명 이상의 무용가, 1만 2,000명 이상의 음악가들이 현란한 전통의상을 입고 다양한 전통 춤 및 음악을 선보인다.

❀ 푸노데이

푸노데이 11월5일는 티티카카 호수 주변 여러 알티플라노 고원지대의 중심도시라고 할 수 있는 푸노에서 각 지역에서 전해 내려오는 전통 춤과 음악 경연대회, 퍼레이드를 10일 정도 진행하는 축제이다. 전통 춤이나 음악은 원주민들의 실생활 모습을 볼 수 있는 내용과 차림과 율동으로 어우러져 있다. 주로 농사와 관련된 내용과 티티카카 호수에서 고기잡이를 하는 내용으로 만들어지고 간혹 남녀 간의 사랑 이야기도 있다. 그 옛날 아프리카에서

잡혀왔던 노예들의 이야기가 담겨 있기도 하다. 축제에 드는 비용은 한 가정씩 돌아가면서 비용을 대게 되는데 상당한 금액이므로 대부분 소를 팔아 축제 비용을 마련한다. 이 지역에 땅이나 집이 있으면서 다른 지역으로 나가 사는 사람일지라도 이렇게 돌아가면서 이루어지는 축제 지원자의 의무는 지켜야 한다. 이런 축제로 인하여 공동체 구성원의 권리와 의무를 행하며 전통문화의 계승과 종교의식을 통한 신앙을 되새기게 되는 것이다.

3. 여행문화

페루는 토착 문화와 에스파냐 문화가 서로 융합하거나 병존하는 특이한 구조를 가지고 있으며, 라틴아메리카에서 유일하게 4,000여 년의 문화유산을 간직하고 있는 나라이다. 비밀의 공중도시라 불리는 남미 3대 문명 중 하나인 잉카문명의 중심지인 마추픽추와 태양의 도시 쿠스코로 널리 알려진 페루는 나라 전체가 유적지라 해도 과언이 아니다.

✿ 리마 국립인류고고학박물관

페루의 수도 리마에 있는 고고학 관련 박물관이다. 잉카문명 등 페루를 중심으로 꽃피운 남미문명에 관한 자료를 주로 전시한다. 박물관으로 사용되는 건물은 원래 남아메리카 독립 운동의 지도자이며 '페루의 보호자'로 불리기도 했던 호세 데 산 마르틴Jose de San Martin, 1778~1850이 살던 집이었다. 이 건물은 마르틴이 페루를 떠난 1822년 박물관으로 개조돼 일반인에게 공개됐다. 현재는 10만 점이 넘는 전시물을 보유하고 있는 페루 최대의 박물관이다. 기원전 1만 2000년 중앙 안데스의 유물부터 4000년 전에 출토된 토기까지 페루 각 지역에서 출토된 유물들을 시대별로 전시하고 있다. 박물관 입구에는 차빈Chavin 시대의 신상이 새겨진 높이 2m의 석상이 있다.

✿ 대통령궁

페루 정부궁스페인어: Palacio de Gobierno은 페루의 정부 청사 건물로서 애초에 대통령의 청사로 지어졌다. 최초의 건물은 고문관이었던 프란시스코 피사로가 디자인하였다. 때문에 청사의 별칭이 카사 데 피사로Casa de Pizarro이기도 하다.

건축은 1926년 시작되었으며 대통령 아우구스토 레기아Augusto B. Leguía 때였다. 처음에는 프랑스의 건축가 클라디오 사트가 건축을 진행하다 1932년 건축이 중단되었다. 이후 두 번째로 1937~1938년에 지어졌으며 처음에 지었던 건축 바탕에 더해서 건축을 진행하였다. 당시의 대통령은 오스카 베나비데스Oscar R. Benavides였으며 그는 리카르도 데 자사에게 건축을 맡겼다. 1937년 8월 24일 본격적인 건축에 착수하였고 이듬해에 공사가 끝났다. 이에 페루 대통령궁으로서 발족하였다.

✿ 티티카카호

면적 8,135㎢. 해발고도 3,810m, 최대수심 281m이다. 안데스산맥의 알티플라노 고원 북쪽에 있는 남아메리카 최대의 담수호이다. 대호大湖로서는 세계에서 가장 높은 곳에 위치한다.

티티카카섬과 콰티섬 등에는 고고학적 유적이 있어 아메리카에서 가장 오래된 문명발상지의 하나로 추정된다. 서쪽 호안에 있는 페루의 푸노와 남쪽 호안 볼리비아의 과키 사이에는 중요한 국제 수로가 열려 있다. 호반에서는 원주민인 인디오가 농업에 종사하며 호수의 남쪽에서는 어업과 수상생활이 이루어진다.

✿ 타킬레 섬

타킬레 섬은 해발고도 4,000m의 안데스 고산지대에 있는 호숫가 섬이다. 면적이 5.7㎢로, 우리나라 우도5.9㎢ 크기와 유사하다. 약 2,200여 명의 주민이 거주하고 있으며, 주민은 타킬레뇨Taquileño라 부르고 케추아어와 스페인어를 사용하는 민족이다. 직물 공예 예술은 푸카라Pucará, 티와나쿠, 코야Colla 문화와 잉카 문명이 혼합되어 전해 내려온 유산이다. 스페인 식민 시대에도 지리적 특성상 고립이 되어 있었기 때문에 상대적으로 고유의 전통을 보존할 수가 있었다. 지금도 섬 내에는 자동차나 호텔이 존재하지 않는다.

✿ 탐보 마차이

사크사우아만 유적지에서 걸어서 30~40분 거리에 '탐보 마차이'라는 유적이 있다. 이곳은 커다란 돌로 정교하게 지은 3단의 계단식 벽에 끊임없이 물이 흘러내리는 곳으로 잉카인들의 관개 시설에 관한 뛰어난 기술을 엿볼 수 있는 곳이다. 계단식 벽에서 흘러내리는 물은 어디에서 끌어온 것인지 밝혀지지 않았지만 주변에 있는 샘에서 가져왔을 것으로 추측만 하고 있다. 또한 탐보 마차이 유적지에 관한 용도도 미궁으로 남아 있다. 잉카인들이 물을 숭배하는 의식을 거행했던 장소라고 주장하기도 하고 목욕탕이라고 말하는 학자도 있지만 아직까지 잉카문명처럼 수수께끼로 남아 있는 부분이다. 하지만 일반적으로 잉카인들이 중요한 의식을 치르기 전에 몸을 청결하게 닦았던 장소이거나 귀족들의 목욕탕이었을 가능성이 높다고 해석되고 있다.

✿ 코리칸차

코리칸차 박물관에는 여러 개의 방이 남아 있다. 그 이유는 과거 태양신에게 의식을 올렸던 장소와 여러 신에게 제사를 지냈던 방, 왕의 미라가 발견된 방, 천체 관측소로 추정되는 방 등이 있기 때문이다. 용도에 따라 크기와 모양이 조금씩 다르지만 하나같이 완벽한 건축술을 자랑할 수 있는 것은 다른 곳과 마찬가지로 커다란 돌 사이에는 바늘 하나도 들어갈 틈이 없기 때문이다.

대표적인 곳은 사각형의 평평한 돌이 놓여 있는 방이다. 태양신에게 의식을 올렸던 곳으로 추정되는데, 전체적인 형태는 사다리꼴을 띠고 있고, 벽에는 4개의 사다리꼴 모양의 창이 있다. 과학이 발달한 오늘날 보아도 믿기 어려울 정도로 완벽한 모습을 갖추고 있어 감탄이 절로 나온다.

📷 페루 관광명소

구분	명소	내용
리마	황금박물관	• 저명한 실업가인 미겔 가요의 컬렉션 소장
	리마 국립인류고고학 박물관	• 페루 최대 규모의 고고학박물관
	대통령궁	• 19세기 초에 지어진 페루의 대통령궁
	대성당	• 페루에서 가장 오래된 성
	토레 타글레 저택	• 페루의 세력가였던 토케 타글레 후작을 위해 세워진 세비야풍의 저택
	리마 바실리카 성당	• 피사로의 미라가 안치되어 있는 유리관과 회화, 장식품 등을 전시하는 종교박물관이 있다.
	미라플로레스	• 리마에서 가장 번화한 나이트 라이프의 정점으로 수많은 카페와 상점들이 즐비
	라파엘 라르코 에레라 박물관	• 나스카, 치무, 잉카 유적에서 출토된 토기, 직물 등을 전시
푸노	티티카카호	• 페루와 볼리비아 국경지대에 있는 호수
	타킬레 섬	• 고산지대에 있는 호숫가 섬
	우로스 섬	• 우로스는 44개 정도의 떠다니는 인공섬으로 호수 주변 얕은 곳에 서식하는 '토토라'라고 불리는 갈대로 만들어져 있다.
	태양섬	• 호수의 볼리비아 측에 위치해 있으며, 볼리비아의 태양섬의 코파카바나 타운과 정기선 보트가 운행되고 있다.
	달섬	• 잉카 신화의 전설에 따르면, 달섬은 비라코차가 달이 떠오르는 것을 명령했던 곳에 위치
쿠스코	켄코	• 페루 쿠스코주 코스코에 있는 잉카 유적지
	탐보 마차이	• 성스러운 샘이 흐르는 잉카제국의 목욕터였던 곳
	코리칸차 박물관	• 잉카시대의 건축을 잘 볼 수 있는 곳으로 당시에는 태양신전으로 사용되었던 곳
	사크사우아만	• 쿠스코를 방어하는 성새

한국학중앙연구원, KOTRA 글로벌윈도우, 두산백과, 외교부 내용바탕으로 저자 작성.

③ 여행문화 Tip과 에티켓

1. 여행문화 Tip

• 페루는 우리나라와 비자면제 협정에 따라 관광목적인 경우에는 3개월간 무비자로 입국 체류가 가능하며, 현지 비즈니스를 위하여 입국하는 경우는 상용비자를 받도록 되어 있지만 세금과 업무의 효율성으로 볼 때 90일 이내의 시장조사나 바이어 면담과 같은 기본적인 업무에는 관광비자로 입국하는 것이 편리하다.

- 페루의 화폐단위는 누에보 솔Nuevo Sol이며, 자국 화폐인 솔과 미국 달러를 동시에 사용하고 있기 때문에 달러로 물건 값을 지불하는 데 문제는 없지만 택시에서 만큼은 달러 사용이 불가능하다.
- 환전에 대한 정부의 통제가 없어 은행, 호텔, 거리 환전상, 환전소 등에서 자유로이 환전이 가능하며, 은행은 거래가 안전하다는 이유를 들어 시중 환전소casa de cambio보다 낮은 환율을 적용한다. 단기 여행 시에는 호텔에서 투숙객에게 우대 환율을 적용해주는 호텔이 많으므로 소액은 호텔 내 데스크에서 환전해 쓰는 것도 유용한 방법이다.
- 치안 상태는 가짜경찰이 여권, 소지품 검사 명목으로 강탈하거나, 미인계로 유인하여 강도를 당하는 등 항상 주의를 요해야 한다.
- 페루의 고산지대에 가면 사람에 따라 고산증으로 인해 호흡곤란이나 두통, 무기력증 등을 느낄 수 있다. 시간이 지나면 완화되지만 증상이 나타날 경우 충분한 수분 섭취를 하고 활동량을 줄이는 것이 필요하다.

2. 여행문화 에티켓

- 잉카제국의 후예라는 점과 마추픽추 등 다수의 문화유산을 보유한 점에서 자랑스럽게 생각을 하고, 인접 국가를 대상으로 볼리비아는 자국보다 한 수 아래인 나라로 생각한다. 또한 칠레와의 관계는 한국과 일본의 관계와 유사하기 때문에 유의해야 한다.
- 페루인들은 약속시간보다 10분 늦게 오는 것을 예절이라 생각한다. 따라서 정시에 만나기 위해서는 10분 전 약속을 잡는 것도 용이하다.
- 여성들은 볼을 맞대는 가벼운 키스가 보편화되어 있으나 외국인에 대해서는 악수를 청하는 경우도 있으므로, 상대편이 요구하는 방식으로 응대하는 것이 무난하다.
- 남성들은 여성들에게 먼저 관심을 보이는 것이 일반적인데, 예를 들면 엘리베이터를 타거나 내릴 때, 사무실 출입을 하는 경우 여성들이 먼저 출입을 할 수 있도록 남성들이 비켜주며, 특정 모임에서 여성들을 먼저 자리에 앉히는 것이 기본적인 에티켓으로 되어 있는 점을 고려해야 한다.
- 남미 특유의 자유분방한 성격이며, 한마디로 일하기보다는 놀기를 더 좋아하는 개방적인 분위기를 갖고 있다.
- 식사 또는 음료를 마실 경우에는 소리를 내지 않으며, 식사 중 말을 해야 할 경우는

입안에 있는 음식물을 모두 먹은 후 이야기를 꺼내는 것이 기본이다. 또한 타인이 보는 앞에서 이쑤시개를 사용하는 것은 좋지 않은 에티켓으로 인식되고 있다.

- 페루 사람들은 출퇴근은 물론이고, 중식 시간 중 잠시 사무실을 떠나 있다가 다시 만난 경우에도 언제나 서로 간에 인사를 주고받는다.

CHAPTER

06

오세아니아·아프리카권의
문화와 관광

01 호 주

1 호주 개관

호주의 정식명칭은 오스트레일리아 연방Commonwealth of Australia이다. 북쪽은 티모르해海, 동쪽은 산호해, 태즈먼해, 남쪽과 서쪽은 인도양으로 둘러싸여 있으며, 오스트레일리아섬은 세계에서 제일 작은 대륙이다. 호주의 면적은 769만 2,000㎢이며, 전 세계에서 6번째로 큰 면적을 차지하고 있다. 인구는 2022년 10월 기준 약 2,618만 명으로 면적에 비해 인구가 적은 편이다. 수도는 캔버라인데, 호주에서는 시드니나 멜버른에 대한 인지도가 높아 수도를 시드니나 멜버른으로 아는 사람들도 상당히 많다. 규모 면에서 시드니와 멜버른이 호주의 대표 도시이기는 하지만 수도 결정 과정에서 두 도시가 대립하다 절충안으로 중간 지점인 캔버라가 수도로 결정이 되었다.

호주는 종교의 자유를 법으로 보장받고 있다. 그래서 호주는 다인종·다문화 국가인 만큼 종교 또한 매우 다양하다. 종교 분포를 보면 호주 국민의 약 61%는 기독교 신자이고 그중 가톨릭, 성공회, 개신교 순으로 신자가 많다. 기독교 이외에 무슬림, 불교, 유대교, 힌두교 등 다양한 종교가 있으며, 종교가 없는 사람은 전체 인구의 약 23%라고 한다.

호주의 행정구역은 뉴사우스웨일스주를 포함한 6개 주와, 오스트레일리아 수도주, 노던 준주準州 등 2개의 준주 그리고 노퍽섬, 매쿼리섬, 로드하우스섬, 크리스마스섬, 허드섬·맥도널드 군도, 코코스킬링 제도, 산호해珊瑚海군도, 오스트레일리아 남극령 등으로 구성되어 있다.

북반구와는 계절이 반대인 오스트레일리아는 대체로 온대기후에 속하지만, 국토면적이 한반도의 약 35배로 넓어 기후가 매우 다양한데 이는 주로 위도와 격해도隔海度에 의해 좌우된다. 국토의 60% 이상이 연강수량 50mm 이하인 사막기후지대이며, 나머지 10%는 연강수량

⌀ 캔버라

100mm 정도인 반건조 기후지역이다. 내륙은 사람이 살기 어려운 메마른 불모지이거나 반사막이어서 인구의 대부분이 해안지대에 살고 있다. 중위도 고기압대의 영향권에 있는 오스트레일리아는 남쪽에서부터 극전선의 침입을 받기도 하지만, 대부분의 지역은 남동 무역풍과 편서풍의 영향을 주로 받으며 북부는 몬순의 영향을 받는다. 오스트레일리아 북부의 경우 여름에는 강수량이 충분하지만 열대성 강우대가 적도 쪽으로 이동하는 겨울에는 건조하다. 내륙으로 갈수록 강수량은 감소해서 중앙 오스트레일리아에서 서해안 까지는 열대사막으로 덮여 있다. 사막과 사바나기후지역의 점이지대에는 스텝기후가 넓게 분포하고, 동부의 좁은 해안지역에는 온대기후가 나타난다. 태즈메이니아와 빅토리아 남부의 고지에는 툰드라 기후가, 그레이트 오스트레일리아만灣의 양쪽 사우스 오스트레일리아주 남서부와 머리강江의 하구지역은 지중해성 기후가, 남동부지역은 연중 내내 강수량이 나타나는 습윤한 아열대 기후가 각각 나타난다.

호주는 영국계가 주류이기는 하지만 여러 인종들이 섞여 사는 다문화·다인종 국가로, 이민 1, 2세대 비율도 제법 높은 나라이다. 인종 비율을 보면 2010년대 기준 백인의 비율이 8할 이상으로, 캐나다나 미국의 비율보다 높으며, 대도시 지역의 경우에는 상대적으로 백인 비율이 낮고, 아시아계 인구 비율이 높다. 다수인 백인 다음으로는 인접 지역인 아시아계12%가 가장 많으며, 그다음은 오스트레일리아 원주민3%, 사하라 이남 아프리카인 2.5% 및 폴리네시아인과 멜라네시아인 등이 있다. 호주에서는 대부분 영어를 사용하고 있으며, 원주민이 사용하는 언어도 존재하고 있다.

📷 **호주 일반정보**

구분	내용
국가명	오스트레일리아(Commonwealth of Australia)
수도	캔버라(Canberra)
인구	2,618만 명(세계 55위)
위치	남태평양과 인도양 사이의 오세아니아 대륙
면적	769만 2,000㎢(세계 6위)
기후	온대기후에 속하나 국토가 넓어 기후가 매우 다양함
민족구성	영국계, 아시아계, 원주민, 사하라 이남 아프리카인
언어	영어(공용어), 원주민어(수백의 방언)
종교	기독교, 무슬림, 불교, 유대교, 힌두교, 무교

한국학중앙연구원, KOTRA 글로벌원도우, 두피백과, 외교부 내용을 바탕으로 저자 작성.

2 호주의 문화

　호주는 다양성이 넘치는 나라이며, 아주 다양한 문화와 공동체가 공존하고 있다. 이러한 다양성 속에서도 호주의 모든 사람을 하나로 연결해주는 그들만의 문화적 특징이 존재한다. 호주 사람들은 친절하고 친근한 특징을 가지고 있는데 그들은 처음 보는 사람도 아직 만나지 못했던 친구라고 생각하기 때문이다. 서로를 동료라고 생각하고 돕는 메이트십Mateship은 호주인의 정신에서 중요한 부분이며 사실상 특유의 국가 특징으로 볼 수 있다. 호주 사람들은 '그냥 아는 사람'이 아닌, 좋은 친구와 좋은 이웃이 되는 것을 중요하게 생각하는데, 그래서 모든 상대를 부를 때 친구mate라고 부른다. 다만, 이 단어는 길게 발음하는 것에 약간의 차이가 있는데, 길게 소리내어 부르면 아주 친근감을 갖고 있다는 의미이다. 여기서 친구란 사람으로만 국한되는 것이 아니라 페어리 펭귄과 코알라, 왈라비 등 호주에 사는 동물들도 훌륭한 친구가 될 수 있다고 생각한다.

　호주인들은 맨발로 돌아다니는 것을 선호하는 경향이 있는데, 실내외 모든 곳에서 맨발로 다니는 사람이 상당히 많다. 이는 주로 여름에 많이 볼 수 있는 현상인데 호주는 겨울이 짧아 더욱 자주 볼 수 있다. 맨발로 잔디와 흙을 밟으면 좋다고 생각하여 어릴 때부터 맨발로 지낸 습  관 때문이기도 하며, 맨발로 즐기는 해변 문화에 익숙하기 때문이라는 의견도 있다. 또한, 초창기 호주 이주민들은 영국에서 넘어온 사람들이 대부분이었는데 영국에서 맨발이 되는 상황은 노동에서 해방되어 여유로움을 즐기는 상황으로 연결되고 이는 호주라는 새로운 세계에서 새로운 인생을 즐긴다는 호주인들 나름의 자부심으로 인해 발전한 문화라는 분석도 있다.

1. 음식문화

　호주는 1인당 육류소비량 세계 1위로 선정될 만큼 육류를 많이 소비하는 국가이다. 호주의 대표적인 요리를 꼽는다면 미트파이와 스테이크, 바비큐를 들 수 있다. 특별히 개성적인 전통요리들은 아니지만 나름대로 호주의 음식문화를 형성하고 있다. 세계적으로 고기 소비량이 가장 높은 호주인들의 주식은 쇠고기와 양고기이다. 주 요리방법은 두툼하

게 썰어 스테이크로 즐기거나 잘게 갈아 양념해 파이 속에 넣어 먹기도 하고 혹은 야외에서 바비큐를 먹는다. 영국의 영향을 받은 호주인들은 스테이크를 요리할 때 소스를 만들어 먹는 것이 아니라 소금과 후추 등 몇 가지 양념으로 시즈닝해서 고기 본래의 맛을 즐긴다. 특히 호주 쇠고기는 세계적으로 품질이 우수해 특별한 요리 방법을 거치지 않아도 맛을 충분히 즐길 수 있다.

🍴 미트파이

육류에 있어서는 쇠고기나 양고기 외에 캥거루 고기가 호주에서 맛볼 수 있는 독특한 요리로 최근 각광받고 있다. 캥거루는 고기 자체에 지방이 적어서 약간 질기고 특유의 냄새가 있기는 하지만 앨리스 스프링스 지역의 에버리진들 사이에

🍴 오지바비

서는 바비큐나 로스트하는 등 색다른 요리법을 통해 오랫동안 원주민들의 식재료가 되어 왔다. 또 요즘은 유명 호텔에서도 선보여 호주의 대표적인 먹거리로 자리 잡아가고 있다.

호주인들이 즐기는 음식으로 해산물도 빼놓을 수 없다. 호주는 사면이 열대와 온대의 바다로 둘러싸여 있어 바닷가에 접한 도시는 해산물이 풍부하다. 가장 대표적인 것이 시드니 명물인 록 오이스터돌굴이다. 자연산인 이 굴은 살이 단단하고 깊은 맛이 나는데 레몬을 곁들여 날로도 먹고, 치즈를 곁들여 구워서도 먹는다. 이 외에도 연어, 참치, 새우 등을 비롯한 갑각류, 게, 바다가재, 조개, 전복 등 다양한 해산물을 즐긴다.

일반적으로 호주인들은 하루 세 끼 식사를 하며 아침은 간단하게 먹는다. 토스트한 호밀빵에 잼을 곁들여 커피와 함께 마시거나 씨리얼, 크로와상 등이 아침의 주식이며, 따뜻한 식사로 스크램블드 에그와 베이컨을 곁들이기도 한다. 무거운 유럽식 식사를 지향했던 호주는 요즘 들어 점심은 가볍고 영양가 있는 것을 즐기며 빨리 먹을 수 있는 간단한 샐러드 같은 식사가 유행이다. 하지만 저녁은 여전히 푸짐한 것을 즐기는데 육류는 물론 파스타 요리와 더운 야채, 과일 등을 긴 시간에 걸쳐 즐긴다. 호주인들은 술도 매우 좋아하는데, 특히 맥주를 가장 즐겨 마신다. 물론 진이나 보드카, 럼, 버번위스키, 스카치위스

키 등 독한 술도 대중적으로 즐기며 요즘은 와인이 기본적인 음료로 널리 사랑받고 있다.

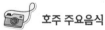 **호주 주요음식**

구분	내용
미트파이	• 진한 버터향이 나는 파이 껍질 속에 닭이나 쇠고기 등의 고기를 갈아 버섯, 카레, 야채 등을 넣은 것 • 완두콩이나 그레비소스를 뿌려서 먹는다.
피시앤칩스	• 밀가루를 묻혀 튀긴 흰살생선에 길게 썬 감자튀김을 곁들인 음식으로 본래 영국음식 • 테이크아웃이 발달되어 있는 호주에서 주로 점심에 테이크아웃해가는 음식
캥거루요리	• 캥거루 고기를 두툼하게 썰어 소금과 후추로 시즈닝해 스테이크로 먹거나 꼬리 스튜를 만들어 먹기도 하며, 햄버거패티, 라자냐 등의 재료로 이용
오지바비	• 바비라고도 부르는 호주식바비큐로 쇠고기, 닭고기, 양고기, 소시지 등의 육류뿐만 아니라 생선, 새우 등의 해산물, 갖가지 야채도 같이 곁들여서 먹는다.
애뮤 스테이크	• 호주의 타조라 불리는 애뮤 고기로 만든 스테이크로 쇠고기나 양고기의 육질에 가까운 고기
부시터커	• 원주민의 음식이라는 뜻으로, 다양한 약초, 향신료, 과일, 야채, 짐승, 새, 파충류 그리고 곤충 등을 말함 • 대중화된 캥거루나 애뮤와 같은 고기요리도 본래는 부시터커로 알려져 있음

2. 축제문화

호주에는 다양한 축제들이 개최되는데 그중에서도 시드니 축제, 비비드 시드니, 뭄바 축제 등이 유명하며, 마르디 그라 축제도 빼놓을 수 없는 유명 축제이다.

❀ 시드니 축제

시드니 축제Sydney Festival는 호주의 가장 큰 문화 및 예술 축제로 손꼽히고 있는데 1956년 개최된 와라타 페스티벌에서 시작되었다. 퍼레이드, 미인대회, 예술 경연대회, 마차 선발대회, 전시회, 발레, 연극 등을 포함한 다양한 문화공연 프로그램이 진행됐던 와라타 페스티벌은 1973년에 오페라 하우스가 개관하면서 중단되었다. 이후 1977년 뉴사우스웨일즈 주 정부와

시드니 시의 주관으로 시드니를 대표하는 축제로 시드니 축제가 개최되었다.

시드니 축제가 개최되는 1월은 호주 건국기념일이 있는 달로 1월 26일이 호주 건국기념일이다. 이날 전국 각지에서 건국을 축하하는 다양한 이벤트를 펼치는데, 특히 시드니에서는 호주 최대의 축제가 3주 동안 열린다. 연극과 음악회, 전시회 등이 마련되고 다양한 이벤트를 선보이며, 환상적인 야경의 시드니 오페라 하우스와 하버 주변에서 불꽃놀이로 인해 환상적인 야경을 감상할 수 있다.

❀ 시드니 게이 앤 레즈비언 축제

시드니 게이 앤 레즈비언 축제Sydney Gay and Lesbian Mardi Gras Festival는 매년 2월 둘째 주 금요일~3월 첫째 주 토요일까지 호주 시드니에서 열리는 동성애자 축제이다. 마디그라는 규모나 참석인원 등 세계 최대이며 시드니에서도 가장 유명한 축제이다. 행사기간 동안에는 전시, 공연, 퀴어 영화제, 콘서트 등 다양한 행사가 시드니 전역에서 열리고 그중 하이라이트는 시드니 하이드 파크에서부터 옥스포트 스트리트를 행진하는 퍼레이드라 할 수 있다. 마디그라는 1987년 6월 동성애자와 성전환자들이 동성애 차별법에 대항하기 위하여 행진을 한 것으로 시작되었다. 하지만 당시 참가자들은 모두 잡혀갔으며 동성애가 에이즈의 원인이라는 잘못된 인식 탓에 비난을 받기도 하였다. 그러다가 1994년 호주 방송국인 ABC에 의해 마디그라 퍼레이드가 호주 전역에 방송되었고, 시청률이 큰 폭으로 상승하자 이 퍼레이드는 세계에서 가장 큰 행사로 자리 잡게 되었고, 이 때문에 시드니의 관광수입이 큰 폭으로 증가되어 시드니에서는 축제를 후원할 수밖에 없게 되었다고 한다. 현재 이 행사는 단순히 동성애자들만 즐기는 축제가 아니라 남녀노소 누구나 동성애자와 어울려 즐기는 축제가 되었다고 한다.

❀ 멜버른 뭄바 축제

1955년부터 시작된 멜버른 뭄바 축제는 멜버른의 관광명소를 알리기 위해 시작된 축제로 현재 멜버른에서 가장 유명한 축제이다. 축제의 이름인 '뭄바'는 원주민 언어로 '함께 즐기자'라는 뜻으로 뭄바 축제가 열리면 멜버른 전역에서 다양한 공연과 이벤트가 펼

쳐진다. 매년 150만 명이 넘
는 사람들이 방문하며 멜버
른을 넘어 호주의 대표적인
축제로 자리 잡았다.

축제의 거의 모든 행사 참
관은 무료이며 호주에서 가
장 성대한 가족행사이자 축
제로 손꼽히고 있다. 축제
분위기를 최고조로 이끄는 것은 트램 퍼레이드로, 멜버른의 상징인 트램이 화려하게 치
장하고 거리를 다닌다. 그 외에 야라강변의 아름다운 야경과 함께 레이저 쇼, 불꽃놀이,
각종 경기, 카니발, 거리공연 등 다양한 볼거리가 제공되며, 이러한 뭄바 페스티벌은 이제
멜버른의 자랑을 넘어 호주의 매력을 보여주는 중요한 행사로 자리 잡았다.

 호주 축제

구분	내용
시드니 페스티벌	• 호주의 가장 큰 문화 및 예술 축제로 손꼽히고 있는데 1956년 개최된 와라타 페스티벌에서 시작
마르디 그라 축제	• 매년 2월 둘째 주 금요일~3월 첫째 주 토요일까지 호주 시드니에서 열리는 동성애자 축제
비비드 시드니	• 시드니의 겨울 관광을 증진시키기 위해 2009년 시작한 축제로 매년 많은 관광객이 방문할 만큼 큰 축제로 성장
뭄바축제	• 1955년부터 시작된 멜버른 뭄바 축제는 멜버른의 관광명소를 알리기 위해 시작된 축제
달링 하버 피에스타	• 시드니 여름의 시작을 알리는 라틴 음악축제로 열정적인 삼바, 플라멩코, 힙합 등 라틴 댄스의 열정적인 공연 감상이 가능
크리스마스 인 더 시티 축제	• 매년 시드니에서 크리스마스 한 달 전에 맞춰 열리는 이벤트로 30여 일간 개최

3. 여행문화

우리나라와 반대의 날씨를 가진 호주에서는 광활한 대자연을 즐기고, 잊지 못할 다양
한 경험을 할 수 있다. 시드니, 브리즈번, 골드코스트, 멜버른 등 도시와 대자연이 조화롭
게 이루어진 매력적인 도시가 많은 나라이다.

🌸 페더레이션 광장

멜버른의 선명한 랜드마크를 꼽으라면 플린더스 스트리트 역Flinders Street Station이다. 1854년 세워진 멜버른 최초의 기차역은 멜버른의 과거를 대변하는 상징이다. 역 주변은 대도시의 역처럼 퀴퀴하거나 음울하지 않으며, 건너편 영상센터와 나란히 들어선 페더레이션 광장Federation

Square은 연중 문화공연이 열리는 만남의 장소이고, 19세기에 지어진 세인트 폴 성당St. Paul's Cathedral은 고딕 첨탑에서 은은한 종소리를 쏟아낸다. 종소리와 트램 경적의 어울림 속에 맥주 한잔 기울이는 일상이 플린더스 스트리트 역 주변에서 수월하게 이뤄진다.

플린더스 스트리트의 명물이자 '미사 골목'으로 유명해진 다양한 그래피티의 호시어 레인은 드라마 〈미안하다 사랑한다〉를 통해 알려졌다. 거리의 예술가들이 만들어낸 벽화 앞에서 독특한 포즈를 취하는 모습은 흔한 광경이다. 흥미로운 점은 무분별해 보이는 벽화에도 작가들의 사연과 약속이 담겨 있다고 한다.

🌸 오페라 하우스

1973년에 준공된 시드니 오페라 하우스Sydney Opera House는 건축 형태와 구조적 설계의 모든 면에서 뛰어난 창의력과 혁신적인 방법을 결합시킨 근대 건축물이다. 시드니 항구 쪽으로 돌출된 반도의 끝의 뛰어난 해안 경관을 배경으로 세워진 커다란 도시적 조형물인 이 건물은 이후의 건축에 지속적으로 영향을 미쳤다.

시드니 오페라 하우스는 2개의 주 공연장과 하나의 레스토랑이 있는데, 이들 장소를 덮는 서로 맞물리는 3개의 '조가비' 모양의 둥근 천장이 독특하다. 이 조가비 구조는 광대한 플랫폼 위에 세워져 있고, 보행로 기능을 하는 테라스가 주변을 둘러싸고 있다. 시드니 오페라 하우스의 프로젝트는 1957년 국제공모전에 당선된 덴마크의 건축가 이외른

우촌Jørn Utzon에게 맡겨졌다. 당시 우촌의 설계안은 건축에 있어서 근본적으로 새롭게 접근하는 방식이어서 상당한 주목을 끌었다.

20세기의 위대한 건축물인 시드니 오페라 하우스는 건축 형태와 구조적 설계의 모든 면에서 창의력과 혁신의 다양한 측면을 나타낸다. 이곳은 바닷가의 뛰어난 경관을 배경으로 세워진 훌륭한 도시적 조형물이다. 세계적으로 유명한 상징적 건물인 이곳의 가치는 지정된 지역 및 완충지역의 경계를 포함하고 있으며, 이러한 요소들은 바닷가 경관의 환경 내에 있는 대단히 아름다운 건축물로서의 중요성을 완전히 표현하고 있다. 시드니 오페라하우스는 세계적인 수준의 공연 예술 센터로서의 기능도 계속 수행하고 있다.

✿ 오스트레일리아 국립 전쟁 기념관

조국을 위해 싸우다 전사한 군인들을 위한 오스트레일리아의 영원한 국가적 사당인 전쟁기념관은 수도인 캔버라에 있다. 이 기념관은 마찬가지로 위풍당당하게 서있는 국회의사당을 마주하고 서 있다. 전쟁기념관은 또한 국립 군사 역사박물관이기도 하다. 이후에 오스트레

일리아의 공식적인 1차 세계대전 역사 편찬자가 되는 찰스빈이, 1916년 프랑스에서 싸우는 오스트레일리아 군인들을 주시하고 있던 중에 기념관에 대한 착상을 떠올렸다. 독일을 상대로 한 전쟁에서 오스트레일리아는 영국과 연합했으며, 1915년 터키의 갈리폴리 전투 때 오스트레일리아 군대에서는 비율로는 굉장히 많은 사상자가 나왔다. 1927년 기념관 설계를 위해 열린 건축 공모전에서는 수상자가 나오지 않았으나, 시드니 건축가였던 두 명의 뛰어난 참가자가 공동 설계를 해달라는 제안을 받았다.

기념관에 가려면 오스트레일리아가 참전했던 모든 전쟁에 바쳐진 추모비들이 늘어서 있는 '앤잭 퍼레이드' 거리를 통하게 되어 있다. 건물 안으로 들어서면 방문객들은 전쟁에서 사망한 10만 2,600명의 오스트레일리아인들의 이름이 모두 열거되어 있는 청동 패널인 '명예의 명부'를 지나치게 된다. '숙고의 연못'과 타오르는 성화가 엄숙한 분위기를 자아낸다. 연못 옆에 심어놓은 로즈메리 관목은 기억을 상징한다. 계단을 올라가면 중앙 홀인 '추모의 전당'이 나오는데, 2차 세계대전의 노병들을 나타낸 600만 개의 조각으로 이루어진 거대한 모자이크가 있다. 푸른색 스테인드글라스 창문이 1차 세계대전의 노병들

을 추모하며, 바닥에 있는 붉은색 대리석 판 아래에는 공식 전쟁 무덤인 무명용사들의 무덤이 있다. 중앙 홀 양쪽으로는 양차 세계대전에 대한 전시장이 있다.

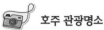 호주 관광명소

구분	명소	내용
멜버른	페더레이션 광장	• 광장을 둘러싼 장중한 빅토리아 양식 및 신고딕 양식의 건물과 극명하게 대비되어 논란을 불러일으킨 건축 양식으로 가장 유명
	빅토리아 아트센터	• 미술관과 극장, 콘서트홀로 이루어진 종합예술단지로 멜버른 예술활동의 중심지
시드니	오페라 하우스	• 1973년에 준공된 곳으로 건축 형태와 구조적 설계의 모든 면에서 뛰어난 창의력과 혁신적인 방법을 결합시킨 근대 건축물
	시드니 타워	• 305m로 시드니에서 가장 높고 뉴질랜드 오클랜드 스카이 타워와 호주 멜버른 유레카 타워에 이어 지구 남반구에서 세 번째로 높은 전망대
	블루마운틴	• 시드니 서쪽에 있는 해발고도 1,000m 전후의 산지로 산맥을 멀리서 보았을 때 파란 빛깔을 띠고 있어 '블루산맥'이라고 명명
	하버 브리지	• 오페라 하우스와 함께 시드니를 대표하는 상징물 • 옷걸이 같은 모양을 하고 있어 '낡은 옷걸이'라고 불린다.
캔버라	국립 전쟁 기념관	• 조국을 위해 싸우다 전사한 군인들을 위해 1941년에 지어진 건물
	국회의사당	• 캔버라의 중심부인 캐피털 힐에 위치한 곳으로 1988년 호주 건국 200주년 기념으로 지어진 건물
브리즈번	브리즈번 식물원	• 1976년에 세워진 곳으로 전 세계에 분포하고 있는 다양한 식물을 볼 수 있는 곳
애들레이드	캥거루 섬	• 사우스 오스트레일리아 해안에서 16㎞ 떨어진 곳에 위치해 있는 천연동물원

3 여행문화 Tip과 에티켓

1. 여행문화 Tip

• 화폐 단위는 호주달러A$이며, 원래는 파운드화를 사용했으나, 1966년부터 달러화 제도를 도입하였다. 플라스틱 재질로 만들어진 호주의 화폐는 고액권으로 갈수록 크기도 커지는데, 동전의 경우 2달러짜리가 1달러짜리보다 크기가 작은 것이 특징이다. 환전은 공항, 시중 은행 및 사설 환전소에서 가능하며, 일반적으로 은행이 환전소에 비해 유리한 환율이 적용되고, 공항이나 사설 환전소에서 환전을 해야 할 경우 소액을 환전하는 것이 바람직하다.

- 남반구에 위치한 호주는 한국과 계절이 반대이다. 여름은 12월에서 2월 사이이며 한국 여름과 달리 고온 건조성 기후의 특징을 가지고 있다. 한 가지 중요한 점은 호주의 태양 광선은 아주 강하므로 선크림과 선글라스는 필수품이다. 겨울의 경우는 일교차가 심하고 바람이 불어 밤과 이른 새벽은 한국 초겨울만큼 추우므로 한국에서 입는 겨울옷이 도움이 된다.

- 240V, 50Hz의 전기 규격을 사용하고 있다. 콘센트 구멍이 3개 Y타입로 되어 있어 한국 전기 제품은 직접 사용할 수 없으므로, 호주에서 별도의 어댑터 AUD $10달러 정도를 구입해야 한다.

- 호주에서는 법적으로 흉기나 총기를 소지하는 것이 금지되어 있어 전반적으로 치안 상태가 양호하나, 유흥가는 혼자 다니지 않는 것이 바람직하다. 또한 야간에는 시내에서도 그룹으로 행동하는 것이 안전하다. 시내 주요 거리나 대중교통수단에는 비디오카메라가 설치되어 있으며, 지하철역에는 곳곳에 Help Point라는 긴급 구호 요청 장치가 설치되어 있어 위급한 상황 발생 시 도움을 요청할 수 있다.

- 호주에서 열차 역을 찾기가 어려운데, 예를 들면 시드니의 터미널은 센트럴역 안에 위치해 있는 등 시내 지하철역이나 국철역의 역사 내에 설치되어 있는 경우가 많기 때문이다. 또한 같은 역이라고 해도 이용하려는 열차에 따라 다르게 표시되는 경우가 있는데, 장거리용 열차는 시드니역으로, 단거리용 열차는 센트럴역으로 표시되므로 주의해야 한다.

2. 여행문화 에티켓

- 호주의 유명한 인사말 "G'Day"는 "Good day"의 줄임말로, "Hello"나 "Hi"에 "G'Day"로 대답할 수 있다.

- 초대장에 'RSVP'라고 쓰여 있다면, 신속히 참가여부를 알려 달라는 뜻이고, 'BYO'는 'Bring Your Own'이라는 뜻으로, 즉 자신이 마실 음료수나 술을 준비해 가는 파티를 말한다. 또 BYO 표시가 되어 있는 레스토랑에는 술을 가지고 들어갈 수도 있고, 레스토랑에 들어갔다 술을 사러 다시 나올 수도 있다.

- 호주에서는 거리에서 술병을 보이도록 들고 다니면 벌금을 물 수 있으니 타월이나 가방, 종이 등으로 가리고 다녀야 한다.

- 호주에서 택시를 혼자 타는 경우 운전사의 옆자리에 앉는 것이 예의이다. 운전석 옆자리에 앉지 못하게 하는 택시 문화와는 차별화되는 점이기도 하다.

- 하루 저녁의 만찬이거나 그리 오래 머물지 않을 거라면 반드시 선물을 가져갈 필요는 없으나, 원한다면 가지고 가도록 한다. 아름다운 꽃 한 다발이나 와인 한 병 정도라면 충분하며, 크리스마스나 생일 같은 축하 파티라면 조그만 선물이나 꽃 한 다발 정도 준비하는 것이 상례이다.

- 운전을 하다가 상대방이 양보해준다면 한 손을 살짝 들어 고맙다는 표시를 해도 좋다. 하지만 상대방이 자신을 끼워줬다고 비상등을 깜빡깜빡하는 것은 금물이다. 비상등은 비상 상황에서만 사용해야 하는 것으로 인지하고 있기 때문이다.

- 호주 사람들은 맨발로 산책을 하거나 길바닥에 털썩 잘 앉는 편이기 때문에 길에다 침을 뱉는 행위는 용납될 수 없는 행동이다.

- 호주에서는 평일 4시에서 5시 이후면 상점이 문을 닫는다. 사야 할 물건이 있다면 미리 구매를 해야 한다. 또한 금요일은 펍 등과 같이 술을 마시는 곳은 24시간 영업을 하고 있는 곳이 많아 말 그대로 불타는 금요일을 느낄 수 있으며, 거리에 취기가 있는 사람들로 붐비기도 한다.

02 뉴질랜드

1 뉴질랜드 개관

정식 국가 명칭은 뉴질랜드New Zealand로서 마오리어로 '길고 흰 구름의 땅'이라는 뜻인 아오테아로아Aotearoa라고 불린다. 수도는 웰링턴Wellington으로 1865년 수도를 오클랜드Auckland에서 웰링턴으로 옮겼다. 국가면적은 27만 467㎢로 세계 76위권에 해당하며, 한반도의 1.2배 크기이다. 위치상 남서태평양에 있는 섬나라로 오

웰링턴

스트레일리아 대륙에서 남동쪽으로 약 2,000㎞ 떨어져 있으며 본토는 태즈먼해海를 사이에 두고 위치한 북섬과 남섬으로 이루어지며, 남쪽으로 스튜어트섬, 캠벨섬, 오클랜드 제도, 동쪽의 채텀 제도 등 부속도서와 북쪽으로 케르매덱, 쿡제도, 니우에섬, 라울섬, 토켈라우 제도, 남극 대륙에 있는 로스 속령 등도 포함된다.

뉴질랜드는 인구가 많지 않은 국가이다. 2022년 10월 기준 약 519만 명으로 전 세계에서 인구 순위가 122위 이다. 뉴질랜드인은 일명 '키위'라고 불리는데 민족 구성으로 유럽계 약 69%, 마오리 원주민 14.6%, 아시아인 9.2%, 그리고 비 마오리계 태평양제도인 6.9%로 구성되어 있다. 공용어는 영어와 마오리어이며, 종교는 개신교 52%, 가톨릭교 15%, 힌두교 등 기타 33% 등으로 구성되어 있으나, 최근 들어 젊은층을 중심으로 종교가 없는 사람들이 계속 늘어나고 있는 추세이다.

뉴질랜드의 행정구역은 크게 16개 주region로 이루어져 있다. 주는 가장 큰 단위의 행정단위를 뜻하며, 그중 12개 지역은 지방의회가 관리하고 있고 나머지 4개 지역은 지방 자치 단체에서 단일 행정구역으로 관리하고 있다. 두 번째로 큰 행정 단위는 지방 자치 단체이고 14개의 의회와 56개의 구 의회로 이루어져 총 72개의 지방 자치 단체가 있다. 뉴질랜드의 국가 형태는 입헌군주제의 의원내각제로서, 의회는 임기 3년의 단원제120석이다.

주요 정당으로는 국민당NP, 노동당LP, 뉴질랜드 제일당NZF, 소비 자납세자당ACTNZ 등으로 구성되어 있다.

편서풍대에 속하는 뉴질랜드의 기후는 고산지를 제외한 대부분의 지역에서 연중 습윤하고 온화한 서안해양성기후가 나타난다. 연평균 기온은 북섬의 오클랜드가 15℃, 남단의 인버카길이 10℃로서 기온의 지역차가 적으며, 연교차도 적어 여름과 겨울의 기온차도 8~9℃ 정도에 불과하다. 강수량은 대체로 600~2,000mm에 달하는데, 남섬의 남알프스 산맥 서쪽 사면과 편서풍의 바람 받이 사면은 2,500~3,000mm 정도로 비가 많다. 반면 바람의지인 동쪽 사면은 500mm로 비교적 건조하다. 뉴질랜드는 환태평양조산대에 속하는 섬나라로서 지형이 험준하고 화산과 지진이 많다. 북섬은 면적의 63%가 산지와 구릉으로 되어 있으며, 특히 화산이 많다.

 뉴질랜드 일반정보

구분	내용
국가명	뉴질랜드(New Zealand)
수도	웰링턴(Wellington): 1865년 오클랜드(Auckland)에서 옮김
인구	519만 명(세계 122위)
위치	남태평양의 오스트레일리아 남동쪽
면적	27만 467㎢(세계 76위)
기후	해양성 기후, 1월 평균 기온 20℃, 7월 평균 기온 11℃
민족구성	유럽계(69%), 마오리 원주민(14.6%), 아시아인(9.2%), 비 마오리계 태평양제도인(6.9%)
언어	영어, 마오리어
종교	개신교(52%), 가톨릭교(15%), 힌두교 등 기타(33%)

한국학중앙연구원, KOTRA 글로벌원도우, 두피백과, 외교부 내용을 바탕으로 저자 작성.

2 뉴질랜드의 문화

뉴질랜드는 일상생활이 검소한 중산층의 나라로, 주류酒類 소비에는 엄격한 규제가 있으며, 음주를 수반한 오락시설은 거의 없다. 반면 크리켓·럭비·스키·골프 등의 옥외 스포츠는 매우 활발하며, 특히 럭비는 뉴질랜드를 대표하는 스포츠로 자리매김하고 있다.

대다수의 국민이 영국과 유럽 등지에서 이민 온 자들로서 서구적 문화와 예술, 전통이

지배적이지만 원주민인 마오리족의 문화도 잘 보존되어오고 있다. 뉴질랜드에서 마오리족의 독특한 문화가 중요한 위치를 점하고 있는데, 그 이유는 마오리족의 출생률이 백인보다 높아 노동력의 중요한 공급원 역할을 하고 있기 때문이다. 그래서 교육에서는 백인과 마오리족이 차별 없이 함께 공부하며, 사회 각 방면에 걸쳐 마오리족의 진출을 확산시키고 있다.

태평양의 바이킹이라 불릴 정도로 해상활동이 왕성했던 마오리족의 대부분은 북섬에 거주하는데, 이는 뉴질랜드로 이주 후에 정착하여 타로감자, 얌감자, 고구마, 호리병박 등을 재배하며 농경생활로 변하였기 때문이다. 그들은 많은 부족사회로 나뉘어 추장의 통치하에 생활하였는데, 이들 지배자는 '모코'라고 하는 독

🎙 마오리족

특한 문신술로 얼굴 전체를 뒤덮는 문화를 발달시켰다. 또한 그들은 일용품·배·가옥 등에도 독특하고 뛰어난 조각을 남겼으며, 정신적으로는 지고신至高神 '포'를 비롯하여 온갖 자연현상을 신으로 받들고, 아름다운 신화와 전설도 만들어냈다.

1960년대 이후 뉴질랜드 예술작품의 질, 가치, 사회적 중요성이 점차 증가하였고, 단편작가인 캐서린 맨스필드를 비롯하여 세계적으로 유명한 문학가들이 많이 등장하고 있다. 또한 예술 위원회를 두고 예술가들의 창작활동 전시회를 지원하는 등 예술분야의 융성을 이루었는데 도공, 방적업자, 목공, 유리공, 가구 제조자, 보석세공사들은 국산재료를 이용하여 세계적으로 인정받는 작품으로 나타나고 있다. 이 밖에 뉴질랜드에는 활기 넘치는 극장 무대를 비롯해 역사가 가장 오래된 두네딘 국립미술관 등 여러 미술관이 있다.

1. 음식문화

뉴질랜드는 창의적인 요리와 문화의 다양성이 잘 조화된 나라이다. 그래서 미식가로부터 뛰어난 음식 여행지라는 평판을 받고 있다. 오랫동안 뉴질랜드 번영과 외화획득의 원천이 음식과 음료 생산이었지만, 양질의 항이hangi 농산물과 다양한 이민자 유입이 뉴질랜드의 음식 정체성을 갖게 했다.

뉴질랜드는 유럽인이 이주해오기 전까지 조류와 생선에 야생허브나 뿌리를 넣어서 요리하는 마오리 음식카이로 불림이 대부분을 차지했으나, 18세기 후반부터 유럽 이주민이 정

🕰 항이요리   🕰 파블로바

착하면서 음식이 점차 다양해지기 시작했다. 뉴질랜드에서 미식을 추구하는 경향은 비교적 최근의 일이며, 뉴질랜드 요리사의 창의적인 퓨전요리 아이디어가 세계적으로 좋은 평가를 받고 있다.

뉴질랜드 음식문화의 일반적인 특징은 육류음식의 발달, 해산물의 이용, 풍부한 채소와 과일이라는 점이다. 우선 뉴질랜드는 양고기나 사슴고기, 쇠고기의 주요 생산국으로 좋은 품질의 저렴한 육류 요리로 유명하다. 또한 연어나 왕새우, 굴, 조개요리를 비교적 저렴하게 맛볼 수 있으며 랍스터의 일종인 크레이피시가 유명한다. 마지막으로 뉴질랜드는 채소와 과일도 풍부한데 그중에서 키위는 뉴질랜드에서 가장 인기 있는 과일이며 파블로바와 같은 신선한 채소와 과일을 이용한 다양한 후식이 발달되어 있다.

뉴질랜드의 식사 예절에는 예의가 중요하며, 시간 약속을 중시하기 때문에 식사 시간 약속을 꼭 지켜야 하고, 수프나 국수를 먹는 경우 소리를 내게 되는데 뉴질랜드에서는 예의에 어긋나는 행동으로 생각하니 주의해야 한다. 포크와 나이프는 식탁 위에 놓지 않고

 뉴질랜드 주요음식

구분	내용
항이(hangi) 요리	• 항이요리는 마오리족의 전통음식으로 온천지역인 로토루아에 가면 쉽게 맛볼 수 있는 돌찜구이이다. 특이한 점은 항이요리에는 향신료를 사용하지 않는다는 점이다.
양고기 로스트 (로스트램)	• 즙이 많고 연한 양고기 로스트는 키위들이 가장 즐겨 먹는 음식의 하나이다. 뉴질랜드 양고기는 전 세계적으로 인기가 있으며, 이 나라의 육류 수출에 한몫을 차지하고 있다.
L&P	• 뉴질랜드에서만 나오는 청량음료수이다. 레몬 앤 파에로아의 줄임말로 레몬과 파에로아라는 식물추출물이 들어간 것이다.
파블로바 (pavlova)	• 뉴질랜드 대표 디저트로, 계란 흰자를 이용하여 머랭을 만들어 구운 후 크림과 과일을 올려 만든 음식이다. 뉴질랜드에는 좋은 레스토랑, 전문 음식점, 카페도 많이 있지만, 손님이 좋아하는 메뉴나 재료를 선택하게 한 후, 이를 바탕으로 요리사가 조리한 식사를 준비하여 제공하는 롯지, 소형 호텔, 비앤비 업소가 많다.

접시 위에 두어야 하며, 식사시간에는 손을 식탁 아래로 두지 않고 식탁 위에 올려놓아야 하고 뉴질랜드에서는 모든 사람이 식사를 끝낼 때까지 식탁에 남아 있는 것이 예의이다. 가정에서 먹는 경우 식사 후 간단한 테이블 정리를 도와주는 것이 관례이다.

2. 축제문화

뉴질랜드는 남반구에 위치한 나라이기 때문에 우리나라와 계절이 반대이다. 그래서 6월에 모든 수확을 마치고 겨울을 맞이하여, 한 해 동안 거두었던 수확물에 대한 감사와 풍요로운 새해를 기원하기 위해 마타리키 축제로 뉴질랜드 원주민 마오리족의 새해맞이 행사가 개최된다. 또한 기온과 날씨가 안정되고, 단풍에 아름답게 물드는 가을은 외국 여행자들이 뉴질랜드를 여행하기 이상적인 기간이기 때문에 3~4월에 와이카토 열기구축제, 가을단풍축제, 퀸스타운 겨울축제 등 다양한 축제가 열린다.

❀ 와이카토 열기구 축제

와이카토 열기구 축제는 3월 말~4월 1일 사이에 개최되는데, 뉴질랜드 최고의 열기구 축제이다. 매년 5일간에 걸쳐 열리는 이 축제는 해밀턴에서 가장 인기 있는 축제로, 뉴질랜드 전역 및 전 세계에서 열기구 애호가들이 모여 이 도시의 온정, 재미, 친교를 즐기고, 여러 종류의 경기 종목에 기량을 마음껏 발휘한다. 10만여 명의 구경꾼이 열기구가 펼치는 황홀한 스펙터클을 즐기기 위해서 시내 중심지인 해밀턴 호숫가의 "이네스 커먼"에 모여든다. 또한 이 도시 및 근교 도시의 잘 보이는 여러 지점에 하늘을 수놓는 열기구 행진을 구경하기 위해 수천 명의 인파가 모인다. 아침 해가 뜨자마자 수많은 열기구가 창공으로 나는데, 별별 희한한 모양의 열기구를 많이 선보인다. 그 외에도 조종사 및 승무원과

의 즐거운 대화, 그리고 "해밀턴 나이트글로우"라 부르는 화려한 야간 열기구쇼_{장소: 와이카}
_{토 대학} 등으로 현지인은 물론 방문객 누구나 즐겁고 흥겨운 시간을 보낼 수 있으며, 입장은
무료다.

❀ 국제 재즈 페스티벌

4월초에 개최하는 국제 재즈 페스티벌은 1963년에 시작하여 역사 깊은 뉴질랜드 최대
의 재즈 공연이자 세계에서 가장 오래된 재즈축제이다. 타우랑가의 베이 오프 플랜티로
세계적인 유명 재즈 뮤지션과 뉴질랜드 재즈 음악가들이 하나둘 모여들어 재즈의 모든
것을 온몸으로 느낄 수 있다. 축제 기간 중에 타우랑가 시내는 온통 재즈로 물들며, 주말
이면 재즈 빌리지에서 무료 공연이 줄지어 열리고 전국에서 모여든 관광객들로 평소에는
조용하던 도시 전체가 들썩인다. 뛰어난 재즈 뮤지션들의 콘서트가 열릴 뿐 아니라 뉴질
랜드의 가장 권위 있는 청소년 재즈 경연 대회를 비롯해 재즈 콩쿨 등 다양한 이벤트가
이어진다.

❀ 마타리키 축제

마타리키 축제_{Matariki Festival}는 6월 말~7월 말에 개최하는데 뉴질랜드 원주민인 마오리
족의 새해맞이 축제로 오클랜드_{Auckland} 전역에서 열린다. '마타리키'란 '작은 별들의 조그
마한 무리'라는 뜻이다. 축제가 시작되는 6월이면 북동쪽 지평선에 아름다운 별무리가
나타나는데, 이 별무리가 마오리족들에게는 새해의 시작임을 알리는 표시가 된다. 부족
에 따라 축제를 시작하는 날짜가 조금씩 다르지만 매년 6월 한 해 동안 거두었던 수확물
에 대한 감사와 풍요로운 미래를 기원하
는 축제의 의미는 모두가 같다. 축제 기간
에는 뉴질랜드 전통문화와 현대문화를
접목시킨 다채로운 행사가 펼쳐진다. 역
사적인 무대를 배경으로 한 마오리 음악
가들이 펼치는 콘서트와 전통공연, 전시
회, 마오리족 전통 연 만들기 등 마오리족
만의 독특한 유산과 전통문화를 생생하
게 체험할 수 있다.

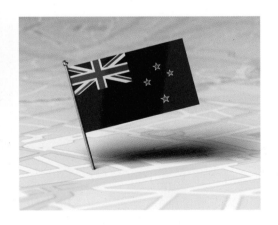

 뉴질랜드 전통축제

구분	내용
와이카토 열기구 축제	• 와이카토 열기구 축제는 3월 말~4월 1일 사이에 개최 • 매년 5일간에 걸쳐 열리는 이 축제는 해밀턴에서 가장 인기 있는 축제
국제 재즈 페스티벌	• 4월 초에 개최하는 국제 재즈 페스티벌은 1963년에 시작 • 역사 깊은 뉴질랜드 최대의 재즈 공연이자 세계에서 가장 오래된 재즈축제
마타리키 축제	• 6월 말~7월 말에 뉴질랜드 원주민인 마오리족의 새해맞이 축제로 오클랜드 전역에서 개최 • 마오리 음악가들이 펼치는 콘서트와 전통공연, 전시회, 마오리족 전통 연 만들기 등 마오리족만의 독특한 유산과 전통문화를 생생하게 체험
가을 단풍축제	• 뉴질랜드 애로우타운에서 매년 4월 중순 단풍축제가 개최 • 19세기 금광이 발견되면서 본격적으로 개발된 도시로 당시 만들어진 건축물이 지금까지 잘 보존되어 있어 가을축제뿐만 아니라 과거의 건축물 및 향수를 느낄 수 있음
퀸스타운 겨울축제	• 뉴질랜드의 퀸스타운에서 매년 6월에 열리는 겨울축제 • 정통 카니발과 성대한 불꽃놀이 그리고 각종 콘서트를 비롯하여 스키와 스노보드 타기 등 계절 축제의 성격에 맞는 다양한 즐길거리가 준비되어 있음

3. 여행문화

뉴질랜드는 야생의 대자연부터 풍부한 문화에 이르기까지 많은 볼거리를 자랑하는 곳이다. 세계에서 가장 공기가 좋은 국가로도 손꼽히는 뉴질랜드는 맑은 공기와 청정자연을 즐기며 안전하게 여행을 할 수 있는 대표적인 여행지이다.

❀ 마운트 이든

뉴질랜드의 에덴동산으로 불리는 곳으로 오클랜드에 있는 60개의 사화산 중 하나이다. 마운트 이든은 산이라고 하기에는 높지 않은 편이지만, 정상에서 바라보는 시원하고 아름다운 전망은 오클랜드에서 제일이다.

분화구 자리에 있는 절구 모양의 거대한 크기의 크레이터는 자연의 신비로움과 경외심을 갖기에 충분하며, 움푹 파인 화산 분화구는 현재 초록의 풀로 뒤덮여 있어 신비롭게 느껴진다. 소들이 한가로이 풀을 뜯는 모습을 구경할 수 있어서 여유로운 시간을 보낼 수 있는 여행지이며, 분화구 정상에서는 오클랜드 도심과 하우라키만 일대의 바다와 섬들을 조망할 수 있다.

저녁 시간에 방문하면 오클랜드의 야경을 조망할 수 있다는 점도 또 하나의 매력으로 꼽히기 때문에 낮과 밤의 색다른 두 가지 풍경을 비교하는 것도 마운트 이든을 여행하는 방법이다.

❀ 오클랜드 하버 브리지

오클랜드 하버 브리지는 오클랜드의 세인트메리스 베이와 노스코트를 잇는 다리로, 6년의 건설 기간을 거쳐 1959년에 완성되었다. 뉴질랜드에서 두 번째로 긴 도로 다리이며, 북섬에서 제일 긴 다리로 이 다리가 완성됨으로써 오클랜드 북부 경제에 큰 영향을 미쳤다.

둥근 아치형 다리가 시원한 경관을 만들고, 다리 뒤로 오클랜드 시가지 풍경이 그림처럼 펼쳐져 있다. 전망대 내부에 있는 200개의 계단을 오르면 시드니 항구가 보이는데, 날씨 좋은 날에는 블루마운틴까지 조망된다.

63m나 되는 높이의 스릴 넘치는 번지점프도 즐길 수 있다. 다리 끝에서 다리 중간까지 가는 데 걸어서 2시간 30분 정도 소요되므로 다리를 다 건너보고 싶다면 편한 신발은 필수다.

❀ 오클랜드 스카이 타워

스카이시티타워라고도 불리는 스카이 타워는 세계에서 다섯 번째로 높은 탑으로 오클랜드 시내를 전망할 수 있는 전망대다. 건물을 안정적으로 짓기 위해 1만 5,000㎡의 콘크리트와 2,000톤의 강화 철골이 사용됐으며, 방화시설과 내진, 내풍 설계가 되어 있는 최첨단 건물이다.

오클랜드 시내 빅토리아가와 패더럴가가 만나는 곳에 위치하고 있는 스카이 타워의 가장 큰 장점은 유리 너머로 오클랜드 시

내 전경을 360도로 바라볼 수 있다는 것이다. 또한 내부에는 한국어 채널도 갖추어놓아 채널만 맞추면 앞에 보이는 풍경에 대한 설명을 들을 수 있으며, 2~3층에는 카지노가 마련되어 있다.

야간에는 현란한 조명을 비춰 아름다운 야경을 자랑하기도 하며, 192m 높이의 53층에는 시속 85㎞ 속도로 낙하해 16초 만에 내려오는 스카이점프는 스릴을 원하는 여행객들에게 인기가 많다.

❀ 크라이스트처치 빅토리아 광장

크라이스트처치 중심부에 위치한 광장이다. 광장을 가로질러 아름다운 에이번 강이 흘러 시민들이 주말 피크닉을 즐기는 등 휴식 공간으로 사랑받고 있는 곳이다. 광장을 가르는 에이번 강에는 철교가 걸려 있는데, 에이번 강의 38개나 되는 다리 중 빅토리아 광장에 있는 철교가 가장 오래된 것이다.

과거에는 시장이었지만 그 자리에 공원 겸 광장을 만들면서 조성되었고, 광장의 이름은 영국의 빅토리아 여왕을 기념하기 위해 1903년 여왕의 동상이 세워지면서 붙여졌다. 광장 내에는 빅토리아 여왕 동상 외에도 뉴질랜드를 탐험했던 영국의 탐험가 캡틴 쿡의 동상과 함께 분수대와 꽃시계로 조경되어 있으며, 정원에 있는 분수는 밤이 되면 조명을 받아 아름다운 야경을 뽐내고 있어 낮과 밤 어느 때에 방문해도 분위기 있는 공원의 모습을 감상할 수 있다.

❀ 해글리 공원

'가든 시티'라는 별명이 붙은 이 공원은 에이번 강가에 조성된 공원으로 누구든지 편하게 쉴 수 있는 소중한 공간이다. 공원을 동서로 지나는 애버뉴를 경계로 북 해글리 공원, 남 해글리 공원으로

구분하고 있는데, 남 해글리 공원의 대부분은 조깅이나 테니스, 소프트 볼 등 온갖 스포츠 시설이 갖추어져 있으며, 뉴질랜드의 전통 경기인 럭비와 크리켓도 자주 벌어진다. 북 해글리 공원에는 북쪽에 골프장, 남쪽에 식물원이 있어 광대한 부지를 자랑한다.

여행을 하다 잠시 쉬고 싶을 때 이곳에서 에이번강을 바라보며 조용히 휴식할 수 있는 곳으로, 드넓은 면적을 자랑하는 만큼 공원 안에는 편의시설이 많고 다양한 시설이 있어 시민들의 사랑을 받고 있다. 조용한 산책만으로도 사람을 기분 좋게 하는 곳으로 에이번강 근처의 수많은 공원 중 가장 인기 있다.

❀ 와카티푸 호수

호수의 길이가 약 80㎞로 수심이 깊고 뉴질랜드에서 가장 긴 호수이며, 뉴질랜드 남섬에 있는 좁고 긴 S자 형태의 빙하호이다. 번개모양으로 생긴 와카티푸 호수는 호수를 둘러싸고 있는 높은 산맥이 장관을 이루고 있는데, 이 중 가장 높은 산인 마운트 언슬로는 높이가 무려 2,189m에 달한다.

와카티푸

물빛이 푸르고 아름다워 마오리족 언어로 '비취 호수'라 불린다. 물결이 잔잔한 날에는 호수 건너편에 만년설을 인 뉴질랜드 남알프스의 봉우리가 호수에 비쳐 일대 장관을 이룬다. 특이한 것은 일정 시간 간격으로 10~15cm 안팎으로 수면이 오르내린다는 것이다. 이 같은 현상에 대해 마오리족 사람들은 마오리 전설로서 호수 바닥에 누워 있는 거인 괴물 '마타우'의 심장박동이라고 말한다.

❀ 봅스힐

전망대에 오르면 알프스에 둘러싸인 와카티푸 호수와 네모반듯한 정원 같은 퀸스타운 시가지가 탁 트인 220도의 파노라마로 펼쳐진다. 북쪽에는 코로넷 피크, 남서쪽에는 세실 피크와 월터 피크가 보이며 동쪽의 리마커블 산맥도 웅장하다.

봅스힐에서 뛰어내리는 번지점프도 이곳의 명물이다. 밤 9시까지 영업하므로 도시의 야경으로 뛰어내리는 독특한 경험을 할 수 있다. 이 외에도 루지, 패러글라이딩 등 다양한 액티비티가 준비되어 있다.

곤돌라 매표소에서 키위하카 공연 관람권을 구입하면 하루에 4번 공연하는 '키위하카 Kiwi Haka'를 관람할 수 있다. 퀸스타운에서 가장 유명한 마오리 민속 공연으로 박진감 넘치는 뉴질랜드 원주민의 문화와 관습을 들여다볼 수 있는 좋은 기회다.

 뉴질랜드 관광명소

구분	명소	내용
오클랜드	마운트 이든	• 높이 196m의 사화산 정상에서 시가지를 내려다볼 수 있는 전망대의 하나
	하버 브리지	• 1959년에 건설된 철교로 오클랜드의 상징
	스카이 타워	• 세계에서 다섯 번째로 높은 탑으로 오클랜드 시내를 전망할 수 있는 전망대
	원더홀름국립공원	• 아름다운 해변에서의 산책으로 가족단위 소풍지로 유명
	앨버트 공원	• 퀸 거리 동쪽 시가지 중심부에 있는 아름다운 공원
	오클랜드 박물관	• 마오리족의 생활상과 뉴질랜드의 지리적 특징을 보여주는 관람관
	전쟁기념 박물관	• 1852년에 건립된 뉴질랜드 최초의 박물관
	켈리 탈턴스 언더워터 월드	• 타마키 드라이브에 위치한 뉴질랜드 최고의 수족관
크라이스트처치	식물원	• 가장 특이하고 아름다운 식물들로 가득 채워진 곳
	빅토리아 광장	• 아름다운 에이번 강이 흘러 주말 피크닉을 즐기는 휴식 공간
	해글리 공원	• 시가지 서쪽 에이번 강변에 펼쳐진 면적 180ha의 광대한 공원
	크라이스트처치 카지노	• 치마모양의 유리로 된 지붕이 인상적인 곳으로 1994년 뉴질랜드 최초의 카지노
	대성당	• 영국 고딕양식으로 지어진 크라이스트처치의 상징적 건물
퀸즈 타운	퀸즈타운 가든	• 시민들이 여가를 보내는 휴식 공간이자 문화 공간
	와카티푸 호수	• 뉴질랜드에서 세 번째로 크고, 남섬에서 가장 긴 호수
	봅스힐	• 해발 790m에 있는 전망대는 퀸스타운을 한눈에 조망할 수 있는 최적의 장소
	포도주 길	• 세계 최남단에 위치한 포도재배 단지

한국학중앙연구원, KOTRA 글로벌윈도우, 두산백과, 외교부 내용바탕으로 저자 작성.

3 여행문화 Tip과 에티켓

1. 여행문화 Tip

• 뉴질랜드 화폐는 뉴질랜드 달러를 사용하며 NZ$로 표기한다. 미국 달러 사용도 가능하나, 환전 수수료를 줄이려면 뉴질랜드 달러를 미리 준비하는 편이 좋다. 환

전은 뉴질랜드에는 토마스 쿡 환전소와 ASB Bank, The National Bank of New Zealnad, Bnz Bank, Westpac 은행에서 가능하다.

- 뉴질랜드 전역에서 사용되는 전압과 주파수는 각각 230~240V, 50Hz다. 한국 전자 제품을 그대로 사용할 수 있으나 민감한 전자 제품의 경우 컨버터를 사용하는 것이 안전하다. 콘센트 구멍이 한국과 다르므로 어댑터는 필수다.

- 뉴질랜드 우체국이나 편의점, 서점, 주유소 등지에서 쉽게 우표를 구입할 수 있으며, 대부분의 우편 서비스는 해당 국가가 속해 있는 구역에 따라 비용과 배송 기간이 다르니 표를 보고 참고해야 한다.

- 기업, 대학, 관공서 등에서 ADSL을 이용한 인터넷 접속이 주로 이루어지고 있다. ADSL 이용료가 높아 일반 가정에서는 전화선을 이용한 모뎀 접속이 주종을 이루나 점차 가정용 ADSL 연결이 확산되고 있는 추세이며, 우리나라의 인터넷 속도와는 많은 차이를 보인다.

- 뉴질랜드의 치안은 안전한 편으로, 다른 나라에 비해 사고 발생률이 적으나 소매치기, 절도 등의 사고가 가끔 일어나므로 소지품을 주의할 필요가 있다.

- 뉴질랜드는 일조량이 많고 자외선이 강하기로 유명해 피부암 발생률이 높은 나라로 선글라스 및 선크림과 같은 사전의 준비가 필수다.

- 뉴질랜드는 인구가 적기 때문에 여행 중 어려움에 처할 경우 도움을 요청할 행인이나 순찰하는 경찰의 수가 적기 때문에 이 점을 유의해야 한다.

- 뉴질랜드에서는 미국이나 유럽과 달리 택시 운전사나 서비스업에 종사하는 사람들이 팁을 기대하지 않는다. 뉴질랜드에서 팁은 필수가 아니라 선택사항이므로 당연히 계산서에도 서비스 요금이 부과되지 않는다. 왜냐하면 모든 상품과 서비스에 우리나라의 부가가치세처럼 12.5%가 포함되어 있기 때문이다.

2. 여행문화 에티켓

- 상대방을 만났을 때는 악수를 한다. 처음 보는 사람끼리 인사를 나누는 경우도 많지만, 사기나 강도를 조심할 필요도 있다. 또한 마오리족은 전통인사법인 '홍이'를 하는데, 이는 악수를 하고 손을 잡은 채로 '키오라' 하면서 서로의 코를 두 번 비비는 인사법이다. 이때 세 번 비비지 않도록 주의해야 한다. 코를 세 번 비비는 것은 청혼의 의미가 있기 때문이다.

- 행사에 초대받았을 때는 공식인지 비공식인지를 확인하고, 공식행사가 아니라면 정장을 입지 않아도 된다.
- 뉴질랜드는 세계적인 수준의 청렴도를 자랑하며, 업무상으로 절대 뇌물을 주어서는 안 된다. 또한 일반적인 선물 역시 어느 정도 친숙해진 이후에 부담스럽지 않은 소소한 선물을 하는 것이 좋다.
- 보수적이고, 성격이 느긋하며 친절하지만 자존심이 강하다. 개인주의적이고, 규칙적인 생활 습관이 몸에 배어 있기 때문에 약속은 최소 1~2주 전에 미리 잡는 것이 좋다.
- 종교나 관습에 기초한 특별한 금기사항은 없다. 주로 영국 등 서구사회의 기본적 예절과 관행을 따르면 된다. 다만, 다민족 다종교 사회이므로 민감한 주제는 피하는 것이 좋으며, 발음이 알아듣기 어려울 때는 양해를 구하고 천천히 말해달라고 한다.
- 손가락으로 사람을 가리키는 것은 큰 실례이며, 여성에 대해서는 대화나 행동, 특히 스킨십을 조심해야 한다.
- 뉴질랜드에서는 물건을 살 때 가격을 흥정해서는 안 된다. 만약 깎아달라고 하거나 흥정을 할 경우 예의에 어긋나는 행동이기 때문이다.
- 해산물을 채취할 때 각각의 양과 채취할 수 있는 종류 및 크기가 정해져 있어 사전에 숙지하고 채취하여야 한다. 만약 이를 어길 시에는 많은 벌금을 부과해야 한다.

03 이집트

1 이집트 개관

아프리카 대륙 북동부에 있는 나라로, 1882년 영국이 수에즈 운하 보호를 이유로 이집트 정부를 장악하였다. 1922년 이집트 왕국으로서 부분적으로 독립하였고, 2차 세계대전 후 민족운동과 반 영국운동이 격화하면서 완전한 주권을 찾았다. 정식명칭은 이집트 아랍공화국Arab Republic of Egypt으로, 북동쪽으로 이스라엘과 가자 지구, 서쪽으로 리비아, 남쪽으로는 수단과 국경을 접하고, 북쪽과 동쪽으로 지중해와 홍해紅海가 있다. 국토의 일부인 시나이 반도가 이스라엘과 접경하여 중동지방에 걸쳐 있다.

고대문명 발상지로, 16세기에는 세계에서 가장 인구가 많았으며 오늘날 아랍과 중동지역에서 정치적·문화적인 중심국가를 이룬다. 아랍에서는 '2개 해협' 또는 '국가'라는 뜻의 아랍어인 '미스르Misr'라는 국명으로 부르며 현지 발음으로는 '마스르'라고도 한다.

이집트 면적은 100만 2,000㎢로 한반도의 5배, 세계에서 29번째로 면적이 넓은 나라이며, 수도는 카이로이다. 인구는 2022년 10월 기준 약 1억 1,099만 명이고, 98%가 이집트인, 베두인족, 베르베르인으로 구성된 햄족이며, 그 외 그리스인, 누비아인, 아르메니아인 등 소수민족으로 구성되어 있다.

👣 카이로

이집트는 가장 많은 수의 무슬림 인구를 가지고 있는 나라로, 이슬람의 국교는 수니파 이슬람교이다. 그래서 인구의 90%가 이슬람교를 믿으며 이슬람교 신자는 대부분 수니파이다. 또한 10%는 기독교 신자인데, 기독교 신자의 대부분은 이집트의 전통적 기독교인 콥트교에 속한다.

행정구역은 27개 주무하파자; muhafazah로 되어 있다. 주들은 읍, 면과 같이 하위 행정구역들로 나뉘며 각 주들은 각각의 주도를 따로 가지고 있다. 또한 GOPPGeneral Organization for

Physical Planning에서 계획 목적으로 사용되는 7개의 경제 지역이 있다.

이집트는 동북 아프리카 지중해 및 홍해 연안에 위치하며, 북위 20~30°에 자리 잡고 있고, 전 국토의 95%가 사막이다. 또한 이집트는 아열대성 사막 기후로 고온 건조하며 겨울은 온화하다. 이집트는 나일Nile강 상류에 아스완 댐Aswan Dam을 건설한 후 나일강 범람은 없어졌으며 3월에서 5월에 부는 심한 모래바람인 캄신Khamsin을 제외한 자연재해는 거의 없는 편이다.

이집트에서는 대다수가 아랍어를 사용하고 있으며, 이집트만의 독특한 억양이 있어 주변 국가와 구별된다고 한다. 고대 이집트어의 계통을 잇는 콥트어는 콥트인들의 종교의식에 사용되는 등 그 명맥을 유지하고는 있으나 일상언어로는 거의 사용되지 않고 있고, 주요 외국어로는 영어와 프랑스어, 독일어, 이탈리아어 등이 있다.

이집트는 2011년 시민혁명 당시 현장에서 철수한 경찰의 복귀가 지연되면서 이집트 내 치안 불안 문제가 좀처럼 개선되지 않고 있다. 특히 시나이Sinai 반도 치안 부재 및 안보 문제가 심각해, 리비아 등지로부터 무기 및 마약을 밀수하거나 알카에다Al-Qaeda의 활동 가능성도 대두되고 있다. 2012년 1월 이후에는 한국인 관광객 납치 사건을 비롯하여 베두인족에 의한 외국인 관광객 납치 사건미국, 브라질, 체코, 중국 등이 연이어 발생하고 있으며, 이집트의 치안 불안은 관광객 급감 등으로 이어져 경기 회복을 지연시키고, 고물가 및 높은 실업률 등은 다시 사회 불안 및 민생 범죄 증가 등으로 악순환하고 있다.

이집트 일반정보

구분	내용
국가명	이집트 아랍공화국(Arab Republic of Egypt)
수도	카이로(Cairo)
인구	1억 1,099만 명(세계 14위)
위치	북아메리카, 북대서양과 북태평양 연안, 캐나다와 멕시코 사이
면적	100만 2,000㎢(세계 29위)
기후	온대지역에 있으나 국토가 넓어 기후차가 심함
민족구성	이집트인 · 베두인족 · 베르베르인으로 구성된 함족(99%), 그리스인 · 누비아인 아르메니아인 등 소수민족(1%)
언어	아랍어
종교	수니파 이슬람교(90%), 콥트교(9%), 기타(1%)

한국학중앙연구원, KOTRA 글로벌윈도우, 두피백과, 외교부 내용을 바탕으로 저자 작성.

2 이집트의 문화

이집트는 세계 최초 주요 문명국 중의 하나이다. 예술과 건축을 성문화한 이집트의 벽화는 주로 기록을 목적으로 그려졌다. 이집트 문명은 특히 거대한 피라미드와 엄청난 분묘로 유명한데, 그중 고대 건축가이자 엔지니어였던 임호텝이 디자인한 죠세르 왕조의 피라미드, 스핑크스, 아부 심벨 사원 등이 유명하다. 현대적이며 동시대적인 이집트 예술은 위사 와세프의 람세스, 하산 화티의 버내큘러식 건축부터 마흐무드 모카타르의 조각상, 그리고 아이작 파노스의 콥트식 도상까지 그 양식이 매우 다양하다.

이집트하면 빠질 수 없는 피라미드는 예술과 거의 무관하며 건축의 분야에도 들어가지 않는다. 피라미드는 순전히 토목공학의 대상일 뿐 미에 대한 욕구에서 비롯된 것이 아니다. 피라미드의 궁극적인 목적은 오늘날 은행 금고처럼 실용적인 데 있었다. 백성들의 재산을 보호하기 위해서가 아니라 극히 소중한 선왕의 유

ⓖ 스톤헨지

해를 보존하기 위해 세워졌다는 점이 다를 뿐이다. 피라미드를 오랜 빈곤과 실업의 산물로 보는 견해도 있다. 어떤 역사가들은 왕이 백성에게 일거리를 주고 먹여 살리기 위해 피라미드를 건설했다고 주장한다. 그러나 피라미드가 '엄청난 낭비'든, 5,000년 전의 빈민구제 사업이든 순수 예술과 전혀 무관한 것은 마찬가지다. 다만 커다란 정성과 공을 들인 건축물인 만큼 언제까지나 훌륭하고 귀한 문화유산으로 남아 있다.

스톤헨지를 세운 켈트인이나 그리스인을 포함해 어떤 민족도 조각과 미술의 분야에서 이집트인만큼 많은 걸작을 남기지는 못했다. 게다가 어떤 민족도 그들만큼 높은 수준의 문화를 수천 년 동안이나 유지하지는 못했다. 대부분 수백 년이나 수십 년쯤 번영을 누린 뒤에는 갑자기 쇠락했다. 그런데 이집트인은 무려 4,000년 동안이나 최고 수준의 문화를 꽃피웠다. 이집트인이 특별한 성공을 거둔 주요 원인은 전통을 존중하는 자세에서 찾을 수 있다. 서구인들은 태어날 때부터 전통을 경시하지만 그들은 태어날 때부터 전통을 존중했다. 이집트인의 생활은 99%가 계절과 밀접하게 연관되어 있었다. 계절은 세계 어디서나 전통과 불가분한 관계를 가진다. 계절의 변화를 따라잡기 위해 이집트인은 천체를 깊이 연구했다. 일정한 궤도를 도는 별들은 계절에 못지않게 규칙적이고 전통적이다.

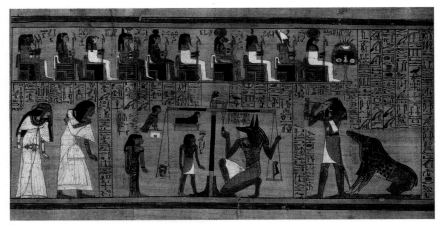

🔖 이집트 벽화

그래서 이집트인은 일상생활에서 '전통'을 받아들인 것처럼 예술에서도 전통을 자기 보존의 시작이자 끝으로 받아들였다. 이 사실을 알면 이집트 예술가들이 왜 개성보다 '전형'에 훨씬 더 흥미를 느꼈는지, 왜 대상의 개체적 특질을 표현하기보다 전형왕이튼, 왕의 신성한 고양이튼을 완벽하게 표현하기 위해 애썼는지 쉽게 이해할 수 있다.

1. 음식문화

이집트의 음식은 케밥과 같은 동 지중해 국가와 유사한 특성을 보이고 있으며, 대표적인 음식으로는 케밥, 타메야, 쿠샤리 등이 있다. 이집트인들의 주식은 에이시Egyptian Bread로 밀가루로 만드는 인도의 난과 비슷한 음식이다. 이집트에서는 라마단이 있기 때문에 이 기간에는 금식을 하지만 가장 음식에 신경을 많이 쓰는 시기이기도 하다. 라마단 기간에는 해가 뜨자마자 식탁에 온 가족이 모여 만찬을 즐기며, 특별한 후식을 만들지 않고 지나가는 나그네에게 음식을 제공하는 등의 문화가 아직까지 이어지고 있다.

이집트의 음식문화는 상류와 서민층의 구별이 확실하다. 상류층 이집트인들은 세계주의적인 라이프스타일의 삶과 음식을 즐기는 반면, 서민들은 옛날식 콩과 곡류를 주로 이용하고 빵과 탈지유로 만든 미시Mish라고 불리는 치즈로 식사를 한다. 상류층은 채소 중심의 식사로 채소와 과일을 풍부하게 먹고 일주일에 한두 번은 꼭 육류를 먹지만 빈민층은 특별한 날에나 고기를 먹을 수 있다. 상류층은 부풀린 밀가루 빵, 하류층은 부풀리지 않은 옥수수 빵과 야생 채소, 최소한의 과일을 먹는다.

육류와 생선은 잘 양념해 콩이나 다른 곡물과 섞어 요리의 일부로 사용하는 경우가 많

은데 주로 이용하는 육류는 소, 양, 새끼염소, 토끼 등이며 콥트교도들은 돼지고기를 먹는다. 계층에 관계없이 진한 향신료를 많이 쓰며 참깨는 가장 인기 있는 조미료이다. 마늘, 파, 양파 등의 자극적인 맛도 좋아한다. 대부분의 이집트인은 다양한 방법으로 맛있게 만든 콩 요리, 맵고 자극적인 조미료의 적절한 사용, 진한 커피, 달콤한 음료 등을 선호한다.

❀ 에이시

일명 이집트 빵인 에이시는 부드럽고 씹을수록 담백한 맛으로 밀가루 반죽을 화덕에서 굽는 방법이 인도의 난과 비슷하다고 한다.

이집트인들은 빵을 주식으로 생활하고 있기 때문에 빵은 이집트의 긴 역사와 함께 내려왔다고 해도 과언이 아니다. 이집트 생활경제에 중요한 지표이기도 한 에이시는 국가적인 차원에서 가격 통제를 한다. 먹는 방법도 다양한데, 그냥 먹기도 하지만 속이 비어 있기 때문에 기호에 따라 토마토, 따메야 Ta'miyya-콩을 튀겨 만든 고로케와 비슷한 음식 등 여러 가지 재료를 넣어 샌드위치처럼 먹을 수 있다.

에이시와 함께 먹는 대표적인 소스로는 타히니, 후머스, 민트요거트 등 세 가지가 있으며 소스는 참깨, 콩, 허브 등 비타민과 철분, 단백질이 많이 함유되어 있는 재료가 대부분으로 맛뿐만 아니라 영양적으로도 뛰어나다. 여러 가지 음식을 넣어 자신만의 에이시 요리를 만들어 즐길 수도 있다. 에이시는 행상에서부터 크고 작은 매장에서까지 흔히 만날 수 있다. 골목마다 에이시를 파는 가게가 있고 길에서는 바구니나 판을 들고 다니면서 팔기도 한다. 레스토랑에서는 에이시를 따로 주문하지 않아도 주문한 요리와 함께 나온다고 한다.

 이집트 전통음식

구분	내용
에이시	• 이집트인들의 주식으로 밀가루를 반죽해 화덕에서 구워낸 빵이다. 인도의 '난'과 비슷하게 생겼으며, 부드럽고 담백해서 그냥 먹기도 하지만 빵을 찢어 안에 샐러드나 육류 등을 넣어 샌드위치처럼 먹기도 한다.
쿠샤리	• 쿠샤리는 쌀이나 마카로니, 렌즈콩, 매운 토마토 소스를 섞은 이집트의 전통요리로 인도나 유럽지역 요리에 전통적인 이집트의 허브와 향신료로 양념을 하여 만들어진 음식이다. 일반적으로 병아리콩과 양파를 올리며 마늘 주스와 핫소스를 곁들여 먹는다.
풀 메담스	• 레몬 주스, 파슬리, 마늘, 양파 및 칠리 페퍼로 조리한 으깬 파바콩을 혼합한 요리로, 항상 빵과 함께 제공된다. 풀 메담스는 카이로와 기자 지역에서 인기가 높다.
몰로키야	• 소고기, 닭고기, 토끼고기를 곁들인 스튜에 잘게 썰어서 요리하여 녹색 채소를 올린 음식이며, 빵 한 면과 함께 흰 쌀밥 위에 제공된다. 해안 지역에서는 생선을 굽기 전에 감싸서 생선에 맛있고 향긋한 풍미를 더하는 데 사용된다.
파타	• 고대 종교 의식에서 유래한 전통적인 누비아 요리이다. 볶음밥과 빵 위에 토마토 소스, 식초, 양이나 소의 두뇌로 만든 육수를 얹어 만든다. 일반적으로 특별한 경우와 종교 축제를 위해 만들어지는 음식이다.
타메야	• 이집트에서 가장 인기 있는 채식 요리 중 하나는 기름, 허브 및 향신료로 튀긴 파바콩 음식 타메야이다. 얇고 납작한 빵이나 피타 위에 올리고 샐러드, 바삭한 양파, 핫소스를 얹어 먹는다. 종종 말아서 랩이나 케밥으로 먹는 길거리 음식이다.
베사라	• 베사라는 파바콩을 갈아 걸쭉한 매시나 페이스트로 만들어 부추, 피망, 튀긴 양파 및 향신료로 맛을 낸 채식 요리이다. 가끔 구운 고기나 생선과 함께 반찬으로 나오기도 하지만, 주로 납작한 빵과 파를 곁들인 메인 식사로 제공된다.

이집트 여행_이집트 전통요리 https://terms.naver.com/entry.naver?docId=6513048&cid=67006&category-Id=69226

2. 축제문화

이집트는 다양한 축제들이 개최되는데, 이집트어로 '물리드'라고 부른다. 주로 콥트교나 수피교의 성인들을 기리는 종교적인 행사가 많으나, 대부분의 사람들은 종교의 여부에 구애받지 않고 행사의 개념으로 축제를 즐긴다.

❀ 아부심벨 페스티벌

이집트에는 매년 2월 22일과 10월 22일에 아부심벨 신전에서 아부심벨 페스티벌_{Abu} Simbel Festival이 열린다. 아부심벨 페스티벌은 이집트 아부심벨에 있는 람세스 2세의 태양신전에서 매년 두 차례 태양 빛이 신전 안쪽의 성소를 비추는 현상을 기념하는 축제이다. 축제가 열리는 아부심벨 신전은 나란히 자리한 두 신전, 람세스 2세의 태양 신전과 그

의 아내 네페르타리에게 바쳐진 작은 신전으로 구성된다. 그중 더 크고 웅장한 람세스 2세의 신전은 동쪽을 향하고 있는데, 신전 안쪽 깊숙한 내부 성소^{聖所}는 매년 두 번, 람세스 2세가 왕위에 오른 즉위 기념일2월 22일과 람세스 2세의 생일10월 22일에 태양빛이 비춰지도록 설계됐다.

🔘 아부심벨

　1985년, 이집트 정부는 거대하면서도 정교한 유적과 태양의 움직임이 자아내는 이 장관을 축제로 발전시켰다. 매년 2월과 10월, 태양 빛이 신전 안 깊숙한 곳까지 도달하는 날, 이집트 각지는 물론 전 세계에서 몰려온 관광객들은 태양이 떠오르기 전부터 아부심벨 신전 주위를 가득 메운다. 전통의상을 갖추어 입은 무용수와 음악가들이 태양을 맞이하는 공연을 선보이며, 드디어 태양이 모습을 드러내고 태양 빛은 늘 어둠에 감싸 있는 안쪽 성소의 네 신상, 즉 아몬신, 라-호라크티신, 프타신과 람세스 2세에게까지 닿는다. 성소가 빛으로 환해지는 이 순간에도 어둠과 지하 세계를 상징하는 프타신상은 어둠 속에 존재하도록 설계되어 있는 것이 이 극적인 장관의 또 하나의 신비로움을 부여한다. 태양이 어두운 성소를 비추는 것은 고작 20분 정도라고 한다. 이는 이집트 TV를 통해 생중계되며, 고대인들이 만든 정교한 건축물을 배경으로 한 경이로운 자연의 쇼가 끝난 뒤 관람객은 신전 밖에 마련된 이집트 전통 음악과 춤 공연을 즐긴다. 아스완 지역의 음식과 특산품을 팔기도 하는 등 흥겨운 축제의 장이 펼쳐진다.

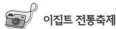

이집트 전통축제

구분	내용
아부심벨 페스티벌	• 매년 2월 22일과 10월 22일 성소 안으로 빛이 들어오는 날에 축제가 개최 • 빛이 들어오는 날이 되면 수많은 관광객들이 신전 주위에서 태양을 기다리고, 전통 의상의 무용수들과 음악가들이 공연을 선보임
라마단과 이드 알 피트르	• 라마단은 아랍어로 더운 달을 뜻하는 이 기간에는 해가 떠 있는 시간 동안 금식을 하며, 가난한 이들의 굶주림을 체험하고 신에 대한 믿음을 시험하면서 매일 5번의 기도를 올림 • 이드 알 피트르는 '축제가 끝남'이라는 의미로 라마단 종료를 알리는 이슬람 최대의 축제로 라마단 종료 직후 3일간 이어짐
샴 알 나셈	• '산들 바람을 마시다'라는 뜻을 가진 축제로 무려 기원전 2,700년부터 이어진 축제 • 봄의 시작을 알리는 축제로 매년 부활절 다음날 종교적인 배경이 없어도 모든 이집트인들이 이집트 전역에서 기념

3. 여행문화

세계에서 가장 오래된 신화와 문명을 가진 나라인 이집트는 세계 8대 불가사의인 피라미드를 포함하여 다양한 문화재가 있다. 황량한 사막에 다양한 고대 유적지를 보유하고 있는 곳으로 많은 여행객들의 발길을 사로잡는 나라이다.

❀ 카이로 타워

이집트 카이로의 대표적인 관광지이자 랜드마크로 자리 잡은 카이로 타워는 1956년에 착공하여 1961년에 완성되었으며 187m의 높이로 피라미드보다도 약 45m 높다. 화강암으로 만들어진 타워의 외관은 격자무늬의 원형 관속에 기둥이 있는 모양으로 로토스라는 식물을 모델로 디자인한 것이다.

카이로 타워는 56층으로 맨 위층에 전망대가 설치되어 있으며, 전망대 아래 카페-레스토랑은 아주 느린 속도로 360도 회전하는데 약 70분이 소요된다. 타워의 북쪽으로 고대 이집트의 종교도시인 헬리오폴리스, 남쪽으로 기자의 피라미드까지 보이는 멋진 전경을 자랑하며 아래에 유유히 흐르는 나일강의 조망이 인상적이며 식사를 하며 카이로의 멋진 시내 전망을 내려다볼 수 있다. 카이로의 경치를 제대로 감상하기 위해서는 스모그를 피해 아침 시간이나 해질 무렵에 보는 것이 좋다.

❀ 카이트베이 요새

카이트베이 요새citadel of Qaitbay는 15세기 맘루크Mamluk 왕조의 술탄 카이트베이가 세운 성채로, 성벽으로 올라가면 지중해를 비롯하여 알렉산드리아Alexandria의 주요 명소들을 볼 수 있다.

세계 최초의 등대로 고대 7대 불가사

의 중 하나인 파로스Pharos 등대가 있던 자리에 등대의 석재를 사용하여 요새를 건축한 것으로 유명한데, 지진 등으로 등대가 파괴된 후 15세기에 이르러 맘루크 왕주의 술탄 카이트베이가 투르크 군의 공격으로부터 해안선을 안전하게 방어하기 위해 붕괴된 등대의 잔해를 이용하여 카이트베이 요새를 건설했다.

1984년 대규모 재건 이후 현재의 모습이 되었으며, 이후 알렉산드리아의 유명 관광지로 개발되면서 현재 건물 내부에 해양 박물관 등도 갖추게 되었다.

❀ 알렉산드리아 도서관

알렉산드리아 도서관은 기원전 3세기에 지어졌으며 세계 최초의 공공도서관으로 모든 과학분야와 지중해 지역의 학문의 원천이 된 문화적 지적 복합체였다. 이후 화재로 소실된 알렉산드리아 도서관을 현대적으로 재현하여 현재의 도서관의 모습을 갖추게 되었으며, 약 800만 권의 장서를 소장하고 있고 전체 열람석은 무려 2,000석으로 플라테리움과 과학 박물관 시설도 갖추고 있는 도서관이다.

이집트 정부가 유네스코UNESCO 및 다양한 국가로부터 지원을 받아 2002년 10월 개관하였다. 알렉산드리아 도서관에는 많은 장서들이 소장되어 있었기 때문에 도서관이 파괴되지 않았다면, 과학발전이 더욱 가속화되었을 것이라는 의견이 많다.

❀ 기자 피라미드

기자는 이집트의 북동부, 나일강의 서쪽 기슭에 있는 옛 도시로 카이로, 알렉산드리아에 이어 세 번째로 큰 도시이다. 이 도시에는 유명한 피라미드가 있는데, 기자의 피라미드를 보지 않고는 이집트를 말하지 말라는 말이 있을 정도로 피라미드를 보기 위한 필수

방문 도시이다. 세계 7대 불가사의 중 하나로, 소규모 피라미드와 수백 개의 석실분묘 및 왕과 귀족의 무덤으로 둘러싸여 있다.

　기자에는 쿠푸왕 피라미드, 카프레왕 피라미드, 멘카우레왕 피라미드 등이 있다. 쿠푸왕 피라미드는 기원전 2,650년경 지어진 것으로 세계에서 가장 유명한 건축물이다. 137m의 높이에 약 250만 개의 돌을 사용해서 만들어진 피라미드로 동쪽 옆에는 그의 아내와 친족을 위해 만든 3개의 피라미드가 서 있다. 두 번째는 카프렌왕 피라미드로 136m의 높이에 피라미드 상단에는 한때 건축물 전체를 덮었던 석회암 유적이 남아 있는 것이 특징이다. 마지막으로 멘카우레와 피라미드는 쿠푸왕 피라미드와 카프렌왕 피라

 이집트 관광명소

구분	명소	내용
카이로	카이로 타워	• 이집트 카이로의 대표적인 관광지이자 랜드마크 • 1956년에 착공하여 1961년에 완성되었으며 187m의 높이
알렉산드리아	카이트베이 요새	• 15세기 맘루크(Mamluk) 왕조의 술탄 카이트베이가 세운 성채 • 세계 최초의 등대로 고대 7대 불가사의 중 하나인 파로스(Pharos) 등대가 있던 자리에 등대의 석재를 사용하여 요새를 건설
	알렉산드리아 도서관	• 알렉산드리아 도서관은 기원전 3세기에 지어졌던 것으로 세계 최초의 공공도서관 • 이집트 정부가 유네스코(UNESCO) 및 다양한 국가로부터 지원을 받아 2002년 10월 개관
기자	기자 피라미드	• 세계 7대 불가사의 중 하나로 쿠푸왕 피라미드, 카프레왕 피라미드, 멘카우레왕 피라미드 등이 있다.
홍해	샤름 엘 셰이크	• 이집트 홍해의 주요 관광지 중 하나 • 스노클링, 스킨스쿠버, 다이빙, 윈드서핑, 카이트서핑 등 다양한 해양스포츠를 즐길 수 있는 명소
시나이 반도	시나이 산	• 고대 이스라엘 백성이 모세를 따라 가나안의 땅으로 들어가려고 머물렀던 곳으로 모세가 하나님으로부터 십계명을 받은 곳
	성 카타리나 수도원	• 527년에 비잔틴제국(동로마제국)의 황제 유스티니아누스 1세(Justinianus I)에 의해서 건립 • 수도원의 명칭은 4세기 초 알렉산드리아(Alexandrai)에서 순교했다는 성녀 카타리나에 유래
	수에즈 운하	• 시나이(Sinai) 반도 서쪽에 건설된 세계 최대의 운하로 지중해의 포트사이드(Port Said) 항구와 홍해의 수에즈 항구를 연결 • 아시아와 유럽이 연결되는 통로라는 점에서 중요한 역할
아부심벨	아부심벨 신전	• 고대 이집트의 암굴신전으로 제19왕조의 람세스 2세가 건립 • 이집트 최대 축제인 아부심벨 페스티벌이 열리는 곳

한국학중앙연구원, KOTRA 글로벌윈도우, 두산백과, 외교부 내용바탕으로 저자 작성.

미드 남서쪽에 지은 것으로 다른 것보다 규모가 현저히 작은 62m의 높이이다. 그러나 피라미드 측면 하단에 화강암으로 만든 덮개가 아직 남아 있는 것이 다른 피라미드와 차별점이다.

3 여행문화 Tip과 에티켓

1. 여행문화 Tip

- 이집트에서는 이집트 파운드EGP를 사용하며, 일반적으로 달러, 유로, 또는 파운드로 준비해간 뒤 현지에서 이집트 파운드로 재환전을 하지만 대도시와 주요 관광지, 호텔, 레스토랑에서는 대개 달러가 통용된다. 환전은 시내에서 쉽게 찾을 수 있는 은행과 환전소에서 가능하며, 환율에는 큰 차이가 없으며 환전소는 은행 영업시간 후에도 운영하니 알아두면 좋다. 출국 시 이집트 파운드를 달러로 재환전할 수 있는데, 이 경우에는 처음 환전 증빙서를 가지고 있어야 한다.

- 시내에서 흔히 찾을 수 있는 인터넷 카페의 사용료는 기본 한 시간에 2~10EGP 정도다. 관광지 부근의 호텔은 인터넷 룸이 대부분 설치되어 있으며 고급 호텔에서는 노트북을 이용하면 접속도 가능하다.

- 2004~2009년에는 카이로 시내와 시나이반도를 중심으로 폭탄 테러, 관광버스 총격, 관광객 피랍이 발생하기도 하여 관광산업에 막대한 지장을 초래하자 정부 차원에서 강력한 군경을 바탕으로 치안 유지 정책을 강화했다. 그 이후 이집트는 외국인 여행객들에 대해서 호의적이며 치안 상황도 비교적 좋아졌다. 단, 혼잡한 곳에서는 소매치기, 성추행 등 경범죄가 빈발하므로 주의를 요해야 한다. 또한 여행객들을 대상으로 바가지요금을 받는 곳도 있으므로 조심해야 한다.

- 이집트에는 개인이 운영하는 택시가 있다. 다마스 차량에, 인원 적정규모를 모아서 돈 받고 목적지로 수송해주는 개인이 운영하는 택시이며, 미터기 조작 택시부터 방향과는 정반대로 돌아가는 택시 등이 많으니 조심해야 한다.

- 이슬람교도들은 돼지고기나 날고기를 먹지 않기 때문에 여행객이라고 해도 주의해야 하며, 라마단 기간에는 이슬람교도들의 문화를 존중하여 공공장소에서 음식을 먹는 등의 행위를 삼가야 한다.

- 이집트는 국교가 이슬람교이기 때문에 술을 마시는 것이 금지되어 있다. 따라서 여행객들도 시중에서 술을 구하기 어렵다.

2. 여행문화 에티켓

- 약속장소에 도착하면 현장에 있는 모든 사람과 악수 인사를 하는 것이 예의이다. 떠날 때도 도착했을 때와 마찬가지로 모든 사람과 악수 인사를 하는 것이 좋다.

- 알라신 외에는 머리를 숙이지 않는 것이 종교적 관례이다. 한국에서와 같이 머리를 숙이면서 하는 인사는 이집트에서 실례가 될 수 있으니 지양하는 것이 좋다.

- 이집트는 이슬람 문화권이기 때문에 라마단 기간에 이집트인들 앞에서 음식을 먹거나, 술을 마시거나, 담배를 피우는 것은 큰 결례라는 점에 주의해야 한다.

- 이집트는 다른 이슬람 국가들에 비해 개방화되어 히잡을 쓰고 다니는 여성들이 많지 않으나, 길에서 여성들에게 조심스럽게 말을 걸면 큰일 난다. 주변 남성들의 주목을 받게 되며, 대화 내용이 불순할 경우 경찰까지 출동할 수 있다.

- 두 손가락을 맞대는 제스처는 남녀의 동침을 의미하므로 이 제스처는 삼가야 한다.

- 왼손은 불결한 손으로 여기는 문화가 있기 때문에 식사를 하거나 악수를 할 때 왼손 대신 오른손으로 하는 것이 예의이다.

- 대중교통 이용 시 여성 전용 좌석을 주의해야 한다. 지하철은 맨 앞 차량, 버스는 운전석 뒤 앞좌석이 여성 전용 좌석이므로 지정된 차량과 좌석에 앉아야 한다.

- 여성의 경우 노출에 관대한 문화가 아니기 때문에 복장에 주의해야 한다. 팔과 가슴을 반드시 가리고, 적어도 무릎 아래로 오는 길이의 옷을 입는 것이 좋다. 절대 공공장소에서 짧은 옷이나 몸에 딱 달라붙는 옷을 입어서는 안 된다.

- 이집트인은 선물을 매우 좋아하기 때문에 선물을 통해 상대방의 호감도가 높아진다. 그러나 여성에게만 따로 선물하는 것은 오해의 소지가 있으므로 주의할 필요가 있다. 선물로는 보석류, 시계 등 화려한 것을 좋아하는 경향이 있으나 고가 제품의 경우 일부에서는 거부감을 느낄 수 있기 때문에 지양할 필요가 있다. 또한 꽃선물은 병문안이나 결혼을 하는 경우 등 특별한 경우에만 하는 것이 좋다. 그 외에 꽃을 선물하게 된다면 결례를 범할 수 있기 때문이다.

- 술과 돼지고기 또는 돼지고기의 변형 식품의 접대는 삼가야 하며, 외설적인 잡지 및 기구, 종교를 경시하는 문자, 로고, 디자인 등이 포함된 제품은 절대 팔 수 없다.

04 케냐

1 케냐 개관

정식 국가 명칭은 케냐공화국Republic of Kenya이다. 아프리카 대륙의 동쪽에 위치한 나라로 수도는 나이로비Nairobi이며 해발고도는 약 1,700m이다. 국토의 면적은 58만 367㎢로 한반도의 약 2.6배, 세계에서 49위로 면적이 넓으며, 적도가 중앙 부근을 지나고, 남동쪽으로 인도양, 동쪽으로 소말리아, 북쪽으로 에티오피아와 수단, 남쪽으로 탄자니아, 서쪽으로는 우간다와 접하고 있다.

케냐의 인구는 2022년 10월 기준 약 5,403만 명으로 세계 27위에 해당하며, 키쿠유족 22%, 루야족14%, 루오족13%, 칼렌진족12%, 캄바족11%, 키시족6%, 메루족6%, 기타 아프리카인 15%, 비非 아프리카인1% 등 약 42개의 다양한 부족으로 구성되어 있다. 케냐의 종교는 기독교80%, 이슬람10%, 기타10%를 차지하고 있다.

1964년 11월에 제정된 케냐공화국 헌법에 의거하여 대통령 중심제가 채택되었고, 대통령의 임기는 5년이며, 국가원수 겸 군 통치권자의 권한을 행사한다. 대통령은 부통령, 내각, 국회의원 12명 등 임명권과 국회해산권을 보유한다. 대통령은 우리나라와 같이 비밀 직접선거로 선출하며 궐위 시 부통령이 권한을 대행하고, 90일 이내에 새로운 대통령을 선출하게 되어 있다. 국회위원의 임기는 5년이며 직선의원 210명, 대통령임명 12명 등 222명으로 구성되어 있다. 케냐의 행정구역은 니안자주, 이스턴주, 리프트밸리주, 노스이스턴주, 웨스턴주, 센트럴주, 코스트주 등 7개의 주province와 1개 나이로비 구역area으로 되어 있다.

케냐는 지형적 특징으로 인해 야생동물들이 서식하기 좋은 자연환경을 갖추고 있으며, 코끼리, 사자, 기린, 얼룩말 등의 세계 야생동물이 많이 서식하고 있다. 고원지대에는 나이로비 국립공원 등

나이로비 거리

과 함께, 각지에 야생동물의 보호지구가 있으며 세계적인 자연보호구역으로 보호되고 있다. 나이로비 북쪽에 위치한 케냐 산이 최고봉이며 높이는 해발 5,199m에 이르며, 기후는 크게 북부의 건조기후대와 남부의 사바나기후대로 나누어진다. 해안지역의 연평균 기온은 20.5~31℃ 정도이지만, 내륙지방의 연평균 기온은 7~27℃ 정도로 내륙으로 갈수록 열대 기후의 특색이 감소한다. 언어는 스와힐리어를 통용어로, 영어를 공용어로 사용한다.

케냐는 BC 1000년경까지만 해도 원주민은 부시먼족Bushman 계통이었던 것으로 보이는데, 그 무렵 아라비아반도 쪽으로부터 소말리아와 에티오피아를 경유하여 햄족과 셈족의 인종이 남하해왔다. 7세기경에는 아랍인이 정착하여 그들의 마을을 형성하기에 이르렀고, 1498년 이후 포르투갈인이 해안지대에 진출해왔다. 16세기에는 서쪽으로부터 반투족이 이동해왔고, 1888년 영국의 동아프리카 회사가 특허회사로서 이 지역의 무역을 독점하였고, 1895년 영국의 동아프리카 보호령이 되었다. 유럽인에게 빼앗긴 농토를 되찾기 위한 운동인 마우마우의 투쟁이 전국적으로 확산되며, 조모 케냐타Jomo Kenyatta가 독립운동의 지도자로서 세계에 알려지게 되었다. 이윽고 1963년 12월 12일 케냐는 독립을 성취하였으며, 1964년 12월 12일 공화국을 선언하였다.

 케냐 일반정보

구분	내용
국가명	케냐공화국(Republic of Kenya)
수도	나이로비(Nairobi)
인구	5,403만 명(세계 27위)
위치	아프리카 대륙의 동쪽
면적	58만 367㎢(세계 49위)
기후	북부의 건조기후대, 남부의 사바나기후대
민족구성	키쿠유족(22%), 루야족(14%), 루오족(13%), 칼렌진족(12%), 캄바족(11%), 키시족(6%), 메루족(6%), 기타 아프리카인(15%), 비(非)아프리카인(1%) 등
언어	영어, 스와힐리어
종교	기독교(80%), 이슬람(10%), 기타(10%)

한국학중앙연구원, KOTRA 글로벌윈도우, 두피백과, 외교부 내용을 바탕으로 저자 작성.

2 케냐의 문화

케냐에서 가장 중요한 의례 중의 하나는 성년식이다. 케냐의 마사이족은 이 성년식을 어린 전사의 지위에서 성년의 삶으로 넘어가는 통과의례로 간주한다. 여성 할례의식 또한 뿌리 깊은 전통과 함께 여전히 행해지고 있는데 1990년 일부 형태의 할례를 금지했지만, 매년 약 6,000명 이상의 케냐 여성이 할례를 받고 있는 것으로 보고되고 있다.

🔊 마사이족

케냐는 일부다처제가 허용된 국가 중에 하나이다. 부유한 사람들은 첫 번째 아내가 아이를 낳을 수 없거나 아들을 낳지 못할 때 여러 명의 아내를 취하기도 하며, 때로는 죽은 형제의 아내를 취하는 관습도 흔하게 볼 수 있다. 이렇게 아내와 아이들을 가족으로 받아들이면 아버지와 남편으로서의 모든 의무를 충실히 행한다. 케냐에서는 임신한 여인들은 금기 사항과 규칙을 지켜야만 한다. 아캄바족의 여인들은 지방과 콩, 독이 묻은 화살로 잡은 동물의 고기 등을 먹는 것을 금기시하며, 철로 된 제품이 빛을 반사하기 때문에 출산을 앞둔 여인의 집에서는 모든 철로 된 무기를 없앤다. 또한, 임신한 여인들은 아이를 가진 것이 관습적으로 불경하다고 여겨지기 때문에 음식을 나르거나, 요리를 하는 것조차도 할 수 없다.

케냐에서는 악수를 하는 것이 일반적이 인사법이나 마사이족의 경우 반가움의 표시로 얼굴에 침을 뱉기도 하는데, 불쾌함의 뜻이 아니라 반가움의 표시이므로 오해를 하지 말아야 한다. 현지에서는 비즈니스 상담 시 복장이 중요한 역할을 하는데, 복장을 잘하고 있다는 것은 높은 지위와 많은 부를 나타내기 때문이다. 대부분의 비즈니스 맨은 넥타이 차림 복장이며, 복장을 통해 상대방에게 좋은 인상을 줄 수 있고 대접을 받을 수 있다. 특히 관공서 방문 시에는 정장 넥타이 차림은 필수적이다.

케냐에서 스포츠는 많은 사랑을 받고 있다. 그중에서 육상경기의 장거리 종목은 아주 뛰어나 올림픽, 육상선수권 대회, 마라톤 대회에서 수많은 메달을 획득했다. 영국의 식민지 생활의 영향으로 인하여 크리켓과 축구, 럭비 등이 인기 있는 스포츠 중의 하나이다.

1. 음식문화

케냐에는 채소와 과일의 종류가 풍부하며 갖가지 채소와 열대 과일을 계절에 따라 맛볼 수 있다. 케냐에는 문화와 전통이 다른 40개 이상의 부족이 살고 있기 때문에 생활 상태나 풍습을 한마디로 표현하기가 어렵다. 원주민인 마사이족들의 음식도 이제는 많이 보편화되어 부족 특유의 음식보다는 구하기 쉬운 재료를 사용해 음식을 장만하는 경우가 많다.

🍴 우갈리

도시지역이나 농경지에서는 곡식과 채소, 고기 등 비교적 다양한 재료를 구할 수 있으나, 목축 또는 유목민 지역에서는 가축의 고기와 피, 젖을 주식으로 한다.

케냐 고원 지역 키쿠유족 주식은 콩과 옥수수이며, 옥수수 가루를 물에 개어 만든 것을 우갈리 Ugali라고 부른다. 해안에 거주하는 스와힐리인의 주식은 코코넛 열매를 이용해 지은 밥인 '왈리Wali'를 튀긴 생선과 쇠고기 수프인 '카랑가Karanga' 등과 함께 먹는 것이며, 사바나 지역에 거주하면서 유목

🍴 우갈리 & 냐마

생활을 하는 마사이족은 우유와 소의 피를 섞어 마시기도 하고, 소 피를 응고시킨 것을 간식으로 먹기도 한다.

 케냐 주요음식

구분	내용
우갈리	• 옥수수 가루로 만든 반죽을 끓는 물에 넣어 만든 임식이며 케냐를 포함한 탄자니아, 우간다, 르완다, 콩고민주공화국 등 동아프리카의 여러 나라에서 주식으로 먹고 있다.
냐마스튜	• 소고기에 양배추, 토마토, 양파 등을 넣고 끓여낸 스튜로 우리나라 육개장과 비슷하게 생겼지만 훨씬 단맛을 낸다.
수쿠마 위키	• 케일이라는 채소를 썰어서 고기와 함께 볶아내는 요리이다.
냐마쵸마	• 물소나 악어, 얼룩말 등 케냐에 많은 야생 동물의 고기를 석탄에 구워낸 음식이다.

2. 축제문화

케냐는 국가 및 지방에서 개최되는 크고 작은 축제가 일 년 내내 있다. 주로 종교적이거나 역사적인 이벤트이기도 하지만 아프리카의 예술, 음악, 음식, 댄스 등의 모습이 축제의 중요한 부분이며 가족, 공동체 및 동질성을 강조하는 축제이다.

❀ 마사이족 축제

마사이족의 축제는 다른 부족과의 싸움에서 이겼을 때나 소년들이 초급 전사 계급이 되었을 때 행하여지는데 축제 때 자주 나오는 춤으로는 자신의 용맹함을 과시하기 위한 '아두무'라 불리는 마사이족의 독특한 '뜀뛰기 춤'이다. 노래와 동시에 추는 춤으로 소떼의 습격, 전쟁, 그리고 용감한 사람들의 일화를 회상하게 한다. 전사인 모란이 되면 마사이족 남자들은 일상생활에서 잡다한 일을 안 해도 되지만 부족과 마을에 일이 생기면 소집돼 전사로 활동하는데 특히 사나운 사자를 때려잡은 용맹스러운 남성은 그날 밤 축하하는 모임에 참석한 소녀들 가운데 가장 아름다운 여자를 고르는 특권을 누릴 수 있다고 한다. 마사이족 사람들은 축제에 참가하기 위해 몸에 화려한 장신구를 걸치고 마을광장에 모여 함께 춤을 추고 노래를 부르고 보통 한 줄로 길게 늘어서서 공연을 한다.

❀ 사파리 경주

사파리 경주는 세계경주선수권WRC의 하나로 연례행사인 부활제에 맞추어 개최되고 있다. 케냐의 대지 중 약 5,000㎞를 3개의 권역으로 나누어 3일간 주파하는 혹독한 경주이다. 차에 흥미가 없는 사람도 한번 보면 이상한 흥분을 느끼며 열광적으로 변하기 쉬운 축제이다. 이유는 세계 최고 수준의 기술로 만들어진 차와 최고 수준의 레이서가 연출하는 드라마틱한 효과가 있기 때문이다. 중간에 낙오되는 차가 많을 정도로 자동차계의 죽음의 레이싱이라고도 불리며, 최근엔 아프리카인이 챔피언에 오르며 지역 내 관심이 증대되고 있는 현실이다.

3. 여행문화

케냐에는 나이로비, 몸바사, 마사이마라, 암보셀리 등 다양한 관광지가 있으며, 그중에서 케냐의 수도이면서 관광지로 가장 유명한 나이로비는 케냐 사람들의 생활을 경험해 볼 수 있는 대표적인 관광지이다.

❁ 나이로비 국립공원

1946년 국립공원으로 지정되었고 나이로비 시내 남쪽에서 8㎞ 떨어진 곳에 자리하고 있다. 동아프리카 최초의 국립공원이라는 점에 의의가 있으며, 아프리카 자연공원 중에는 규모가 작은 편이지만, 편리한 교통 때문에 여행자들이 많이 찾는다.

사자, 치타, 하마, 멸종위기인 검은 코뿔소 등 100여 종의 포유류와 대머리독수리, 서기관조, 타조 등 500여 종이 넘는 조류 등이 서식하고 있다. 나이로비 국립공원에는 울창한 숲과 함께 계곡, 초원, 암벽 등 멋진 자연환경을 자랑하고 있으며, 자연과 함께 원시의 삶을 고집하는 마사이 원주민 마을도 자리하고 있어 자연, 원주민의 삶을 모두 경험해볼 수 있는 곳이다.

❁ 카렌 블릭센 박물관

소설가 카렌 블릭센이 1914년부터 14년 동안 거주했던 저택을 박물관으로 만든 곳으로, 카렌 블릭센은 영화 〈아웃 오브 아프리카Out Of Africa〉 원작 소설의 저자이기도 하다. 영화 〈아웃 오브 아프리카〉

의 배경인 동시에 흑인들을 위한 학교와 600에이커 규모의 커피 농장이 있던 자리다.

1931년 카렌 블릭센이 고향인 덴마크로 돌아간 이후 정부가 관리하다가 박물관으로 재개관하였다. 집은 60여 평의 규모로 박물관으로 보기에는 작은 규모이지만 카렌 블릭센이 거주했을 때의 흔적을 살려 1920년대의 집을 들여다보는 느낌을 그대로 보존하고 있다. 당시 사용하던 집기류 등이 판매되기도 했지만 다시 인수하여 집을 그대로 재현하는 데 도움이 되었고, 집 뒤편에 카렌이 가꾸었던 정원도 그대로 남아 있다.

❀ 지저스 성채

1593년 포르투갈 왕 펠리페 1세_{에스파냐 왕으로는 펠리페 2세}의 명으로 포르투갈 점령국의 수석 건축가 조반니 바티스타 카이라티_{Giovanni Battista Cairati}가 설계하여 1596년 완공되었다. 16세기 포르투갈의 군사 방어시설 양식이 잘 보존된 유적으로서 2011년 6월 프랑스 파리에서 열린 제35차 유네스코 세계유산위원회_{WHC} 회의에서 '케냐 대지구대의 호수'_{자연}와 함께 세계유산_{문화}에 등재되었다. 이 유산은 1997년 세계유산 잠정목록에 포함되었고, 2011년 3월 국제기념물유적협의회_{ICOMOS}가 실사 평가 보고서를 승인하는 과정을 거쳤다. 이로써 케냐는 총 6건의 세계유산을 보유하게 되었다.

❀ 마사이마라 국립보호구

케냐에서 가장 많은 야생동물이 서식하는 곳으로 케냐 남서쪽에 위치한 빅토리아호와 그레이트 리프트 밸리 사이에 있다. 탄자니아의 세렝게티 국립공원과 국경선에서 인접해 있으며, 〈라이언 킹 Lion King〉의 작품구상도 마사이마라에서 이루어졌을 정도로 야생동물의 수가 많기로는 케냐에서 으뜸가는 지구이며, 면

적이 1,800㎢로서 제주도와 비슷한 넓이이다. 마사이마라는 대부분의 야생동물들을 구경할 수 있기 때문에 가장 매력적인 사파리 대상지로 꼽힌다. 그중 마라 강을 넘어 대이동하는 누gnu, wildebeest는 장엄한 광경을 연출하며 사파리의 백미로 꼽힌다. 매년 8~10월경에 탄자니아의 세렝게티와 케냐의 마사이마라에서 펼쳐지는 누들의 대이동은 한 편의 감동적인 파노라마라고 할 수 있다.

마사이마라에서는 열기구를 타고 동물들의 무리를 내려다보는 프로그램이 마련되어 있는데 사바나에서 펼쳐지는 대자연의 감동의 서사시를 내려다보길 원하는 관광객들은 열기구의 매력에 빠져들게 된다. 이른 아침 일출 시간에 오염되지 않은 아프리카의 대기를 호흡하며 사바나에 전개되는 아침을 맞이한다는 것은 분명 색다른 경험이다. 마사이마라 국립공원에는 누, 가젤, 얼룩말, 버펄로, 나일악어, 임팔라, 코끼리 등이 서식하고 있다.

 케냐 관광명소

구분	명소	내용
나이로비	나이로비 국립공원	• 1946년 국립공원으로 지정된 소규모의 아프리카 자연공원
	케냐 국립박물관	• 1960년에 개관한 국립박물관
	카렌 블릭센 박물관	• 600에이커에 달하는 커피농장과 흑인들을 위한 학교가 지어짐
	나이로비 뱀공원	• 전 세계에서 수집한 뱀 50여 종을 사육하고 있는 뱀공원
	지라프 센터	• 기린들을 거의 자연 방목 상태로 사육하고 있는 곳
	키콘바 시장	• 의류, 구두, 시트, 세면용구 등 갖가지 생활용품 판매
	나이로비 국립박물관	• 사자, 영양, 임팔라 등의 박제로 자연환경을 재현해서 전시
몸바사	지저스 성채	• 16세기 포르투칼의 군사 방어시설 양식이 잘 보존된 유적
마사이마라 국립공원	마사이마라 국립보호구	• 야생동물의 수가 많기로 케냐에서 으뜸가는 지구

한국학중앙연구원, KOTRA 글로벌윈도우, 두산백과, 외교부 내용바탕으로 저자 작성.

3 여행문화 Tip과 에티켓

1. 여행문화 Tip

• 케냐의 통화단위는 케냐 실링Kenya Shilling(Ksh)이며, 환전은 미국 달러로 환전한 이후 현지에서 하는 것이 좋다. 케냐의 사법 및 치안시스템은 대한민국과 달라 일단 사건

이 발생하면 피해 회복 또는 범인 검거가 어렵기 때문에 무엇보다 범죄에 연루되지 않도록 예방이 중요하다.

- 케냐 경찰은 오히려 검문검색을 빙자하여 이유 없이 외국인을 체포하고 석방조건으로 수백 달러의 금품을 갈취하는 사례도 빈발하므로 잘 모르는 지역을 이동할 때에는 지인 또는 현지인을 대동하여야 하며 여행객의 경우 야간 도보 이동을 절대 삼가야 한다.

- 케냐인들은 쉽게 'Hello, my friend' 하고 친근감을 표시하며 자신의 요구사항을 말하므로 이 말에 현혹되지 않도록 주의해야 한다. 어려운 경제상황 및 생활수준으로 인하여 처음 보는 사람한테도 자신의 어려운 처지를 설명하며 금전적인 도움을 요청하는 경우가 많으니 적절하게 거절하는 것이 바람직하다.

- 케냐 주요 도시들의 물은 마실 수 있다. 그러나 만약 짧은 기간 동안 이곳에 머문다면 수돗물의 다른 미네랄이 배탈을 초래할 수 있으므로 병에 든 물을 마실 것을 권장한다. 케냐에서 우유는 저온살균을 하며 면허가 있는 레스토랑에서 식사를 하는 것이 일반적으로 안전하다.

- 레스토랑의 서비스 요금이 추가되지 않은 경우에 계산서에 20실링을 팁으로 주는 것이 보통이지만 케냐에서 팁은 기대하지 않는다. 정해진 금액은 없으며 10%의 서비스 요금이 이미 추가된 경우 호텔이나 레스토랑에 팁을 줄 필요는 없다.

- 케냐는 열대지역이지만 몸바사를 제외하고는 대부분 고원지대이기 때문에 일교차가 크다. 따라서 밤에 쌀쌀한 날씨를 대비하여 두꺼운 옷을 준비해가는 것이 좋다.

2. 여행문화 에티켓

- 케냐의 경우 인사는 악수를 하고 여성이 먼저 손을 내밀지 않으면 가벼운 목례를 하는 것이 좋다.

- 대초원의 자연환경을 가진 케냐에서는 사파리 탐방 시 동물을 놀라게 해서는 안 되며, 쓰레기를 버린다거나 나무를 꺾는 행위는 처벌의 대상이 될 수 있다. 또한 임의로 차에서 내리는 것은 자살행위나 마찬가지다.

- 케냐인들은 대부분 무슬림으로 돼지고기를 먹지 않으므로 식사 초대 시 주의하여야 한다.

- 현지인을 촬영할 경우에는 반드시 사전에 동의를 구해야 하고 그러지 않을 경우 신변이 위험해질 수 있다.

저자 소개

김정준(tourism@seowon.ac.kr)
現 서원대학교 항공서비스학과 조교수
한국관광개발연구원 책임연구원

박준범(jandbpark79@gmail.com)
現 KLP contents hub 대표이사
TBN 대전교통방송 「박준범의 사색 테마여행」 고정출연
배제대학교 출강

심우석(wejuyeon@naver.com)
現 전주대학교 관광경영학과 조교수
사단법인 한국지역개발연구원장

위주연(wejuyeon@naver.com)
現 한국관광연구원 전임연구원
대림대학교, 서영대학교 출강

세계 문화와 관광

초판 1쇄 발행   2017년 8월 21일
2판 1쇄 발행   2023년 1월 10일

저 자	김정준·박준범·심우석·위주연
펴낸이	임순재
펴낸곳	(주)한올출판사
등 록	제11-403호
주 소	서울시 마포구 모래내로 83(성산동 한올빌딩 3층)
전 화	(02) 376-4298(대표)
팩 스	(02) 302-8073
홈페이지	www.hanol.co.kr
e-메일	hanol@hanol.co.kr
ISBN	979-11-6647-281-7

세계 문화와 관광

세계 문화와 관광